吳尊賢先生(民國87年3月25日，徐志初攝)

遠流出版公司董事長王榮文先生（左二）與陳宏正先生（左四），一同至基金會拜訪吳尊賢先生(左三)及吳豐山先生(左一)，提出邀請出版本書。(民國87年3月25日，徐志初攝)

伉儷情深　親慈子孝

民國85年12月27日，吳尊賢先生與夫人陳玉梅女士歡度八秩華誕暨鑽石婚慶。

吳尊賢先生全家福。

詠八十生日

入世轉眼八十年　蔗境漸佳樂怡然
榮華富貴無奢望　只盼國泰又民安

詠鑽石婚

牽手相隨六十年　相親相愛影相連
功名利祿莫計較　但願兒孫學聖賢

慶祝八十生日及鑽石婚慶，
吳尊賢先生的二首詩作。

吳尊賢伉儷合切八層生日蛋糕。

老伴相隨 養生有術

吳尊賢：「很高興能和老伴一起打球、一起散步、一起旅遊，實在是無限滿足。」
吳尊賢伉儷對養生之道很有心得。

民國84年3月於台北國父紀念館。

民國75年3月於淡水「梅園」。

民國84年5月1日於長庚球場。

鹽地裡長大的企業巨人

吳尊賢先生的故鄉——台南縣學甲鎮頭港村，是個偏僻的濱海小村，土地鹽分特重。民國72年媒體以「鹽地裏長出的企業巨人」，來形容「台南幫企業集團」，吳尊賢昆仲，可謂台南幫企業集團形成與發展的重要核心人物之一。

吳尊賢先生之頭港故居。(民國41年12月28日攝)

民國43年，吳尊賢昆仲合影於台南。此時期正是他們從事現代化企業之始。右起為三弟吳俊傑，大哥吳修齊，作者，四弟吳俊陞。

「勤儉誠信」的立業箴言及處事準則

在決定不再使用「它們」後，吳尊賢先生將「它們」細心包裹，放在信封內，轉送給愛女吳姿秀小姐；並在信封上註記。吳尊賢先生一生爲人處事的風範，可由這兩樣東西來做最佳註解。

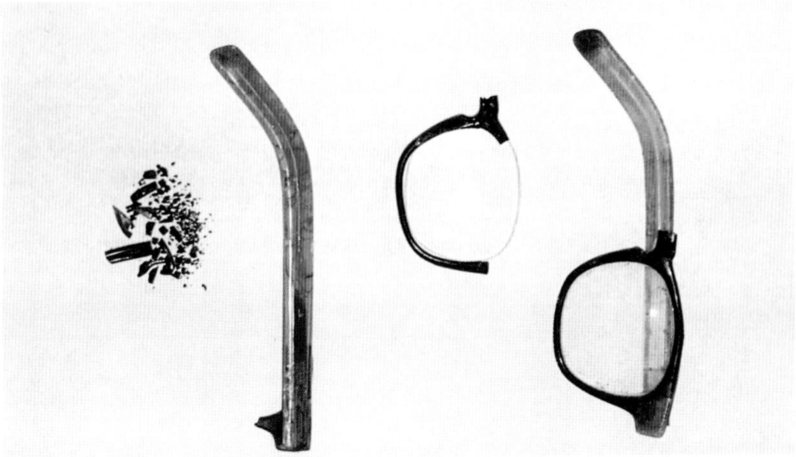

吳尊賢先生曾經戴用三十年的眼鏡。信封上寫著：「此眼鏡，自民國四十年，我因遠視，開始戴眼鏡至今，跟我已有三十年之久，殊多辛勞，今准其退休養老。——民國70年12月記於淡水。」

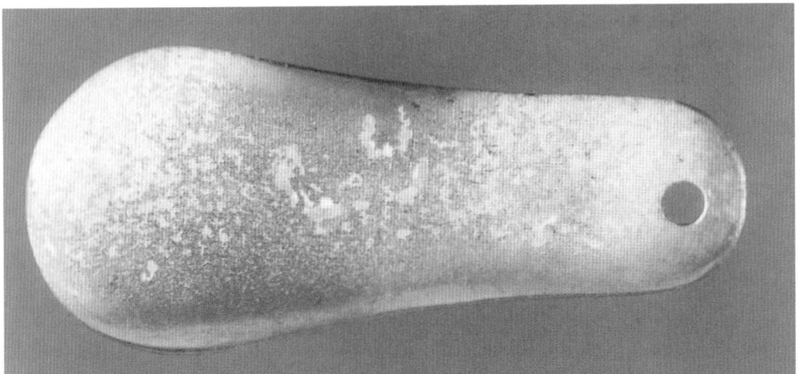

吳尊賢先生使用了二十二年後讓其退休的鞋拔。信封上寫著：「本鞋拔，於民國35年在台北市長安西路、延平北路永安旅社隔壁之鞋店，以舊台幣10元所買，至民國57年11月環遊世界回國，隨身二十二年之久，每日不離，受其幫助不少，茲為體恤其辛勞，於民國57年11月23日，收存讓其休息。——民國58年正月元旦記。」

重情重義　感念感懷

吳尊賢先生從早年做學徒開始，到後來領導多家企業，在他的奮鬥歷程裡，有許多人情義理的故事。

中洲國校的日本校長末永猛(前排右起第四人)，對其日後的為人處世，影響很大。民國57年11月19日，著者夫婦在至日本吳市拜訪末永猛校長，並在福壽莊旅館與末永猛校長家族合影。

六和紡織的宗仁卿先生(右)，在事業(南紡和環泥)上有大力協助的厚恩。多年來，吳尊賢先生一直將這張照片懸掛在辦公室，以感念故友。(民國67年12月12日合影於統一租賃公司開業時)

重視倫理　充滿古風

吳尊賢先生，自民國78年，便接替吳三連先生主持台北市吳姓宗親會理事長，和全台吳姓宗親聯誼會理事長。

民國79年，吳尊賢先生(中坐者)參加台北吳姓宗親會第十四屆暨財團法人吳氏讓德堂第七屆理董監事第六次聯席會議。

位於台北市北投區頂北投的吳氏宗祠，是凝聚吳姓宗親情誼之所在。

「取之社會，用之社會」的企業家風範

民國七十年，捐出壹億元之股票，成立「吳尊賢文教公益基金會」，推展公益事業，不遺餘力。

為感念台灣大學對其子弟的栽培，和台大醫院對其的照顧，吳尊賢先生（右三）個人捐贈兩億元，作為台灣大學「尊賢館」之建館經費。民國87年7月29日在台灣大學舉行捐建儀式，由教育部長林清江（右一）主持，台大校長陳維昭（右二）代表接受，左為吳尊賢基金會董事長張麗堂。

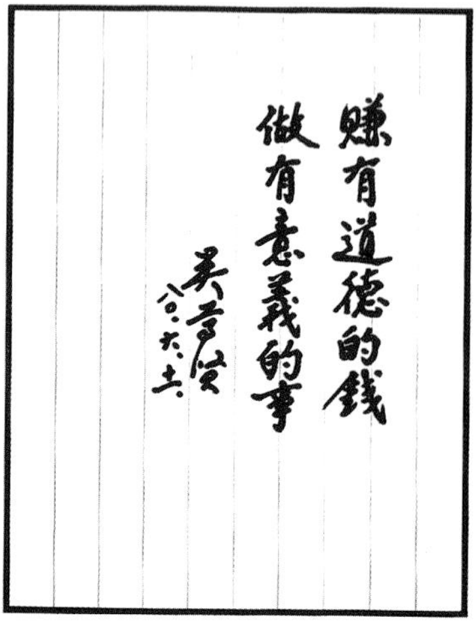

吳尊賢先生親筆字。本圖影印自國家圖書館手稿特藏室，該特藏室有著者的圖片二十八幀，手稿十六頁。

Corporate Taiwan

產業台灣

產業台灣 5

吳尊賢回憶錄

一位慈善企業家的成功哲學

作者／吳尊賢
責任編輯／許邦珍

發行人／王榮文
法律顧問／王秀哲律師、董安丹律師
著作權顧問／蕭雄淋律師
排版／中原造像股份有限公司

初版一刷／1999年4月1日
初版四刷／2006年9月25日
ISBN／957-32-3710-5（平裝）
定價／新台幣450元
行政院新聞局局版臺業字第1295號

Since 1975
出版發行／遠流出版事業股份有限公司
台北市南昌路二段81號6樓
郵撥／0189456-1 電話／(886-2)2392-6899 傳真／(886-2)2392-6658

香港發行／遠流（香港）出版公司
香港北角英皇道310號雲華大廈4樓505室
電話／(852) 2508-9048 傳真／(852) 2503-3258
定價／港幣150元

Mr. Wu, Tsun-hsien Memoirs

7F-5, 184, Sec. 3, Ding-Chou Rd., Taipei, Taiwan, R.O.C.
Tel:886-2-23651212 Fax:886-2-23657979

YLib
遠流博識網
http://www.ylib.com.tw
E-mail:ylib@yuanliou.ylib.com.tw

吳尊賢回憶錄

一位慈善企業家的成功哲學

吳尊賢◎著

《產業台灣》出版緣起

王榮文

連橫先生在《台灣通史》中曾說：

「夫史者，民族之精神，而人群之龜鑑也。代之盛衰、俗之文野、政之得失、物之盈虛，均於是乎在。故凡文化之國，未有不重其史者也。」

同樣地，產業史也是記載一產業中個別廠商興衰的發展過程。注重「經驗心智」的人，擅長由歷史進入，於鑲嵌著種種經營管理議題的產業史特定時空細節（idiosyncratic details）中，汲取經驗智慧，不僅可以深究過去經營歷史，減少犯錯的機會，更可以藉由產業史中脈絡化的產業智慧（contextualized industry recipe）而觀照現在與未來。

而五十年篳路藍縷、創千億美元出口外匯的「產業台灣」經驗，正需要從產業史的角度記錄、分析。因此，《產業台灣》叢書的出版，便是基於下列信念：植根於本土產業經營的實踐智慧，絕對是所謂「台灣經驗」中最動人的一章。

從早年的樟腦、糖、香蕉，到六、七〇年代的電視機、自行車、洋傘、運動鞋、成衣，以至八、九〇年代的個人電腦相關產品，台灣均曾一度或仍然在全球的商品供應鏈中，成爲重要的製造基地。從「製造優勢」的煥發到近日矽晶產業的鷹揚睥睨，「產業台灣」正閃現進入「知識世紀」的鋒芒。

其間許多人物、組織與事件，交織成豐富動人的奮鬥與勃興之故事。

《產業台灣》叢書將一方面試圖註記本土經營環境今昔之變，詮釋台灣產業組織興衰之理。另一方面，從本土產業、企業發展經驗中，提煉出能準確描繪「產業台灣」特質的組織語彙與管理思想典範。

我們盼望，讀者能從《產業台灣》叢書的紀傳敘事與編年說史中，自行探索史實，涵詠默化。逐漸自非結構化的情境（situations）中，整理出結構化的視野（vision），自具體的經驗中，提煉出有體系的經營智慧。

我們也盼望，企業經營者能夠現身說法，提供第一手的故事素材；也歡迎學者專家們以本土產業爲座標原點，共同探討漸受世界各國重視的華人產業組織經驗，勾勒更豐富深入與多面向的產業奮起、開疆拓土、創業垂統之精彩圖像。

〈推薦人的話〉

一位十分勤奮的慈善企業家

李國鼎

台南幫企業集團龍頭之一的吳尊賢先生，是我交往數十年的好朋友。出版社要出版吳先生的回憶錄，我很樂意寫一篇序文，推介吳先生做事業的勤奮，以及他從事慈善公益活動的襟懷。

我已經記不得我與尊賢先生從什麼時候開始交往，不過數十年來，從未間斷，而且友誼深厚。

最早的記憶是民國五十年代，我在經濟部長任內，有一天見面時他告訴我說，他們正在籌建的環球水泥公司高雄大湖廠，其所需礦石本想用大卡車運輸，從礦區到廠區有十公里之遙，成本較高，而那段路途恰好有台糖小鐵路，吳先生認爲如果能加以運用，對雙方均屬有利；惟幾番自行與台糖公司交涉卻苦無結果等情。我仔細考慮了一下，認爲台糖運蔗用之鐵路，一年中只在年終製糖期使用幾個月，其餘時間則不用，即使在台糖使用的時期，只要使用時間錯開也無礙台糖生產，利用閒置設備提供服務可以收費，對台糖實屬有利；而環泥公司如能降低生產成本，對環泥亦屬有利；對台糖和環泥都有利，當然也就對國家經濟發展有利；三方面都有利的事情當然要做，因此我交代台糖當局詳加評估考慮，此事終獲圓滿解決，結果眞的是三贏。

另一件事情是在環泥公司開工生產後不久，又辦擴建，擴建將完成時碰上台電公司供應電源不足，恐無法如期開工。環泥擴建，以當時幣値計，耗資數億，如因爲缺電不能開工生產，必將造成不少損失，對國家來說也是整體資源的浪費，吳先生向我說明上情後，我當即允諾研究是否有何解決之辦法。隨後探知台灣紙業公司有閒置的發電設備，乃商請台紙發電賣給台電轉供環泥，不過台紙發電成本較高，其差額應由環泥核實補貼台紙，終於解決了環泥的難題。

我參與台灣經濟建設，迄今未休。深刻感受到像吳先生因爲做事業勤奮，碰到困難勇於用心用力，這正是台南幫企業成功的原因，也是我們國家經濟發展成功的動力。同時我也深刻體認到，做爲政府官員，如果能夠善意的處處爲民著想，爲民服務，這個國家社會進步就會快。坦白說，我對「圖利他人」這四個字很有看法，我認爲只要政府官員清清白白，那麼「圖利他人」越多，經濟發展越快，對國家貢獻自然越大。

在與吳先生長期交往中，我發現我們很多想法相同。譬如說，吳先生每主持一家新公司便發表「告同仁書」，要求同仁不可接受有往來之廠商招待、也不可接受廠商禮物，以免公司遭受損失。又比如說，吳先生一向以穩健踏實、勤儉誠信、奉公守法自勉和勉勵公司同仁，這種正派行事的作風，我想也正是吳先生經營事業成功的主要憑藉。

吳先生在把環泥辦成功後，事業越做越好，常常在閒談或一起打球的時候，徵求我對他想要做的新事業的意見，我都知無不言，根據的就是這種利他利國的理念。

吳先生事業做成功之後，果然一如他誠樸的本性，開始創立基金會，從事諸種回饋社會的貢獻。於民國七十年捐出面額新台幣一億元之股票成立「吳尊賢文教公益基金會」，至今已運營十七年，對社會的貢獻大家有目共睹，我就不再贅述。我只要提一件事情：民國八十三年，吳先生和他的胞兄修齊先生以及各相關企業體集資五千萬元，要我自己加上一萬元當創辦人，創立「李國鼎科技發展基金會」，我欣然接受；因爲他們確實誠心誠意，也因爲我確實協助過他們，更因爲這個基金會假以時日將會對國家社會有所貢獻。

總而言之，吳先生確實是一位勤奮、敬業的企業家和充滿回饋心懷的慈善家。我據實記述，也很希望本書的各方讀友能從其中有所體悟。

（推薦人李國鼎先生，現任總統府資政、李國鼎科技發展基金會創辦人。）

〈推薦人的話〉

一種寶貴的人格典型

吳伯雄

傳統中國文化講究團結，倡導敦睦族誼，我們桃園吳家與台南吳家素有交誼。不但我們桃園吳家與台南吳家素有交誼，事實上全台各縣市吳姓宗親會也組織了全台吳姓宗親聯誼會，二十幾年來，每年年杪都選定一埠，舉行全台吳姓宗親懇親大會，與會者總在三千人之譜，從民國六十四年迄今，未曾間斷。這個全台吳姓睦誼組織先由三連宗老領導，後由尊賢先生接棒。承諸宗彥好意，每次都邀我參加，只要不是忙得實在抽不出時間，我都恭逢其盛，親炙宗親和睦的溫馨和輝光。

以記述吳姓宗親活動做爲這一篇序文之第一段，是因爲筆者想強調，尊賢先生是一位充滿古風的企業家。尊賢先生和他的兄弟從台灣光復前就投入台灣工商建設行列，他們講究勤儉誠信、講究穩健踏實、講究三好一公道，六十多年間，在地面上建立了龐大的企業體，對國家社會作出了很大的貢獻。

字面上看，「古風」應是相對於「現代風」，然則現代就是進步？古老就代表守舊？恐怕不然。詳讀《吳尊賢回憶錄》全文，在台南吳家創業的過程中，看到的是一步一腳印，看到的是言忠信、行篤敬，看到的是兄友弟恭，以及對於上天恩慈和同僚協助的無限感激、感懷和感念！相對於時下某些暴起暴落、某些巧取豪奪、某些紙醉金迷，尊賢先生這樣的企業家眞是令人不禁由衷敬佩！

不過，尊賢先生最令人敬佩的地方，還不只於他在企業上的成功。尊賢先生最令人敬佩的是他捐資成立基金會，十七年來鍥而不捨地做著協助改善社會風氣的工作，而且從不沽名釣譽，他以身作則，所有我們在報章雜誌廣播電視看到的吳尊賢基金會勸世文句，沒有一句不是他躬自遵行，然後才希望大家學習！

當前台灣社會人心，可謂至爲紊亂。物質生活的豐裕，絕非壞事，國家建設的目的本來就是希望老百姓能豐衣足食，可是假使徒有物質生活豐裕，社會秩序卻混亂異常，這種物質豐裕，便就物化了人生，是無比悲哀的事體！

我很敬佩遠流出版公司能夠說動一向謙沖自牧的尊賢先生，讓他同意出版這本《吳尊賢回憶錄》；因爲這不只是出版又一份企業家的回憶錄，而是在提倡一種人格的典型，是對當前社會人心至爲有益的一件工作。

相信各方讀者在看完本書全文之後，一定會相信我寫這篇序文，其中無一絲一毫的吳姓之私。

（推薦人吳伯雄先生，現任總統府資政。）

〈推薦人的話〉

希望來生仍做兄弟

吳修齊

遠流出版公司出版《吳尊賢回憶錄》，我覺得是一件很有意義的事，胞弟尊賢的人生閱歷，雖然曾經以《人生七十》和《人生八十》爲書名印製成書，可是並未發行上市，閱讀的人只限於親族成員、關係企業幹部和少數較有交誼的各方好友。如今能夠大量發行，讓購讀這本書的人，瞭解一個企業人和慈善人的人生全貌，對我們這個社會絕對有好處。

我們出生於日據中期貧困匱乏的台灣南部農村，雖然祖上留有微薄田產，可是耕田所得無幾。命運之神的安排，使我們棄農從商，由商而工，隨著國家發展經濟而建立了各種事業，乃至於到後來被稱爲「台南幫企業集團」。這其中漫長的幾十年間，有我們兄弟和伙伴們無限的心血、腦汁和淚痕。

尊賢自幼聰穎，而且對祖母、父母孝順，對兄長恭敬，對部屬慈愛，做事業積極認眞。後來他結婚生子育孫，又能對夫人體貼、對兒孫子侄疼惜，實在是一個非常難得的男子漢大丈夫。我們做了八十幾年的兄弟，沒有一天間斷過合作和聯繫，手足之情彌足珍貴；如果有來生，我仍願與尊賢做兄弟。

我與尊賢以從事工商爲一生職志，晚年也都認眞從事公益慈善事業，甚至於也應邀參與一些公共事務，不過基本上我們是企業中人，回憶錄中自然沒有什麼縱橫捭闔，沒有什麼驚人情事；可是辦事業由無生有，由小而大，乃至於最後攸關國計民生，自亦有無數酸甜苦辣貫穿其中。我們的經歷如果有値得有志從事工商業的人參考的地方，或者我們的見解如果有値得爲政者參考的地方，那麼也就不辜負出版公司的苦心和各方人士的閱讀了。

（推薦人吳修齊先生，現任統一企業公司董事長、台南紡織公司董事長等職。）

〈推薦人的話〉

平凡中見偉大、受人敬愛的長者—吳尊賢先生

高清愿

能於尊賢先生的回憶錄中撰寫推薦序，實在是我莫大的榮幸，我很願意將我所認識的尊賢先生介紹給大家。

與尊賢先生認識也有將近一甲子的光陰，自我十四歲國校畢業後，從故鄉到台南市打拼所找的第一份工作，便在他與吳修齊先生所經營的新和興布行當學徒，此爲有幸認識尊賢先生之始。自此之後，他們兄弟倆對我始終關愛有加。至一九五四年，於台南紡織公司創立之初，更要感謝當時任職常務董事的尊賢先生，對我的大力推薦與知遇之恩，使我得以在二十六歲資淺之齡當上業務經理，增加許多歷煉的機會。此外，在尊賢先生的帶領下，我更耳濡目染他令人感佩的種種言行，不論在事業經營或爲人處事上，著實讓我獲益良多，進而奠定日後我事業經營理念的基礎。

尊賢先生是台南幫大老吳修齊先生的胞弟，早年奮鬥階段，吳家兄弟多同甘共苦、相互扶持。至於尊賢先生光復後投資的各家現代企業——台南紡織、環球水泥、坤慶紡織及近年來成立的萬通銀行等，在他董事長或總經理任內，素以領導績效卓越聞名，這皆歸因於他人才第一、善任爲先；工作積極、克盡職責；奉公守法、規矩做事；講求信用、服務親切的各項經營理念。後來我經營統一企業時三好一公道的立業精神、以德爲先的取才原則，及誠實苦幹、創新求進的文化特質等，均可說受到尊賢先生相當大的影響。

對台南幫而言，最珍貴資產應爲企業文化之傳承，其中人情義理常是經營考量的因素，勤儉誠信更是一貫的立業箴言。這些在尊賢先生身上的展現可謂淋漓盡致。在人情義理方面，尊賢先生常懷感恩的心，除了在宗親朋友事業或生活面臨困境時，不斷伸出援手外，更本著「取之於社會，用之於社會」之胸襟，熱心公益、協助需要幫助的個人或團體，於民國七十年成立「吳尊賢文教公益基金會」，將他樂於爲善的心念，擴大至整個社會、國家，深具企業家風範。勤儉誠信更一直是尊賢先生的處世哲學，事業經營上，是他創業成功的基礎；生活信念上，是他不變的作風和原則。台灣光復前後，民生經濟貧困，環境並無太多有利條件，創業可說相當艱辛，而尊賢先生當時憑藉著勤儉誠信的經營原則，贏得大家的信賴，並建立起他日後在業界的良好口碑。所以尊賢先生可說是台南幫各份子的精神領袖之一，因爲他對台南幫企業文化傳承之貢獻，除平日身體力行所有理念外，他身教重於言教的實踐方式，更間接對台南幫各份子產生潛移默化的功效，我想這也是台南幫事業成功的秘訣所在。

平日尊賢先生臉上總是帶著健康開朗的笑容，與他相處後不難發現他平易近人、謙沖自牧、與人爲善、樂天知命的本性，他總是主動認眞、全力以赴，常保樂觀積極態度來處理每一件事，而簡單樸實的生活及愛物惜物的勤儉美德，更是數十年如一日。大家眼中的尊賢先生，除事業成就已是有目共睹外，令人稱羨的是尊賢先生還擁有一個兄友弟恭、妻賢子孝的幸福家庭；與兄弟的同甘共苦、相互扶持不在話下，和美麗賢淑的太太更是伉儷情深，子女們各個孝順乖巧、品德良好。不論在家族、在公司或在社會上，尊賢先生總是能和樂融融與人相處，扮演好每一個角色，實屬不易。此外，尊賢先生亦是相當念舊的人，常懷「受人點滴，當思泉湧以報」的心，對鄉親、朋友皆竭盡所能的關懷並照顧。

我自幼失怙，書又沒讀多少，想想至今若稍有成就，最要感謝的便是吳氏昆仲對我亦父亦師的教導與提攜，不僅爲我事業之良師，更是我待人處世、進退應對學習之最佳典範。尊賢先生的人生閱歷極爲豐富，就像一座取之不盡、用之不竭的寶庫，所以當我知道尊賢先生要出回憶錄時，我眞是替現在年輕一輩的青年朋友感到高興，因爲這本書除了記載尊賢先生一生傳奇的經歷外，更有許多值得大家參考並作爲借鏡的寶貴經驗。不論正值起步的青年創業者或事業大展的企業家，若能因尊賢先生之引領，將先生爲人處事及經營事業之各項精神、理念奉爲圭臬，未來在航向目標的過程中，終將不至迷失向度，邁向成功的坦途。最後，本人除樂見此書的出版外，更願以最誠摯的心向大家推薦此書，並藉本文恭祝尊賢先生伉儷松柏同春、福壽康寧。

（推薦人高清愿先生，現任統一企業集團總裁、萬通銀行董事長等職。）

〈推薦人的話〉

一位眞正的企業家

陳維昭

最初對吳尊賢先生的印象是來自報章雜誌的「勸世文句」，每當閱讀著那短短的、卻引人省思的文句時，總好奇地想知道，吳尊賢先生到底是一位怎麼樣的人，又是基於什麼理念，如此長時、默默地推動著這項滴水穿石的「心靈改造」工作。近年來有幸有較多的機會得以接觸吳先生，吳先生給予我的印象是謙沖慈祥，識見廣博，雖是極其成功的企業家，卻從無顯露一般企業家慣有的精明幹練與旺盛企圖。相反地，言談之中充滿著對國家社會的關切，以及悲天憫人的情懷，更像是一位傳教士或教師。

曾聽吳先生提起，從小就很尊敬老師，也一直很希望子女們有人可以當老師，對於有女婿林凱南醫師在台大醫院服務並任教台大醫學院，感到非常高興。因此吳先生一向非常關心教育，多年來捐助台大從事醫學研究、學術研討、學生社團活動，不計其數，而「台灣大學學術發展基金會」的創立也是在吳先生的贊助下完成的，他說這樣做是因爲「台大是台灣最大的學府，培養的人才最多，對國家社會的貢獻最大，國家建設需要人才，所以爲國家培養人才出一點力，我認爲是應該的」。

民國八十五年，吳先生夫婦慶祝八十大壽及鑽石婚。有一天，吳先生的幾位公子昭男、貞良、亮宏、春甫、英辰及女婿林凱南醫師，由吳豐山先生陪同，到台灣大學來見我，表達爲祝賀吳先生八十大壽，希望捐建建築物予台大供學校師生同仁使用之意，這項突如其來的奉獻，令我至爲興奮與感動，立即交付總務處進行規劃，規劃期間，吳豐山先生數度主動來電探詢台大的決定，及至規劃草圖完成後，吳尊賢先生還出面宴請台大幾位相關同仁。席間吳先生說：「從過去跟孫震校長接觸的經驗，知道學界的人都羞於開口向人要錢，因此交代周遭的人，要主動聯繫，不要讓對方有所爲難。」吳先生如此謙虛的態度，以及對學術界的尊重，令台大同仁們印象深刻，也極爲感佩，而此種慷慨付出又事事體貼、處處爲人著想的作法，更表現出吳先生助人行善、仁愛慈悲的偉大胸懷。

台大已將吳先生捐建的大樓規劃做爲同仁、師生聯誼、團體聚會、接待外賓的重要場所，並命名爲「尊賢館」，以示對吳先生的感謝與尊敬。其實，對台大的捐助僅僅是吳先生助人行善回饋社會，許許多多善行中的一部份，透過文教公益基金會推動的慈善工作，除了前述「勸世文句」之外，尚有捐款救災、舉辦愛心獎、贊助學術研究、提供青年獎學金、贊助社團活動等等，對改善社會風氣、淨化人心、提昇生活品質，具有廣泛而深遠之影響。

台灣近幾十年來，工商進步，經濟發達，造就了不少成功的企業家，但是能夠在事業成功之後，眞正做到「取之於社會，用之於社會」、「把自己的幸福分給那些需要的人，使我們個人有限的幸福，能夠擴展到最大的範圍，產生最大的影響」的並不太多，而吳尊賢先生則是最當之無愧的一位。我認爲這樣的企業家才是眞正的企業家。

（推薦人陳維昭先生，現任台灣大學校長。）

自序

我一生從事工商，晚年重視公益事業，雖然盡心盡力，但平凡無奇，沒有想過印行回憶錄。十四年前，利用赴美探視子孫的空閒時間，記錄一生履歷，只是想拷貝幾份，供自家親族參考。後來經吳尊賢基金會同仁好意解說，才同意以《人生七十》爲書名，少量印刷，贈送友好及同仁。

又過十年，當本人及內人要過八十歲生日的時侯，各方至親好友無限好意地寫了一些祝壽文章，吳尊賢基金會同仁以《人生八十》爲書名，連同我幾篇講稿和隨筆，少量印刷，贈送給看過《人生七十》的親友和同仁。

沒想到，我以前的同事——現在經營宏益纖維公司的陳宏正總經理，會同經營遠流出版公司的王榮文先生，認爲摘取二書部份內容，合輯爲《吳尊賢回憶錄》，有出版意義；我感受到他們的用心，幾經思量，同意出版。

吳尊賢

要在這裡特別敬告各方先進讀友的是，這本回憶錄的主題內容（第一章至第六章）既是撰寫於十幾年前，如今要發行上市，理當由筆者根據事實多所增補，並且就歲月序進所產生的人事更迭重作校訂；即便是原載於《人生八十》的部份文字，事隔幾年，也生岐異，實在不宜一成不變。

不過，對一個八十四歲的人來說，這不是一件簡單的工作；我向來求全，可是力不從心，無可奈何，請大家寬諒。

最後要對李資政國鼎先生、吳資政伯雄先生、胞兄修齊先生、台灣大學校長陳維昭先生及統一企業集團總裁高清愿先生在百忙中爲本書寫序，敬致謝忱；要對王榮文先生、陳宏正先生和負責編輯本書的許邦珍小姐表示由衷的謝意；也對大家閱讀拙作，表達內心誠摯的感謝和祝福。

吳尊賢回憶錄

〔目錄〕

第4章 影響一生的人

第5章 幾許經驗

第6章　人生感懷

第1章

我的家庭

我擁有兩對祖父母，
兩對外祖父母，
和兩對父母親，
與一般人比較起來，
受了更多的照顧，
眞是一大幸事。

出生

我生於民國五年十二月二十九日（農曆十一月二十五日亥時）。出生地是日據時代的台南州北門郡學甲庄中洲五三四番地新頭港仔（俗稱東埔）。民國三十四年，台灣光復重歸祖國懷抱後，改爲台南縣學甲鄉頭港村新頭港仔十四號。民國五十七年二月二日學甲鄉升格爲學甲鎭，改爲頭港里新頭港仔十四號。祖籍是福建省泉州府晉江縣南門外二十三都水頭鄉。

過房給伯父母

我的生父克讀公，號東湖漁人，出生於舊頭港仔，後隨我的祖父母及伯祖父母等舉家遷居於新頭港仔，生母吳陳氏勤出生於學甲。我排行第二，胞兄修齊，胞弟俊傑、俊陞，胞妹素娥、金柬。

我的養父克章公（以下稱父親）是我生父克讀公的胞兄，養母吳蔡氏笑（以下稱母親）出生於學甲鄉頂溪洲北之崩埤。父母連生四女而無男兒。在我出生之時，母親亦有孕在身，因此我的祖父母及生父母、父母等商量，決定如母親所生者仍是女孩的話，則要將我過房給伯父母（也就是我的父母親）撫養。結果母親第五胎所生者仍是女孩，所以我就過房給伯父母，而將母親的第五胎女兒吳氏限送給學甲鄉過港仔的人爲養女，因此自我懂事以後，常感覺對不起她（吳氏限）。父母親在我過房後再生二女，所生之女兒計七人，依序爲長女桃、次女禪、三女杞、四女出生後夭折、五女限、六女梅、七女月

生父吳克讀公畫像

生母吳陳氏勤娘畫像

裡。

我的養祖父吳泉公（以下稱祖父），養祖母吳郭氏美（以下稱祖母），生有四男二女，依序男爲克章公、克讀公、章信公、章興公，女爲對、即。

克章公享年七十一歲、克讀公享年五十九歲，均在台南市仙逝。

章信公於日據時代台灣總督府立之國語學校師範部畢業後，在學甲公學校執教時生病，雖然家人求神託佛及延醫診治，終歸無效，而在新頭港仔病逝。當時我尚在稚年，對他了解不多，年事稍長後，常聽生父母、父母親及村裡長輩、學校老師稱讚他是一位

父親吳克章公畫像

母親吳蔡氏笑娘畫像

眞正的天才兒童，他們說：「章信公讀書過目不忘，算術不教自通，書畫均佳，在校均名列第一，且對長輩及親友極爲尊敬和友善。他的早逝實在是吳家一大損失，也是國家社會的損失。」

麼叔章興公在族裡排行第九，所以我們稱他九叔，連外人也稱他九叔公，是他們兄弟中尙健在的一位。他個性極爲達觀，四十多歲即不再干預實務，將所有的事都交給兒子文財、文雄、文德三人去管理，他們均學有專長，頗有成就。如今九叔公雖已屆八十七歲高齡，身體依舊非常硬朗，能吃、能睡、能走動，還能到世界各地去觀光，可謂享盡人間清福。

三姑母名對（在其姊妹排行老大，但在族裡排行第三，所以我們稱她三姑），如今也已有九十九歲的高齡，但健康情形仍很好，記性亦佳，到現在還能記得很多親友的電話號碼。她是虔誠的基督教徒，大概是在六十多歲時信教的，信教以後才開始學習羅馬字的台語白話文，因她非常聰明，所以很快就會念這種文字的聖經聖詩、寫信等等。她也是林商號合板公司創辦人林自西先生和坤慶紡織公司董事長兼總經理吳金台先生的岳母。其子蔡耀輝先生、蔡松城先生在工商界也都很有成就。是以她現在是無憂無慮的享受人生，也値得我們爲她祝福。

為兒媳改信教的四姑母

四姑母名即（親姊妹中排行第二，但在族裡排行第四），婚後不久，丈夫就去世，留給她一個遺腹子，以後很多人勸她再嫁，她都不肯，決心守寡，撫養其子莊新樓表兄成人，莊家大小對她都非常尊敬。她們家裡人口眾多，大家生活在一起難免發生不愉快的事情，每次一發生問題，只要四姑母出面勸解，就能化干戈爲玉帛，眞不簡單。四姑母只有表兄莊新樓先生一個兒子，後來表兄的三伯父莊諒先生特將他的三男莊昇如先生送給她撫養，因此四姑母就擁有了二個兒子，我也增加了一個表弟。她對莊昇如先生也確實視如己出的愛之、育之。由於她教子有方，兩個兒子都很有成就，鄰里都極稱讚她的婦德，當時北門郡守更曾經頒賜「貞節褒章」給她。

四姑母與三姑母同樣都非常聰明，年輕時健康情形也不錯，但由於婚後不久喪夫的打擊，健康受損，五十多歲時就體弱多病。她本來與家裡的人都是既信佛亦信道的，去世前二、三個月某一天，她叫兒子和媳婦到床前說：「我經再三考慮的結果，決定改信基督教，去世後希望你們能按基督教的儀式處理後事。」其兒媳當然照辦，並即去教會請牧師前來爲她洗禮。據說在四姑母宣布此事之後，有人問她：「妳爲什麼做此決定？」

她回答：「我多年來體弱多病，兒媳們日夜侍奉湯藥，已使他們受盡辛苦，如按照家族慣例，我死後家人一定要替我做幾旬、做司公，以及其他種種法事，要忙碌不少日子，我想兒媳們已經筋疲力竭，恐怕會吃不消。他們在我生前受苦，我不忍心看他們在我死後再受苦，我知道基督教對於辦理喪事比我們家族慣例省事得多，所以我決定這麼做。希望不要將此事告訴我的兒媳，以免他們難過。」

四姑母這個決定看起來很簡單，做起來卻相當的不容易。對四姑母這種勇氣，我非常敬佩，也認爲相當的偉大。謹祝福四姑母在天之靈永息，因爲她的兒孫都不辱教誨，卓然有成。

新樓表兄因與我同年，兒時常在一起遊戲，又曾經是學甲公學校高等科的同班同學。後來我們組織新和興電子公司時，我任董事長，他任總經理共事多年，在其他事業方面也都有共同投資關係。

昇如表弟在我讀學甲高等科一年級時，他是普通科四年級的同學。他高等科畢業後不久即到台南新和興布行幫忙，以後就一直一起投資各項事業，共事數十年，差不多天天見面，所以我和這兩位表兄弟實在是親如兄弟。昇如表弟夫婦在民國五十七年八月曾經和我們夫婦同遊歐、美、日等地達九十天之長。

可惜昇如表弟於民國六十四年三月二十九日因呼吸器官及肝臟病，逝於台大醫院。新樓表兄則於民國七十五年八月十三日因心臟衰竭逝於林口長庚醫院。他們之仙逝，都使我極爲悲悼，久久不能平靜。惟兩位表兄弟的後裔都能努力向上，規矩做人，認眞做事，很有成就，殊堪告慰，願兩位在天之靈安息吧！

我必須在此特別一提的是，我的祖父泉公因其胞兄崑崙公子女均無，所以將次男克讀公出嗣給他爲過房子，而克章公又只生七女而無男兒，故將我給克章公爲過房子，對我的祖父泉公來說，是送一個兒子出去，要一個孫兒回來，也因此我擁有兩對祖父母、兩對外祖父母和兩對父母親，與一般人比較起來，受了更多的照顧，眞是一大幸事。

祖父母

祖父吳泉公去世的時候，我僅四歲，所以對他的印象很淺，所知極爲有限，只記得他身材瘦長、皮膚略白。據說他曾經學武，有相當好的功夫，也有些學問，所以曾經在鹽水港的魚行當帳房。

祖母吳郭氏美在我十六歲的時候去世。從我出生到我去台南市當學徒的期間，都和祖母在一起生活，尤其是祖父去世後不久，我就一直跟她睡在一起，對她的印象很深。她非常疼我，我也很敬愛她。祖母人很文靜，從來未曾看過她生氣。但因身體不壯，又纏了「三寸金蓮」，所以很少到田裏工作，通常都是留在家裏看家。不過由於祖父早逝，家中的大小事情都要她和我的父親管理，所以她的任務也是相當的繁重。

民國二十年我十六歲那年，她病得很重，我請假回家照顧她，差不多有一個禮拜，她不能起床，所服用的西藥很苦，都要用一種叫Oblate的薄膜包起來送進她的口裡，再將溫水倒入口中才能呑得下去。因爲我包藥細心，每次都沒有將薄膜弄破，她非常的滿意，這些工作都由我包辦，我也很高興有這個服侍祖母的機會。

經過醫生的打針和服藥，祖母的病況頗有起色，我就再到台南工作，大約經過一個月，有一天接到家裡通知說祖母病況轉壞，我再請假趕回家，一進她房裡就蹲在她床前叫了一聲：「阿媽！我回來了。」只見她睜開眼看著我，好像要說什麼，但是有氣無力說不出來，就這樣很安靜的離開這個世界，時爲民國二十年六月六日。我是她的大孫，她臨終時可能要對我說些什麼，因爲我回家太慢，以致無法聽到她最後的吩咐，使我永遠感到萬分的遺憾。

父母恩情

有關生父克讀公，生母吳陳氏勤的生平，胞兄修齊在〈紀念雙親逝世卅週年創立慈善獎學基金會緣起〉中已記述甚詳，不再贅述。現在我簡要的記敘父母親（即養父母）的生平如下：

父親克章公，出生於民前二十七年十一月十五日，他所受的教育沒有生父克讀公那樣多，尤其是沒有進過日式的公學校，所以日文完全不通。他以務農及經營小型養魚池爲業，聰明伶俐，性情儉樸慈善，事親至孝，除抽菸外別無不良嗜好。工作非常認眞，做事很謹愼又有計劃，任何事情都能夠事先安排，依計劃進行，少有錯誤。由於祖父早逝（時父親年三十五歲），一家重任都由他和祖母承擔，可謂相當辛苦。

父親很有經營管理概念

父母親對我的疼愛眞是無微不至，勝於己出，對我的學業並不苛求，但對健康則非常重視，實在是親恩浩大無垠。父親在夏季每天下田工作都比鄰居早得多，他到了田裡天剛亮，正好開始工作；十點多十一點鐘天氣炎熱時，他又比鄰居早一點帶著家人回家；下午比較晚出門，做到天黑才回來。這樣做可以減少受天氣炎熱之苦，依現在經營企業來說，是很好的經營管理。這種道理大家都知道，只是很多鄰居早上貪睡，爬不起來。而父親則天天如此，絕不誤時。中午回家吃飯休息時，有很多鄰居都不洗腳就上床躺著，將腳伸到

民國41年元旦，全家攝於台南市和平街自宅前。

床外，但是父親很喜歡乾淨，每天中午回家一定先洗好腳才吃飯，這種事情說起來非常簡單，但是在當時鄉下用水非常不便的環境下，做起來並不容易。

我們故鄉的田地貧瘠，鹽分又高，而且當時的水利很差，既乏灌溉設施，排水系統也不好，以致水稻播種以後常因乾旱或浸水而枯萎，不得已需重新播種。最慘的是快到收成的時候，卻遇颱風來襲，稻作被打得一乾二淨或受水浸發芽，一夜之間前功盡棄。栽種蕃薯，則有時遇霜凍萎，有時即將收成時又遇梅雨不停而腐爛，有時雖已收成，但加工成蕃薯簽後，如陰雨不停，不能曬乾，或正在曝曬中遇雨淋濕，也是損失慘重。故鄉農民之困苦確實是一言難盡。

水利和地理影響產業很大，水利好的地方，第一季水稻都在颱風期來臨前就能收成，第二季的收成都在颱風期過後，免受颱風之損害。故鄉當時因水利太差，以致農民工作量多而收穫少，村裡大部分人的生活都非常貧苦。我家除了耕田之外，還有些養魚池可以增加一點收入，但是養魚池也與稻田一樣，常因洪水沖壞堤岸而使魚兒流失，實際上收益並不多，不過聊勝於無，多少有些幫助，所以我家在村上還可以說是比較好一點的小貧之家。

說到颱風，就想到每次到了颱風季節，父親憑經驗看氣候（那個時候沒有廣播電台和電視台可作颱風警報），推定將有颱風來襲，就馬上在房子前後，將木樁打進地下，然後搬出大繩索將房子捆住，以防颱風將房子吹倒或將屋頂所蓋的茅草吹掉，爲這些防颱工作忙得團團轉，實在太辛苦了。不過也因爲他能夠未雨綢繆，所以每當颱風來襲時，都能夠將損害減低至最小程度。父親未曾做過生意，如讓他做生意，我想一定是一位善於經營管理的好手。

九叔父章興公比父親小了十五歲，他成人以後對耕田工作沒有興趣，就到鹽水鎮去學製馬車（農民用的四輪牛車，當時都稱馬車）。學會以後，得到父親的同意，在鹽水鎮開了一家馬車店，祖母有時候也住在馬車店。因此暑假的時候，父親也經常帶我和胞兄修齊一起到馬車店去住幾天，陪陪祖母，看看製馬車的師傅工作，對我來說，這可是眞正「快樂的暑假」，因爲假如在故鄉，差不多每天都要到田裡工作，而且只能吃蕃薯簽干，在馬車店不但不用到田裡工作，還可以吃到白米飯，實在太快樂了。

對貧困者常給予幫助

父親從小一直在故鄉管理祖業，到了五十三歲，我們開了新和興布行的三年後，才將故鄉的耕地和養魚池全部出租給鄰居，舉家遷到台南居住。父親從此不管實務，過著清閒的日子，每天除了散步以外就是找朋友談天，或替鄉下的親戚朋友的小孩找工作，有時候也替他們做不收紅包的媒人。經其介紹而得到工作的人很多，經他做媒成親的也不少，而且每一對家庭都很美滿。同時，父親對貧困的人也常量力資助，其「助人為快樂之本」及「人生以服務為目的」的精神，深受大家的稱讚和敬重。

由於民國三十九年台北新和興行成立，由我負責經營，是以決定全家遷往台北，本來父母親亦當一起遷居，但因父母親認為當時台北親友甚少，台南則親友很多，比較不會無聊，而當時長男昭男、次男貞良均在台南永福國小念書，不能隨便轉學，父母親便認為應由他們留在台南照顧二個孫兒，所以沒有一起遷徙而繼續住在台南廣尊里。父親的健康本來就很好，而且因我與內人結婚後接二連三的生下男孩，所以他的心情更見輕鬆，一再對親友表示，他對老境感到很滿足，因此健康更加良好。不料到了七十歲的時候，突生咳嗽病，經幾位醫生診治，仍未見效。他不喜歡住院，我就回台南一直陪著他，做些護士要做的工作，例如定時量體溫、查看大小便及咳嗽和吃東西的情形等等，將它記錄下來向醫生報告，做為診治的參考。後來台南的蔡瑞洋大夫特別為我們由台北請來台大楊思標教授（曾任台大醫學院院長及台大附屬病院院長，是呼吸器官科的權威），到台南為父親診療，蔡大夫要我將病況及一切情形向楊教授報告，楊教授聽我報告後就問蔡大夫說：「他（指我）是我們同行？」蔡大夫半開玩笑替我吹牛說：「不是，但是比較差的大夫可能會被他考倒。」這是當時的插曲。楊教授離開父親的病床後告訴我說：「可能是肺癌。痊癒大概不可能，只能盡力加以控制而已。」以後蔡大夫每天盡他所能的給父親打針醫治，醫治一段時間後，病況平平。

無畏懼的面對死亡

父親到了七十一歲時，病況漸重，家裡的人都盡最大的力量日夜輪流看護，也曾經輸過幾次血，可惜於事無補，親戚朋友來探病者每日都很多，父親很平靜，一再對親戚朋友說：「死，這條路每個人早晚都要走的，我自己感覺這一生，尤其是晚年，很幸福滿足，一點都無牽掛，只望兒孫能平安規矩做人就好。」父親這些話，想必是肺腑之言。又過不久，在他七十一歲的秋天，我們都在旁邊，父親沒有說一句話，安詳的離開了這個世間。我們內心非常悲痛，但是對父親臨終時視死如歸的表現，實在是敬佩萬分。時爲民國四十四年十一月十五日下午九點，於台南市廣尊里打銅街。民國四十四年十一月二十三日，我們在台南市葬儀堂爲父親舉行告別式，安葬於台南市法華寺半月池旁，與生父母之墓爲鄰，後來因台南市政府在其墓前及墓後皆開闢道路，故於民國七十五年三月二十九日將遺骨移奉於父親自己所建的新頭港草湖山祖塔。

父親生前常以「勤可補拙，儉可養廉」及「勤有功、戲無益」等語勉勵我，且他自己亦身體力行，對我爲人處事影響極大。

父親不僅注重勤儉，而且對敬祖先之事既重視又熱心，每年都要多次回鄉祭拜。民國四十一年秋，父親將我們的故居改建，工事進行中他都與母親住在故鄉監工。民國四十三年秋，並將以前生父克讀公所建而已陳舊的祖塔改建，使其更爲寬大。同時，又多種了花木，並在塔前左邊建一涼亭，讓我們分散在各地的後代子孫，每年春秋兩季回鄉祭祀時，有個休息

民國75年12月28日，在歡度七十雙慶暨金婚紀念後，率子、女、媳、婿、孫，回新頭港光覽祖紀念館。

談天的地方。每年陽曆三月二十九日青年節，十月二十五日光復節，就是我們春秋二祭的日子，是日散在各地的後裔都盡量回鄉拜祭，中午一定在光覽祖紀念館聚餐，愼終追遠，彌足珍貴。

簡樸慈善的母親

母親出生於民前二十五年五月十日，她雖未受過教育，但甚賢慧嫻靜，事親至孝，對父親極爲順從，父親所決定的事絕不反對，所以家庭雖不富裕，但極和睦愉快。她也纏足，但是沒有像祖母纏得那麼小，而且身體非常健康而強壯，做田裡的工作絕不輸給大男人，對父親的農耕工作幫助非常大。她極爲勤儉，除奉侍翁姑、養育子女、操作家務及幫助父親做田裡的工作外，還要養豬、養雞、養鴨，爲了補貼家用，晚上還編大甲草帽，直到深更半夜，非常的辛苦，她勤勞的精神實在使人肅然起敬。

母親自己非常的節儉，對我則相當寬大。例如我去學甲公學校讀高等科時，中午沒有辦法帶便當，雖然家裡的人都很疼我，但因當時連祖母都不吃白米飯，我哪敢要求？母親自然也就不敢主張，但她都自掏腰包每天給我五分錢吃中飯，但是我不敢要那麼多，只要二分錢買一支甘蔗充飢解渴，因爲我知道家裡經濟不寬裕。我到台南工作以後，每次回家省親要再離家時，母親總要我多帶一點錢在身上，我認為沒有這個必要而不接受時，她就說：「古人說『窮厝不窮路』！你應該帶去，沒用的話可以留起來。」意思是說：「在家可以窮，路上不能窮。」當時我因年少不大懂，後來年紀漸長，常聽到也親身體驗過好多在路上無錢而受窘受苦的情形，因而更深深體會母親的用心良苦。

生產後並未休息

母親和父親一樣，自從搬到台南居住以後，也就不再管事，家裡的事情都交給內人去處理，只是逗逗孫兒，享享清福。父親去世以後，昭男與貞良經插班考試通過而轉到台北成功中學就讀，母親這才搬到台北臨沂街和我們同住。她生活非常簡樸，一切衣著飲食絕不挑剔。中年以後，她的身體逐漸發胖（將近九十公斤），怕熱不怕冷，要帶她到外面去走走，只能在不熱的時候，大熱天她就不願意出門了，冬天大家喊冷的時候，她反而認為是最舒服的氣候。

母親很少生病，在我記憶中只有三次。第一次是她還在故鄉的時候，可能由於操勞過度（據說生下小孩後，沒有休息半天就到外面工作），有一段時間腰部常會酸痛，在鄉下吃藥並不見效。那個時候，我正在新和興布行當外務員，每個月都要到外埠出差四次，就向許多客戶打聽治腰部酸痛的藥方，有一天在屏東縣東港鎮跟東發布店主人萬發伯談生意，順便請教他，因爲我知道他對這方面似有研究。他說這個病最好能找到多年的老芙蓉頭（越老越好）燉土龍吃，一定見效。我立刻請教他何處可買到老芙蓉頭，他說要替我向藥材行的朋友打聽一下。很幸運的，他找到了一棵據說有數十年樹齡的老芙蓉頭，但價錢比較高，我跟他一起去看，那麼大的芙蓉頭我實在還沒有看過，說價錢貴也並不是貴到無法買它的程度（價錢多少已忘記），就將它買了下來，並到台南縣北門去買了兩條土龍來燉給母親吃。隔兩星期後我回家時，母親告訴我非常有效，病已經好了，我至爲欣慰。

一次危急的腦溢血

第二次是光復後，母親搬到台南跟我們住在一起，她住在前樓，而樓上沒有廁所，有一天早晨的六點鐘，她下樓如廁，回樓上房間就口吐白沫，人事不省，左手腳都不能動，我們大吃一驚，馬上請楊六合大夫以最好的藥、最好的方法治療，並請他告訴我們應注意的事項。楊大夫醫德很好，平素也與我們很有往來，尤其是跟九叔父親如兄弟，所以非常親切熱心的爲母親診治，每天都來診察二次，並吩咐要絕對安靜。發病的第二天，母親稍有意識，開始呻吟，狀甚痛苦，我們都非常難過。我在她耳邊問什麼地方「痛」？她說不出話，用手指著頭，我一方面向楊大夫報告病情，一方面爲安全起見，另請吳秋微大夫來診，他說楊大夫的診斷正確，是腦溢血無誤，並且跟楊大夫一樣，說要絕對安靜。我與內人及舍妹等輪班二十四小時不停的看護，並且開始認眞看些日文的家庭醫學書籍，以便了解看護病人的方法。

經過數日悉心醫治，母親的頭痛已經稍癒，呻吟聲也減少，大家都比較安心一些。某天，我由下午四點看護到晚上十二時，在將看護工作移交給舍妹後，爲防萬一有事，照料方便，我就在隔壁的房間睡

與母親、妻、子女同遊木柵指南宮。（民國45年）

覺，到翌晨一點多鐘，一位在樓下睡覺的劉姓同事匆匆忙忙走到我的床前大聲說：「火災！」我睜眼向外一看，對面韓內科醫院的玻璃窗上映出火光。這一驚非同小可，以爲是我們的緊鄰起火而反射到對面韓內科醫院的玻璃窗上，第一就想到楊大夫的吩咐——母親要絕對安靜，那麼碰到這種事情要怎麼辦，才能很安靜的將母親移到安全的地方呢？我馬上跑到馬路上一看，才知道並不是我們的緊鄰發生火災，而是距我們約二十多家的布店發生火災，火光熊熊，實在可怕，但是尙有一段距離，當即決定暫時不要移動，只在心中祈求大火早熄，不要延燒才好。幸好只燒二、三家，火勢就被消防人員控制了。

火首是侯調先生令兄侯華先生之布店，而侯調先生因與其緊鄰也受損害，並在匆忙中將店內搶救出來之手提小金庫交給一個人，後來那個人貪心，不將小金庫送回，而侯調先生是一位極出名的寬厚仁慈之人，不便開口去要，只等待他自己送來，結果是不了了之。後來侯調先生生意做得非常好，他的兒子侯錫榮、侯信良、侯吉星諸先生及媳婦等都很孝順，也很有成就，家庭非常圓滿幸福，而那個人不但個人事業做得不順利，據說他的後代也做得不好，可見不義之財是貪不得的。

我因爲受了火災的大驚，翌晨還是心神不能安定，台南市布商公會要來開一張文票，我寫了三次都有錯字，無法順利完成，不得已改由胞弟俊傑開給他（當時胞兄修齊擔任布商公會理事兼管會計，公會之支票放在新和興行），可見受驚之厲害程度。母親的病經楊大夫悉心醫治及家人的看護而日有起色，勉強已可說話，可是左手左腳還是不能動。當時醫生曾私下告訴我說，左手左腳不容易復原，沒想到過了一年多，已勉強能夠步行，又過一年多竟完全恢復正常。我們都非常感謝上天的庇佑。

在安詳中逝去

第三次是光復後的第二年，母親發現下體出血，經台南婦產科診察，認爲是初期的子宮癌，台南無醫療設備，經請二姐夫王金長先生在台北打聽的結果，台北迎婦產科有一種鐳錠可以治療，就北上住進迎婦產科（今中山北路與長春路口的彰化銀行行址）接受治療，治癒後到母親七十四歲去世爲止，一直未再發作，誠屬幸運。

我們雖然平常都很注意母親的血壓，不料到了七十二歲又發生一次腦溢血，經治療後頭腦很清醒，說話也很自然，但是不能行動，連翻身都需要我們幫助，吃東西也得躺在床上由我們餵食。她脾氣很好，很好伺候，只是身體將近九十公斤，所以要幫她翻身、洗澡、換衣服比較費力。她也不喜歡住院，不得已只好請南部的親戚照嫂及慶源嫂來幫忙照顧。這一次雖然大家還是非常用心的看護，可能是年紀已大，體力較衰，病了一年多，無法像五十多歲那一次恢復健康，不幸於民國四十九年五月十九日上午十一點十五分在台北市臨沂街去世，享壽七十四歲。她和父親一樣，對來探病的親戚常說：「我感覺非常滿足我的一生，『死』這條路，任何人都一定要走的，我一點牽掛都沒有，只希望子孫能平安過日就好。」她雖也在毫無痛苦的寧靜中逝去，但是我們大家仍對她的離開感到萬分悲傷。我們於陽曆五月二十四日在台北市南京東路極樂殯儀館爲母親舉行告別式後即移靈台南市，於五月二十五日在台南法華寺前舉行家祭及南部親友上香，十一時三十分與父親安葬在一起（母親的遺骨，也與父親的遺骨一樣，於民國七十五年三月二十九日移奉於新頭港草湖山祖塔）。

行文至此，回想雙親養我育我，無微不至的照顧我，宏恩如山之高、如海之深，使我對他們無限懷念之情湧上心頭，不禁熱淚盈眶，願他們在天之靈永享平安。

附註：父母親及生父母的墓地在台南市法華寺前、半月池邊，原為綠竹園，頗為幽靜，但因民國七十四年台南市政府依都市計劃，在墓前及墓後各開闢一條馬路，環境變得吵雜，故我們於民國七十五年二月二十三日將父母親的靈骨撿起來，於同年三月二十九日（青年節）吳家子孫在故鄉拜祭祖塔之日，奉納於祖塔。我想父母親一定會很喜歡這個安排，因為該祖塔是父親生前親手建造的。基於同一個原因，生父母的靈骨也於同年四月二十日撿起，於四月二十二日遷奉該塔。父親和生父是兄弟、母親和生母是妯娌，生前在一起，去世後安葬在一起，今又一起遷奉於祖塔，我相信他們一定會很高興的。

兄弟姊妹

我的同胞兄弟有四個：大哥修齊，我排行老二，三弟俊傑，四弟俊陞。姊妹則計有九個：即同胞大妹素娥，二妹金棗，養父母所生七女，大姊桃，二姊禪，三姊杞，四姊生下來還沒報戶口就去世，大妹限，二妹梅，三妹月裡。現在大姊、二姊、三姊、四姊和養父母這邊的二妹梅均已不在人世，只有四個妹妹是限、月裡、素娥、金棗還在。除了三姊和四姊以外，大家都早已結婚，生男育女，兒女都能規矩做人，認眞做事，已經兒孫滿堂，家裡相當幸福。

三位好兄弟

大哥比我大三歲，不是我自己誇讚，他智慧高，思考力強而周密，辯才好，數學好，記性特好，這些都不是我所能及的，我想他如果去當律師或醫師、會計師、教師，一定會很有成就，尤其是他的恆心，我確實望塵莫及。他為了健康，從二十多歲開始，每天早晨四點多鐘就到台南公園運動，後來學太極拳、外丹功、禮佛，都能繼續不斷的做下去，至今仍年如一日，實在了不起。他做事積極，慎謀能斷，所以在事業方面也很有成就，兼以慈悲為懷，做了不少對親戚朋友及國家社會有意義的貢獻，使我們同沾其榮，也萬分的欽佩。

三弟比我小二歲，他智慧高，思考力極佳，記性好，數學特強，但因身體較弱，所以常有很好的想法未能及時推動，辯才中等，性極柔而靜，從不與人爭。在學成績，大哥與我都是名列二、三名上下，他則從一年級到六年級都是第一名，這一點我們都不及他，我想他如能去當學者，一定會相當出色，對國家社會的貢獻定會更大。他對健身運動雖也注意，但學太極拳、外丹功都沒有大哥那樣有恆心，打高爾夫球則比我慢很多，似乎也較不熱中。不過他有一項是我們都跟不上的，他對象棋和圍棋都很有興趣，象棋有兩段的實力，圍棋也不錯，所以曾經擔任過台南市圍棋協會理事長，帶隊到韓國去比賽。他極隨和善良且具愛心，過去對親戚朋友及國家社會亦有不少的奉獻，殊感欣慰。

四弟俊陞比我小十二歲，我肖龍、他也肖龍。他智慧好，思考好，記性好，辯才好，可惜年輕時過分信奉「眞理愈辯愈明」，所以時與人辯，雖無傷大雅，到底還是損失精神及時間，這點是微疵，幸年紀漸長後已大大改變。他有一個好處是辯論後不積怨，辯過就算了。他的運動神經相當發達，網球、乒乓球都打得不錯，對於學語言也有興趣，他的自修英文學得還不錯，馬來語也懂一點，還有就是「字」寫得相當好，是我們兄弟中寫得最好的一個，所以英文和寫字我們都遠不及他。另外，他對國畫也曾涉足，但因工作忙碌無暇深入，殊感可惜。我認爲他如果從小就往藝術方面發展，憑他的「智慧」、靈巧的雙手及「精益求精」、「擇善固執」的精神，一定會有相當的成就，對國家社會的貢獻將會更多。他也有一顆愛心，對親戚朋友遇到困難時的濟助向來極爲熱心，對國家社

兄弟四人合影：大哥吳修齊（前排左）、三弟吳俊傑（後排左）、四弟吳俊陞（後排右）。（民國84年於台北吳尊賢基金會）

會也有不少的奉獻，誠可喜之事也。

我曾期望當教師

我自己知道，我極爲平凡，智慧、記性、思考力及其他很多方面都不及他們，只有打高爾夫球我比他們早打，又有興趣，所以打高爾夫球的功夫比他們好一點，同時跟他們一樣有一顆相當強烈的愛心而已。再有就是因爲我過房給伯父，所以我比他們多一對父母，多一對祖父母，多一對外祖父母的愛，這是我的幸運，是他們不及我的地方，這就是命也。我到現在還常想，我如果能依照恩師末永猛校長的指示去考師範學校，並順利考上，唸完師範學校後當小學老師，在經濟方面可能比不上現在，但是生活可能更爲美好，對國家社會的貢獻會多一些。

我們兄弟可能是因生父母親的健康不太好，所以健康方面在先天上均比一般人差，但因後天的保養極爲留意，又蒙蒼天的庇佑，所以勉可維持相當的健康狀態，眞是謝天謝地。大家生活都還過得去，也都有一個幸福的家庭。我們兄弟一共有兒女二十五個，孫兒女也有幾十個，如連姊妹的兒女、孫兒女也都算進去，則已超過一百人，可說是人丁興旺。到現在爲止，我們的兒女們都能規矩做人，認眞做事，孫兒女們也都能勤於學業，希望他們都能勤儉誠信、修身齊家、敬老尊賢、敦親睦鄰，守己安分，對國家社會有所貢獻。

姻緣天註定

俗語說：「姻緣天註定」，這句話，我是相信的。不過，未婚前，我自己仍訂有一套擇偶條件，如下：(1)品德好。(2)健康好。(3)容貌端正。(4)年齡不可比我大。(5)身高不要比我高。(6)學歷不要比我高。(7)不能太富有，最好比我家差一點（恐嬌生慣養難伺候）。

半偷看的相親法

在我二十一歲時，佳里鎮有一家永茂美布店，老闆徐四美先生（正名爲徐羅）是我們新和興布行的好顧客，有一天徐先生夫婦對我說：「我們想替你做個媒，對方家長是在七股庄役場擔任會計役的陳丁燦先生，是佳里鎮下營人，人很和善，他有一位小姐常來買布，我們已看過好幾次，好像很不錯，是否有意斟酌一下？」我因對徐先生夫婦平素就很尊敬，既然他們如此說，我就說：「待我回家向雙親稟報後回音。」我當天即將此事稟告雙親，他們表示由我自己做決定，但應詳細的打探，也要看看本人比較妥當。

當時的習慣尚少當面相親，所以我就請徐先生夫婦設法安排，結果是以半偷看的相親法行事，就是約好女方先到徐先生店內逗留，我單獨一人由外面走入店內，大家見面不打招呼，只是互相瞧瞧，然後女方再由店內走出店外，我就跟在後面走出門口，看她走路的背影。我觀察的結果：(1)她的身高比我矮四公寸；(2)學歷我比她多唸了一年多的高等科；(3)容貌端正；(4)性情也似溫順；(5)家庭經濟雙方差不多；(6)身體雖嫌稍瘦，但非不健康；(7)年齡同是民國五年生，心想對方年齡如能

媒人徐四美賢伉儷。(民國65年)

再小一、二歲更好。但是我自己也知道世事難求十全十美，雙親也沒有反對，經向親戚打聽也表示贊成，於是報告徐先生夫婦說：「如對方認可，可以訂婚。」徐先生說：「女方早就來表示滿意了。」因此不久就訂婚。

陰錯陽差娶「某大姊」

在那個時代，一般人成親前都要先索對方生辰八字，去求神問佛或請命相館算算，我們算是相當的開明，雙方不索生辰八字，也無求神問佛、抽籤卜卦合八字（姻緣就是註定在這裡）。經過幾個月後，談及結婚時才向對方索取生年月日，以便決定結婚的良辰吉日。我接到對方的生日

岳父陳丁燦先生

岳母陳林氏見女士

時大吃一驚，因爲女方是坤造乙卯年十二月二十九日卯時瑞生（民國五年二月十一日），而我是丙辰年十一月二十五日生的（民國五年十二月二十九日），乙卯年肖兔，丙辰年肖龍，這樣算來國曆雖是同年，農曆卻變成我小她一歲，該怎麼辦？這個婚姻是自己與徐先生夫婦直接談的，雙親信任我並未干預，婚已訂了，要退婚嗎？彼此都難看，不退婚嗎？又與我本人所定的條件不符，因此苦悶了好幾天，才向雙親報告此事。他們思考了一下，說：「只有大幾個月應該無妨，並且有很多人說『某（妻）大姊，金蛟椅。』（意即娶比自己年紀大的太太將來有好運氣），說不定這是老天爲你們安排的。」在當時我的心裡的確相當的悶，但想到事情是自己決定的，是自己不小心所致，便也只好認命地進行結婚的準備。

新房的布置由我自己設計，要送給新娘的衣料由我自己到台南清泉羅紗店選購，家裡酒宴之事由父母親指揮，親戚朋友大家幫忙，於民國二十六年一月十日（農曆十一月二十七日），亦即我二十一歲那年，在新頭港仔老家舉行婚禮，禮場是在我家前院搭起布篷充場，由我的二姊夫王金長先生任司儀，恭請吳乃占先生證婚，吳新榮君之尊翁吳萱草先生代表徐先生爲介紹人致詞，當時在鄉下以這樣的方式舉行婚禮的人並不多，所以我的婚禮算是相當體面。

民國26年1月10日，與陳玉梅小姐結婚於新頭港仔老家。

勤儉持家，事親至孝

婚後第二天陪伴新娘回娘家「做客」後，第三天我就趕往台南布行工作，內人則留在鄉下幫忙家務及農作，我利用每月二次出差，順道回家相聚一天。這樣的生活大概經過將近半年，到雙親認爲內人應該搬到台南市，她才搬來布行的樓上與我同住。內人雖已搬到台南市居住，但由於我每個月都要往南北部出差各二次，每個月也要在外面住二十多天，夫妻離多聚少，內人卻一點怨言也沒有。這樣又過了差不多一年，父母親及妹妹們也舉家遷來台南居住，內人侍奉雙親至孝，和妹妹們也相處得很不錯。

婚後，內人爲我生了五男一女，都吃她自己的奶，不雇奶媽，除我的母親和當時未出嫁的兩位妹妹幫些忙外，孩子都由她自己一手養大。兒女從出生到讀大學，所穿的衣服也都是她親自剪裁縫製，除了西裝上衣外，我們夫妻和小孩的衣服穿久不合身都由她自己修改，破了也是由她動手縫補。她的生活一直非常儉樸，例如要離開房間，電燈一定關掉；洗澡水不放掉，都留起來沖洗馬桶，我常取笑她：「妳是最配合政府節省水電政策的專家。」肥皀用到很小很薄也不丟掉，將它粘貼在新的肥皀上。她每天工作非常忙碌，幸好六個兒女從小就認眞讀書，畢業以後也都能規矩做人，到現在爲止還沒有什麼不良嗜好，這是我們最感欣慰的。

回想往事，我實在衷心的感激內人，並希望她能健康長壽，多享受兒女和媳婦們的孝養。我們婚後原希望能生四個小孩，而且最好是兩男兩女。沒想到第一胎到第四胎全都是男的，我們有點失望，但我的父母親因他們連生七個女孩而未生男孩，所以我們連生四個男的，他們老人家高興得不得了。我與內人認爲應到此爲止，但是父母親和很多親戚都說再下去會生女的，應該再生，我們接受他們的意見，結果第五胎眞的生下了一個女孩。我們想，既然生下一個女孩，第六胎或有再生女孩的希望，應該再生一個女孩來與她作伴，但是第六胎還是男的，因此就此打

六位子女，左至右：昭男、貞良、亮宏、春甫、姿秀、英辰。(民國42年)。

住，不敢再生了。

互忍互讓，恩愛逾常

託天之福，我得到相當美滿的婚姻。看到一些親戚的婚姻未盡圓滿，不免使我深深領悟出擇偶之重要。這幾年來我常對一些年輕人說：「男女擇偶第一要品德，第二要健康，第三是學識，第四才是容貌。」其實對容貌之評價因人而異，日本人有一句話說：「愛すればアバタもエクボ。」就是說：「愛上了，麻臉的凹，也會看成是酒窩。」近似我們所說的「情人眼裏出西施」。容貌無絕對標準，只要端正就好，所以排在第四。品德與健康確實最重要，假定你找到一位認爲很美的人，而其品德不好，整天做壞事或吵得家裡雞犬不寧，何用？如果健康不好，整天躺在床上又有何用？假如找到一位容貌好、學識好、健康亦好但品德不好的，腦筋好，專想做壞事；身體壯，專想欺侮人，對國家社會爲害更大。所以最重要者還是品德和健康也。

婚後至今，我對我的太太一直相當滿意，也認爲我的婚姻相當成功。我四十歲以前，她因忙於照顧小孩，對我的生活起居無法多加照顧，但自從我四十歲那年發現糖尿病後，她除一方面要照顧小孩外，還盡心的照顧我，每日三餐都將我要吃的維他命及糖

民國75年12月25日，在歡度滿七十雙慶暨金婚紀念的宴席上，以吻頰之禮向太太表示最深的感謝。

民國85年12月27日，與太太歡度八十雙慶暨鑽石婚紀念，並合切八層生日蛋糕。

尿病的藥，按時放在我面前的餐桌上。尤其是在民國六十六年十二月改用因素林針藥起，每早都要替我打針，終日辛勞，從無怨言，誠屬難得。我倆不但已度過了銀婚（結婚二十五年）、紅寶石婚（結婚四十年）、金婚（結婚五十年）、鑽石婚（結婚六十年），在婚姻生活六十多年中，夫妻雖有意見不同的時候，可是我們都能克制自己，互忍互讓，共同為家庭之幸福盡力而為，所以從來沒有打過架。幸好蔗境漸甘，年紀愈大，意見不同的事愈少，兒、媳、女、婿、孫兒女等對我們之關心亦日漸增加，常勸我們或陪我們到處旅行，無限快樂幸福，真是謝天謝地。

姻緣天註定

寫到這裏，順便向大家報告一件事，以博一粲。我有一位表兄羅財瓦先生，比我大約年長六、七歲，人很聰明，書也念得不錯，從學甲公學校高等科畢業後，就到新營糖廠工作，不料因一次大熱病後雙眼失明，無法從事任何工作，不得已學習算命，結果在學甲地區名聲大振，求教者甚多，門庭若市。

台灣光復後第三年，我三十二歲時，有一天心血來潮，經過學甲時就到他家，他家裡等候算命的人很多，忙得不可開交，所以我也未與他打招呼，就跟人家排隊，輪到我時才打招呼，請他爲我算算看。記得他說了很多話，談到婚姻的時候，表兄停了一下，才說：「表弟，你的命相當硬，你已過房給你的伯父變成兩對父母，這實在很好。但是你的太太年紀如果沒有比你大，恐怕你會剋妻，可能要再娶。」我告訴他說：「太太比我年紀大一點點。」他馬上現出笑容說：「恭喜你，恭喜你。」

對於此事，我放在心裡二十多年後才對內人說，內人笑著回答：「那我們的婚姻是命中註定的，應該好好珍惜。」由於我一時的胡塗，在訂婚前未索內人之生日而訂婚。婚後十年，表兄羅財瓦先生又告訴我：「太太年紀如不比你大，會被你剋死。」我想假如我訂婚之前就知道內人比我大幾個月，這門婚姻一定是吹了，我當然會另娶他人，那麼今天的情形不知道會變成如何？命運的安排眞是奇妙莫測。我提起此事是想勸勸大家，「姻緣天註定，大家應認命」，不要意氣用事，不要只道自己長而說對方短，凡事應退一步想，易地而處，爲家庭之和氣及幸福而互忍互讓，那麼建設幸福美滿的家庭是可期待的，願大家共勉。

淡水觀音好梅園

由於我生性喜歡看水，又爲了我和內子打高爾夫球的方便，乃於二十多年前在淡水鎮上買下一棟小屋，房子雖小，空地尚寬，種有不少樹木花草，該小屋因離淡水漁港很近，每天都可看到漁船出入，所以我自己把它命名為「觀漁莊」。

我對這個小屋或有偏愛，但是淡水這個地方除有聞名世界、全台歷史最悠久的高爾夫球場外，尚有很多可取之處。

例如淡水河，風靜時水平如鏡，風小則漣漪盪漾，風大則波浪起伏，一日之內，變化連連。平常之日，漁船出入，常可聽到砰砰作響富有韻律的引擎聲音；每到假日，則河上帆影處處，也常有休閒遊艇迎風破浪於其間，極為壯觀。尤其是黃昏之際，夕陽返照，滿天浮現著瑰麗的彩霞，河上則映照出金色的鱗光，實在美不勝收。

觀音山也是瞬息萬變的。經常幾分鐘前整座山頭還清朗蒼翠，幾分鐘後卻已雲蒸霧湧，有時只露出山頭，有時只見山腰。雲霧濃時，整座山即墜入其中，不見形影；雲霧稍開，則又宛如輕紗薄罩，整座山忽隱忽現，令人歎為觀止。

觀音山與淡水河的這種變化，極其微妙。日出之前與日出之後不同，日落之前與日落之後有異，晴天、陰天、雨天更是互有差別，即使只是風勢的大小有無，也都會使景觀跟著改變。大自然的變化，實在是無窮無盡。

「淡江夕照」早有台灣八景之一的雅稱，也確實名不虛傳。我們的小屋正面對觀音山和淡水河，由每一個窗口看出去，遠山近水，都是一幅自然優雅的風景畫。我國留日華僑、名畫家陳永森先生也爲作畫來小屋住了二天，頗有收穫。

站在前院眺望，除可將觀音山、淡水河的風景盡收眼底外，左邊（東）可以看到美麗的關渡大橋，右邊（西）則可看到淡水河出口和終日點滅不停的燈塔，也可看到台灣海峽的水平線，大風起時則可看到拍岸的白浪滾滾，更可以看到三百多年前，洋人所建的「紅毛城」古蹟。該城是西元一六二九年西班牙人所創建，一六四二年被荷蘭人佔領，一六六一年鄭成功驅走荷蘭人後歸我國所有，以後也經過不少的變化而至現在，令人不禁有滄海桑田、世事多變之感慨。

因此，每在庭前欣賞風景之變化，看到潮水之漲落時，則自然想到海水會漲落、起波浪，日月也會有盈虧，「人」怎麼可能無盛衰榮枯？因此「人」實在不應奢求十全十美，只要能得到一份工作，平安生活，就該知足，更應對天地神佛的恩賜，表示大大的感謝。

我們結婚已六十多年，總而言之，我相當滿意我們的婚姻，爲了感謝內人對我數十年的照顧，又因內人的名字叫「玉梅」，所以我就在淡水小屋周圍的坡地上種了數十棵梅花，希望家人能更用心照顧，使它長得更好，花也開得更漂亮。

民國七十五年十二月二十八日（農曆十一日二十七日）是我和內人金婚的日子，我和兒女商量、決定將該處定名爲「梅園」，並請名書畫家董開章先生寫好「梅園」兩個字，刻在白色大理石上，於我們金婚紀念日懸掛於圍牆門柱上，以感念內子對我家大大小小費心費力所做的貢獻，表示一點心意，更要祝福她健康愉快。

民國75年12月24日，與家屬親友合影於淡水「觀漁莊」前庭(上)及「梅園」門前(下)。

第2章

少年歲月

在學甲公學校高等科畢業前幾個月，

我接到胞兄修齊由台南來信通知：

「新復發布行需要一個學徒，是否要去？」

於是在畢業前夕，父親帶著我前往台南市做囝仔工。

兩年後，老闆侯基升我爲帳櫃仙，

月薪從三元變成十元，一跳就是三倍，眞是幸運。

就學紀要

我於中國算法八歲（實際是六歲又四個月）時進入學甲公學校中洲分教場（數年後改為中洲公學校）就讀，當時的中洲分教場僅有三間教室，其中一間兼作教員的辦公室。教室屋頂有的蓋瓦片，有的蓋茅草。我的胞兄修齊是該校第一屆的學生，他大我三歲，我的入學是由他帶我去的，我是該校第三屆的學生。胞弟俊傑比我小兩歲，是該校第六屆的學生。胞兄修齊、胞弟俊傑在校成績很好，都名列一、二。胞弟俊陞比我小十二歲，他是在台南立人國校畢業後進入南商的，成績也很不錯。

每日走八公里上下學

從我們家到中洲的學校約有二公里路。三年級起就有下午課，我們由新頭港仔去上課的同學，必須利用中午休息的一個小時，趕回家吃午飯，再趕回學校上課，因此每天總要來回兩次，一天大約要走七、八公里路。除了星期六只要一個來回，星期天不必上課及暑假外，其餘每週五天，不論寒暑晴雨，都要往返二次，尤其是遇到大風大雨、大寒大熱的天氣，實在相當吃力。

我們爲什麼不帶便當而要如此辛苦來回奔走呢？坦白說，當時我們村裡的人，除了病人以外是吃不到白米飯的，就是年齡很高的老人家也無法享受，老人家能吃到白米和蕃薯簽（註）混合煮的飯，已算是最好的了。其他的人吃的都是蕃薯簽煮的飯，而蕃薯簽飯極容易發酸，不能做便當。由此可見當時村人生活困苦之一斑，也使我想到古詩所寫：「昨日到城廓，歸來淚滿襟，遍身綺羅者，不是養蠶人」的辛酸。村裡的人都務農，種的是米和蕃薯、雜穀等，依理既然種米，應該有米可吃，但因米的價錢較好，都將米拿去賣錢來做家用，自己只好吃蕃薯簽了。

我家有七、八甲土地，可說是有財產的人，但水利不好，時常因水災、旱災而失收，且因受日本政府壓榨，農作物價格低賤，收入不多，全家大大小小必須非常的勤儉才能過日子，我對此情形知之甚詳，因此事事都不敢要求。例如我從入學到六年畢業，未買過書包、鞋子、雨傘和學生帽。我的學生帽是沿用早年去世的叔父章信公所留下來的文官帽，一直用到帽子前緣的鴨舌爛掉，變成「海軍帽」還在用，而書本則是用包巾包起來，背在背上以便趕路方便。因爲沒有雨傘，遇到下雨，就得將上衣脫下來，書包改放在胸前，再穿上衣，用雙手抱著，以免書本弄濕。

連畢業照都捨不得買

在六年級時，我因不想讓家裡增加負擔，不敢向父母親提出要求，以致畢業的紀念相片（一張四毛錢）也沒有買，每人費用五元到台北的畢業旅行也沒有參加。當時心裡非常矛盾，一方面不想讓家裡多負擔，一方面又認爲不買紀念相片、不參加畢業旅行實在太可惜，最後還是決定省下來。關於旅行之事，由於不久之後自己就有能力到台北和其他的地方旅行，所以惋惜之感較快消失，倒是四毛錢一張的相片沒買，使我相當後悔。想不到多年前，中洲國校舉行開校五十週年紀念大會，和我們兄弟所捐的「讀章堂」落成典禮時（我們兄弟爲慶祝中洲國校開校五十週年紀念，捐了一棟禮堂，以生父克讀公之「讀」字及父親克章公之「章」字連起來命名爲「讀章堂」），學校將所有的相簿搬出來放在會客室，任由來賓自由翻閱，我忽然看到我們畢業典禮的相片還保存得很好，心裡非常高興，承蒙校長的好意，翻照一張連底片一併送給我。因此畢業當時未參加及未買的遺憾之事、物均已得到，而感到萬分欣慰。

民國18年3月，中洲公學校畢業紀念相片。前排左起第三人為末永猛校長，我站在第三排左起第四人。

民國60年4月3日，台南縣中洲國校慶祝五十週年校慶及讀章堂落成典禮。

我八歲入學，同齡學童還有兩位，其他大部分是九、十、十一、十二歲的，但也有十七歲及十八歲的同學各一位。他們兩人有時不守規矩，女老師用竹竿要打他們，不但打不到，連竹竿都被他們搶去，學生不哭反而是女老師哭了，實在不應該。那兩位同學都在三年級時就結婚了，婚後還來上課，但因大家取笑，以後就沒有再來學校了。

國校六年，鋒頭頗健

我在國校六年中，成績大概都能維持在前三名。當時因我的聲量比較好，所以總是被老師派任為級長。又因我唱歌在班上是唱得較好的一個，運動方面不論是桌球、網球都打得比較好，朗誦亦較佳，頗受老師與同學的愛護，可以說是出了一點鋒頭。我的運動神經還算不錯，但是在學校的運動會上卻沒有得過一次獎，這是我在六年中最感遺憾的，也使我知道人生確實是有點靠運氣。我在六年級時，老師派我與另一位同學邱侃兄參加北門郡下的國校網球比賽，因我們自己的訓練不足，而且第一場就遇到實力最強的頂溪洲國校隊（該校後來得到冠軍），他們像秋風掃落葉似的，將我們打得落花流水，大敗而歸，經過這次的教訓，我深深體會到訓練的重要。

因為我的朗誦不錯，在五年級時，被老師派在畢業典禮席上代表全校在校生致送別辭，六年級時又被派在畢業典禮席上代表畢業生向全校師生致謝詞。又在六年級時，與另一位同學劉土堡兄被選派參加北門郡下國校國語演講比賽及作文比賽，場地設在佳里公學校。

比賽當天一大早，我們兩人就走路趕往學甲公學校，拜訪莊傳沛老師，與他們同車前往佳里參加比賽。在等車時，我看到學甲公學校的代表王宗柯兄、謝金寮兄（翌年我到學甲就讀高等科時，他們成了我的同學，兩位成績都很優秀），他們都穿著正式的學生服、學生帽、白運動鞋，而我們中洲的代表二人均穿藍色布衣（當時稱爲淺布衫），無鞋、無帽、赤足、光頭，比較之下，相形見絀，自感不如。在上車前，莊老師還不斷的給學甲兩位代表諄諄善導，提示種種應注意的事項，使我感覺我們的老師給予我們的指導，其熱心的程度，比莊老師實在差得太遠。不久那部出租汽車（當時叫做「貸切車」，因爲車身全部黑色的，故也叫「烏頭仔車」）來了，我們一起上車，這是我生平第一次坐汽車。不一會兒，我就開始暈車，幸好在車內沒有吐，到了佳里國校下車才吐，如果在車內吐，可能會將同車人的衣服弄髒，那就太對不起他們了（該部汽車是學甲公學校由佳里租來的，我們是搭便車的）。

師之勤惰，影響很大

比賽的結果還是與往年一樣，學甲公學校第一名及第二名。爲什麼學甲每年在郡賽都能得第一名？在州賽亦常得第一？甚至在府賽（全台灣之比賽）也曾經得過幾次第一名呢？這應該歸功於負責指導的莊傳沛老師。比賽規定由各校派六年級學生兩人參加，由郡視學出題，作文是共同題目，演講題是參加比賽的人在輪到演講約前五分鐘，才由視學將裝有題目的籤筒拿到參加人的面前，由參加者自己抽籤，抽到什麼就講什麼，雖有幸與不幸，但可說是公平的作法。

我們的老師大約在比賽的一、二個月前才告訴我們說：「國語演講比賽快到了，回家後應將四、五、六年級念過的國語課本拿出來多念一念。」我們也就照這樣做，實際上，視學根本不是完全照課本出題，例如，是日我抽到的題目是「交通」，課本上就沒有這一題，只好自己臨機應變，應付過去。還有當時坐在我旁邊的一位頂溪洲公學校的學生，抽到「竹筏」，因爲書上沒有「筏」這個字，他看不懂，問我這個題目怎麼念，碰巧我懂，馬上告訴他，他才能應付過去。由於視學有時會出課本外的題目，所以指導老師之「勤惰」影響成績非常之大。學甲的莊老師，他是提早一年，由五年級的學生中選出

三、四名口才較好，記性較佳者，各分發給一大本油印的演講稿，這本演講稿是集過去所出過的題目之大成，另加一些預測的題目叫他們背誦，並且時常找機會訓練他們。到了六年級時，除更積極訓練外，還加上各種禮貌、態度、技巧的指導與鼓勵，所以，學甲的同學抽到的題目可以說差不多都已背誦過的，因此講起來頭頭是道，演講的技巧及風度、禮貌都非常之好，學甲的代表得第一名是萬分應該的。

我自己很僥倖得到第四名，不但輸得心服口服，而且感覺能參加此次比賽實在是很榮幸。同時，也因爲參加這次比賽，知道學甲莊老師對學生指導之勤，使我得到非常寶貴的教訓，也使我更加深切的體會「種瓜得瓜，種豆得豆，一分耕耘，一分收穫」的眞正意義，對我以後在工作上的努力，有極大的鼓勵作用。

遺憾不能進師範學校

中洲公學校畢業前，慈善和藹的末永猛校長（他是校長兼六年級的老師，我六年級是他教的）勸我考台南師範學校。當老師是我最嚮往的，可惜當時家裡的人不同意，可能是對我的叔父章信公任教不幸早逝而有所顧忌，故決定讓我進入學甲公學校高等科就讀，到現在爲止我還是以不能進台南師範感到遺憾，我常自己想，如我能進入南師，自信一定能做一個相當盡職的老師。

當時的高等科可說是速成中學，將中學課程縮短為二年完成，幾何、代數均有，亦有漢文課程。學甲離我家約有三、四公里，本可要求父母親買一部舊腳踏車供我上下課之用，但是仍因不願增加家裡負擔而未提出要求，每天風雨無阻的步行上下課。可是學甲畢竟比中洲遠多了，不能趕回家吃午飯，母親每天給我五分錢吃中飯，我又覺得每天花五分錢太多，只用了兩分錢買甘蔗充飢。這在禮拜一到禮拜五還可以，只是有點營養不良，體力較差的現象而已。但每個禮拜六學校下課後規定要大掃除，所以差不多要慢一個小時才能離校，本來應該要先吃一點東西才回家的，但我又認為回家有蕃薯簽飯可吃，捨不得花錢，仍餓著肚子趕路回家，故有不少次因體力不支而坐在路旁休息後再回家，到家吃午飯時已經下午二點以後了。吃完飯通常都要再到田裡幫忙農事，就算不到田裡工作，在家也一定要餵豬、餵雞鴨、撿豬屎、挑水、煮飯等等工作。禮拜天也是一樣，差不多都要去田裡工作，尤其是暑假更是天天都要到田裡幫忙插秧或除雜草等等，更加忙碌，所以胞弟俊傑常說：「當時的課本上有一課：『快樂的暑假到了……』，這一課的內容和我們的實際生活是相反的；以我們來說應該是『辛苦的暑假到了』才是。」我認為他說得很有道理。

念高等科時，我的成績乏善可陳，大概只在十名左右，只有漢文，由於生父克讀公的指導，所以在班上我的漢文成績相當不錯，漢文老師莊傳沛先生在授課前有時還很客氣地先和我斟酌新字的念法。我的歌也唱得不錯，在當時無論怎麼高的音，都可以唱得出來，所以音樂老師澁谷先生特別賞識，遇有學藝會時便要我出去獨唱。老實說，那時候我對歌唱很有興趣，學歌也特別快，每次老師教新歌時，我都最快學會，老師常叫我示範唱給同學跟唱。

帶領全班罷課

高一時，我曾做出一件意想不到的事，就是領導同班同學全體不去上課的事件。到現在我還不能了解，當時爲什麼會做出這樣的事。那個時候我只有十四歲，在鄉下，根本不知道世上有什麼罷課之舉，到了年事稍長後才知道這麼做是罷課的行爲，眞是意外事也。

事情的原委是這樣的：某個節日的翌晨，我到校看到一部分值班的同學在整理桌椅（因當時無禮堂，節日舉行儀式時必須利用教室，辦法是將兩間教室中間的隔板拆除並將桌椅移開，翌日再恢復原狀），大概是搬回的時間稍遲，日人老師田中來到教室要授課時，還有一部分尚未弄好，田中老師即大發脾氣，叫級長莊新樓到他面前問道：「爲什麼會這麼慢？」級長回答：「我今天也來遲一點，不知道。」田中老師馬上用力打他的臉，把他打得東倒西歪，兩頰通紅，可是老師還不肯罷休，又叫我們全班同學出去跑操場，他在教室的走廊下監視。大家跑久了力氣不繼，速度自然慢下來，他就生氣，走到操場用腳踢跑不動的同學，被踢倒的，還要馬上站起來繼續跑。田中老師的作法實在太過分了，我相信每一個同學的心中一定都很不滿。後來進了教室，田中老師還大罵我們一頓。

級長莊新樓是我的表兄，但絕不是因爲他是我的表兄所以我恭維他，他確實是一位品學兼優而深受同學敬愛的學生。他受此不明不白的體罰，我心中實在爲他感到難過，因此當天下課後我沒有回家而陪表兄到他的家（學甲）去，加以安慰，當晚就住在他家。翌晨起床後我向表兄說：「田中老師實在太沒道理，是不是去連絡同學，今天大家不要去上課。」表兄是一位極溫順的人，可能是一肚子氣難消，竟點頭同意。於是我們就提早到學校附近的馬路上等待同學，將我們的想法告訴他們，沒有想到每一位同學都表示贊成，馬上決定到學甲東邊郊外叫做東寮的地方去，起先大家坐在田埂上念了一下子書，後來大家在那邊挖水葱（小荸薺），並將個人所帶的錢提出來派人去買餅乾充飢，這樣過了一天。要分手時，大家又約定好明早還是帶書包在學甲市場邊集合後，再往過溪的苓子寮附近。（後來才知道罷課的那一天，由於一位同學住在學校後門附近，所以沒有連絡到，由後門進了學校，可是當他看不到同學後也就回去了，結果無人上學。）

反抗霸道無理的老師

第一天過去了，正要進行第二天計畫的早上，我們大家最敬愛的莊傳沛老師，受了土持校長之命，到表兄家來找我和表兄，他說：「昨天你們全班都沒有去上學，土持校長非常的煩惱。校長說你們的老師如果有什麼不對的地方，你們應該向校長報告，不應該集體不上課，這種事傳揚出去，對學校的名譽影響甚大，如果讓上級知道，校長的立場也很不好，希望你們今天就去上課。」我據實告訴莊老師說：「我們已經約好今天不上課，既然校長這麼講，我們可以去和同學商量一下才做決定。但是如果大家同意今天去上學，我們有一個要求，就是田中老師不能再打任何人，再打人我們就不再上學。」莊老師說：「大概不會，此事我會報告校長。」

於是我們三個人一起到學甲市場邊等候同學，不久大家都到齊了，就將校長的話及我們的要求告訴大家，大家都同意跟莊老師回學校。到學校時，他班的同學已經在上第二節課，我們進入教室後馬上把窗戶全部打開，預備萬一田中老師再打人時，大家要一起由門窗逃走。不久田中老師來了。平常老師一進教室，級長就會喊起立、敬禮的口令，那一天級長沒有喊口令，大家也都坐著，沒有人站起來。田中老師非常的尷尬，沒有講一句話，拿起算術課本就在黑板上抄題目，抄完回過頭來問：「誰會？」沒有人回答，他說：「你們昨天玩了一天應該會吧？」也沒有人回答，於是他就放下課本，離開教室。要離開時也沒有人起立、敬禮。不一會土持校長來了，級長喊起立、敬禮、坐下後，校長開始講話，大意是說：「此次發生這樣的事情實在是非常的遺憾。你們的老師如有什麼做得不對，你們應該找我，我會替你們做合理的解決，不應該集體不上課，你們這樣做，對學校的名譽影響太大，以後千萬不要這樣。這樣的事如給視學知道，我的立場非常不好，希望你們能了解此事，大家來維護學校的名譽。還有剛才田中老師來教室，你們不理他，這樣做是不對的，下一節課他來教室時，你們應該按照平時那樣做才好。」接著他又講了一些大道理，正好下課鐘響，校長接受我們虔誠的敬禮後離開教室。第三節課開始，田中老師再來時，雖然大家心情還存著緊張，但一切已回歸正常。

此事發生至今已六十餘年，我始終想不透當時爲什麼會有這股憨勇？是不是可以解釋爲：「由於當時的日本人優越感太重、太霸，我們年紀雖小，但時常聽到長輩說些被欺侮而不滿的話，積壓在幼小的心頭而自然湧出一股反抗的意識。」除此而外，我想不出答案。

要順便一提的是：罷課翌日，田中老師初到教室時，我看他的臉色，確實大吃一驚。在短短一天多之間，他瘦了很多，原本紅潤的臉和唇都變成紫黑，與平常完全不同，使我想到有人因憂煩過度而一夜白髮的故事，或許眞有可能。經歷此事，使我知道物極必反，凡事應適可而止，切勿過分，以及律己應嚴，待人應寬的道理。

上國語補習班

民國三十四年台灣光復，大家都歡欣雀躍，但是國語一句也不會講，感到非常的不便，當時我就對我們公司的同事說：「既歸祖國懷抱，做了中國國民，國語一定要學。」光復後第二年，在台南市永福國民學校內，我國的六十二軍政治部開辦一個「民眾國語補習班」，我馬上去報名，也勸公司的同事報名參加。

補習班的課我記得是晚上七點到九點，學期是三個月，男女各有一班，由ㄅㄆㄇ念起。當時我三十一歲，是班上年紀最大的三人之一。那個時候我的工作可說是相當忙碌，而且時常要爲商務到台北，但我對學國語非常認眞，只要有一點點空就拿起書本來

民國35年6月30日，結業於台南永福國校的民衆國語補習班，我在前排右起第十二人。

念，不論在公司或在家，就是每次出差，只要一有空就出聲的念。

我往台北大概都是乘晚上十點的夜車，我一定先去上完補習班的課後，才直接去火車站搭車北上。由台北回台南有時坐夜車，有時乘早上八、九點左右的火車，如乘坐日車，到台南大約已是黃昏五、六點鐘，我每次都是趕到公司，迅速將重要事情交代好，再跑到補習班上課，九點鐘上完課才回家吃晚飯。同時，我每次乘坐火車時，在車內也不怕難爲情，拿著教科書小聲的念著，我的堂弟吳丙寅君有時與我同行，看我那樣念法，就偷偷的告訴我：「不要這樣，會被人誤認爲是瘋子。」現在回想起來確實有點離譜，但是那個時候，我卻沒有理他。

眞是皇天不負苦心人，每個月一次考試，我都考第一名，因此被選爲班長。三個月期滿前一星期，老師決定要舉行結業典禮兼同樂晚會，老師派我爲主席，我即開始背誦〈國父遺囑〉及自己寫的一篇〈主席致辭〉。晚會那一天我就以國語念〈國父遺囑〉及〈致開會辭〉，這就是我用國語上台講話的第一次。我想講得一定不好，很意外的，當時永福國校校長鄭丙三先生卻稱讚說：「我當了校長到現在爲止，開會還沒有用國語致詞過，沒有想到你竟然在補習班念完三個月就可以用國語致辭……。」我自己也認爲這三個月確實是下過功夫，同時也認爲這麼用功並沒有白費，此後我在民國三十六年到三十八年間，因爲商務常到上海，便省去了很多不便。後來我的小孩要進國民學校前，也都由我先教他們念ㄅㄆㄇ。這三個月的補習，可以說使我獲益良多。

註：「蕃薯簽」是將地瓜用一種叫「菜搓」的工具削成麵條狀，曬乾後貯藏起來，可以食用經年，但味道會一天比一天差。起先因尚有一點甜味，也有一點香味，雖然比白米差得很多，但吃起來還不錯。可是經過七、八個月以後，香味已失而霉味漸生，實在很難下嚥。但因無其他更好的食物，在不得已的情況下，也只好以此充飢。最慘的是在第二

次世界大戰即將結束之際，因水災使地瓜腐爛失收，而由日本政府配給二、三年前所收購、貯存在倉庫的蕃薯簽（大家稱之為倉庫簽仔），此物不但甜香味盡失，霉味極重，而且已有很多蛀蟲在裡面。這種東西現在想起來，怎麼樣也吃不下，但是當時為了要維持生命，大家只好照吃了。

學徒生涯

我在學甲公學校高等科畢業前幾個月，接到胞兄修齊由台南來信通知：「新復發布行需要一個學徒（當時稱為囝仔工），是否要去？」父親告訴我說：「你既然沒有去考師範學校，而念公學校的高等科，就是在等待職業。雖說只要再念幾個月就可畢業，現在輟學有點可惜，但布行不能等你，等到你畢業時是否能找到這樣的工作，也難預料。是不是不要再念下去，就到台南去學生意？」老實說，我當時自己也沒有什麼意見，但是不曉得怎麼樣，我提議說：「是不是讓我去跟中洲國校末永猛校長商量一下？」父親表示同意，因為他知道校長對我很關心。

溫情的白布鞋

第二天，我一個人去拜訪末永猛校長，將要去台南當學徒的事告訴他，校長思考了一下說：「現在輟學雖然有點可惜，既然你的父親這樣說就這麼辦吧！學甲公學校方面，我會替你說明，將來或能發給你畢業證書。」校長叫我跟他到他的宿舍，拿出一個盒子，裡面是一雙新型的膠底白帆布鞋，因我赤腳不能試穿，他將鞋底貼在我腳底比一比說：「你要到台南去，我這雙新鞋送給你，雖然大一點，大概還可以。希望你到了台南，第一要認眞工作，第二要正直（誠信），第三要注意健康。我到台南的機會不少，有空我會去看你。」校長說了這幾句話，使我非常的感動，眼淚滾滾而下。拜別校長回家後，就將實情向父親報告，並決定翌日由父親克章公帶我去台南。

當時還是農業社會，大部分的人都是留在家中幫忙耕田，出外的人極少，所以我要離開故鄉，家裡的人都不放心，尤其是我的祖母、生母、母親更是依依不捨，一再叮嚀說：「在家日日好，出外朝朝難，應多保重，如不習慣或有什麼困難，就儘快讓家裡的人知道。」於是，我就隨著父親克章公走到中洲，去搭糖廠的小火車，經由學甲、佳里、麻豆、總爺，到番子田（今之隆田）改乘鐵路局的大火車前往台南。這是我第一次坐火車，也是第一次到台南，看到二、三層樓的樓房，看到很多人來來往往，看到很多的店舖陳列五花十色的商品，眞像劉姥姥進大觀園，樣樣都感到新奇。

我的生父克讀公及胞兄修齊那時已在台南新復興布行工作，所以我們就先到台南抽簽巷新復興布行找他們，並拜見新復興布行老闆侯雨利先生夫婦及宗親吳丁合先生。吳丁合先生當時是新復興的掌櫃，他們都非常親切。談了片刻，由生父克讀公帶我和父親克章公一起到新復發布行，拜見老闆侯基先生。侯基先生是一位克勤克儉、白手成家的長者，他當時已有三、四十萬元之財富，在台南市的布行中是首富，但生活仍然非常儉樸，工作非常認眞。當天晚上我就住在新復發布行，隔日就開始學做生意。父親因爲農忙，於翌日返回故鄉。

常因思親而流淚

新復發布行營業額雖然不少，但只用八、九個人，工作相當忙碌。我們下級人員並無臥房，是晚上十一時把店門關起來以後，將櫃台作爲臥舖用。每天早上六時起床後，要先收好舖蓋，開店門、打掃地面、灑水、通水煙筒、揩油燈的煤煙、倒痰壺、倒尿壺、整理布疋、去醬料店買早

新復發布行老闆侯基先生，是當時台南市布行中的首富。

餐用的醬菜，吃完早餐後就開始做生意。

我初來時因不懂生意，只聽上級人員的差使：搬布疋、捆布疋、開箱、裝箱、跑銀行，有時也當雜差，如老闆出租的房子修理時，要當小工、搬磚頭，也要將所有的廢料垃圾，拖人力貨車到運河邊去倒等等。如此這般，從早忙到晚，但因比在鄉下時吃得好，工作亦不比鄉下粗重，均可應付裕如。

只是黃昏時候，工作較爲清閒時，常興起思親之情，而獨自偷偷的爬上布行的頂樓，面向遙遠的故鄉凝視沉思，想念家中的祖母、父母親及所有的親人，有時甚至情不自禁而淚下。

另外，每日不足七小時的睡眠也讓我極不習慣。尤其是我到職不久後，侯基先生之太夫人仙逝，依古例就在布行內設壇致祭多日，每晚均超過午夜，我們要聽候老闆差遣，不敢先睡，況且也無地方可睡，眞是頗感爲難。有一次實在無法再忍耐了，又正好沒有工作，我就躲到大櫃內去躺一下，雖然大櫃旁正在敲鑼打鼓，還是一下子就睡著了。所以我認爲有失眠症的人，不要著急，應等到很睏的時候再去睡才對。

也許由於工作太忙又睡眠不足，上任未及三個月，我就發生中耳炎，一年後又患了嚴重的關節炎而不得不住院，在健康上可以說是很不順利，但我對工作卻是十分的有興趣。在此我特別要將患關節炎的經驗略述一下，以便比一比今昔醫藥差距之大及親恩之宏深。

因關節炎而開刀

有一天，老闆的婢女（當時稱爲查某嫺仔）不知迷路或逃走，從早上出門到下午仍不見回來，老闆命我們出去尋找。我不敢怠慢，很認眞地到處去找，到晚飯時尚無法找到，便折回店裡吃飯後又出去找，可是到晚上十二點仍未能找到，不得已，只好返回店裡向老闆報告，然後就寢。翌晨，同事喚醒我，我由櫃台下來，左腳一著地就感到一陣難以忍受的刺痛，不禁大叫一聲而蹲在地上，全身大冒冷汗。同事扶我坐在一條大板椅上，問我何事？我將實情告訴他們，他們都說可能是扭了筋，我自己亦認爲大概如此。後來老闆出來問明後，即叫同事把我扶上三樓高級職員宿舍休息，並派人去請一位接骨師來爲我推揉，還貼了膏藥。

不料，是日下午傷部（在左膝蓋）即開始紅腫，痛苦萬分。當時生父因健康關係已返回故鄉不在台南，胞兄來看我後，立即託人回故鄉通知家人，父親接到通知馬上就由故鄉趕到台南，問明情形並與胞兄商量後，就去請外科名醫黃金火大夫來診，黃大夫一看便說：「這是最近流行的關節炎，已經蓄膿所以很痛，現在我將膿抽出來，打一針並服藥，如果這樣能化膿消腫就好，否則明天就要動手術。」黃大夫在我膝部打入注射針，抽出不少黃色膿水，膿水抽出後疼痛立止，痛苦全除。不料是夜十二點以後又慢慢痛起來，天亮時已如昨日之痛苦，因此父親就將我背到黃大夫診所（現在的民權路共和病院），黃大夫非常的勤快，馬上命令護士準備開刀。這是一項小手術，故只用局部麻醉，在黃大夫動刀時，我一點都不覺得痛，據父親云，黃大夫割了幾刀，裡面的膿就如泉水噴出，父親及胞兄膽量好，還很自在，倒是在旁邊看的姐夫莊丁太先生，受驚頭暈，離開了手術室。

重回新復發布行

開刀後我就住在該院的病房，爲時一個月。這段期間，母親由鄉下趕來細心照顧我，胞兄修齊有空也常來探望。當時的醫藥和現在相差甚遠，我的傷口約有二寸深，手術後爲了讓裡面的膿水可以流出來，所以插入一條橡皮管，也插入藥布，每天要將舊的藥布及橡皮管抽出來，再換新的進去，抽出時痛苦較少，插入時其痛難當。而我的左腳要彎曲靠在牆上不能伸直，將近出院時，下床試行已不能行，必須使用枴杖，父母親非常擔心我會變成跛子，黃大夫卻很自信的表示，因爲及時開刀，而且是年輕人，過一段時間一定會復原，可免掛意。

離開醫院後，先到吳金台先生尊翁吳政宗宗兄處住兩夜，又往佳里二姐夫王金長先生處住兩夜，才回故鄉新頭港仔。起初一個月都要拄杖，兩個月後才免用杖子，可以自由走路，但左足仍不能完全伸直，走路還有一點跛。在新頭港仔養病的三個月間，曾經數度接到老闆侯基先生來信探詢，並說如足疾復原，希望能早日再回該行工作。

回憶我在該行工作中，受侯基先生及其寶眷與掌櫃莊新宇先生的教誨及愛護之情，我與父母便商量是否可以再去台南工作，父母親並不反對，只是再三吩咐如遇困難應速回報，於是我又回到台南新復發布行重過學徒生活。

升任帳櫃仙

回布行後，我比以前更加賣力，稍有一點剩餘時間就對珠算、毛筆字更加用功學習，並常到帳櫃房，站在管帳務（俗稱帳櫃仙）蔡先生的後面看他如何記帳，如何轉帳。經過將近半年，蔡先生另有高就，有一天，老闆侯基先生叫我到他面前說：「帳櫃仙蔡先生已辭職，此後帳櫃的工作要交給你做，希望你好好的幹。」我感到非常的意外，向他說：「基伯，您的好意萬分感激，但我沒讀過商業學校，也未曾經過訓練，我無法擔此重任。」他說：「我默察你許久，認為你有此能力，你可以放心盡力去做，如果有什麼困難，可以提出來大家商量。」此時在旁的掌櫃（總經理）莊新宇先生也勸我說：「你不要怕，可以接起來做。」因此我可以說是「初生之犢不畏虎」，在十七歲就擔任新復發布行的所謂「帳櫃仙」，實在汗顏。所幸我在擔任此項工作期間，未發生什麼大過，勉強可以報答老闆及莊新宇先生知遇之恩於萬一。

我任學徒時月薪三元（每日一毛錢），升任帳櫃後，月薪變成十元，一跳就是三倍多，眞是幸運。但我的支出一點都沒增加，原來每月薪水三元時，每月可寄二元以上回家，補貼家用。月薪升爲十元時，我每月可以寄九元以上回家。當時食、住都由布行供給，自己也不敢隨便去買零食，衣服自己洗，不買鞋來穿，可說是節省至極。那時我一直是穿日本式的木屐，穿那種木屐，路一走多，木屐腳容易磨平，故每次買木屐時，我就先去腳踏車店索取他們廢棄不用的輪胎橡皮，釘在木屐下面以防磨損，木屐鬃也用黃麻或布帶及樣本布，自己縫製，不必花錢。可以說除了理髮、買肥皀、牙粉、做幾件粗布衣褲、買幾本書，以及過年夜結算弄好後，去看一年一次的電影外，別無花費。

在此我也想到俗語所云：「大角色向夯旗軍的借錢」（意即，名伶反向跑龍套的借錢），就是說名份的收入雖較多，如不知節儉儲蓄，花費無度，則反而要向收入較少的小角色借錢花。我自己知道每月薪水三元，一天只賺一毛錢，不可不節儉，除極需要者外，不花任何錢，所以每月都有錢寄回家。而我的同事，有的花費成性，薪水比我多的人竟也向我借錢，可見節儉有多重要。

多看、多做、不計較

我升任帳櫃之後，本來可以不必再參加每天由學徒做的開店門、掃地、灑水、倒尿壺、倒痰壺、通水煙筒、收鋪蓋、買醬菜、跑銀行、雜役等工作，但我照舊睡在櫃台上，一切工作照做，所以上上下下對我都有好感，連二位老闆娘的私房錢之出入，如去銀行存款、放款收利息等工作，都要我幫她們去做。可能是她們對我處事謹慎有信心。

爲什麼老闆會將帳櫃的工作交給我這麼一個全無經驗的人做呢？據說是在我當學徒時，有時店裡要出貨，而帳櫃仙不在，我時常自告奮勇開發票，在我不知不覺中，老闆已檢核過好多次都未發現錯誤，而且字跡也寫得還清楚，所以對我產生信心。可說是因我肯學習、不計較工作、不計較報酬所得到的好處。所以其後我常勸我的同事，在自己工作做完後，應幫他人多做些事，不但可以多學習，有時也可得到意外的好處。吳三連先生常說：「人在社會上工作，不要先計較報酬，應先盡心奉獻，到時候就自然會有報酬。」信哉斯言。

我擔任帳櫃後，有很多推銷員從台北或日本帶布疋樣本到布行來推銷時，我都很誠懇的協助他們做一些零碎的工作，老闆在翻閱樣本時，我都盡量站在他的旁邊學習他如何選貨、如何還價。又因老闆未受過日本教育，日語不通，我也可在旁協助翻譯，耳濡目染，採購的技巧也就學會一、二。同時，雖然我擔任的是管帳務的工作，但一有空就與店內的推銷人員在櫃台，協助他們推銷貨物，有時也自己單獨推銷，因此對推銷也有些心得，漸漸更受老闆和掌櫃的信任，年年升薪，年終亦比其他同事得到較多的獎金，因此雖然我的工作量相當沉重，心情上卻是非常充實而且輕鬆愉快的。

師恩難忘

我在台南當學徒期間，末永校長眞的來探視過幾次，給我鼓勵很多，而且告訴我說：「你雖然沒有念完高等科，但是學甲公學校特別准許發給你畢業證書，如回故鄉，可以到學校領取。」也許因爲我不太重視畢業證書，又一天忙到晚，結果到現在也沒有去領，不過學校的好意和末永校長的關懷，我是非常的感謝。

在這裡應該特別一提末永校長的事。末永校長爲人非常慈善，看不出一點當時在台日本人慣有的優越感，對所有的學生和家長都非常和藹，很受大家的敬重。

不擺架子的日本校長

大約在我到台南學做生意四、五年後，他改調北港飛沙國校任校長，以後他就很少到台南來。在盟機大轟炸期間又改調佳里附近的番子寮國校，當時恰好我轉往佳里鎭公所工作，每個月都可見幾次面。民國三十四年，日本無條件投降以後不久，他就接到應做好待遣送返日準備的通知，因爲物價日漲，他的生活似相當困難，所以我就常帶些吃的東西送給他。

有一天我再去找他時，才知道他已在前天離開該地，也不知被送到什麼地方去待船返日，只好失望而歸，最感遺憾的是，沒有請他將日本的地址留給我。後來託朋友在北門區公所檔案中查到他的地址，就寫信給他，其地址是廣島縣吳市，是軍事要地，我想該地區可能已被盟機炸得稀爛，信件或許無法送達。不料，信寄出後約一個月就接到校長的親筆回信，感到非常的欣喜。信內說他的鄰居房子差不多都毀了，他的家卻沒有受到太大的損害，稍加修理後就可居住，眞是幸運，不然的話那就太慘了。他提及日本由於戰後復員，人多事少，就職很難，他幸好能在町役場（我國的鄉公所）找到一個很普通的工作，勉可維生……。

民國57年11月19日，與太太赴日探望恩師末永猛校長賢伉儷。

從此以後，我們之間常有書信往來，

我也每年寄些東西給他，其中最令他高興的是接到烏魚子的時候。他在信上說，烏魚子在他們鄉下地方，不要說吃，連看都無法看到，假如看到也無法碰它，因爲那個時候日本烏魚子的價錢貴得離譜，所以每次接到我寄去的烏魚子，他都先敬祖先以後才分開做幾份，送給至親好友共享口福。

後來我和內人曾經到廣島吳市去拜訪他，請他們全家到旅館聚餐，並留兩老在旅館過夜談天，唱幼年時所唱的歌，眞是高興之至。

無緣重遊台灣

二十多年前，日本政府開放一般人出國觀光時，我們兄弟決定請校長伉儷來舊地重遊，並看看光復後台灣的進步情形，乃由我執筆，兄弟四人聯名，寄出邀請函。不料回信的不是校長的筆跡，而是校長夫人寫的，信中云校長在半個月前患了中風症，生命大概沒有問題，但是暫時無法前往台灣觀光……。既然如此，只好等待校長康復後再說。我除託朋友致送一點慰問金外，翌年又和內人再去看他，那時他已可拄杖步行，深望能日漸痊癒而完成來台灣觀光之願。

可惜在翌年的某一天，接到其令郎末永卓次先生的國際電話，說校長已經於前一夜去世，訂二日後出殯，我大爲哀痛，一時也想不出如何安慰他，只有請他轉請校長夫人節哀順變。通話後我除了打出悼電外，再掛電話給大阪的一位同事，告訴他說我因台北有事未能前往，請替我們兄弟代備祭物及香奠前往吳市代爲致祭。

又隔兩年的十月，我們兄弟共同邀請校長夫人及其令郎末永卓次先生來台，到各地觀光，並由宗弟丙寅君陪他們參加雙十國慶閱兵大典，他們非常的高興，並讚揚典禮之盛大。旅台十日，他們除遊了台北近郊外，曾經到過花蓮、台中、台南等地。再過八年，在通信中校長夫人雖未言明，但可看出她似有意再來台觀光一次，我和兄弟商量後，大家認爲如她的健康許

民國73年4月17日，與太太（左二）、大哥修齊（左一），陪同校長夫人及其三位千金同遊台南縣南鯤鯓廟。

可，歡迎她再來一遊，我即去信邀請，並請她帶女兒同行以便照料。民國七十三年四月，校長夫人和她的三位女兒一起前來觀光；因爲她的女兒有的在台灣念過國校和高女，所以都很想來看看。我們兄弟大家陪他們到各地觀光，她們看到台灣的繁榮進步都非常讚美，尤其重回她們的母校時，雖然舊貌已經不存，卻仍依依徘徊，留戀不捨。現在彼此還是常常通信，希望不久的將來，我們能再去看她們，或她們再來台相會，並看看台灣更進步的情形。

第3章

參與的事業

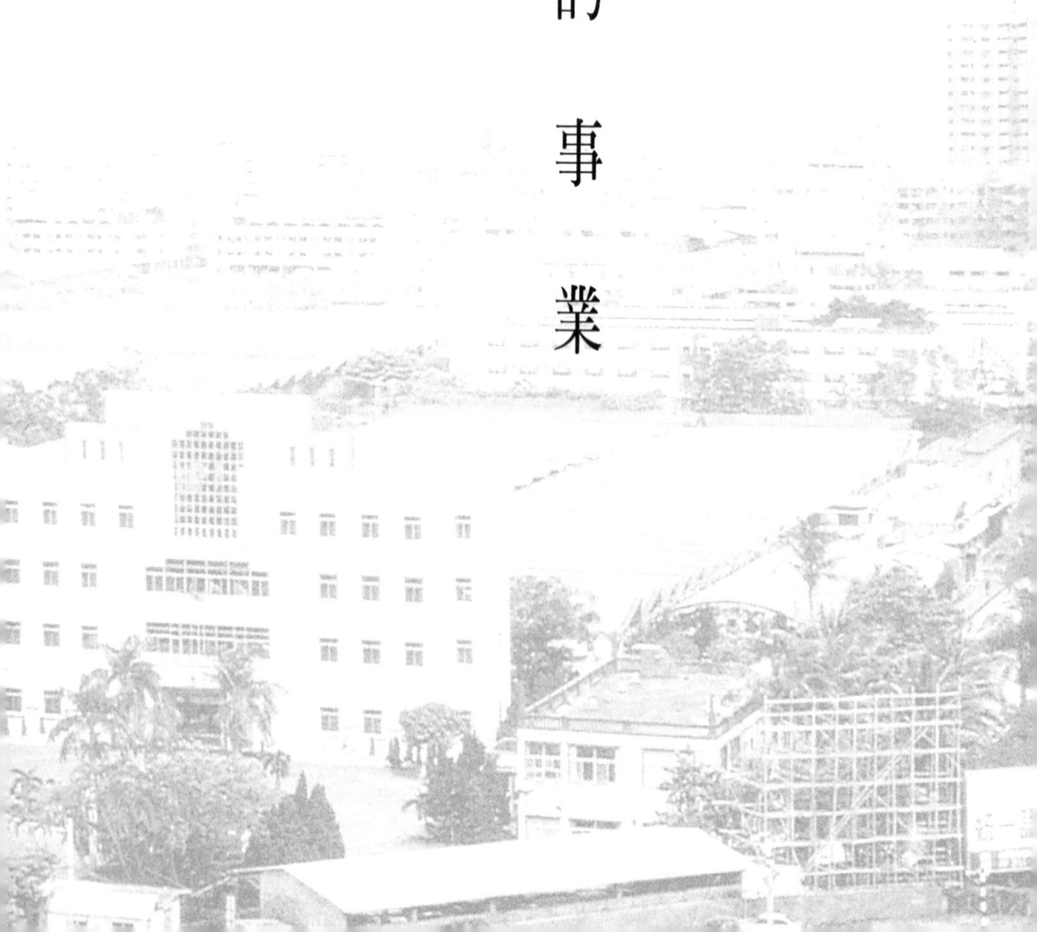

民國二十三年，我與生父、胞兄弟等合資創業「台南新和興布行」，
克勤克儉，奠定事業基礎。

民國四十四年，與侯雨利先生、胞兄弟及親友等成立「台南紡織公司」，
推選吳三連宗叔爲董事長；

其後擴大投資，四十九年再設立「環球水泥公司」；

並且陸續參與籌設坤慶紡織、德興企業、台灣針織、南帝化工、
新和興海洋、環泥建設、南台技術學院、萬通銀行……等公司，
成爲外界口中的「台南幫」企業集團。

日治時期的新和興行

新和興行設立於民國二十三年春。

民國二十二年底，我的生父、父親、九叔父、二姊夫、胞兄等商議決定共同投資設立布行，並決定命名爲新和興行，於民國二十三年春開業。開業前我向老闆侯基先生請求准予辭職，承蒙核准，胞兄修齊亦商得新復興行老闆侯雨利先生同意，胞弟俊傑亦商得新義興布行老闆潘漢先生同意，圓滿離開，均於二十三年春參加新和興行之工作。

合資創業

對我們三兄弟之辭職，三位老闆都頗有不捨之意，但因我們不是跳槽而是要自行創業，所以皆獲諒解，不過對於他們所賜予的照顧，我們都衷心感激。

新和興行的行址，最初設於台南市永樂町的外宮後街（嗣後爲配合業務需要，曾經數次遷移）。

當時設立的資本金爲四千五百元，係由生父克讀公、父親克章公、九叔父章興公、二姊夫王金長先生、大嫂的尊翁賴華公、大嫂吳賴蓮樵女士等所投資，由我的生父克讀公爲代表人兼管帳務，胞兄修齊爲掌櫃，我爲外務員，胞弟俊傑管總務兼銷貨員。由於資本較少，實在很不容易經營，不過由於我們同心協力，勤儉誠信的經營，業績尚稱平穩。

不料第二年，由於我經驗不足，受東港某布行欠下鉅額的帳款未能收回，吃虧甚大，影響我們的營運頗鉅。所幸我們能咬緊牙關，刻苦奮鬥，終能起死回生，眞是萬幸。因有此次慘痛之經驗，使我們往後對任何事均採取比較小心的態度，幸各公司同仁大都能了解此中利害，特別對放帳方面較少失敗。

因戰爭而暫停營業

胞兄身爲掌櫃，除時常要到台北、日本去採購外，還要幫生父調度頭寸及照顧店面生意，日以繼夜，實在忙碌。當時每家布行大都用二人分任南北部外務，每月出差各二次，新和興爲節省費用只有我一人兼南北部，每月要出差四次推銷布疋及收款，所以加倍的費力。

新和興行設立三年後，爲業務上之需要，遷至民權路（原稱本町）營業，因爲生意擴展，增加了人手，表弟莊昇如就是那個時候來幫忙的。民國三十一年由於第二次世界大戰爆發，布疋來源漸減，日本政府依據過去幾年各行之營業實績，組織台灣纖維統制會社，新和興行亦於民國三十一年十二月二十九日被指定爲該會社代行店之一而得繼續營業。民國三十三年，戰爭轉趨激烈，布疋來源已斷，於三十三年八月取消代行店，而停止營業。

光復後的新和興行與三興行

民國三十四年八月十五日台灣光復，給整個台灣帶來了歡欣鼓舞的新局面，尤其是佳里族親，既是名醫又是知名文人的吳新榮君更是高興萬分，他爲慶祝光復及籌組三民主義青年團，亦請各校老師於夜間分赴各村集合同胞教唱國歌及慶祝台灣光復歌，以備民國三十四年十月二十五日慶祝光復之用。我記得當時慶祝光復的歌詞如左，至可描述萬民歡騰的景象：

台灣今日慶昇平，仰首青天白日清。
六百萬民同快樂，壺漿簞食表歡迎。
哈哈到處歡聲，哈哈到處歡迎。
六百萬民同快樂，壺漿簞食表歡迎。

吳新榮君為此事廢寢忘食之外，還捐出不少私財來辦公事，我也曾經在佳里幫忙他處理一些雜事，後來我向他說我學的是生意，還是去經商才對，得他同意後即重新開始我的工作。

重新起步——轉售砂糖

我的第一項工作就是往佳里糖廠拜訪松田所長，詢他是否有什麼東西可以出售？他回答說，依上級規定，一切物料均不得出售，唯有砂糖可以出售。他即派人帶我去幾處堆糖的倉庫，倉庫有牢固的，也有臨時以竹材為骨幹，極簡陋的建築，倉庫內的糖也只有一處是用麻袋裝的，其餘多處是用草袋裝的，而且因為擔心盟機空襲起火，糖袋上全部用砂土覆蓋，只有以麻袋裝的那一所倉庫未用砂土蓋在上面。看完後，我即再去找松田所長，表示要買用麻袋裝的那一間倉庫的全部砂糖。當時市面售價每斤舊台幣約七毛錢，他開價五毛，我認為倉庫內的砂糖因堆存過久，每袋都已流出糖汁，以後要出售，一定要再經過整理，經整理後一定會有減重之損失，於是要他再算便宜一點，他表示不能再低，我就決定買了，並約好明日付定金。

不料翌日，松田所長告訴我說：「佳里有一批人（據說是全體保正，即現稱里長）

共同前來要買糖，他們也是看中那一座倉庫的砂糖，我告訴他們該處砂糖已出售給你，但他們堅持要買，幾經談判的結果，他們已同意與你平分，而價錢則比每斤五毛錢爲低，只有三毛，希望你能接受。」我內心雖然不大高興，但亦知松田所長是不得已才這麼做的，爲了息事寧人，我就答應了。

不久之後，即有小型機船往來於大陸與台灣之間，由大陸運來土布，由台灣運去砂糖，因此該批砂糖確實賺到一點錢。現在回想起來，當時我的膽識實在太差，如膽量大一點，可先付一些定金給糖廠，將那些蓋砂土的砂糖也多買一些，則利益將會大得多。但老實說，我是相信財有定數，不能貪，也不能強求的。

砂糖購買後，我先在佳里租民房爲倉庫，並改裝入乾淨的麻袋。這項改裝工作，我請在塭子內經營馬車店的堂兄擇三來幫忙雇工進行。在我們族內，他排行第三，我稱他三哥，他因做事勤快，而且在佳里地區人地皆熟，處理事情有很多方便性，確實幫了我不少忙，到現在我還非常想念他。後來他到中壢我們經營的坤慶紡織公司工作，民國四十三年六月，吳三連先生在台南縣第一次競選省議員時，我請他到佳里助選（選舉結果，吳三連先生順利當選），選舉過後兩天，他由台南市騎機車返回中壢途中，不幸於台南的六甲頂附近被汽車撞傷，傷勢嚴重，經送入台南醫院急救無效而仙逝，使我萬分哀痛。

馬不停蹄奔馳百餘公里

砂糖經整理出售後，我即暫回新頭港老家休息。有一天，我想該到台南市去看看有什麼生意可做，即於清晨六點左右，由故鄉新頭港仔騎著破舊鐵馬經學甲、佳里到台南市。經過外宮後街高娗齊先生所開的永興成行時，忽然看見該行存有一大堆肥料，我立刻想到在戰爭末期，高雄市楠梓的顧客邱存先生曾經說：「現在如有肥料可售，定可獲大利。」故進入其店內，問明價格及數量後，即請高先生保留所有肥料，暫時不要出售，明天等我的消息。得其同意後，我馬上踏著破鐵馬直奔高雄楠梓，到楠梓邱先生店內，始知他在故鄉三奶壇老家，我又馬不停蹄的再向三奶壇前進。到了該地，邱先生果然在家，即開始談肥料生意，他決定購買總數的三分之二，並先付我一部分定金。這時已經是下午四點，他留我過夜，我未敢接受其好意，回頭直向台南奔馳。

自故鄉出發到此已花了將近十個小時，體力已消耗殆盡，時值冬季，北風甚強，回程是逆風，而且道路因戰爭的關係破壞嚴重，柏油路已變成砂石路，崎嶇難行，以致我滿身塵埃。回到台南已是晚上十點左右，一天之內騎破舊的腳踏車跑一一〇公里路程

（故鄉新頭港到台南市約三十公里，台南到楠梓再到三奶壇約四十公里，回程由三奶壇到台南也是四十公里，共計約一百一十公里），這是我一生之中僅有的一次。回抵台南後，飢渴交加，極爲疲乏，即往水仙宮廟邊的麵攤吃米粉湯，第一口米粉湯入口，香甜無比，但一咬下去才知嘴內砂粒很多，眞是啼笑皆非。

台灣光復後我曾數次到台南市，因我們原住的地方已被炸毀，故每次都到宗兄吳丁合先生的府上打擾，他們一家都非常親切的招待我，其盛情確使我銘感五內。是夜仍往吳丁合宗兄處借宿，翌日清晨即趕往高烒齊先生處，將全部的肥料訂購，並預約日後如再有貨優先售我，其後果然尙有一批，高先生也依約交給我，這些肥料我又是請三哥替我在佳里附近銷售，很快就銷售一空，又得到了一些利潤。是時正好內人懷有四男春甫在身，健康甚差，在故鄉看醫生要走一小時以上的路程，非常不便，遂於肥料生意結束後即將內人及三個小孩帶到佳里，向黃送先生租屋居住，我於翌日即前往台南開始我四處奔波的商人生涯。

再掛布行招牌

因爲我過去所做的是布疋的生意，故仍嚮往於經營此業，不久後即與胞兄修齊、胞弟俊傑、宗弟丙寅、宗侄元興等，到彰化、新竹、台北，四處搜購舊存的纖維製品，不論布疋、成衣、毛巾、毛氈均予收購，運回台南出售給布攤，業績尚稱良好。這項工作雖然相當辛苦，但精神卻極爲愉快，因已光復又無空襲之威脅，故在光復後極短時間內，很順利的得到一點利潤。

民國三十五年大陸布疋逐漸運台，我們即再掛起新和興行的招牌於台南市西門町的西門市場內（因民權路受空襲損毀尚未復建），再次恢復營業，由胞兄修齊任代表人，並由他與我輪流駐北，擔任採購工作。新和興行是光復後在南部地區第一家重新掛起招牌的布行，所以在台南州與高雄州內所有的布商差不多都要到新和興來交易，生意確實相當興隆。四弟俊陞、堂弟文財，及大嫂的表弟高清愿等先生都在那個時候來店裡幫助，呈現出一片欣欣向榮的景象。

台北三興行與上海三興行

民國三十六年，由於胞兄提議，我們先後在台北及上海成立三興行，上海由我的二姊夫王金長先生常駐負責，由胞兄、三弟及我輪流前往上海採購紗布運台，供應台北三興行及台南新和興行的銷售。在那個時候來台北三興行幫忙的有侯仙助、顏岫峰、吳金台、王榮田、侯海全、侯茂生、吳振良、蔡壬癸（蔡先生大部分時間派往上海三興行工作）等先生，大家都非常勤奮，充分發揮團隊精神，可以說是值得回憶的美好時光。

不料，大陸情勢逆轉，民國三十八年政府遷台，紗布來源斷絕，王金長先生亦由上海撤退返台。正苦無生意可做時，幸好政府及時開放對日通商，我與一些同業（侯雨利先生亦同行）參加第一批的觀光團（當時中日沒有邦交，故以觀光簽證赴日），搭機赴東京轉大阪採購紗布。是時韓戰尚未爆發，日本紗布價格尚極便宜，運台後都有相當之利益，以我們當時的實力，如能勇往直前的做下去，定可獲得很大的利潤。但由於當時的局勢頗不安定，使我們有種種的顧慮，所以決定歇業待機，誠屬可惜，亦可說是財有定數，「錢四腳，人兩腳」，不能勉強。

從復業到歇業這段期間，可以說是新和興行業績最輝煌、最鼎盛的時期，南部各地的零售商到台南一定要到新和興，往台北的零售商也非到三興行看看不可。而且由於我們上海、台北、台南連絡非常緊密，行情靈通，有很多同行都要以我們的動靜爲依據，連採訪行情的新聞記者也差不多每日都到三興行來報到。當時記者之中我尚記得的有洪震宇、黃巳城、黃耀鏻、雷樹水、林笑峰、卓宗吟等先生。歇業後，一些年紀較輕的同事不願靜待、另組行號者有：吳元興與高清愿先生等組成台南德興布行，侯仙助與吳金台、王榮田先生等組成台北三豐布行，吳丙寅與吳振良先生等組成建豐布行等等。

民國三十九年韓戰爆發，美國第七艦隊開入台灣海峽，情勢轉趨穩定。我們於是在台北成立台北新和興行，專營紗布進口，且將三豐行吸收合併，專營紗布的批發。由於大家都很勤奮，合作無間，業績仍相當良好。至民國四十一年初政府管制紗布進口後，台北新和興行才改營紗布以外之物資進口，如鋼板、白鐵皮、白鐵絲、黑白鐵管、奶粉、平板玻璃等等，在當時的進口量可說是全省數一數二的。

高級幹部的養成所

在此應特別一提的是，新和興行很多同仁都是工作不嫌多，薪水不嫌少，大家的心裡只有為公司的發展而努力，別無他念，也因此，後來有不少同事均成為各有關公司之董事長或總經理，或自創事業擔任董事長或總經理，因此使新和興行獲有「董事長和總經理的養成所」之雅譽，這個額外的收穫也使我無限的高興，並感到與有榮焉。

新和興到民國七十三年，正滿創業五十週年，因此曾於七十三年國曆元旦，在高雄國賓大飯店國際廳舉行慶祝創業五十週年紀念大會，翌晨全體人員到高雄市文化中心拍紀念照片後，前往墾丁公園遊覽，是夜再宿於高雄國賓大飯店，元月三日才解散，各自

民國73年元旦，新和興行慶祝創業五十週年紀念大會。

去訪親或觀光。

新和興行爲配合實際需要，於民國六十三年十二月改組爲新和興商業股份有限公司。又爲配合我政府發展遠洋漁業的政策，由原股東共同出資，於民國五十五年四月成立新和興海洋企業股份有限公司，並於民國七十年二月成立新和興投資公司。以上兩公司，投資的對象爲九和汽車公司、福特六和汽車公司、利華羊毛工業公司、環球水泥公司、坤慶紡織公司、台南紡織公司、新力公司、新格實業公司、新記公司、台灣小池電器產業公司、台灣針織公司、台灣丸松公司、統一租賃公司、統一電腦公司、昭信公司、松影公司、中國海產公司、綸欣實業公司、新歐企業公司、南帝化學工業公司等。由於各公司董事長領導有方，總經理以下全體同仁共同奮鬥，業績尚稱良好，殊深感謝，希望大家能更加努力使公司更發展，更繁榮。

台南紡織公司

從販賣到生產

由於紗布之長期管制進口，台北新和興行除進口其他物資外，開始想要配合政府的政策，設立工廠發展經濟，增加就業機會，提高國民所得。但到底從事什麼工業好呢？眞是煞費苦心。正在思慮之中，民國四十二年政府決定允許新設兩萬錠紗廠，我們立即決定向政府申請一萬錠。

斯時棉紡業的利潤不錯，所以爭取的人很多，政府也很難決定，我們一再向當時的主管當局紡織小組的王士強先生說：「北部已有數家紗廠，而南部雖有不少的織布廠，但紡紗廠尚付闕如，在經濟上及軍事上，紗廠應分散於全省各地最爲有利，請特別考慮。」並以胞兄修齊在台南所蒐集之各用紗戶之陳情書及縣市議會之陳情書作爲附件，努力爭取。後來政府就是依此原則而決定在中部的豐原批准設立裕豐紗廠，在台南批准設立台南紗廠。從申請至獲准共花了一年多時間，實在得來不易。

我們在申請時，即先在台北新和興行內設立台南紡織公司籌備處，恭請吳三連先生爲籌備處主任委員，公司正式成立後，即推選吳三連先生爲董事長，並聘請胞兄修齊爲總經理，全體董監事都能推誠相處，工作同仁也均能努力工作，故不論產銷都極順利，殊堪欣慰。至民國六十四年，胞兄修齊因健康關係改任副董事長，另聘鄭高輝先生爲總經理，鄭先生壯盛之年，經驗豐富，經營有方，的確是一位不可多得之才俊，值得同慶。

突破重重難關

台南紡織公司至今營運順利，業績頗佳，殊堪欣慰，可是回想設立當初之困難情形，實在令人感慨萬千。因當時正逢政府外匯極爲缺乏，不能撥外匯給我們向國外採購機械，因此爲找自備外匯而煞費一番苦心，最後經陳重光先生介紹，找到台灣區煤礦公會出口煤炭所得的外匯，幾經交涉才將該筆外匯購買下來，且由中信局經理陳錫康先生、林芳伯先生介紹我去向任職於農復會的蔡一鶚先生購買美國教會捐給台灣教會的一筆外匯，才勉強湊足二十多萬美元，將機械款匯出，並由胞兄負責進行購買廠地、建築廠房之事。當時的設計師是我政府所留下來的日本人梅澤先生。

總算皇天不負苦心人，設立紗廠獲准了，採購機械的外匯也有了，但紗廠所需的原棉，當時除由美援會配給外別無其他來源，可是美援會因種種的關係不能及時核配給我們，拖延了很久，以致我們爲此大傷腦筋。

正在爲不能如期獲配原棉而勢將導致延期開工而焦慮萬分之際，有一天（大約在民國四十四年十一月），在台灣區染整公會開會時，六和紡織公司的宗仁卿先生問我說：「南紡何時可以開工？」我即將建廠及機械安裝的詳細情形都據實向他報告，並說我們原預定在今年十二月開工，但因美援棉花的核配延緩，所以可能無法如期開工。不料宗仁卿先生竟馬上告訴我說：「我可先撥三百包借給你們，不夠再說，你可立即囑咐南紡的人，與六和的孫照臨一起到美援會辦手續。」我感到非常的意外，以爲聽錯了，因爲當時棉花紡成棉紗有相當高的利潤，三百包的利潤不是一個小數目，但事實擺在眼前，一點也沒有錯。

我當時實在不知該如何向宗先生表示謝意，只有懷著萬分感激的心情接受一項使我永久難忘的美意。我回到公司時，南紡的台北辦事處郭主任超星即走過來告訴我說：

「剛才六和紡織公司孫先生曾經來電話說，宗老闆吩咐要借給南紡棉花三百包，要我和你到美援會去辦手續。」由此可見宗仁卿先生爲人之誠信，及其對同業相助的美德，這種同業相助的精神，如與一些「同業相妒」的人比起來，實在是相差何止十萬八千里。宗先生的高超人格及其恩惠，使我們萬分的敬佩，永誌不忘。

取之社會，用之社會

本公司歷年來經有計畫的擴建，並於民國七十四年承購世代化工公司之聚酯絲廠及七十五年承購南允紡織廠，現有設備已有紡紗錠二十萬零八百七十二錠，空氣紡紗錠三千四百錠，織布機三百七十四

工廠公園化是台南紡織公司的特色，希望員工在工廠工作時能有好的工作環境及學習空間。

台，聚酯棉日產一百五十公噸，聚酯絲日產三十公噸，同事計有三千人，因全體同仁的通力合作，產品品質優良，業績甚佳。

本公司爲擴展業務，於民國六十八年十一月成立南紡企業公司專營分期付款業務，同時也成立南紡租賃公司專營租賃業務，均公推吳三連先生爲董事長，吳修齊先生爲副董事長，聘鄭高輝先生爲總經理，雖業界競爭非常激烈，但由於鄭總經理之經營得法，業績優良，足堪告慰。

本公司本於取之社會、用之社會的理念，平素對公益慈善事業就相當熱心，但爲求更積極的奉獻，於民國七十五年三月的股東會，通過捐出新台幣二千萬元成立台南紡織公司社會福利基金會，恭請吳三連先生爲董事長，蘇榮焜先生爲祕書長，希望能對國家社會有更大的貢獻。

坤慶紡織公司

穩賺不賠的保證書

民國四十三年，台灣地區有台灣工礦公司、錦綸紡織公司、坤慶麻紡織廠股份有限公司等三家以苧麻爲原料的麻紡工廠，它們都向苗栗、日月潭、玉井方面的農民收購苧麻，經過相當麻煩的處理程序後，紡成麻紗織成麻布，或撚成爲製皮鞋用的麻線出售。戰前麻布寬度二十八吋者是由日本供應，寬度十八吋者由我國汕頭運來，叫做江西紡，據說是江西省所生產的。此項衣料穿起來非常涼快又很耐用，易洗快乾，雖然比較容易起縐，但是還是受大家的喜愛，因此台北新和興行就去向坤慶及錦綸採購一些試銷（工礦公司的產品因設備較舊，品質較不受歡迎），結果尙佳，故我們就與二、三同業共同計畫，翌年（民國四十四年）將坤慶與錦綸兩家的產品全部採購下來銷售。

四十三年時，我們的買價是每碼新台幣十元，故想以每碼八元全部承購。不料在談價之間，發生一次物價波動，廠方竟要求每碼調高到十五元。幾經談判，廠方只能降到每碼十二元，我們認爲太高而擱置不談。

不久，錦綸的總經理潘先生即來看我說：「麻布買賣怎麼樣了？爲什麼不談？」我告訴他說：「因爲價錢比我們所預期的高出五成，恐怕賠錢。」潘先生說：「吳先生你說笑話，這個生意怎麼會賠錢呢？」我說：「這就不一定。」他回答：「我可以保證你們賺錢。」我追問：「你們可以立保證書嗎？」他說：「可以。」於是就決定由錦綸、坤慶兩家公司的總經理出具保證書，買賣這才成交（當時坤慶紡織公司尚未由我們接過來經營）。

當時因物價較不穩定，買期貨大都是買方佔便宜，他們兩公司也認爲我們賺多或賺少而已，絕不會賠錢，所以有信心立保證書，甚至我們新和興行的同事也有人說：「賺是穩賺的，只是賺多少而已，不要保證書了。」我說：「價格比我們原先預想的高出五成之多，我認爲不大安全所以不想做，現在對方肯立保證書才勉強接受，保證書我們不應該不要。」隔天保證書送來了，付給他們定洋後買賣就成交了。

損失一千萬元

誰料天有不測風雲，那一年台灣的染整廠從國外學到一項人造棉布的新處理方法，叫樹脂加工。本來人造棉布看起來就很好看，但不挺是它最大的缺點，可是經過那種樹脂加工之後，就可保持一段時間相當的挺又不縐，價格也便宜，大受客戶歡迎。這種東西出現，眞是麻布之大敵，因爲麻布易縐，而樹脂加工的人造棉布不縐，以致麻布的銷路一落千丈。我們將這種情形告訴錦綸與坤慶兩家公司，要他們大大降價，可是他們認爲無此必要，既然如此，我們除已交來之貨外就不再接受交貨，而廠方不但不承認錯在自己，仍然天天來催逼交貨付款，逼不得已，我只好根據保證書與廠方理論，可惜那個時候的坤慶已由我們的集團買下來，由我們自己在經營，理論已無意義。另一家錦綸的總經理是多年老友，他雖知理屈，卻一再訴苦，我們也知道他們很苦，而且知道錦綸公司也無能力負擔這筆損失，經過很多次的談判後，結果只以補了二百萬元了事。

我特別提這件事就是要提醒大家，買一千萬元的貨物，如果買得不好或處理不好的話，會損失一千萬元以上。以該批麻布爲例，起先是以白色或染素色推銷，因不理想，改加印花推銷，但仍然不理想，遂又製成襯衣及香港衫，並在報紙及廣播電台大做廣告，結果仍是極不理想，大概花了四、五年的時間才售完，每碼平均售價大約只有五元左右，加上利息負擔，我們的損失確實在新台幣一千萬元以上，能不戒之愼之乎？

苦心經營，終見陽光

坤慶麻紡公司原是陳坤金先生、廖慶火先生昆仲，與他們的一些朋友於民國四十二年設立（因此公司名稱用陳坤金先生之「坤」字及廖慶火先生之「慶」字合起來爲「坤慶」）。到了民國四十五年，他們那些朋友因資金另有用途，而將其持有之股份（約佔總資本之七十％）出售給我們新和興行集團，由我出任董事長，吳金台先生出任總經理，但因遇到樹脂加工而不縐的人造棉布之打擊，坤慶、錦綸、工礦公司等三廠每一年所生產的產品大約五年也無法銷售完畢，經營至爲困難。坤慶由於吳金台先生和全體同仁的一德一心，不分晝夜，不辭勞苦，想盡辦法兼生產其他產品而能勉強維持，但錦綸及工礦公司則在不久之後相繼停工。

接辦坤慶麻紡公司是我們選擇行業的很大錯誤，因此大家爲這家公司花了很多的心血，不過也可以證明「事在人爲」。我們因麻紡極難經營而變，即所謂「窮則變，變則通」，最後變成全國最早紡亞克力紗（坤慶產品名稱爲開司米龍紗）的一家，不但爲國家爭取到不少的外匯，屢受政府頒獎表揚，也爲我國發展毛衣的外銷做了不少的貢獻。

突破技術管理的瓶頸

我在這裡要特別一提的是，做事業一定要「誠信」。我們坤慶和日本旭化成株式會社往來三十多年，一直以互信、互助的精神相處，合作無間，受該會社的宮崎社長以及許多人士的照顧不少，尤其是在民國七十一年初，亞克力紡紗業景氣極差，經營非常困難，如不做徹底經營管理上及技術上的突破，則極難生存。我們知道旭化成會社有一組人員終年到處去指導其關係企業，我和吳金台先生專程到大阪向該會社的有關人士請求協助。據云，他們這一組人員只指導自己的關係企業，不替外人服務，但經我們誠心的拜託，便答應來台指導。指導的時間相當長，方法也很特別，有時要利用半夜動員全體男女同事舉行一種叫做Hokorali的活動，這種活動的目的是要鼓勵大家發揮自動自發及團隊的精神。經過他們指導的結果，我們同事的工作情緒提高很多，對工作效率之提高也大有幫助，因此使我們免受淘汰而能更加發展，誠屬幸事。我在此謹向旭化成會社表示衷心的謝意，特別要向宮崎社長、植松常務、木津常務、片山顧問、增田俊丸、木村忠義等先生及諸多有關人士多年來對我們所做的協助、不辭勞苦的技術指導，與深摯的友情表示萬分的感激。

自立晚報社

我因家庭經濟的關係，日據時代的公學校高等科尚未畢業，就到台南當布行的學徒，其後就一直從事工商業工作。雖因興趣關係，每日閱讀新聞報紙，也時常涉獵各種雜誌以及有關財經性質的書籍，但從未想到參與新聞事業之經營。宗叔吳三連先生早年留學日本，一橋大學畢業後，即進入日本大阪每日新聞擔任記者七年之久，嗣後因林獻堂、蔡培火、楊肇嘉、羅萬俥、林呈祿諸先生之敦促，返台參加台灣新民報，主持編政並每日撰寫專欄文章，嚴厲批評當時台灣總督的施政。數年後，又爲擴展報務，調任新民報駐東京支局長。其時我等家鄉晚輩對三連叔雖然敬仰不已，可是對於辦報的意義，實在只是一知半解。

反映民意，傳達施政方針

到了民國四十八年初，台南紡織公司已成立四年，在籌設環球水泥公司之前，有一天與三連叔聊天，三連叔談及：民主政治的前提是「法治與言論自由」，言論自由可以使老百姓的想法與要求有機會說出來，而老百姓想的和要的有兩個方式可以表達，一個是議會，一個是報紙。尤其報紙更可廣泛的反映民意，也可以傳達政府的政策與措施，使民間了解，所以報紙極爲重要。如有機會，應當辦報。我聽了這段談話，才深深了解辦報的意義，也知道報紙對於民主社會實在非常的重要，我將此事向王錦昌姊丈和胞兄修齊等報告，他們對於辦報一事也都極力贊成。

過了一段時間，與三連叔的好友范爭波先生見面時，也談到辦報的事，他是老報人，曾在上海辦過《益世報》——該報是天主教的事業。他說：「報紙言論對於發展民主政治以及經濟建設的關係甚大，一向知道三連先生有辦報的理想，我們大家應全力設法辦一份日報才是。」未久，范先生在他家中邀請餐敘，應邀者其中有王雲五、成舍我、程滄波、胡秋原諸先生，及三連叔、錦昌姊丈，還有我也參加。他們幾位均發表高見，我只有靜聽而已。餐敘的目的是爲了商討辦報事宜，會商結論是其時政府基於種種

商討《益世報》復刊事宜之後，於臨沂街舊宅後院合影。後排右起依序為吳三連先生、王錦昌先生、范爭波先生、程滄波先生、胡秋原先生與我。前排右起為王雲五先生、于斌主教、成舍我先生。(民國48年3月20日)

關係，不准許創辦新的報紙，必須用已停辦的報紙申請恢復發行。范先生認爲可與于斌主教商議，將天主教在大陸辦過的《益世報》復刊，當時就推請范先生進行洽商。

數日後，接到范先生電話說：已與于主教商量過，他十分贊同，並囑我安排一次宴會，邀請于主教以及前次在他家餐敘的人士等，以便由三連叔與于主教正式會商。我就發帖正式邀請各位人士，於民國四十八年三月二十日在臨沂街我的住宅餐聚，宴會中曾討論如何進行《益世報》之復刊，如何安排參加人士等等要點，于主教應允迅即向有關當局洽商。約兩週後，范先生轉告于主教進行的結果，因種種原因，未獲當局認可，只好作罷。

勿為反對而反對

其時適逢李玉階先生所辦之自立晚報極想邀請三連叔合作，范先生與李先生亦是熟友，於是盡力爲雙方撮合，經過多次協調而告成。民國四十八年九月，自立晚報正式改組，新參加的人士新聞界有成舍我、范爭波、葉明勳諸先生；工商界有林柏壽、許金德、辜振甫、黃烈火諸先生；金融界有陳逢源、劉啓光諸先生；我們方面是三連叔、錦昌姊丈和我組成新董事會，公推李玉階先生爲董事長，許金德先生爲常務董事，三連叔爲常務董事兼發行人，葉明勳先生爲社長，錦昌姊丈爲副社長兼總經理，我也在此屆董事會擔任董事，此爲我參與新聞事業之開始。

迨至民國五十四年十二月，因李玉階先生退出，董事會再次改組，公推許金德先生爲董事長，陳逢源、葉明勳兩先生，三連叔及我等四人爲常務董事，三連叔仍兼發行人。此次董事會又公推三連叔暫時兼任社長，至民國五十五年八月始改聘李雅樵先生擔任社長。至民國七十年，李社長因出任省府委員而辭職，乃改聘吳豐山先生擔任社長，迄將五載，報務蒸蒸日上，前途發展可期。

自民國四十八年起，我初任自立晚報董事，嗣於五十四年改任常務董事，迄今已二十七年，雖未實際執行社務，但與報社社長及各單位主管人員，常有接觸，且因係自己的報紙，當較關心，所以每天必詳讀《自立晚報》，耳濡目染，逐漸了解辦報的重點所在，深感報紙的報導及言論，對於國家、社會、政治、文化、經濟各方面的關係，實在重要，是以常建議社長、總編輯先生等，多刊登建設性的建議，勿刊爲反對而反對的文章，幸承各位樂意接受，《自立晚報》深受各方重視，發行量也日漸增加，深感欣慰。希望在賢明的許董事長及吳發行人領導下，全體董監事與股東先生之支持協助，及吳社長以下全體同仁的加倍努力，使本報之經營績效能更加發揚光大。

環球水泥公司

關於環球水泥公司的創設經過情形，在民國六十九年三月一日公司所發行的《環球二十年》一書中，本人曾有一篇〈環球二十年之回憶〉，係針對環球水泥公司創設經過的詳細記述，茲將該文抄錄如下，以供參考。

侯雨利先生的提議

民國四十八年政府開始大力提倡發展工業，台北新和興行的諸位同仁爲響應政府賢明決策，經過數次的集會商討，決議創設鍍鋅鋼管廠，並透過日本丸紅株式會社全田先生的介紹，與日本丸一鋼管會社接洽技術指導。

當雙方一切事宜即將談妥之際，適逢侯雨利先生從東南亞地區考察返台，他對我說：「依我個人的看法，目前台灣從事水泥製造業及觀光大飯店兩項行業，似極有發展餘地。」聽了他這番話後，我就將我們正籌備設立鋼管廠的事告訴他，他隨即提議：「不要做鋼管廠，大家共同來辦水泥廠應當更有前途。」經他這麼一提示，我又和新和興行的諸同仁共同研商，大家認爲可行，贊成侯雨利先生的建議，遂放棄設立鋼管廠，同時將詳細情形報告吳三連先生，且得到他的贊同，乃共同參加籌設水泥廠。

時光荏苒，環球水泥公司創立迄今，轉瞬已屆二十年。在這段漫長的期間，值得回憶的甘苦經歷不少。總而言之，幸蒙董事長吳三連先生的領導有方，侯常董雨利先生和全體董監事及股東先生的大力支持，以及全體工作同仁的努力與各界的協助，本公司始能順利達成增產報國的使命，謹藉此向各位致以萬分謝意。尤其在每次建廠或擴建過程中，許多同仁都不分晝夜、不計酬勞、不顧危險、獻身效力，我時常回憶起他們的這種工作精神，內心便油然泛起感激之情。今天更要向他們致以由衷的感佩。

一年的籌備工作

大家決定籌設水泥廠之後，便積極展開了各項籌建工作。我們先後共花費將近一年的時間完成各項籌備工作。公司組織於民國四十九年三月一日正式成立，資本額爲新台幣一億元，每股爲新台幣二十五萬元，公司的名稱雖有很多提案，惟經審愼研究結果，最後採用顏岫峰君的提議，定名為「環球水泥股份有限公司」。第一屆董監事公推後列諸先生擔任：

董事長：吳三連先生。

駐會常董：侯雨利先生。

常務董事：筆者。

董事：吳修齊、吳俊傑、侯吳烏香、王秀雲、侯永都、侯永松、顏岫峰、陳國振、侯陳碧華、陳國威、陳國賡、陳國基等先生。

常務監察人：莊砇先生。

監察人：王錦昌、莊昇如、吳俊陞、侯朝宗、黃金岱、侯錫榮、林進、陳國恩等先生。

同時董事會通過指派筆者為總經理兼

民國48年籌組環球水泥公司。中立者為董事長吳三連先生，其左側依序為常董侯雨利先生、筆者，以及董事顏岫峰先生。

業務部經理，顏岫峰君為副總經理兼財務部經理兼廠長，陳翰青先生為主任祕書兼總務部經理、陳秋玉君襄主財務，邱杏林君襄主業務，高煥堂、王文三、張炳川諸君分別負責工廠之機械、化工、電氣等部門。

因為筆者對於水泥製造業毫無經驗，對電氣、機械、化工也極外行，是以非常擔心能否完成此一重任，但是侯雨利先生為我打氣說：「我們不懂的事可以聘請懂的人來幫忙，只要我們有決心、信心、恆心，再加上熱心，能吃苦耐勞，一定會成功的。」我受了他這番鼓勵，心裡雖稍感平靜，但事實上還是時時刻刻戰戰兢兢，如臨深淵，如履薄冰。

岫峰君兼廠長一職將近二十年，其間差不多每星期赴廠一趟，為節省時間與金錢，每次往返都是利用夜車來回，其辛苦情形確實是筆墨所難形容，在此我也特別表示慰勉之忱。

申請設廠　機關重重

公司成立後，即向政府有關當局申請設廠。創設水泥廠要比籌設一般工廠困難得多，其所涉及的直接和間接機關有行政院、財政部、經濟部、交通部、國防部、外貿會、省政府建設廳、交通處、地政局、礦務局、鐵路局、公路局、縣政府、鄉公所、派出所、中油公司、台糖公司以及當地駐軍等機關。

當時主持我國工業政策的尹仲容先生基於水泥廠投資金額較大，而且恐有生產過剩及其他種種理由，認爲不應再增設水泥廠，是以對我們的申請不表同意，這使我們感到非常爲難。董事長遂約同我前往中央黨部晉見黨國元老吳忠信先生，請教他對設立水泥廠可否之高見，他聽完我們的報告後說：「讓我再詳細想想，兩天後回你們消息。」

果然，兩天後他告訴董事長和我說：「依我的看法，水泥在平時供各項建設，極爲需要，戰時則軍公需要更爲迫切，且其原料係石灰石、粘土、砂，本省蘊藏豐富，其燃料爲煤炭，台灣亦有生產，水泥產品不但可供內銷，亦可輸出爲國家爭取外匯，我對辦設工廠雖不內行，但此項行業我認爲可以投資。」承其美意，答應與尹仲容先生斟酌。

過了不久，吳忠信先生來電說：「昨天在某人的生日酒會中遇到尹仲容先生，嘗就設立水泥廠的得失與他討論，結果尹氏已同意我的看法，允諾你們設廠，但尹氏附帶提醒，將來生產或將過剩，你們對此應特別注意。」吳、尹兩先生對可否設廠的商討，都是以經濟的發展前途及整個國家的利益爲前提考量，我們對他們的熱心協助都深感由衷的敬佩。

爬十小時山路尋覓礦區

設立水泥廠首要的工作是尋覓礦區，因此在籌備期間，我們即積極尋找，有人介紹故宜蘭縣長盧纘祥先生所有之蘇澳太白山礦區，於是即邀請侯雨利、吳章興、吳修齊、吳俊傑、莊昇如、吳俊陞、顏岫峰、吳金台、侯仙助、侯錫榮及豐田會社台北支店小池眞二等先生一行十餘人共同前往礁溪過夜。

翌日清晨五時許搭車出發，至六時，下車徒步登山，是日適逢下著毛毛細雨，我們不但要爬登崎嶇難行的山路，而且很多小徑雜草漫生，確實無法辨認路面，走了二、三個小時後就有一小部分同行者折回，其餘的人則仍鼓勇向前，我們爬得越高路越難行，有不少小徑的一邊是見不到底的萬丈深谷，另一邊是垂直峭壁，來回共要渡過二十多重的小溪，水深均及腰際，以致沒有一個不滑倒的，途中又遇到毒蛇青竹絲擋路，使我們一行人更是提心弔膽，驚險萬狀，至今回憶起來猶有餘悸。

到中午，一共花費了六小時始抵達太白山附近，大家都顯得疲憊不堪，隨地坐在石頭上吃便當、喝汽水（雇當地人由山下挑上來的），因所帶的汽水不多，不得不用手掬溪水解渴，飲後才發覺水中有很小的水蛭，眞是「渴不擇飲」的最好寫照。幸好大家並未因此而生病，可謂萬幸之至。

在山上略事休息後即遄返，下山雖較容易，但因大家體力已消耗殆盡，所以沿途跌倒的人更多，侯雨利先生即滑倒過好多次，幸皆能立刻爬起，足證他當年體力之健旺，及其勇氣、毅力、做事切實熱心之一斑。我們共走了十個小時，於下午四時才到達山下的停車處，這時除了幾位年輕力壯者外，大家都因腳已僵硬，不能彎曲，以致無法用正常的步伐和姿勢行走，人人都左右搖擺的做半拖半走狀，其窘態實令人發笑。是夜再留宿於礁溪之旅社，翌晨，有人起不了床，有人不能如廁（旅社沒有抽水馬桶設備，需要用蹲的），旅房中呻吟叫痛之聲不絕於耳。

筆者（右六）與侯雨利先生（右五）、胞兄修齊（右四）、顏岫峰先生（左一）等一行人上山勘查水泥廠用地。（民國48年）

放棄太白，選擇大崗

當時我們粗淺的想法認爲，前往太白山礦區，很多地方連人行都極困難，將來採石所需的機械設備將如何搬運上山？職是之故，我們就打消了利用此一礦區的構想。其實這個決定是錯誤的，那時上山之所以那般難行，乃由於我們前往勘察的時機不佳（下雨季節），加上我們是外行，碰到帶路的人又未能詳細說明如在枯水期即不致有這麼惡劣的路況，致使我們放棄了這個極好的礦區。該礦區後來由楊塘海先生以大約新台幣兩、三百萬元之廉價購得，設立了信大石礦水泥公司，成爲供應北部水泥之生力軍之一，眞是可賀可佩。

我們當時認爲無法輸運機械設備上山，而楊先生如何克服這個難題呢？據說是利用枯水期雇工將溪底之石子鋪平後，吉普車、卡車即可沿小溪而上，非常省時省力。據云由平地上太白山，徒步雖要六小時，但若採直線測量則只有六公里路程，因此楊先生架設空中索道，運送石灰石，簡捷便利，可謂「福地福人居，福人得福地」，楊先生乃眞福人也。

自從放棄太白山礦區之後，我們即請台大教授林朝棨先生領我們到關仔嶺的枕頭山、高雄縣林園的鳳鼻頭、壽山、半屏山、小崗山、大崗山等礦區一一察勘。結果認爲大崗山蘊藏量最豐富，採石亦較方便，各項條件均較其他礦區爲佳，因此遂決定在大崗山設立採石場，並在路竹鄉大湖火車站附近設廠。至於礦區之申請採石、地上物之補償、當地駐紮部隊之接洽，以及建廠用地之購買、墓地之遷移等等，除得地方人士及家兄修齊之協助外，最重要的還是應歸功於侯常董雨利先生、王碧珍君和其他幾位同事，他們曾費盡許多心血，才得以順利解決的，因此我也要在此向他們致謝。

地主獅子大開口

在大崗山礦區洽購安裝採石機械用地時，曾發生一段插曲。

在現在安置第一號碎石機場地的北鄰，有一個終年不枯的水池，因此我們認爲如能購得此地，則將來機械冷卻用水由我們所開的水井無法充分供應時，可利用此池之水予以補充，故我們即與該地主黃老先生接洽，不料這位老先生表面上滿口都是好話，一談到要收購其土地時，卻獅子大開口，力誇其水池之水冬暖夏涼，宛如一處寶泉，開價竟達鄰近土地的兩、三倍之高。他認爲奇貨可居，以爲我們非利用該土地不可，雖經我們央託地方士紳前往洽談，他也絲毫不肯讓步。

這是人家的土地，我們不能強迫其讓售，只能以鍥而不捨的態度繼續與他交涉，直到有一天我和侯常董與岫峰君邀約黃老先生父子兩人到大崗山溫泉吃飯，做最後的努力，心想如對方仍不應允，則我們不能再拖延下去，應改變安裝機械的地點。是日中午聚餐時，黃老先生父子仍滿口甜言蜜語說：「歡迎環球到此地採石，我們一定幫忙。」等空洞話，但提到地價的事，還是不肯讓步，最後我們就坦白地告訴他們說：「你們如果不願讓步，迫不得已，我們只有改變計畫，使用其他土地，請迅速決定。」這時，黃老先生可能誤認為我們是故作姿態，所以仍向我們表示絕對無法讓步，因此我們即再往現場勘察，結果認為萬一水井無水或供應不足時，只要多花一點錢，就可由田寮鄉引導自來水補充，故馬上決定放棄使用該土地。

本案既定，即刻照計畫進行。過了一段時間，黃老先生自動去問環球水泥的同事趙清淥君洽購土地之事究竟如何？趙君回答他說：「因你開價太離譜，所以公司已改變計畫了。」黃老先生說可以再商量，趙君即向我們報告，我囑他轉告黃老先生，現在我們已無法再改變計畫了。這位老先生尚不死心，竟到處央求縣議員、鄉長，連國大代表朱萬成老先生亦受託前來說項，但我們確已無法改變，而未能如其所願。據說黃老先生為此事曾煩惱經年，實在很可憐，不過由此可證明，凡事不可太貪，應適可而止，以免有噬臍莫及之悔。

在我們所收購的土地上進行開井，係先從靠近碎石機處著手，第一次鑽下去無水，不得已乃略向西移再鑽，第二次同樣無水，再鑽第三次亦無水，我們都為此著急萬分，最後，直鑽到我們所有的土地之西邊盡頭的三角地段，方湧出泉水來，此時大家歡喜若狂，好像冥冥之中有老天爺在幫忙，如果此處再無法鑽到泉水，則勢必要花錢由田寮接自來水供應了，眞是幸運之至。

「事在人為」：洋老闆與西川登先生

鑑於國內不少水泥廠採用美國Allis-chalmer在日本與神戶製鋼會社技術合作的水泥製造機器，因此我們首先就透過日商丸紅會社向該公司索取報價，惟該公司台灣總代理的洋老闆不肯報價，他們之所以不願報價的理由，是因爲他們曾獲悉我政府對於新設水泥廠之申請，已絕對不准，故認爲報價是多餘的，雖經我們再三說明：「本案能否核准是我們廠家的事，你們只管報價就行。」無奈他們還是不肯報價，實在是欺人太甚。

另一方面，日本豐田通商會社西川登先生於探知我們要設水泥廠，立即採取了積極行動，與日本的水泥機械製造商——川崎重工業會社及日本磐城水泥會社（後與住友水泥會社合併，稱為住友水泥會社）連絡，並由該兩會社派營業部長及技術人員等高級幹部數人來台，給我們詳細解說設廠的種種重要事項，同時隨同我們前往大崗山、小崗山、半屏山、壽山等礦區做實地察勘和比較，又決定免費為我們設計一份公開投標所需的資料。此時，神戶製鋼會社台灣總代理還是不理我們，但後來得知我們的設廠申請已獲政府批准，即天天來接洽，我們告以投標資料正在準備中，一俟完成即公開招標，屆時歡迎參加投標。

投標之日，有各國廠商數家前來參加，結果歐美貨價格過高，而以豐田通商會社報價最低，日本神戶製鋼會社為第二標，當然由豐田通商會社得標。但神戶製鋼台灣總代理的洋老闆不肯死心，就向外貿會投書，訴述我們所決定的機械落伍，購買此種設備將造成重大損失云云。這又是欺人的花招，如謂該項機械設備落伍，他們應於接到投標資料時，即提出異議，豈可等到自己不得標後才提出異議？我們雖曾向外貿會說明絕無此事，惟外貿會為此事仍非常困擾，為求釋疑，外貿會復邀請美國派駐台灣的懷德公司技術人員赴國內其他水泥公司調查比較，結果懷德公司向外貿會報告，環球水泥公司所擬訂購的機械很新穎，性能優越。可是這位洋老闆還不死心，又向外貿會要求重新投標，外貿會在不得已的情況下，跟我們商量再行招標一次。政府認為再投標一次，或將由於

日本豐田通商會社台北支店長西川登先生（右）和六和汽車公司董事長劉大柏先生（中）（民國59年12月18日）

競爭激烈，價格會因而降低，這對環泥及國家而言，都是有利的事。我們雖然對該洋老闆的一再無理取鬧感到極端不滿，但對外貿會所提的建議也認爲有理，於是再公告重新投標，結果洋老闆仍未能如願得標。但爲此豐田通商被情勢所迫，標價再降低數萬美元，誠可謂「鷸蚌相爭，漁翁得利」，雖然在價格方面我們得到便宜，但建廠的進度卻因而延緩了一、二個月之久。

筆者在此特別提出這段插曲，就是要讓大家明瞭「事在人爲」的道理。本來我們第一套水泥機械設備屬意採用神戶製鋼的出品，終因該洋老闆的不合作，而被豐田所乘，坐失良機。另一方面，豐田通商會社的西川登先生，雖然過去未曾做過整套水泥製造機械的交易，惟他具有誠意、勇氣和熱忱，去拉攏製造廠家及技術人員來台積極接洽，終獲成功。我們大湖廠之第二套旋窯設備，爲求配合第一套設備的緣故，亦係向他們所訂購。由此可見「事在人爲」，確是至理名言，希望我全體同仁應多學習西川登先生之工作精神。

豐田通商會社因有他這麼一位做事積極、待客戶熱忱的幹部，業務得以蒸蒸日上，因其表現不凡，其後派往澳洲分公司擔任支店長，更爲豐田汽車工業會社爭取到澳洲設廠的機會，而榮獲代理豐田汽車工業會社澳洲公司社長職務，迨民國六十八年，又躍升爲豐田通商會社之專務取締役。其所以受該會社這麼器重，絕不是僥倖的，乃由於他的敬業精神與待人誠摯的態度所獲致。我相信這種不可多得的人才，只要他能保持良好的健康，將來一定會步步高升，前途一定是非常光明的。（西川登先生於民國七十二年升任豐田通商會社的副社長，民國七十四年十月經豐田會社集團內定，擬於民國七十五年五月升任爲社長，不料西川先生於七十四年底罹患胰臟病去世，實在是非常可惜。）

同業相妒　破壞開工

正當我們積極進行籌備工作之際，有一天，好友五洲染織廠老闆孫蘭生先生來訪，問道：「聽說你們要開設水泥廠，是否事實？」我回答：「是。」他說：「聽江先生說，有一家現成的水泥廠，因股東不睦擬出讓，貴方似可考慮承購，或可省工又省錢。」我回答：「可以考慮，該如何接洽？」他接著說：「可以約定時間帶你們去看江先生。」當時因董事長吳三連先生在美國各地旅行，不在台灣，筆者即與顏岫峰君邀侯雨利先生、王錦昌先生及家兄修齊一同前往江先生公館拜訪。

江先生告訴我們擬出售的水泥廠在南部，年產量約二十萬公噸，該廠因董事長與總經理意見非常不和，所以要出售，接著他又舉例說：有一次經濟部召開會議，該公司董事長及總經理均出席，董事長起立發言，未說幾句話，總經理就站起來搶著說：「你不懂，由我來說。」在公開場合不尊重董事長之立場，令其非常難堪。而且又曾發生總經理未經與董事長協商，即擅自對外宣布該公司決定設立造紙廠及紙袋廠等重大消息，還有其他許多不和之事例。江先生隨即拿出該公司之資產負債表、損益表、財產目錄等給我們，依其資料看其所開之價格相當合理，我們心想如能成交，當然比我們自己籌設來得有利，不過有些地方江先生也不明瞭，所以仍須另約時間與該公司董事長面談。

後來我們再與該董事長碰面時，他一再強調新建工廠要費時兩年，建廠是如何艱苦，要是買他們現成的廠，是如何的方便有利等等，以甜言蜜語相誘，且態度表現得異常逼眞，但談到條件時，如我方稍作讓步接近其要求時，對方就藉故拖延時間。幸好我們起先就懷疑爲何一座很賺錢的廠竟願以較低的條件出讓？尤其侯雨利先生一開始即指出其中必有問題，極力主張不應再談。

其後經多次接觸，也就愈覺其中確有頗堪懷疑之處，但世間事也常常有意想不到的例外，我們就抱著一面進行籌備建廠，一面繼續交談的方式。爲採取這種兩邊兼顧的作法，我曾打電話到美國向吳董事長報告，並請示應該如何抉擇？他說：「我人在美國，單靠電話說明，不易十分清楚，此事可授權你們處理。」這確實是賢明的辦法，當時如他主張要買便宜貨，則問題就會更複雜麻煩了。本案談談停停，待對方的狐狸尾巴漸漸露出後，遂告作罷。後來他們竟向他人表示，因他們耍了這一招，使環泥的建廠進度延緩了幾個月，自鳴得意。

事實上，我們根本未受影響，反而從他們提出的資產負債表、損益表、財產目錄中獲得不少值得參考的資料，也更深入了解當時水泥廠的利益確實不錯，愈益堅定了我們的信心，也加速了我們進行建廠的工作，並間接促使我們的開工生產日期得以提早，這可說是「同業相妒」的實例。如今回想起來，商界的競爭，可說無奇不有，本當隨處留心，但如此一同業這般的挖盡心計，也實在少見。

同業相助　避免挖角

在籌建工作進行到接近完成時，我們考慮到應自己訓練技術人員抑或公開招募熟練人員的問題，在用人政策上亟待做一選擇。正好這時候遇到亞洲水泥公司徐有庠先生，他問我一些建廠情形後，當場表示環泥的操作人員，亞泥可以幫忙訓練，惟希望不要挖角，以免同業間的技術人員混亂。

我認爲徐先生說得十分有理，除向他表示謝意外，並承諾不會去挖他們的技術人員。但爲增加我們的技術人員實習的機會，我亦請吳董事長出面拜託台泥代爲訓練，台泥公司也非常大方的接受了。後來我們一共派了數十人先後前往台泥高雄廠與亞泥竹東廠分別接受訓練。

實習期間，我們的技術人員都受到他們妥善的照顧及熱心的指導。台泥、亞泥對我們的禮遇和協助，至今猶令我們念念不忘其惠澤，因此後來我們也確確實實未曾去挖過同業一個人，說到做到，堅守諾言。

他方面我們鑑於要做到絕對不挖同業的熟練人員，必須使自己在技術上有充分的把握，故又派了數人赴日本實習，並聘雇日本技術人員數人到廠指導協助。我們這樣做只是短期間多花一點錢，而往後所得到的益處卻很可觀。我們的人員同一時期進廠，大家都是生手，一起去實習，共同參加建廠工作，彼此之間都沒有派系之爭，大家同心協力爲公司效勞。這就是因「同業相助」而導致各公司技術人員安定的一個成功例證。

宗仁卿先生的恩德

談到同業相助，筆者又想到一件使我終生感激難忘的事，那就是六和紡織公司宗仁卿先生對於南紡初期的大力襄助，不僅出借三百包的棉花給我們，並且積極派人協助辦理手續（請詳見本書第96頁〈台南紡織公司〉）。六和宗先生對我們的「同業相助」與上述「同業相妒」的事例比較，相差誠不可以道里計。飲水思源，我們永遠不忘其恩德。

其實，宗先生對我們的協助尚不僅如此，在民國五十四年，環泥正進行擴建第二基窯時，有一天，宗仁卿先生告訴我說：「你們第一基窯開工未久，即再建第二基窯，或者需要頭寸，如有必要時，你們千萬不要客氣，我現在有頭寸，你們可以拿去用。」我除對他的關愛和盛意由衷的感激外，並報告他說：「現在尙無需要，將來需用時再請您幫忙。」他接著說：「你將來必要時就告訴我，那時，我或已無現金亦不一定，但我有上市公司之股票，你們可以拿去向銀行作抵押借款。」

經過半年之久，我們擴建快完成時，誠如宗先生所預料，需要約新台幣二千萬元（民國五十四年的二千萬元與現在的二千萬元其價値大不相同），我就去拜訪宗先生說明來意，他回說：「現在現金已用完，但上市公司的股票還在，你可以拿去用。」我問他：「環泥應該補貼您們一些什麼？」他非常生氣的回答：「要補貼就不借了。」他這麼誠懇，我只好遵命接受並表示謝意，約定翌日來拿股票，同時向他表示借條於明天來拿股票時才送來，他說：「借條也免了。」

宗先生實在是太信任我們了。我回到公司即向吳董事長及侯雨利先生報告接洽的經過，並提議說：「無論如何，我們應

與至友宗圭璋先生（左）合影（民國67年）

出具借條給宗先生才是，因為天有不測風雲，萬一有什麼變化，無憑無據總是不好的。」他們均認為應該這麼做，於是由我寫一張借條，借主由吳董事長具名，侯常董與我兩人作保，待股票取來之後才送去給他，但他還是不要，最後我們把借條強行留置在那邊。

上市公司股票可抵押借七成款，我們要向銀行借二千萬元，必須備有將近三千萬元價值的股票，張數很多，確實是一大包，據我們同事吳春堯君云，宗仁卿先生之令兄宗圭璋先生僅在股票背面蓋轉讓的印章就花了一個上午，我們對其昆仲不計利益給南紡和環泥的大力協助之厚恩，時時掛在心頭，希望我全體股東先生及同仁能永記毋忘。

銀行乾淨俐落的貸款

環泥創立時的資本額為新台幣一億元，本來應足可應付，後因認為各部門應做得彈性較大些，例如廠地多買一點，以備擴充時之用；倉庫及其他機械設備亦做得比較完善，以致到建廠末期經過細算後，大約不足新台幣三千萬元。環泥的股東可稱得上相當有財力，本可請股東墊款，但考慮到利息較高及其他種種原因，遂由筆者提議向三家商業銀行申貸。

那時，有很多股東先生認為獲貸的可能性極微，因為二十年前的三千萬元，在企業界或銀行界都認爲是一筆很大的數額，我則抱以試試看的態度來進行，如銀行確實借不到，再退而求其次向股東借，於是請吳董事長一起先到一銀總行拜訪周菩提總經理，我們向他說明本公司資本金一億元到開工生產時，大約尚不足三千萬元，擬分向三家商業銀行各借一千萬元，如無困難希望盡可能協助。周總經理馬上就說：「可以。」隨即拿起電話筒接營業部經理，將我們上述的要求重述一次，並詢行裡的頭寸如何？該經理可能問及何時要用，周先生隨即轉過頭來問我們，我告以大約在四、五個月內分期動用，不是一次要用，他照我們的話轉告該經理，旋即答覆我們可以，並叫我們馬上派人去辦理借款手續，接洽前後不到十分鐘就談妥了。我們與一銀有很多年的往來，所以對周先生之答應貸款，雖然甚爲感謝，但並不感到意外。

接著，我們又到華銀總行拜訪高湯盤總經理，仍照前述方式將所擬借款金額及用途向他說明後，想不到他竟也如一銀周總經理一樣的乾淨俐落，在短短的十分鐘內我們就如願以償了。高總經理這麼輕易就答應卻使我們感到有一些意外，禁不住內心的感激向他表示道：「非常感謝您的好意，惟我們感覺是否太簡單了，因爲我們與貴行往來很少，只是與貴屬建成分行在一段時期有一些定期存款的實績而已。」不料他卻說：「你爲何這麼說？我們彼此雖無深交，但我們的耳朵時時都在聽，銀行有錢，不借給你們，要借給誰？」我聽了他這番話，感到無比的高興與快慰，同時對周、高兩位總經理處理事情之乾淨俐落也萬分敬佩，雖事隔二十年，當時的情景猶歷歷如在眼前。

誠信為第一要素

筆者之所以特別提出這樁事的目的，一方面要藉此感謝他們熱心的協助，另一方面也要讓讀者知道：要向銀行貸款，首先應將計畫及用途坦白地說清楚，同時也要考慮到對方的立場，提出可使銀行認爲能保全債權的合理條件，切勿耍花招，最重要的是講誠意、重信用，不可欺瞞他們。銀行是這一行的專家，按常理說，借錢人的信用如何，是欺騙不了他們的。依我個人的經驗，只要平素講信用，規規矩矩的做事，銀行一定會在合情合理的情形下給予協助的。

接下來，我們又前往彰銀拜訪羅萬俥董事長及張聘三總經理，斯時適逢該行銀根特別緊俏，只答應貸給五百萬元，雖未能達到預期的數目，然而我們也同樣非常感謝他們的協助。迨民國六十四年，我們擬增建阿蓮廠時，前交通銀行總經理潘鋕甲先生獲悉環泥要向外國銀行借款進口所需機械，計約一千三百五十萬美元，必須由國內銀行保證，即自動表示該行可以作保，雖然該行這筆生意有保證費收入，但就環泥來說，因他自動提出爲我們保證，即可免爲找保而四處拜託之苦，何況這也可稱得上是人家還看得起我們，而感到欣慰，筆者也藉此向潘先生謹致謝意。

同心協力為建廠

在建廠的過程中，筆者非常慶幸，由於董事長的領導有方，侯常董的獻身協助，全體董監事、股東先生的支持，以及全體同仁日夜辛勤的趕工，最終得以順利進行。在籌備及建廠期間，台北總公司共計只有六、七位同事，大家每晚都得忙到十點以後才下班，一有要事，拖到十二點以後也是常有的事。

在大湖廠方面，初期只有侯常董、王碧珍及侯榮發君爲購買廠地及礦區土地而奔走，也顯得非常忙碌。其後招考採用一批技術人員，他們於報到後即派赴台泥高雄廠實習，這期間，董事長、筆者及顏岫峰君均曾到該廠，向廠長致謝並探視同仁的學習情形及生活狀況，有時也召集他們舉行座談會或餐敘，聽聽他們的學習心得，並表示慰勞之意。他們在台泥實習告一段落後，又曾轉往亞泥竹東廠學習，直到我們大湖廠的機械快要運抵台灣之際，才返廠參加安裝及監工工作。

大湖廠的土木工程係委由興業建築師事務所趙楓先生設計，絕大部分由建業無限公司周敬熙先生及建國工程公司陳金灶先生得標承建，他們都很負責，做得非常完善。安裝工作也採取投標方式，烘乾機、原料磨、水泥磨及煤磨由台灣機械公司得標；旋窯由力霸公司得標；所有的輸送系統由東海公司得標；礦區採石機械由建國公司承包。從機械安裝至開工生產這段不算短的期間，筆者與顏岫峰君兩人一南一北輪流駐廠，每星期在廠交接，而其他所有的同仁也差不多個個都得經常加班，有時工作至深夜十二時，也時常清晨六時就開始工作，他們沒有一個人要求發加班費或點心費，他們所關心的，只是一心一意能早日完成建廠，其捨私奉公的精神，雖然經過了二十年之久，仍使筆者時時惦記感念。希望這種精神能夠永遠的保持下去，爲環泥的日益壯大與發展而奉獻。

第一號窯順利開工

回憶大湖廠在開工前四、五個月（大約在民國五十一年六、七月間），我們邀請台泥公司協理湯大綸先生，工務部經理和高雄、竹東、蘇澳、花蓮、小港紙廠等各廠廠長，以及研究室兩位專家共九位，前來大湖廠指導。他們都很客氣，雖然問得不少，但當時並未蒙提出指點，事隔幾天輪到我回台北，我一抵台北，即趨訪湯先生請教，他向我說：「我們去參觀的九人看完貴廠以後，得到兩點結論，第一點：貴廠在土木方面建得比較堅固、寬敞，其中八位認爲一座工廠要使用數十年，應該照這樣做才對，惟有一位認爲似乎太浪費。第二點：貴廠預定本（五十一）年十二月底開工，我們九個人一致認爲不可能，根據我們建廠的經驗，最快可能要到明（五十二）年三、四月，如果有什麼枝節發生，還會拖延一些，大概五、六月或七、八月間。」

對於第一點我向他表示我們自己知道，爲了使工作場所較爲寬敞確實是多花了一些錢，同時表示非常感謝他給我們率直的指教。對於湯先生所指示可能拖到翌年三、四月或七、八月才能開工，我們認爲問題相當嚴重，依照當時水泥成本與售價計算，早一天開工和遲一天開工，每天相差大約新台幣十萬元以上，如慢五個月，損失即達一千五百萬元。

於是我回廠後，就召集同仁開會，將湯先生對我所說的話告訴他們，並強調如拖延一天，公司就要損失十萬元利益，希望大家運用最高智慧，發揮團隊精神，來研究提早完成的辦法。因此，大家都更加勤奮、積極地工作，終於皇天不負苦心人，在大家的同心協力與努力不懈的工作下，第一號窯順利地於民國五十一年十二月二十五日完成了安裝工作，由筆者點火開始生產，而未曾舉行任何儀式，只是在點火前大家一起上香，祈求神明保佑同仁平安，機器運轉順利而已。

開工後的初期，大家的心情免不了緊張，惟恐機器發生故障，但除了原料磨前的熱風爐點燃不著，使大家頓時著急一陣子外，一切情況都相當順利，翌年（五十二年）二月一日開始出貨營業。當我們的水泥銷售到市面時，尚有些同業不敢相信，因爲有許多同業在機械安裝好後，都需要經過一段相當長的試車時間，而我們卻能這麼快將產品上市，這也使湯先生覺得不可思議，特地前來向我打聽。我首先向他表示由衷的感謝他們先前參觀後給我們坦率的指出開工日期絕不可能如原先所擬訂的時間，這番話引起我們很大的警惕，因而使我們在安裝過程中，不得不採取一些特別措施，以爭取如期在五十一年十二月開工。然後並向他報告了下列幾項特別措施的實例。

特別措施之一：提供獎金給小包商

大湖廠三個烘乾機的安裝工程均係由台機公司承包，該公司未依合約期間內開始工作，經我們極力催促才發包出去（據云係因台機公司得標價格太低，小包商無人肯接而告拖延），承包的小包商白先生與我們素不相識，有一天，他到大湖廠來找我，說台機公司所得標的三台烘乾機是由他承包的。我即回答他：「動工已慢了不少天，希望你能特別趕工，以補回落後的工期進度。」他滿面愁容且態度非常消極，以嘆氣的口吻道：

「這毫無辦法。」當時我覺得奇怪，就追問他：「你能承包這項工程應該高興才是，爲何唉聲嘆氣呢？」他說：「這筆生意與台機公司談了很久，因價錢太低，我不願意接受而致拖延，這筆生意註定要賠錢。」我再問他：「既然明知會賠錢，你就不應該接受呀！」他說：「台機公司示意，如果這筆生意我不接受，爾後該公司的工程就沒我的份了，在這種進退維谷的情況下，我才勉強接下來的。」我又告訴他：「既然接受了，你就應當認眞做，希望能在十一月底以前將三台機器全部做好。」他以無可奈何的態度表示：「確實無能爲力，台機公司並未限我在十一月底完成，而是限於明年一月底以前完成，如貴公司

環球水泥公司大湖廠舉行開工典禮，邀請省主席黃杰剪綵（民國52年）

認爲台機公司未履合約，可以向該公司索取罰款。」

我內心想，罰款當然可以索取，但所罰的款項微不足道，這與每天十萬元的利益相比，差得太遠，而且烘乾機做好後，裡面的耐火磚必須經過自然乾燥多天才能以文火烘焙，共約需十天的時間，如這一項工程延後完成，則我們先前所做的一切努力勢將白費。我靈機一動，想到重賞之下必有勇夫，即告訴他說：「你既然是爲賠錢而發愁，那麼我們共同來想辦法，如果你能在十一月中完成，我可以發獎金一萬元給你，彌補你的虧損。」

白先生聽到要發一萬元獎金，頓時精神大振，答應立刻進行，我詢以如何進行才能於十一月中完成，他表示擬日夜趕工進行之。我告訴他說：「人非機器，晝夜不停地趕工應有限度，如果趕工期間一長，工人的體力不支，反而造成欲速則不達的反效果，那時獎金就無法領到。你應該擬訂一套周詳的計畫，按照計畫進行，才能拿到這筆獎金。」他一時想不出好辦法，我再告訴他說：「你應找三批工人，三台烘乾機同時進行趕工安裝，這樣才能提早完成，否則絕無法在限期內完成的。」他皺了眉頭說：「要找這麼多人可能有困難。」我向他說：「這項工作並不需要什麼高深的技術，可到高雄、台南、嘉義、台中，甚至台北去找，一定可以找到的。」於是他答應馬上去找，過了兩天，白先生即來告知已經僱好三批人，立刻可以開始工作。由於人員足，三批人分頭並進，終於在十一月上旬完成，獲得獎金，我們也能如期開工，利人利己，兩全其美。

特別措施之二：協助承包商完成機器的洗油工作

台機公司所承包的原料磨與水泥磨減速齒輪，於安裝後必須經過熟練的技術人員加以最後的加工，加工後還要用幫浦將潤滑油打入裡面，把所有的雜質洗得非常乾淨，才不會在運轉時磨損機械。這項洗油工作，據川崎重工所派的技師說，最少要洗九天。我一聽到需要這麼久，大吃一驚，果眞如是，則我們預定十二月二十五日開工就無法實現了，於是我一再詢問該技師，是否有辦法縮短工期，他表示無能爲力，我感到非常失望。

當天晚上，雖然很疲倦，躺在床上仍然輾轉無法成眠，忽然想起這位技師只告訴我要洗九天，並未言及每天洗幾個小時，而我也未問清楚這個問題，或許他係按一般的情形而言。翌晨，天一亮，我趕緊去敲他的門（我們都一起住工人宿舍），問他說：「洗油要九天，到底每天要洗幾個小時？」他回答：「每天一定要洗八小時，絕不能減少。」聽到他這一句話，我內心有了腹案，回頭即到台機公司的工寮，找該部門負責人告訴他說：「洗油工作你們只有三個人，環泥現在要趕工，我們可以免費派六個人幫忙你們，分成三班日夜不停的洗，你們三人每班分派一人作為領班，與環泥同仁一起工作。」該負責人非常樂意，因為他們可以免費獲得六位高工畢業的人員替他們工作，旋即三班開始進行工作。

日籍技師每日數次赴現場檢查磨裡流出的油，直到第三天，我正在現場，他來檢查，認為已經比其在日本洗九天後的還要乾淨，可以免洗了。這就是外行人的好處，外行人不受過去的習慣所束縛，而可自由想像；內行人則認為過去一貫的作法均如此，現在也應該照樣做才是。

關於減速機齒輪加工後洗油之事，尚發生一段小插曲。我們開始洗油工作，正好是冬天，入夜後氣溫相當低，第一天晚上即發生所使用的油劑，到深夜時有逐漸凝固的現象，如不設法解決，則管內的油便不能暢流，會耽誤洗油時間。筆者記不清當時是張炳川君，還是胡金龍君提議裝置加熱器加熱即可解決這項難題，我立即請他們去施工，待完成加熱設備後，我就離開現場前往宿舍，但正要就寢時，我忽然想到如果萬一加熱過高，發生火災，則麻煩就太大了，因此又趕到現場吩咐他們應注意溫度控制，勿使過高。他們表示為安全計，可以取廠內現有的警報器裝上一具，如溫度超過，即會自動發出警報。俟裝好該項設備後，我才再回宿舍，但是仍然放不下心，又擔心萬一警報器失靈亦會發生事故，於是又再度赴現場，吩咐人員輪流看守溫度表。這雖是杞人憂天的做法，但亦可由此了解當時大家的工作精神，每個人對每件事，都抱定「只許成功，不許失敗」的決心和毅力。

特別措施之三：使用高成本的Alumina Cement（快乾水泥）

當大湖廠安裝工作接近尾聲之際，有一天下午五點左右，現場的技術人員前來報告發生一樁頭痛的問題，即欲固定原石及粘土的烘乾機之大螺絲，必須使用水泥，而使用水泥需六天後才可鎖緊螺帽，試行空車運轉。但是耽延這六天，所預定之開工日期就無法實現，於是就召集大家來想辦法克服，但均無計可施。再請幾位日籍工程師來助陣研究，仍然束手無策。我心想果眞無法克服這項困難，豈不是前功盡棄？在這種分秒必爭的時刻，大家眼睜睜地看著時間一分一秒地溜逝。

此時已是下午七點多了，因我未宣布散會，大家也不敢去吃飯，一直到將近八點，有一位日籍技師吉江氏才說：「如果有Alumina Cement就可解決，但台灣可能沒有這種東西。」我問他：「這種東西有何作用？」他答道：「這是一種特殊水泥，它使用後十八小時就等於普通水泥六天的強度。」我再問：「這種水泥是否能夠承受高溫及油類的侵蝕？」吉江氏說：「大概無問題。」我說：「不能大概，需要確實的根據。」他接著說：「我們化驗室有文獻。」經查文獻後，確認該水泥有抗熱、抗油及快乾的特性，此時已是下午八點，我立即掛台北電話，囑楊宗義君馬上去找，另一方面請土木組許茂林君計算需用多少包，經他估計認爲要十二包。過了不久，楊君回電話說：「找遍了台北市，只有三石化工公司有這種水泥，但我想不能用。」我問：「何以不能用？」他說：「普通水泥一包四十元不到，此種水泥每包要價六百元，等於十五倍，太貴了。」我問：「三石公司有多少包？」他說：「只有二十包。」我說：「馬上全部買下來，如有順路的卡車可合運，如無順路的，應自己雇用一輛卡車，今晚一定要運來，不得有誤。」這樁難題到此總算解決了，大家才一起去用晚餐。

翌晨，該水泥已運抵現場，我立刻請吉江氏來由他全權負責這項工作，再隔一天，螺絲帽就順利地鎖上了。如今檢討起來，這可以說是我們事先計畫不周所致，但是我想任何的計畫，總會發生一些疏忽，最要緊的是一發生問題，應儘速想辦法解決，不應以責備誰的過錯來推卸責任。筆者當時之所以這樣決定，全是爲公司的利益著想，絲毫未顧慮到其他枝節的問題，而採取打大算盤的作法。筆者曾向同事分析：「那種水泥一包六百元，二十包計一萬二千元，可以比使用普通水泥快五天，每天以十萬元計算，五天最少要差五十萬元的利益，所以我決定用它。」

特別措施之四：替承包商支付工資

東海機械公司承包的各部門輸送系統工程，由於該公司轉包給另一小包商，該小包商僱用約四十位工作人員到廠工作，由於資金短缺，工資不能如期發放，以致工人深恐領不到工資，所以個個工作消極，工程進度遲緩，而東海公司駐廠負責人也無法疏導。侯常董到廠發現這種情形，即由大湖廠打電話來台北對我說：「我們當初爲節省安裝費而將輸送系統的安

環球水泥公司大湖廠一角

裝工作交由東海公司承包，但是照現在的進度看來，可能無法依約完成，是否考慮另換包商？」我說：「臨陣換將似不太好，我可即刻趕到廠裡和大家研究，看看有什麼辦法，如實在不行再考慮換掉。」

我到大湖廠後，即請高煥堂兄及有關人員來，先聽聽他們的報告，他們認爲進度確已延後，於是又請東海公司現場負責人來洽談，他表示該公司願依約行事，只是小包商資金缺乏，無法按期支付工資，以致工人發生怠工的情形。我問他：「是否同意由環泥依據驗收工作量，直接付款給工人，以免拖延付款日期。」他表示接受後，我又請來該小包商老闆並告訴他說：「爲幫你們解決困難，工資改由環泥會同東海及貴方依驗收量付款給工人，工人是否還會怠工或離去呢？」他答稱：「工人對環泥有萬分的信心，如工資由環泥負責支付，工人絕對不至於怠工，亦不會有離去的念頭。」於是我請他將上項決定轉告工人，看看他們的反應，經十幾分鐘後，該小包商帶著笑容回來說：「工人非常歡迎，有些打好包裹準備離去的工人，都已放下來不離開了。」我爲鼓勵他們的士氣，特別提撥二千元給該小包商說：「你將此款給他們晚上加菜，並請他們今後應趕夜工，把所拖延的工期追補回來。」果然，當天晚上就有部分工人開始加班工作，最後他們所承包的輸送系統安裝工作，居然比原約定日期還提早完成。所以我常對自己的兒女說：「凡事如能以誠相見，爲自己想，也替對方想，那麼世間上就可以減少很多麻煩。」

湯先生聽筆者這段報告後，笑著說：「你這種作法，就環泥公司的利益而言，絕對是正確的，但假使換一家公營機構或其他情形不大相同的民營公司，是無法這樣做的，也可能無人願意這麼想或這麼做，因爲你派六個人免費去參加洗油工作，撥一萬元叫白先生趕工，這都是幫台機公司的忙；發二千元加菜金是幫東海公司的忙，這豈不是『圖利他人』？不用一包四十元的普通水泥，卻採用六百元一包的快乾水泥，很可能被指責計畫不周，才要買這麼貴的水泥使用。」平心而論，當時我們根本未考慮到這些，心裡一心一意只是打大算盤，爲公司爭取利益而已，平時我們無論在那一方面該省的地方，都非常節省，是不肯浪費或多花錢的。

外行人的奇蹟

關於開工的日期，筆者曾經與日籍工程師增田及別役兩氏一再研究，他們認爲大約是五十二年三、四月，而我一直促請他們想辦法，希望能於五十一年十二月開工，他們拗不過我說：「開工的目標訂在五十一年十二月，俾使全體同仁共同努力是可以的，但實際上，這是絕對不可能的事，果眞能於五十一年十二月開工，那便是奇蹟了。」因此我根據這句話去鼓勵全體同仁說：「請大家發揮最高的智慧，貢獻最大的力量，讓我們共同來創造一次奇蹟吧！」

果然，有志者事竟成，我們確確實實的創造了奇蹟，使日籍的工程師及川崎派駐的全體日籍人員，啞口無言，表示心服口服。他們對川崎總社的報告是五十二年三、四月才能開工，而實際上卻是五十一年十二月開工的，總社打國際電話來指責他們說：「你們在台灣是在幹什麼？環泥一再說要在五十一年十二月開工，你們卻一再報告說不可能，一定要在五十二年三、四月，如今環泥開工了，這是什麼道理？」據聞他們對總社的回答是說：「對環泥這些外行人眞是沒有辦法。」

因此，筆者在此要再一次強調「事在人爲」。外行人如肯動腦筋，肯刻苦耐勞地幹，有時也會產生意外的成果，不過話又說回來，內行人如能虛心而又肯同樣地用心、用力，其成果必會比外行人更好的。我常想：「世間上有許多事應該不是沒有辦法，而是辦法還沒想出來而已。」望我同仁遇到難題時，能多思多想多用功，一定會柳暗花明的。

大湖廠第二套旋窯擴建

自第一套旋窯正式運轉以來，由於全體工作同仁的努力，我們的產品品質良好，暢銷國內外而且常有供不應求的現象。職是之故，我們於五十三年九月，又計畫擴建大湖廠第二號窯，此次擴建筆者很少參加實際工作，均由顏岫峰君負責，與公司全體同仁籌劃推動。

擴建第二號窯與第一次建廠不同，大家雖已有經驗，但一方面要維持生產，另一方面要擴建，所以大家還是辛苦異常，實在令人敬佩。民國五十五年擴建完成，新窯的年產量爲三十萬公噸，當時有些同業深恐國內供應過剩，強硬主張本公司第二號窯的產品必須全部外銷，我們迫不得已只好接受。不料正於此時，美軍大舉加入越戰，越南各項軍事設備都需要大量的水泥，於是向我國一次訂購五十萬公噸，頓使水泥供不應求，原被認爲較不利的外銷，此時反而比內銷有利，本公司亦因而獲得很大的利益。所以俗語說：「千算萬算，不如老天一劃。」誠哉斯言。

配合經濟建設　再建阿蓮廠

隨著我國經濟建設迅速發展，國內水泥的需求不斷增加。本公司爲配合國家經濟建設的需求，於民國六十二年決定再行擴建，爲求原石運輸之方便，不再利用大湖廠原地擴建，而決定在靠近大崗山之阿蓮鄉崗山村覓地新建。阿蓮廠所用原石之運輸係採用皮帶輸送系統，雖然設備費用較高，然而運送成本卻降低，不過爲購買廠地及皮帶輸送機所需經過的土地，顏岫峰君、陳翰青兄與王碧珍君等同仁曾費盡心思和台糖公司及該地段的地主接洽，備嘗辛勞。機械設備採用西德廠出品，在決定採購此套設備時，亦有一段插曲，不妨藉此提出，好讓大家回憶。

只有一家廠商投標

民國六十二年決定增建後，遂由總工程師高煥堂負責設計國際投標所需資料，該項資料完成後，即登報公開招標，不料供應商正在估價之際，卻發生（一九七三年的）石油危機，致使物價飛漲，原本許多頗有興趣參加投標的各國供應商，全部

環球水泥公司阿蓮廠一角

不敢前來投標。只有日本川崎會社爲顧全過去的交誼，遂派杉浦先生帶來標單，同時表示國際能源巨變，物價波動，將來漲幅不能預測，該公司實在也無法把握，但環泥公司第一、二基窯均係採用該公司的產品，基於過去的交情才帶來報價單，價格是相當高，希望環泥在此時不要購買，其理由爲誠恐川崎賠錢，並擔心環泥買到昂貴的設備。

既然沒有其他廠商投標，我們就詢問他們的報價，他把標單拿給我們看，其價格眞嚇人，高達美金二千七百萬元（這顯然是川崎會社怕物價繼續上漲，將預期的安全系數加入太多所造成的），比我們原來計畫所預估的幾乎加倍，實在無法接受，但是假如將本計畫作罷，未免太可惜，不知何時才能再實現這項計畫。我心中感到萬分的困惑，左思右想，眞不知如何是好。最後，想到同業力霸公司及東南水泥公司於石油危機未發生前，曾經訂購日產二千噸的旋窯，假如我們向其供應商訂購同規格的設備，該廠商就不必再花設計費用，材料採購手續等亦可節省，或可以較廉的價格供應。遂即先請美國亞里斯加瑪代理商衛利韓公司負責人前來商議，以環泥公司擬訂購與力霸公司完全相同的水泥機械設備，請其向供應商接洽，能比力霸所訂購的價格便宜多少。該代理商認爲物價皆漲，要求比力霸便宜殊不可能，不過仍願試試看。隔天，他帶來電報，以最優惠條件：比力霸公司成交價加美金四十萬元，且自即日起至收到環泥公司信用狀之日止，應按美國的物價指數加價。力霸公司之機械設備內容與川崎會社所報內容，及與後來我們向Polysius公司所買的都不同，其成交價只有美金九百多萬元，如再加上四十萬也不過是一千萬美元，比當時的市價已便宜了不少，但是我們仍要求他再交涉價格不能加，也不能加物價指數。可是供應商不肯接受，不得已，我們請其暫時保留讓我們考慮。這時已是民國六十二年（一九七三年）十二月二十七日的傍晚。

當機立斷

二十八日，我們又緊接著邀西德Polysius公司代理商嘉年公司劉總經理來洽商，告以我們擬買一套完全與東南水泥公司所訂購一樣的機械，希望其向供應商交涉能便宜若干，並請儘速回告。他表示可儘快接洽，但物價已漲這麼多，不加價似不可能，但我仍照上述不需設計費等理由和他討價還價，請他盡力去爭取。劉先生做事熱心且服務周到，據悉他一回到公司後，即掛電話到西德Polysius公司主辦人員私宅（西德時間天未亮，尚未上班）接洽此事，該員不敢作主，答應上班後開會研商後答覆。

翌日（十二月二十九日），劉先生帶來電報，告以與西德多次交涉的結果，最大的讓步為，環泥公司如能於十二月三十一日以前照東南水泥公司方式，將履約保證金新台幣三千萬元存入台北大通銀行，則可接受不加價，如無法在上述期限存入，則報價取消，至於要求比東南水泥公司成交價便宜則不能接受。我們認爲這項交易在當時的情況下，對環泥公司顯然較爲有利，我即提筆將所談之條件當場記載於紙上，雙方簽字存證，以免日後發生枝節。是時正好本公司吳董事長在東南亞旅行中，我即向侯常董報告上述接洽經過，請示他的高見，他認爲應該可行，次日（即十二月三十日）下午，吳董事長由東南亞返國，我們大家都到機場接他，並與他同車前往石牌公館，將投標情形及衛利韓和嘉年兩代理商的接洽結果向他報告，他略加思考後即說，應該接受嘉年公司的報價。

十二月三十一日，我們即將新台幣三千萬元存入台北大通銀行Polysius公司帳戶，並請劉先生通知Polysius公司同時進行正式簽約手續，此項買賣約計美金一千三百五十萬元，要在短短的兩、三天內做這一項大買賣，實在非常吃力。依現在評估，我們做這項決定似無不是之處，如當時未能果斷的決定，爾後最少也得增加二十%到三十%的支出。

機械設備確定後，即進行建廠工作，這一次也是由顏岫峰君負責，與全體同仁去推行，筆者參與實際工作的地方不多，藉此對他們的辛勞再一次致以由衷的謝忱。

感謝各界熱心支持

籌設水泥廠牽涉甚廣，所遭遇的難題也特別多，幸賴社會各界及有關機關爲貫徹經濟發展政策所給予熱心協助，始得一一克服。例如當本公司決定在大湖建廠，但大湖距離大崗山石灰石礦區有十公里之遙，石灰石如用卡車運輸則成本較高，必須利用台糖公司的運蔗鐵路來運送，惟與該公司屢經洽商都不能完全達成協議，最後幸賴當時主持經濟發展大計的李國鼎先生從中熱心協助，才獲圓滿解決。又如當本公司第二號窯建造完成之際，正逢台電公司電源不足，無法及時供電，我們花費了數億元建造完成的工廠，倘因電源無著而不能開工，固不僅是公司蒙受重大的損失，且對整個國家社會亦是資財的浪費，於是我們又向主管機關陳情。後來探知台灣紙業公司新營紙廠裝置有自備發電機，乃又請李國鼎先生賜予協助，轉請台紙公司自家發電，將其電力撥給本公司使用，而本公司則補貼台電公司向台紙公司承購發電成本的差價才得以順利解決。以上的種種困難，若不是各界人士和李國鼎先生富有處事明快、負責的精神，本公司何能順利達成建廠生產的任務，所以今天回憶及此，我們對社會各界及政府有關機關以及李國鼎先生的協助，仍衷心表示無比的敬佩。

敬告同仁奉公守法

本公司正式營業後，爲樹立公司的良好風氣，首求賞罰分明，俾同仁能人人潔身自愛，發揮服務精神，乃於民國五十二年八月三十日發〈告同仁書〉乙紙，原文如左：

各位敬愛的同仁：

爲確保本公司良好風氣，茲列舉下記應注意事項，請各位同仁切實遵守，是所至盼：

一、本公司員工不得接受與本公司有交易之廠商，或請託安插工作者之招宴，或金錢物品等餽贈，違者當按員工獎懲實施辦法之規定處罰。因爲我們同仁之中，如果有人接受廠商之招宴或金錢禮物之餽贈，勢必徇情辦理，將壞貨亦當好貨高價買入，則公司之利益減少，我們同仁之獎金也就隨之減少了，此其一。如果我們同仁有人接受請託安插工作者之招宴或金錢禮物之餽贈，這也同樣會受到感情的束縛，將工作能力差之人當作工作能力高強者聘雇，這當然會影響公司的業務，而損害公司的利益及全體同仁的福利。（與國外廠商之交際，因格於國際禮貌上之關係，如經董事長、總經理或副總經理核准者不在此限，但除與國外廠商之交際外，即總經理或副總經理亦均須同樣遵守。）

二、本公司員工（不論正式或臨時）除婚喪喜慶致送禮物或探望因病住院之同事酌送微少食品外，較低級人員不得宴請或贈送禮物給上級，上級亦絕對不得接受，如有違反，雙方應同受本公司員工獎懲實施辦法之規定處罰。因爲越是低級的同仁收入越少，生活本已清苦，應無餘力再對上級贈送金錢禮物或宴請，既肯花費餽贈宴請，一定是想要得到更多的不合理之報酬。倘此項情形一旦發生，由於上級受人情束縛，就失卻升級升薪的公平，造成送禮者雖工作不力亦予高升；不送禮者，雖工作極爲努力亦無法升級，勢必口出怨言，引起大家無法安心工作，這影響是相當嚴重的。

以上兩點懇切希望各位同仁深體斯旨，以「犧牲小我」、「成全大我」、「先公後私」、「捐私奉公」之精神，一致來爲我們公司的前途奮鬥，爲我們共同的利益與榮譽來貢獻出最大的力量。最後　敬祝

各位身體健康　工作愉快

其後，惟恐同仁們記憶漸淡或日久頑生，及爲使新進同仁明瞭公司之要求，特再多

次頒發「告同仁書」，俾資惕勵，深望我全體同仁爾後能更切實遵行，共同維護本公司之榮譽，並爲公司的發展而貢獻最大的智慧與力量。

結語

阿蓮廠建廠完成後，本公司的年產量已達一百三十萬公噸，可謂已略具規模。筆者於民國六十七年四月奉准退休，而由精明幹練、學驗俱豐的顏岫峰君接任總經理職務，確實深慶得人。在筆者擔任總經理職務期間，我常感自己非常的幸運，因爲既有賢明的吳董事長之領導，又有侯常董及全體董監事與股東先生的鞭策和支持，以及全體工作同仁的通力合作，所以擔任總經理期間，一切均尚順利，內心深感萬分的欣慰，在此再一次謹致謝忱，同時我也想藉此機會敬向過去爲公司殉職的幾位同仁，深表悼念之忱。值茲公司成立二十週年前夕，我滿懷興奮的心情，爰依記憶所及，粗略追記過去的鱗爪，藉供大家參考。由於馬齒漸長，記憶力日衰，謬誤或所難免，尚祈大家賜諒。

德興企業公司

德興企業公司之前身乃德興布行，民國三十八年設於台南市民權路。原非公司組織而是合夥組織，由吳元興先生主持，高清愿先生副之，民國四十二年二月十六日方將布行停業，在台南市開元路興建德興染織廠，專營布疋之染整，由我任董事長，聘吳元興先生爲總經理。

由實際經驗得知，此業看似簡易，實不單純，除非自己有充裕的資本，可以採購大量胚布存於廠內，隨時取出漂染自售，否則無法做計畫生產，一定要等候客人送胚布入廠才能開工生產。淡季時工作量甚少，無法使機器全面開動，成本甚高；到了旺季，則工作量又太多，超過工廠的消化能力，客戶都要爭先交貨，應付稍差就怨言百出。旺季時，如有些小毛病，顧客均無異議接受，一旦市場變壞，則不是毛病也說是毛病，甚至其毛病是由織布或紡紗所引起的，也都要歸罪於染廠，困擾不斷。

成衣外銷之先鋒

民國四十七年初的某一天，日本伊藤忠株式會社第一任台北支店長小杉益三郎先生告訴我說：「台灣失業者不少，工資便宜，你們應可做些勞力密集的工業，一方面幫助政府創造就業機會，一方面亦可得利。」我請教他說：「你看那一種行業比較好？」他回答說：「可以做成衣外銷。」我向他表示，做成衣，在生產方面我們有自信，但是外銷我們無把握，他說：「別的不敢說，紡織品是我們伊藤忠最拿手的，全世界都有販賣網，銷售無問題。」幾天後我到台南，請德興公司的股東和幹部共同檢討，由於大家對經營染整業已無好感，一致贊成將漂染機械出售，改營成衣業。

民國四十七年九月十一日成立德興企業公司，大家決定，改弦更張以後最要緊的是「人」，正好我們的股東中有一位對做成衣很內行的和興製衣廠老闆陳海水先生，大家就決定請他擔任總經理，他因爲自己的內銷工作很忙而表推辭，但是最後還是答應了，另外聘吳元興先生任副總經理，由本人擔任董事長，就進行一切事宜。由於大家一條心積極推動，沒有幾個月就將漂染機器全部出售，並進行改造廠房，購買所需機械設備，一方面招募工作人員加以訓練，一方面請伊藤忠招攬生意，很快就開始生產，到現在轉眼已經四十年，可說是我國成衣大宗外銷之先鋒。

開工後由於全體同仁的努力，產銷一直很順利，且因品質管制良好，深獲各國客戶之好評，訂單甚多，工作非常繁忙，曾經用到一千多人，對於創造就業機會及為國家爭取外匯方面，的確是有相當的貢獻。

創造不少就業機會

近幾年來訂單雖仍不少，但招募女作業員非常困難，不得已在民國六十七年至七十三年之間陸續在台南縣的山上鄉、玉井鄉、下營鄉及高雄鄉的甲仙鄉成立四個分廠，就地招募女作業員，增加生產以應客戶之需要。又於民國六十九年二月二十一日將公司及總廠遷至安平工業區繼續營業。於民國七十年三月董事會通過總經理吳元興先生改任副董事長，侯茂生先生任總經理，另聘李光輝、陳東隆兩位先生任副總經理，由年輕一代多負責任。他們都非常的勤奮，但是近幾年來因受長期性世界經濟不景氣之影響，業績較前為差。不過，事在人為，相信只要全體同仁能在各項管理方面有突破性的改善，同時又能比過去更加努力，必可維持既有的榮譽。

回憶民國四十九年招募女作業員的情形與現在相比，不啻天壤。當時要招募一百人就有將近一千人來應募，很多是透過鄉鎮長、縣市議員、親戚朋友之推介而來，均限爲未婚女性，而且都要經過口試、體檢、機能測驗，錄取後還要立保證書才能進廠上班。由於政府領導有方，工商業發達，二十幾年來就業機會已大量增加，現在年輕人實在眞正有福，這是很好也很可喜的現象。我非常誠懇的希望各位年輕朋友能珍惜這份福，安分守己，爲自己將來之幸福及國家的更加繁榮富裕而努力工作。

民國七十四年四月，雖然我的任期未滿，但我已七十歲，爲達成自己所定的退休願望，特商請全體董監事，准我辭去董事長（不過，大家好意推我任名譽董事長），改由胞弟俊傑任董事長，其餘高層幹部不變。衷心希望大家能一心一德，通力合作，以求公司的業務更加發展，公司的信譽更加昌隆。

華南產物保險公司

民國五十二年我國醫師界人士，為戴德發先生由台北縣長卸任後的安排而倡議組織華南產物保險公司。公司成立後公推戴德發先生任董事長，聘李仙子先生為總經理，吳南雄先生為副總經理。李仙子先生於民國七十二年退休，改聘鍾錦清先生為總經理，黃依仁、孫丕鎌兩先生為副總經理。民國七十四年戴德發先生積勞成疾，不幸仙逝，董事會改選德高望重的廖欽福先生為董事長。

公司自戴董事長和李總經理開始，至新任董事長、新任總經理，均一貫採取「勤儉、穩健」的經營方針，又承全體董監事及股東先生的支持，全體同仁的努力，業績極佳。

本公司組織時，我本未參加，後承鄉親徐千田大夫非常熱誠的邀我入股，在盛情難卻下而參加為股東，又承大家美意擔任常董，至今已三十多年，愧無貢獻，殊感歉疚。

後因業務關係，於數年前再邀胞兄修齊及高清愿先生參加爲股東，而任常董及董事之職。

本公司之營業額雖然不大，但獲利率則常居同業之冠，每年分紅均甚優厚，本人和全體股東都受益不淺，在此謹向歷任董事長及總經理和全體同仁之努力，表示深深的謝意。

利華羊毛工業公司

民國五十三年，毛紡業爲安定羊毛原料之來源，由台灣區毛紡公會同業共同出資成立利華羊毛工業公司，公推應昌期先生爲董事長，聘顧儉德先生爲總經理，由於應董事長領導有方，顧總經理也經營得法，所以成績極佳，每年都有很好的分紅，確實非常難得。在此謹向歷任董事長及總經理和全體同仁的辛勞表示由衷感謝之意。後來應董事長爲後進開路而退居顧問之職，由顧先生任董事長。民國七十四

筆者(左四)與夫人(左三)、與應昌期伉儷(中坐者)參加大陸寧波利華羊毛工業公司開業典禮(民國83年10月)

年，顧董事長退休，由林耀廷先生任董事長，聘蘇義琪先生爲總經理，是一家前途無量的好公司。

投資利華羊毛工業公司本應由坤慶紡織公司參加（坤慶公司是毛紡公會會員），因當時坤慶公司爲擴建之關係，資金較不充裕，所以改由新和興參加，實在是幸運。

台灣針織公司

民國五十三年底的某一天，日本伊藤忠商事株式會社第一任台北支店長小杉益三郎先生又來訪，告訴我說：「貴國工商業雖日漸發展，但是失業者還是很多，是不是可以來共同投資一種用人較多的工廠，一來可以幫助政府解決就業問題及爭取外匯，二來可爭取公司之利潤。」我仍和以前做成衣廠一樣，說當然可以，並請他研究看看應該做那一種。因為伊藤忠全世界有分公司，接觸面極廣，比較了解那一種生意可以做。他答應去和總公司研究後分手，我即與我方關係人員商量，大家都認為與伊藤忠合作可行。

消化自我公司的產品

不久，小杉先生就來說：「經與總公司研究結果，認為在台灣成衣外銷廠已經不少，而毛衣外銷廠尚缺，現在應該做毛衣外銷工廠最好，因為毛衣廠所用的手搖橫編機很便宜，而且每台機械都需要一個人操作，所以投資額不大而用人很多，對就業機會貢獻最大。同時你們坤慶紡織公司正在大量生產編織毛衣所需要的亞克力紗，也可幫助坤慶消化產品。」我說：「可以和你們合作，但是我們對此行業完全外行，產銷全無把握，這方面應如何處理？」他說：「生產方面可由伊藤忠負責找日本對此有豐富經驗的山崎針織公司來指導，並由台灣派遣人員前往實習，至於外銷方面可由伊藤忠負責。」我們認為可行，即由我起草合作基本契約案，經對方認可，內容大約如左：

(1)定名為台灣針織公司，設在台南。

(2)資本各五十％。

(3)董監事名額除董事長由雙方共推外，其餘按出資比例分配，人事全由台灣方面安排。

(4)原料在同一條件下使用坤慶紡織公司產品。

(5)外銷在公平合理的條件下由伊藤忠負責。

民國五十四年十月十五日公司正式成立，推我任董事長，聘請陳海水先生為總經理，並由我拜託台北支店長小杉先生，由台北伊藤忠派洪國雄先生任財務課長，其餘各部人員均由陳海水先生安排，當時的幹部有鄭燦輝、王榮山、盧崇廉、張武雄、陳清池等先生。

坦誠合作，易地而處

小杉支店長確實非常信任我們，原本他們連一個人都不派，是我認爲財務人員應由他們派任，以便了解公司的財務情形，以免招致不必要之誤會，經特別拜託才派來的。我們相處非常愉快，至今已三十多年，從無任何糾紛產生，誠一極好之合作對象也。

行文至此，我又想到，嚴前總統靜波先生之「凡事退一步想，易地而處」的這句名言。在台針開工不久後，一位同事告訴我說：「伊藤忠派來的人好像常到伊藤忠處做報告……」我說：「××兄，我們有沒有做什麼不能讓他去向伊藤忠報告的事？」他回答：「沒有。」我說：「既然沒有，讓他去報告又何妨。凡事應『易地而處』，假定你去投資一家公司五十%的股份，卻只派一個人去，你會不會希望他來向你報

與日本伊藤忠會社台北支店長小杉益三郎伉儷(右一,右二)(民國57年11月)

告經營的狀況？只要沒有不可見人的事，他又不搬弄是非，這不但是我們應該接受的，而且應該勸他去報告，因爲伊藤忠是我們最大的一個股東，我們爲了讓他了解我們經營的情況，應該由我或總經理去作報告才對，現在由他所派的人去報告，他是盡職，我們是省事，互相能夠坦誠合作，不發生無謂的誤會，實在是太好了。」××兄認爲有道理，以後也就不再提什麼，彼此的合作關係一直非常融洽。

沒有淡季的毛衣外銷

台灣針織公司的工廠設在台南市鹽埕，當時那個地方女作業員非常的豐富，也是要用一人就有十人以上來應徵。起先由三百人做起，因陳總經理細心能幹，開工以後產銷都很順利，本來大家認爲，做毛衣外銷一年之中差不多有三個月的淡季要停工或大量減產，結果因打入季節與其他國家相反的澳洲市場，所以一年十二個月訂單都是滿滿的，因此一再擴充。到了民國五十八年，作業人員增加到二千二百多人，產品仍是供不應求，由於工作繁忙，陳總經理積勞成疾，一再請辭，經董事會通過，准其辭總經理職務，但仍任常務董事，並於民國五十九年五月十六日，聘我們台北新和興行的老同事，當時任環球水泥公司台南營業所主任的侯仙助先生爲總經理。

侯先生對針織這個行業雖然是外行，但我相信他「勤儉誠信」之爲人一定能負此重任。果然不錯，公司規定八點上班，他是六點就到。他在職中，上班不用公司給他使用的汽車，每早五點鐘就由台南市廣聲里打銅街的自宅走一個多小時的路到鹽埕的工廠上班，到了工廠就免費教有興趣學太極拳的同仁打太極拳（他是王延年老師的高徒，身體很壯，拳也打得很好，在擔任環球水泥公司台南營業所主任時，曾經免費教過不少喜愛太極拳的人），因此公司不少同仁也提早上班，上下相處甚睦，公司的士氣非常旺盛，業務也蒸蒸日上。在他就職一年後，女作業員增加到二千八百五十人之多，他的工作量也自然增

台針公司新舊總經理移交後，與侯仙助先生（前排右二）陳海水先生（前排右四）及諸同仁合影於台針辦公大樓前。（民國59年5月16日）

加，晚上經常到八、九點才回家，未料也因而積勞成疾，竟致一病不起。

感念侯仙助先生

首先是民國六十一年初，有一天下午三點，公司在台北舉行董監事會，他到台北來參加，我問他說：「你爲什麼比以前瘦了，氣色也比較差呢？」他說：「沒有什麼，原來太胖，瘦一點比較好。」接下去開會，開完會已經接近七點，依例就是聚餐。他走過來告訴我說：「我感到非常疲倦，想不去參加聚餐。」我說：「聚餐可以免去，但你的健康到底如何呢？」他說：「幾個月前肚子開始不好以後，陸陸續續拉了很多次，有時也出了不少血，但我認爲我的健康絕無問題，每天照常上班工作，也沒去看醫生。以前有時候會感覺有點疲倦，但都沒有像今天這麼累。」我說：「你不要去參加聚餐，是不是就去看醫生？」他說：「不要。」我再告訴他說：「你先在我的辦公室長椅上休息，等一下叫當班的人替你叫一碗麵吃，今天晚上不要回台南，明早不要吃飯，我帶你到台大醫院去檢查，有病不能拖。」他說：「晚上必須回去，因有事情必須到廠當面交代，我後天早上一定去檢查。」離開以後我去參加聚餐，在餐廳就吩咐其他同事回台南後一定要叫他去檢查，說是我的命令。當晚我回家後擔心他回台南爲工作忙會再拖，就打長途電話給他太太，要她催侯先生去檢查；隔天我再直接打電話去催，他答應翌日一定去檢查。翌日侯先生打電話來給我：「照X光結果，說應到台大醫院檢查比較清楚，是不是可以幫忙弄到病房？」我說：「你來，病房由我來辦。」我認爲一定是相當嚴重，台南的醫生才會勸他來台大醫院，心中頗有不吉的預感，但是一方面又想到他是我們一批人中最健壯的一個，或者尚可挽救。

但是，經台大醫院外科大夫開刀後發現，竟然是胃癌，不但是胃部，連肝腸都已波及，醫師認爲不宜割除而復予縫合，但爲使患者安心，告訴他說已割除腫瘤，不久可癒。住院中由於打針吃藥，表面上看起來似已痊癒，患者本身亦認爲情形良好，有說有笑。正在那個時候，坤慶紡織公司主辦組團（用紗客戶）赴東南亞旅行，他表示要一起去，因他在第二次大戰中被日軍徵爲志願兵，曾去過東南亞，希望能舊地重遊。經詢醫師意見認爲，病是不會好，只是拖時間，到東南亞旅行日數不多，且都是自己人在一起，有人照應，只要飲食注意，行程不要太勞累，可依他之意前往旅行，以遂其心願。據云，旅行中只有在印尼的萬隆有一次感到疲倦跟不上人家，其餘都尚正常。返台後，我要他在家休息不要上班，但他還是每日都到公司，只好依他，但約定只上半天，而且稍有不適即應回家休息。他對公司之忠誠及其敬業精神確實令人敬佩。

我常說：「我非常的幸運，我有很多同事都不嫌工作多，不嫌薪水少。」侯仙助先生就是其中的一位，同事近三十多年中從來沒有一次要求增加一塊錢的薪水和獎金，有時候還自己說：「我不要那麼多，應該多給其他同事。」另一方面，無論何時交代工作給他，也沒有一次說：「我太忙。」或找任何理由推託。這樣一位良才，天不假年，不幸於民國六十一年九月七日仙逝，享年僅五十有二。他對公司之貢獻眞可說是鞠躬盡瘁死而後已。在台南葬儀堂舉行告別式時，眾多同事都爲其落淚，甚至還有不少人泣不成聲。値得安慰的是，他的子女均已長大成人，並且都各有一技之長，同時也都與侯先生性格相似，極爲忠誠勤儉，他在天之靈可以安息矣。

繼續和日方合作

侯先生逝世後，總經理職務由王副總經理代理，至民國六十四年八月起才由日本伊藤忠派一位經驗豐富、處事非常沉著的樫尾徹夫先生來台擔任總經理。他是單身赴任，寶眷留在日本，每年暑假才由太太帶孩子來一起住一段不長的時間。這種精神也正是日本人做國際貿易勝過其他國家的原因。

樫尾先生在台將近五年，工作認眞，相處亦佳，本希望他再留下來幫忙，但由於伊藤忠總公司派人來說：「現在本社正有適合樫尾先生的職務，已為他安排好，而且樫尾亦在台工作多年，應讓他回去，此次如不回去，以後在安排上會增加很多困難。」因此我們同意其辭職，並於民國六十九年四月由伊藤忠派一位曾經在台灣統一製衣公司任總經理的廣田之男先生前來接替總經理職務。廣田先生不但已有經驗，工作精神亦好，而且處事非常小心，他做得非常勝任愉快。廣田先生服務三年多後，伊藤忠又來商量，希望改派一位曾經派去韓國最大企業之一的三星產物公司擔任顧問的石井裕雄先生，並於民國七十二年九月來台交接，石井裕雄先生經驗豐富，對台灣針織公司也有很好的貢獻。

我早就有一個計畫——工作到七十歲就要將所有的董事長及副董事長職務辭卸。為達成我的希望，於民國七十四年四月承蒙全體董監事的同意，讓我提早辭職（任期是到民國七十六年四月），改任名譽董事長，推吳金台先生任董事長，總經理仍由石井裕雄先生擔任，副總經理仍由王榮山先生擔任。希望全體董監事和股東先生及全體工作同仁一心一德，發揮團隊精神，為公司爭取更多的利益與榮譽。

中國信託投資公司

民國五十五年三月，爲配合政府調節股票市場政策，由辜振甫先生領導工商界人士多人，共同投資成立中華證券投資股份有限公司，公推辜振甫先生擔任董事長，筆者擔任董事，聘王祝康先生爲總經理，辜濂松先生爲副總經理。

辭謝國泰信託的邀約

民國六十年，政府宣布准許設置「信託投資公司」，是時承蒙蔡萬春先生的好意來邀參加投資國泰信託，我告訴蔡先生說：「您的好意很感謝，但是我要請教振甫兄，中華證券投資公司是否要改爲信託投資公司，如果不改的話我就參加，如果中華證券投資公司要改爲『信託投資公司』的話，我就應該參加中華這邊。」蔡先生認爲我說得有道理，就同意我的意見。我隔天就去請教辜先生，他告訴我說：「我們中華證券投資公司也想改為『信託投資公司』，預定這幾天召開董監事會，如果大家同意，再召開股東大會，希望你繼續參加中華證券這邊。」因此我就打電話給蔡先生，告訴他說：「因為中華證券投資公司要改為『信託投資公司』，所以不能參加您要籌備的信託公司，請原諒。」蔡先生說：「吳先生你這樣做是應該的。」並表示非常的諒解。

中華證券投資公司於民國六十年七月變更為「中國信託投資股份有限公司」，仍公推辜振甫先生為董事長，筆者擔任常務董事，仍聘王祝康先生為總經理，辜濂松先生為副總經理。王祝康先生於民國六十一年十一月退休，公司改聘辜濂松先生為總經理迄今。其後陸續再聘陳榮先生、劉

王祝康總經理(左)(民國60年11月11日，中國信託投資公司開幕酒會。)

敏誠先生、金作謨先生、嚴慶潤先生爲副總經理，駱錦明先生、顏和永先生爲協理。駱先生於民國七十五年升任副總經理。由於辜董事長的領導有方，全體董監事及股東的支持合作，總經理以下全體同仁的努力奮鬥，業績蒸蒸日上，誠屬可喜。但金融業之競爭亦日漸激烈，希望全體同仁能夠步步留神，處處小心，一心一德，群策群力，積極奮鬥，穩健經營，使公司能更加發展，對工商界能有更多的服務，對國家能有更大貢獻。

公認的外交高手

我在此要特別一提的是振甫兄與我同年，又是水泥同業的大前輩，除水泥公會及中國信託公司開會時見面之外，多年前有一段時間，每個月跟一些同年的朋友聚餐一次，除不談政治外，天南地北暢所欲言，在那個時候更加了解各位朋友的性格：有的豪爽剛毅，有的足智多謀，有的謙恭有禮，有的穩健持重，可說各有所長、多才多藝。在餐會時有的說笑話，有的談故事，有的高歌一曲，非常輕鬆愉快。後來因爲大多數人工作逐漸忙碌，以致每月聚會很難集齊，因此這個每月一次的快樂餐會已停辦多年，殊感可惜。但是和振甫兄因爲水泥公會和中國信託投資公司的關係，仍常有見面的機會，受他的指教和協助很多，不勝感謝。如所周知，振甫兄學有專長，經驗豐富，智慧甚高，思考敏捷而細密，愼謀能斷，知人善任，文質彬彬，對人和藹，處事公正，條理分明，所以他擔任很多公司的董事長和很多社團的理事長，都辦得非常成功，使我們非常敬佩。更難得的是，他雖然工作極爲繁忙，但是爲了幫助我們政府處理一些國外的事務，仍不辭勞苦，常常東奔西走爲國效勞，他是大家公認的國民外交高手，對國家社會貢獻極大，在此謹向振甫兄表示敬意，同時也深望在繁忙之餘，能多珍重健康，俾能對國家社會有更多的貢獻。

福特六和汽車公司

民國五十七年八月，承蒙至友六和紡織公司的宗祿堂先生、宗圭璋先生、宗仁卿先生賢昆仲之邀，參加他們籌備多年的六和汽車公司之投資。我非常感謝他們的美意，因爲當時的六和，既不缺錢亦不缺人，而肯邀我們參加，承他們看得起，內心確是無限的高興。

六和汽車公司完全是國人的資本，並得日本豐田汽車公司技術指導，公司由劉大柏先生任董事長，張武先生任副董事長，孫照臨先生任總經理。是時主辦單位提出的報告中沒有開辦費，我說是否漏列？宗先生說：「這些在成立之前已付出的不要列帳。」我說：「你們賢昆仲苦心籌備多年，而且公司前途很好，讓我們參加已經太好了，不應該這樣做，應該照列。」宗先生昆仲還是不肯。還有，當時內壢的廠地幾十公頃所列的價格也比市價低得很多，我認爲不合理，應予合理提高，他們也堅持不肯，都依照原列數字不動，他們賢昆仲待人之誠確實難以形容，我們內心因此也感到非常的不安。宗先生賢昆仲對我們的照顧，我已在〈台南紡織公司〉及〈環球水泥公司〉一文中略述一二，他們確實是我的良師益友，其盛情也使我終生難忘。

民國六十一年底，由於種種關係，政府核准美國福特汽車公司來台投資購買六和汽車公司的股票七十%，改組爲福特六和汽車公司，仍由劉大柏先生任董事長，新聘陳其蕃先生爲總經理，經營迄今成績頗爲良好。另一方面，原來六和汽車公司的股東也共同於民國六十二年二月在台北成立九和汽車公司，董事長爲宗圭璋先生，總經理爲孫照臨先生，專售福特六和

六和汽車工業股份有限公司中壢廠開工典禮(民國59年12月12日)

汽車公司的產品，並在台北、台中、高雄設立修護廠，爲用戶服務。由於宗董事長領導有方，孫總經理以下全體同仁的努力，業績相當良好，殊堪同慶，也謹在此向宗先生賢昆仲表示深深的謝意，及對兩公司之董事長、副董事長、總經理及全體同仁表示由衷的敬意。

同時，應特別一提的是，因福特六和汽車公司的外國股東不同意我們以九和汽車公司名義經銷其他汽車公司的產品，故另組七和實業公司，由張聘三先生令郎張伯欣先生任董事長兼總經理，在此併向張伯欣先生及全體工作同仁表示謝意。

新力公司

民國五十八年初春某日近午時候，我到台北松山機場送客，因到得稍遲，匆忙走向樓梯口時，後面突然有人喚我，回頭一看，是聲寶公司的董事長陳茂榜先生，他告訴我說：「有一點事情想跟你談談。」我說：「可以，不過我現在趕著要去送客，是不是我們約個時間見面？」他說：「下午五點在南京西路環球水泥公司。」我說：「歡迎您來！」就匆匆離開。

知名度高的產品

是日下午陳先生準時光臨，他說：「我代理日本的SHARP公司及SONY公司兩家產品，但是我因種種關係，比較致力於SHARP產品之推銷，以致SONY對我提出抗議。聽說你們新和興也在做電子方面的產品，你們如有興趣，我想請你們一起來做，因爲如果我們自己做，勢必又會偏向在當時價格比較低廉且容易推銷之SHARP產品，所以我想來想去，一定要有人來共同做才不會偏。資金不要太多，初步預定新台幣二千萬元，各出五十％。」我說：「非常感謝您的好意，我想原則上可以，但應等我與新和興同仁商量後再向您報告。」分手後我就與有關人員商議，大家都認爲可行。

翌日，我前往日月潭涵碧樓參加當時經濟部長李國鼎先生所舉辦的「高階層經理人管理講習會」，會議計爲三天，在第二天中午吃飯時，我正好與李國鼎先生同桌，便對李先生說：「私下要請教您一點事情，什麼時候比較方便。」他說：「等一下到我房間來談。」吃完飯我就跟他到房間，一坐下他就問：「有什麼事啊？」我即將陳茂榜先生所提合作之事報告，並說：「因爲您的智慧高，視野廣闊，要請教您是不是可以做？」他沉思片刻，然後說：「SONY產品很好，在世界上知名度很高，應該可以做。不過，合作應該要大家誠心誠意才會成功，不然的話，再好的事業也不會成功。」我非常感謝他明快的指示和關心，即說：「非常感謝您的指教，如我們合作能夠談成的話，一定照您的指示，誠心誠意的做。」

好的合作對象

我回台北以後就向吳三連先生請教，因爲我和陳茂榜先生當時來往不多，互相較不了解，而吳三連先生則和陳先生在省議會相處多年，了解較深。他說：「茂榜兄很不錯，也不會佔人家便宜，而且SONY的知名度很高，將來很有希望，你應該可以跟他好好合作。」從此我與陳先生就一直接洽下去，談到差不多時，由我動筆寫合作的基本協議書草案，再經協商結果，定案大約如下：

一、公司名稱先用東正堂（因與日本SONY簽代理合約的是東正堂），待將來得到日本SONY公司之同意後變更爲新力電機公司。

二、資本金新台幣二千萬元，各出五十％，舊東正堂在庫及新和興電子公司的在庫與機械設備由雙方合理估價後由新的東正堂承受。

三、董監事名額按出資比例分配。

四、董事長由舊東正堂派任，總經理由新和興派任。

民國五十八年七月一日公司正式成立，公推陳茂榜先生爲董事長，聘新和興行電子公司的張炳川先生爲總經理。民國五十九年六月間，張總經理另有高就而請辭，陳茂榜先生要我派人接任。老實講，我們新和興雖然不乏經營管理的人才，但一來各有要務未能分身，二來並不兼擅電機，因此實在無妥當的人可派，如隨便派出，萬一做不好的話，那就太對不起公司，也太丟臉了。於是我和陳董事長商量，請他考慮由當時聲寶的副總經理石柄燿先生來擔任，他回答：「老實說，石先生我想留下來做將來聲寶公司的總經理，不便派出。」因此拖了一段時間，經一再研討，最後於民國五十九年八月五日聘請當時任聲寶公司的經理呂傳東先生來接任總經理，並於民國六十五年任命侯世凱、楊敏弘、盧冬洋先生等爲副總經理，郭蘭馨先生爲協理。由於陳董事長領導有方，全體董監事及股東先生的支持，總經理以下全體同仁的努力，民國五十九年七月至十二月半年間營業額僅有新台幣四千餘萬元，而民國七十四年，營業額則高達新台幣三十多億元，成長極爲迅速，盈利亦高，我們大家都享受到不少的股利。這是承蒙陳茂榜先生的好意相邀，並託陳董事長賢昆仲和全體股東先生之福及總經理以下全體同仁的努力所得的，在此謹致衷心的謝意。

廣立視聽圖書館

爲配合實際需要，以新力公司爲主體，於民國六十二年八月由新力公司轉投資成立新記公司，由陳阿海先生任董事長，楊敏弘先生任總經理。又於民國六十六年八月成立新格公司，由呂傳東先生任董事長，侯世凱先生任總經理。新格公司於民國六十八年十二月改選，顏岫峰先生任董事長，侯世凱先生仍任總經理。二公司分別經營錄放影機、錄影帶、語言教學設備及灌製唱片、錄音帶及彩色電視機之生意。此外，基於陳茂榜先生「取之社會、用之社會」的愛國愛民精神，於民國六十四年十一月由新力公司撥出新台幣二千萬元成立財團法人新力公司文教基金會，陸續在台北、台中、高雄、花蓮、金門等地設立視聽圖書館，免費供大眾利用，誠有意義之事也。

所謂「好景不常」，世間萬事萬物天天都在變，時時刻刻都在變，尤其新科技之發展可謂一日千里，在如此激變的時代，我們應在各方面時時都做應變的準備，並且跟著時代進步，才能立於不敗之地。願我全體董監事先生、股東先生、全體工作同仁在陳董事長領導之下更團結，更努力來創造我們更佳的業績，發揚我們更大的榮譽。

南臺工業專科學校

民國五十三年，台灣經濟發展即將完成第三期四年經建計畫，當時民間對投資紡織、水泥、食品、電子等工業的意願很強，可是卻遭遇兩項困難：一受制於民間的資金不足，一受制於技術人才的培養不夠。我和三連叔、胞兄修齊以及好友辛文炳、張麗堂、陳清曉先生等，都有此同感，於是我們就計議創辦五年制的「南臺工商專科學校」，並請三連叔擔任發起人代表，由辛文炳、張麗堂兩先生負責奔走策劃。

興學案遭長期擱置

創校依規定需有五公頃以上的校地，申請案提出時便要把校地先買妥。這本是一件不簡單的事，因為購買校地必須注意到它的環境和交通情況等，所以也相當費力。但因辛文炳先生、張麗堂先生及胞兄修齊等對台南市郊的情況都十分熟悉，而且人際關係甚廣，所以沒有多久，便在永康鄉六甲頂覓得現有校址，於民國五十四年按規定買妥五公頃多土地，所有價款都是全體發起人共同捐資購買的。

政府遷台以來，爲發展教育原即鼓勵私人興學，可是我們申請五年制專科的過程，卻是出乎意外的不順利。其先，教育部曾飭令必須就「工」、「商」兩類擇一辦理，並更改校名；稍後，又遭遇到因省教育廳遲延轉報而逾越五專申請時限的困擾，以致申請案長期擱置。

迄至民國五十七年，記得有一個禮拜天，我敬陪李國鼎部長在淡水打高爾夫球，在無意中談到發展工業必須有技術人才之配合方能有成等，亦曾順便將我們申請設立五年制工商專科以及拖延日久迄未獲准的事報告李部長。李部長則告訴我說：「不久前我到西德訪問，得悉西德辦有一種『建教合作』的二年制技藝專科學校，專收高中及高職畢業生，成績很好，對國家很有貢獻，日前在一項會議中，我已將此事告訴教育部長和各有關人員，他們也都認爲很好，贊同我們在國內也應鼓勵民間來興辦這種學校，因此你們可迅速將申請案提出，我當從旁促成。」

李國鼎先生的協助

聆獲李部長的上述指示後，翌日我們就請台南紡織、環球水泥、坤慶紡織、新復興紡織、三新紡織、國際紡織、德興企業、台灣針織、亞洲合板、新和興電子、新和興海洋等公司派員參加開會，並請將各公司及負責人的印章帶到會場，於會後立即作成申請書，向有關機關提出關於創設兩年制「私立南臺工業技藝專科學校」的申請。不久便得到經濟部和經建會的聯合推薦，於民國五十八年四月及十一月先後奉教育部令准備案及立案。於此，我們「興學」的願望乃終於初步達成。董事會特聘辛文炳先生為校長，張麗堂先生為副校長，並於五十八學年度招收第一屆新生。我們大家都非常感謝李部長的提示和熱忱協助。

民國六十年，教育部對我們五十四年提出申請而迄未批准的五專案，復飭令另覓校地並更改校名後再憑核辦（因原校址已充技專校地，所改「南山」工專的校名仍有重複）。於是三連叔又立刻召開校董會決定由各董事再行捐資，在原校址北鄰另購校地近六公頃（現為南台工專行政中心之教學大樓），並再改校名為「永光」。豈料呈覆後，教育部又改變原意，要我們把申請的五年制專科和已設立的二年制技專合併為一校。當時全體董事對於部令的一再變更其原則，不免感到失望，但是鑑於我們原無私心，辦一校是爲培育地方人才，辦兩校也同樣是爲地方而非爲己，所以爲了早日達成五專招生的期望，在兩校創辦人的會議中，大家均同意併爲一校的要求。兩校合併完成後，旋於六十一年三月奉准正式改名爲「私立南臺工業專科學校」，仍聘由辛文炳先生任校長，張麗堂先生任副校長，並於七十一年復奉准設立夜間部。由於申請創校的經過如此複雜，南臺工專爲我國私立學校中第一個兼辦二專、五專及夜間部的專科學校。

十年樹木，百年樹人

回憶自從奉准設立南臺技藝專科，瞬經近三十寒暑，我們擔任董事的同仁在三連叔大公無私的領導下，董事對學校從來只有捐資奉獻的義務，絲毫不取任何報酬。記得有一次，校方向董事會提出有關學生學費獎助辦法時，其中曾列有董事子女就讀本校得免繳學費之條文，尚未討論即經三連叔提議刪除。蓋三連叔認爲董事既能捐資興學，當能繳子女學費，而需優待的對象應爲教職員子女，因爲對教職員子女優待，才更能激起他們辦學的熱忱。再者，學校爲增建校舍和教學設備經費不足需貸款時，我們部分董事，包括三連叔、胞兄修齊、辛文炳、張麗堂等先生和筆者，也都經常爲學校擔任借款的連帶保證人，其金額往往多至數千萬元，各人都毫不猶豫。因爲誠如三連叔所說，教學的責任在學校的教師同仁，我們無法分擔；我們所能做的，就是如何幫助學校達成它所需要的經費和設施。

多年來，南臺工專的校務在辛校長和全體教職員的辛勤努力下，教學水準日益提高，學校聲譽和畢業生對社會的服務，也日益爲各界所重視。就我個人而言，我畢生經營工商業，而少求學機會，今能參加創辦這所專科學校，略盡棉力，又欣見學子日眾，校譽日隆，由創立而茁壯，由茁壯而蔚爲知名的專科，內心實在甚感安慰。民國七十三年十二月十五日適逢創校十五週年，學校因編印特刊曾邀我爲文紀念，題爲〈慶祝十五週年獻言〉，茲將原文附後，以誌鴻爪。

欣逢本校創校十五週年校慶，心中實感無限的快慰，緬懷過去，本校在吳董事長三連先生英明領導和辛校長文炳先生精心策劃，以及全體教職員先生的共同努力下，無論在教學的設備上，師資的素質上，都有長足的進步，本校對國家社會的貢獻，已爲大家所肯定。

回顧十五年前，本省工業正步入加速發展的階段，政府各項重大的經濟建設次第展開，本校董事同仁爲響應政府培植工業技術人才的政策，同時又顧及有關企業對各類人才的需求，乃於民國五十四年間，由吳董事長邀籲有關企業負責人及友好集議捐資籌設本校，嗣經過辛校長及張董事麗堂不辭辛苦的奔走，歷數年之久，始於五十八年奉准立案招生。

創校之初，本校所能招收的學生四科共計只有三百六十餘人，迨至今日，二專及五專，日間部及夜間部學生總數竟高達三千五百人以上；在教學設備方面，各科擁有單獨的工程館和研究室，於前年更完成了綜合大禮堂及宏敞的會議廳，聳立的電機大樓等建築，其間，不僅耗資鉅大，且在設計時，更費盡心力，幸賴學校當局始終都本諸興學樹人之宗旨，持續不斷的努力以赴，董事會自亦全力支持，遇上鉅額支出，雖然無法做更多捐助，但亦盡力爲學校設法向銀行保證貸款，以資支應，而樂觀厥成。其間經過，悉賴各方面同心協力，克服種種困難，始克奠定今日的規模，並樹立良好的校譽，言念至此，實深欣慰。

工業發展需要人才，學校爲培育人才而設，所以我願藉此機會對於本校同學提供兩點期勉：一是、兩年或五年的就學期間，在工技知識的領域中雖可熟習基本的概念和專門的技能，但是學海無涯，工業科技更是日新月異，諸位同學必須抱著活到老、學到老的信念，無論在學校或步入社會時，仍要不斷地學習，俾與時並進，惟其能夠如此，學校所學到的一技之長，不僅只是維生的工具，更能任重道遠地貢獻給國家社會。二是、在熟習學業和技能之餘，也更要學習做人處事的修養，因爲社會的進步只有在自然科技與人文發展平衡時，才能達到更安和的境界，如果忽視了人際關係相處的道理，社會關係適應的規律，則工業社會的種種後遺症就不免相隨而來，諸如產生人群的疏離感，就會影響社會倫理關係的維繫，人對人群整體而言，自應求其和諧。

茲值本校十五週年校慶前夕，本人忝爲創校一份子，虔祝校運昌隆，培育菁莪，願南台的腳步隨時間的推進，更穩健踏實，全體師生共創更優良的校風，更卓越的校譽。

台灣小池電器產業公司

民國六十二年八月，由當時的台南統一實業公司董事長洪煥一先生及日本貿易振興協會派駐台北的佐佐木先生推薦，與日本歐利生（ORIGIN）株式會社共同投資（各出五十％）成立台灣歐利生公司，由我任董事長，張炳川先生任總經理，生產電子零件二極體（Diode），生意尚佳。不料未達三年，該項產品漸漸被其他新產品所取代而無銷路，不得已將台灣歐利生公司結束，日本股東撤退。經我國的股東開會決議，授權張總經理另尋可行的事業，幾經調查後，認爲「繼電器」頗有前途，而於民國六十五年六月一日改組爲美歐電機公司，仍由我任董事長，由張炳川先生任總經理，楊顯達先生任副總經理兼廠長。

幾年來由於張總經理及全體同仁的努力，業績尚可，不料張總經理積勞成疾（肝癌），一病不起，於民國六十九年六月十二日仙逝。我和張總經理在環球、新和興電子、歐利生及美歐一直同事，他品學兼優，集勤儉誠信廉潔於一身，且和藹可親，深得部屬之敬重，實在是不可多得的人才。張太太也非常的賢慧，兒女學業都很優良，有的在台大歷史系畢業後赴美攻讀博士，有的成大水利系畢業後留校研究，有二位正攻讀醫科，都是前途無可限量的青年。張先生之逝去不但是張家及美歐公司之大損失，也是國家之損失。

張總經理仙逝後，接任人選非常難找，一度也想要結束，後來經與平素和美歐公司有商業往來之日本小池電器產業公司小池次郎先生接洽，請該公司來台投資合作，經對方同意，於民國七十年二月獲我政府批准，隨即於同年四月將總資本額之四九％的股款匯到，並聘小池次郎先生爲副董事長兼總經理，仍由楊顯達先生任副總經理，後又聘蘇清風先生任經理。民國七十三年董事會諒解我年紀已大，同意我免再擔任董事長而受聘爲最高顧問。董事會推選顏岫峰先生爲董事長，小池次郎先生仍爲副董事長兼總經理，楊顯達、蘇清風兩位先生爲副總經理。由於全體同仁之合作，業績尚稱順利。希望大家共同努力使公司之業績能更蒸蒸日上，以符股東之期望，亦可慰故張總經理炳川先生在天之靈。

（按：該公司於民國七十五年七月三十日董監事聯席會議時，圓滿決定將我國人所持有之股份讓售與日本小池會社。）

聯合建設公司

民國六十一年成立本公司，我承大家好意擔任董事長，胞弟俊陞任總經理，我於民國六十九年卸任董事長，改任名譽董事長，由俊陞接任董事長兼總經理，吳水林先生任副總經理。

本公司成立後，前幾年經營相當順利，後來因政府對建築業政策的改變，導致房屋景氣之發生變化，而我們未能洞燭機先及時適應，致使存貨過多，利息負擔沉重，損失不少，現將所存之在庫房屋改爲出租，繼續經營中。在此應一提的是，無論做任何事業都有風險，一定要時時注意大環境之變化及政府政策之動向，俾能避凶就吉。

統一租賃公司

民國六十七年成立本公司，恭請潘鍅甲先生擔任董事長，紀聰惠先生任總經理，林惟堯先生任副總經理，吳三連先生任最高顧問，胞兄修齊與我任副董事長，黃三木先生及高金烏先生任駐會常董。由於潘董事長領導有方，紀總經理和林副總經理及新聘之洪副總經理等經營得法，全體董監事及股東先生的支持，加上全體同仁的努力，起初幾年業績極佳，近幾年雖受長期不景氣之影響，每年仍可獲此利益，確屬難能可貴。

民國七十五年八月，潘董事長因病在美就醫，來函請辭董事長職務，經一再慰留未蒙接受，不得已而於同年九月十一日召開董監事聯席會議，推選高清愿先生擔任董事長，深慶得人，希望在高董事長領導之下，大家一心一德，貢獻所有的智慧與時間，使公司能更加繁榮發展。

南聯國際貿易公司

民國六十七年，爲配合政府發展大貿易商開拓國際市場之政策，有些親戚朋友提議設立大貿易公司，我自己無把握，有一次在打球時請教李國鼎先生之高見。他說：「在世界上大貿易商做得最成功的是日本，日本差不多是採取產銷分工制，工廠的產品自己不大直接外銷，而大都透過貿易商出口。而且日本的國民性亦較特殊，大都是一進入某公司工作就想終生在該公司服務，尤其是日本商社派駐國外的人員，大都將妻子留在日本，自己單身赴任，公司可以節省很大的經費，被派人員亦免爲照顧同行之眷屬而費心，更能專心爲公司的業務奮鬥。這點歐美各國都無法做到，故都做不過日本。大貿易商如能做成功，當然對國家經濟發展有幫助，不過我認爲此業好像很難做。因爲我看過我國很多年輕人，進貿易公司工作不久，稍有經驗後，很快就離開原來服務的公司，自己一人或邀二、三位朋友，另立門戶幹起貿易業務。因爲普通的貿易商不需要太多資本，一張桌子，一部電話也可以做，所以台灣這麼小的地方，貿易商有幾萬家之多，競爭非常激烈。政府對大貿易商又有很多限制，例如資本額一定要多少以上，每年的出口額要有幾億元以上，要設立駐外分公司多少家等等，做起來一定有不少的困難；而普通的貿易商不但費用較輕，事事都較方便靈活，除非政府有什麼一般貿易商不能做的業務必須交給大貿易商做，以便截長補短，否則大貿易商很難競爭。」

我認爲李國鼎先生說得很對，就將這番話在籌備會上向大家報告，經過討論後，大多數人還是認爲應該進行，並決定恭請吳三連先生擔任董事長。當時有人提議爲安全起見，最好能和高林貿易公司合作，因該公司已有多年經驗，又有相當的成就。大家認爲有理，就請吳三連先生介紹，派人與高林貿易公司的負責人接洽數次，終因條件不合而作罷。

創業首重經營人才

我將經過情形報告李國鼎先生。他說：「既然要做，如能聘請前中信局副局長周賢頌先生來擔任總經理最好，周先生雖然年紀稍大，但他對貿易之經驗極爲豐富，如他能來幫忙，對公司一定有很大的幫助。」我們依示，很誠懇的去請周先生來幫忙，他說了很多理由，表示無法接受。後來又有人提到請武冠雄先生幫忙，武先生表示可以，但附帶條件是要當時的行政院長孫運璿先生同意方可。經吳三連先生與孫院長商量結果，孫院長說：「台北世界貿易中心之興建工作一切交由武先生負責辦理，在此事未辦完之前，無法讓武先生離開。」未能聘請到這兩位先生來幫忙，實在是非常的可惜。

後來大家再商量，請吳三連先生去和林柏欣先生商議，林先生當時是在一家外商的公司任董事長，生意做得相當不錯，因吳三連先生的關係才答應過來幫忙。

於是，民國六十八年二月正式成立本公司，恭請吳三連先生任董事長，胞兄修齊和我任副董事長，陳樸一先生任駐會常董，林柏欣先生任總經理，高信治先生及吳文德先生任副總經理。

開業後，為早日達成政府對大貿易商之種種規定，便積極雇用各部門之人員，開始各部門之營業推展。第一年業績平平。民國六十九年三月，林總經理因要移居國外而辭卸總經理職務，改聘邱杏林先生接任。邱總經理和全體同仁雖努力奮鬥，奈因遭遇長期的不景氣，經營極為困難，但如不拚命推展業務，則無法達到政府規定之數字，如不能達到，則大貿易商之牌照將被取消，面子難看，所以明知無利可圖的生意也拚命做。又因同事對授信工作經驗不夠，以致國內國外都吃了不少的倒帳，年年虧損很大，雖經股東會的支持，又經二次增資，仍無法起死回生。最後洽請統一企業公司出面接辦，現仍由統一企業公司經營中，希望能早日有好的業績出現。

回憶當初，因未遵照李國鼎先生之勸，又不能聘到周、武兩位先生來幫忙，且未能與高林貿易公司合作，偏偏又遇上長期的不景氣，可以說是在「天時」、「地利」、「人和」都不好的情形之下而慘敗，實在感覺萬分的對不起全體股東，也對不起李國鼎先生。不過，因此又更加深刻認識，做事業如果不能先得到有充分把握之經營人才，萬萬不可貿然從事之教訓。

南帝化工公司

民國六十八年五月成立本公司，由胞兄修齊任董事長，由我任副董事長，吳文雄先生任總經理，羅鍾敏、許顯貴兩先生任副總經理。由於原先計畫之產品競爭激烈，又受不景氣之影響，一度經營頗爲困難，幸賴總經理以下全體同仁用心研究開發新產品及節省開支，一方面又受全體董監事及股東先生之大力支持完成二次之增資，且適逢景氣復甦，由民國七十五年初起每月均有相當之利潤，可說已經轉危爲安。

不過，希望大家應知道「好景不常」之警語，不論技術、生產、業務、總務、財務各部門的同仁，都要步步留神，處處小心，發揮團隊精神，奮發圖強，使公司業績能更加蒸蒸日上，以報答董監事及股東先生熱心支持之德意。

統一電腦公司

民國六十八年十月，以統一租賃公司為主，成立本公司，由紀聰惠先生任董事長，林惟堯先生任總經理，我任常務董事。經銷王安電腦公司所生產的電腦，業績不錯，民國七十年九月公司改組，由陳再興先生任董事長，陳雨鑫先生任總經理，我任名譽董事長。

由於陳總經理努力的結果，數年來業績頗佳。本可繼續經營，奈因王安電腦公司之政策改變，頗感不易配合，又鑑於電腦銷售業務之競爭日漸激烈，前途似不樂觀，經股東會議決議，暫停經銷王安公司之電腦，另找其他適當事業經營之。陳總經理年輕力壯，以其勤勉之精神及和諧待人之本性，只要能循規蹈矩、按部就班、誠信勤儉的努力下去，其將來之成功可期也。

吳尊賢文教公益基金會

本基金會於民國七十年四月十日成立，組成董事會，當時曾恭請嚴前總統靜波先生為最高顧問，前司法院長黃少谷先生為顧問，總統府國策顧問吳三連先生為名譽董事長，推選前台南市長張麗堂先生為董事長，吳昭男先生為副董事長，並聘吳豐山先生為祕書長，李鳳飛先生、沈邦頎先生為副祕書長，本人忝為創辦人之一。

民國三十四年台灣光復，民國三十八年中央政府遷台。由於政府領導有方和全民的努力奮鬥，經濟建設突飛猛進，國民生活大為改善，本人及家屬均蒙受恩惠，因此，早有回饋社會之念，惜一時未能想出良法，故只是每年零零碎碎的對一些需要幫助的個人或團體量力奉獻。其間，我的兒女們曾個別的向我及內人多次建議說：「爸媽！您們辛苦養育我們六個兄弟姊妹長大成人，並均已完成學業，我們都有一技之長，都有自己謀生的能力，所以您們不必想將數十年的辛勞所得留給我們，因為留給我們，可能會被我

吳尊賢文教公益基金會成立典禮，與嚴前總統(左四)、黃少谷先生(左五)、蔡培火先生(左三)、吳三連先生(左二)、張麗堂先生(左一)及親友等合影。(民國70年4月10日)

吳尊賢文教公益基金會成立典禮後與家屬親友們合照。(民國70年4月10日)

們或我們的兒女花在不應該花的地方，所以應花在您們認為有意義、對國家社會有貢獻的事業方面。」

我對兒女們的這種想法認為很有道理，也感到非常的欣慰。經過幾年，當我六十五歲生日，散居在各地的兒女們回家團聚時，才舉行一次家庭會議，在會中決定由全體家屬共捐價值新台幣一億元的股票（依當時一美元對新台幣三十六元計算約為美金二百七十五萬元）成立基金會。並決定以「推行社會教育，協贊公益慈善事業，提倡文化教育活動，消弭社會暴戾之氣，改善社會之風，增進全民福址」為本會宗旨。

本會的目的事業如下：

一、捐助對文化教育暨公益事業有貢獻之團體或個人；

二、協助培育對國家社會有貢獻潛力之高級優秀人才；

三、贊助推展體育活動；

四、獎勵對改善社會風氣有特別貢獻之人士；

五、其他與本會創立宗旨有關之公益暨社會教育事業。

茲將本會的主要業務列後，以供參考。

一、每兩年舉辦一次「吳尊賢愛心獎」選拔表揚活動：目的在於發掘全台愛心人士，以求同心協力，促進社會祥和，並希望透過公開表揚，產生見賢思齊效用。

二、舉辦「吳尊賢社會公益講座」：本業務自民國七十九年起每年舉辦，邀請具有社會聲望之熱心人士巡迴全台演講，希望喚起人心，共同締造安和樂利的社會。

三、印刊各類專冊：本會認爲印刊專冊，廣爲散佈，對匡正社會應具有一定效果，因此自創會以來，不斷刊印各類專冊，並歡迎各界翻印，十七年來已刊印十八種，例如《防竊手冊》、《反毒手冊》、《勸世文句大家讀》、《萬惡賭爲首》等。

四、設置「改善社會風氣碩士研究論文獎學金」、「吳尊賢優秀青年獎學金」、「優秀人才獎學金」：本會宗旨之一爲協助國家培育優秀人才，自創設當年起，即不斷針對各類優秀青年贈送獎學金，民國七十六年起增設「改善社會風氣碩士研究論文獎學金」，七十八年起又增設「吳尊賢優秀青年獎學金」。

五、培育傑出體育人才：本會認爲一個優秀民族必須崇尙體育運動，因此創設伊始即列協助國家培育優秀人才爲宗旨之一。十七年來我們協贊的優秀人才有二十多人，其中有傑出表現者，在網球界有王思婷，在登山界有吳錦雄，在高球界有謝錦昇等人。

六、捐助各種公益慈善活動：善心人士遍佈全台各地，他們懷抱愛心，出錢出力，從事各種公益慈善事業，多年來本會即透過捐助，不斷參與各類公益慈善事業的推動。

此外，我們基金會亦不斷協助各大專院校學生社團寒暑假校外活動，接受協助的團隊至今已超過三百八十八團次。

七、捐贈各種公益慈善機構：雖然基金會每年的孳息有限，唯爲求同心協力，促進國家發展，我們仍盡力從事一些較大型之捐助。其中包括：

(1)歷年來對台大醫院各項捐贈共二千三百萬元。

(2)捐贈台灣大學經濟學術研究基金會三百萬元。

(3)捐贈台灣大學學術發展基金會原始基金一千萬元。

(4)捐贈中華文化復興運動總會一千萬元。

(5)捐贈慈濟功德會逾一千萬元。

(6)捐贈李遠哲「傑出人才發展基金會」一千萬元。

(7)捐贈台南縣南鯤鯓廟大鯤園建園基金一千萬元。

(8)捐贈台南縣學甲鎮公所圖書館建設經費八百九十萬元。

(9)捐贈法鼓山及中華佛學研究所七百八十萬元。

八、捐建台北地標噴泉：我一向認爲「國家是我們大家的國家，社會是我們大家的社會，台北市也是我們大家的台北市」，居住台北市四十多年，受政府和各界人士的照顧很多，因此爲增進台北市之整體景觀，我們基金會於民國七十八年開會決定捐贈台北市政府一座景觀噴泉，俟經商議、規劃，市政府於民國八十三年決定併入「基隆河截彎取直專案」，在民國八十五年三月完成發包，並於民國八十六年五月二十四日完工啓用。本地標噴泉高七十五公尺（約二十五層樓高），本會共捐獻二千六百萬元。我很高興這座地標噴泉能讓台北市市民又多了一個遊覽的好地方。

九、播刊勸世文句：自創會以來，我們基金會即在電視台及報紙不斷播刊勸世文句，我認爲，一句話有時可以改變一個人的一生，因此基金會便委請各方專家學人撰寫，或與傳播機構合辦徵稿，蒐集了

捐建台北市基隆河地標噴泉，台北市政府特立碑紀念。（民國86年5月24日）

近三千一百七十七句勸世文句，彙印專冊，廣送各界參考。

本基金會成立至今十七年，各位大前輩對本基金會都非常愛護與關心，每次有較重要的活動時，都在百忙中光臨指教或致訓，使我們萬分的感激。此外尚有各方賢達、親友給我們很多的指導及鼓勵，董事會各位先生和全體同仁對推行本會的目的事業所付出的心力，也使本人萬分的感謝。

我曾經一再說過，本基金會的力量非常的微小，本會成立只是對國家社會表示一點報答的意思，並希望能有拋磚引玉的作用，懇請各方人士多多指教與鼓勵，使本會能完成應盡的任務，也對國家社會能有更多的奉獻。

萬通商業銀行

語云：「人生不如意事十常八、九」，誠哉斯言。而我個人的原定計劃是決定在七十歲以後，卸下各公司職務，過著不爭名、不求利的悠閒生活，不再參與營利事業，只盼望我們全家人所共同創辦的「吳尊賢文教公益基金會」的同仁，多多貢獻智慧、加倍努力，將基金會辦得更好，對改善社會風氣、提高倫理道理、淨化人心方面多所貢獻，使大家能安和樂利的生活。

萬萬沒有想到，民國七十七年政府發表要開放設立新銀行，經不起多年老同事們的力勸，應邀擔任「萬通商業銀行」籌備委員會的主任委員。由於我國數十年來未曾開放新銀行之設立，故希望申請設立者不少，競爭一定會非常激烈，難免會有人被淘汰。我們爲求籌備工作齊全以獲得財政部之核准，在籌備期間，全體參與籌備的同仁眞是不分日夜、用心用力、積極地準備一切資料。

萬通商業銀行籌備時間達兩年多，在此期間隨時召開的臨時會已不知多少次，而正式有紀錄的會議，計共三十四次之多，沒有想到衰老的我，竟然無一次缺席，無一次遲到，無一次早退，眞是萬幸。籌備會之舉行，爲了配合部分同事的時間，大都是利用禮拜六下午開到晚餐吃便當後，再開到晚上八、九點或十點；有時利用禮拜天開會，則從早上開到晚上，我們確實是抱著只許成功不許失敗的心情，一定要準備到零缺點爲止，且以「假定政府只准三家或五家，我們也能入圍」的認眞態度在做準備，因此所有參與籌備工作的同仁，的確是非常的辛苦，本人要藉此機會敬向全體同仁表示由衷的敬意和萬分的感謝。

萬通銀行所準備的資料，每套有八十大本，依財政部規定要送四套，計有三百二十大本，分裝在三十六個大紙箱，於民國七十九年十月六日托貨運裝載，並派公司幹部押運，呈奉財政部。資料呈奉後，民國八十年六月二日下午三時三十分承蒙財政部多位有關長官召見面談（大家稱此次之面談爲財政部之面試）。萬通銀行由本人及丁總經理桐源先生、莊副總經理中亨先生、環球水泥公司李副總經理國棟先生等四人赴會報告及備詢。經過財政部嚴格審查，據說本行成績相當不錯。但是沒想到，民國八十年六月二十六日財政部發表，一下子准了十五家之多，使我們「一則以喜、一則以憂」，喜的是本行獲准設立，憂的是一下子批准這麼多家，將來競爭一定會非常的激烈。也因此我一再告訴同仁說，財政部核准十五家已成事實，將來之競爭難免，但是不要怕競爭，怕也無用，只有我們大家團結一致，發揮最高的敬業精神，奉公守法、規規矩矩、誠誠實實的爲國家、爲社會、爲顧客、爲股東努力奮鬥下去，我們的前途一定會非常光明。

我們於民國八十年十二月二十八日獲得財政部之營業執照，所屬的七個營業單位隨即於當月三十日同時開始營業，成爲第一家開業的新銀行。

茲將籌設萬通商銀之經過紀要如下，供大家參考。

籌備會議

我們籌備萬通銀行一開始就決定要規規矩矩、誠誠實實地來籌備。在七十八年十一月十一日星期六的下午，我們關係企業各負責人及主要幹部，包括吳修齊先生、吳俊傑先生、吳金台先生、顏岫峰先生、高清愿先生、鄭高輝先生、莊南田先生、吳昭男先生、林蒼生先生、吳春甫先生、李國棟先生及本人等，與丁桐源先生在台北集會，對整個金融環境及經營新銀行的可行性，深入且廣泛地交換意見，最後大家一致認爲可邀請所屬企業、員工及志同道合人士，籌組一家銀行，並決定規規矩矩來籌劃、申請，事後我們就把這一次集會訂爲第一次籌備座談會議。

在財政部七十九年四月十日頒佈「商業銀行設立標準」以前，我們共召開二十次籌備座談會議，因無法令可遵循，所以我們只對經營理念，主要人事、營業計畫、籌備費用墊支、行舍租購及電腦設備等做部分原則性決定而已。在「商業銀行設立標準」公佈後，我們即於七十九年六月八日正式成立籌備處，遴選籌備委員，嗣後會議亦改稱爲籌備委員會。籌備委員會至八十年十一月銀行核准設立且收股款，召開創立大會組成董監事會前，共召開三十四次會議。這階段因財政部陸續頒佈多項規定及釋令，所以我們除對籌備座

萬通銀行董監事會創立，全體董監事合影。(民國80年11月23日)

談會的若干原則予以修正使符合規定外，並對發起人資格、資金來源說明、繳款方式、退款辦法、資本總額等做明確的決定。

無論籌備座談會或籌備委員會，我們都利用週六下午或週日或假日召開。籌備處開始時是設在台北市忠孝東路三連大樓四樓的台南紡織公司台北辦事處，後來爲方便，就改設於南京東路二段的環球水泥公司內。在以上三十四次籌備會議中，還要加上七十九年八月二十七日及九月二十五日兩次發起人會議，所以正式的籌備會一共有三十六次之多。但除了正式會議外，三、五人的臨時會更不知有多少。有時在正式會議前要對會議部分討論事項先取得共識，就是提早半小時或一小時召開會議，或有時在正式會議後，就結論事項或未決事項研究如何分工或如何克服化解，也邀請有關的幾位人員留下來再討論。我們戲稱前者爲「會前會」，後者爲「會後會」。

在籌備會議中，後來依規定，有關營業計劃、財務預算等，要經會計師的查核，有關認股人資格等，也要有律師審查，因之，我們有部分會議也邀請勤業會計師事務所的王景益會計師、鍾聰明會計師、蔡慧明會計師以及丁俊文律師、陳獻龍律師與會，他們都各盡其職，提供很多寶貴意見，使籌備會更順利進行。

所有籌備會議的資料，在向財政部送審的文件中，也列入重要項目之一，我們一一整理，稱之爲「籌備設立報告書」，在摘要籌備會議內容後還厚達一百頁，可見籌備會議之繁瑣艱辛。

發起人的整合

在籌備萬通的漫長二年時間內，認股（發起）人的整合，花了我們相當多的時間與精神。

萬通沒開始籌備之前，即在民國七十七年的時候，我們關係企業的統一企業公司就有「統一銀行」籌組之議，但當時政府對開放新銀行尚在做政策性的探討，並未最後定案，惟當時因證券市場股市熱絡，街頭巷尾都是投資人，一買進股票，似乎穩賺不賠。統一銀行想籌設的消息一經傳出，各方都爭著想來參加認股。統一企業公司尚未規畫如何籌設，僅發出「認股意願調查書」，外面就有人以兩、三倍的價格在轉讓，甚或有人自印「統一銀行認股權證」流通。當時政府甚爲注目，統一企業公司顧及形象及避免引起無謂紛擾，斷然於民國七十八年二月公告終止籌設，現在回想起來，當時的決定，實是明智之舉，不然後來股市崩盤，資金緊縮，認股權利的糾紛一定會發生。

萬通的籌備，因有統一銀行前車之鑑，所以我們相當謹慎，我們籌備會先討論決定認股人的界限範圍，經多次檢討，將認股人限定於「所屬企業及員工，以及一些志同道合人士」，我們並設一「認股小組」，由吳金台先生主導，以調查認股人意願並對認股人加以過濾。

在籌備會的三十多次會議中，在前面一半以上會議中都列有認股人問題的檢討事項。一開始大家認爲爲方便申請及辦理手續，決定限制認股人數爲三十人，即由各關係企業及其所屬員工自行集中整合認股，但後來七十九年四月十日財政部公佈「商業銀行設立標準」後，因注重「誠信」及「資金來源」，我們怕引起財政部認爲有藉「人頭」籌設之嫌，故再三檢討，由三十人放寬爲一百人，後來因整合困難，再放寬至四百人。

至於認股金額，在經「認股小組」統計投資意願書結果，共計爲新台幣三百餘億元，嗣經籌備會多次且謹慎討論，並請教專家結果，大家一致認爲在一百億元左右應爲最適合之規模，再經整合，最後配合認股人的資金來源證明，終於敲定爲新台幣一百二十六億元，即以此爲萬通的資本額，因此各認股人原先之認股金額只好打折。

在財政部公佈的設立標準中，對認股人限制頗嚴，有一條文即列有十四種不得擔任認股人的情況，其中最重要的是認股人不能有「經濟、金融性犯罪」的前科，以及要有確確實實的資金來源。

我們為符合規定，嚴格限制每一認股人都要附上良民證（即警察局核發的無犯罪記錄證明）及無票據退票記錄。這項資料是我們籌備處的創舉，附上此資料，財政部審查即方便不少，也可以增加評審分數。至於資金來源我們也要清清楚楚、確確實實。存款者要附存款證明，賣股票者要附證券商賣出股票報告書，出售房地產者，要附地政事務所資料。另外法人之資金來源究係存款、借款、現金增資或發行商業票券或其他來源，都要附上證明，甚至也要董事會紀錄。另屬「投資公司」的法人，我們也要求必須要已經設立一年以上者才可以，免被財政部誤為臨時設立之投機者而減分。如此嚴格管制，我們籌備處人員南北奔波，分批分次向認股的員工、企業做解說，如不符合規定，我們只有婉拒參加認股。

另外，財政部也規定每一認股人不得超過資本額百分之五的認股，全部關係人合計也不得超過百分之十五。前者較易防止，後者因我們關係企業有些相互投資，而且所謂關係人又採取最嚴的解釋，即各公司的董監事、經理人以及幾親等的直系、旁系親屬都包含在內。我們怕疏忽遺漏被財政部扣分，即要求四十八家的法人認股人繳交最新董監事及經理人名單，並搜集各法人主要負責人的家眷親屬姓名，一一用電腦建檔比對，資料之多應可想像。

我們感謝所有認股人的配合，在繁雜的資料中，謹慎小心地完成。前面提過所有送件申請的八十大冊資料中，此項認股人的身份證明、資金來源說明等，就占有四十二冊，可見此項作業工程之浩大。

行舍租購

依財政部商業銀行設立標準之規定，新銀行可以同時申請設立五家分行，如此，連同總行之營業部及儲蓄部即有七處營業單位，我們萬通銀行還設員工訓練中心及電腦中心（資訊室），因此，我們總共需找九個行舍地點。

財政部審核申請的優先考慮加分標準中，亦規定「總分行地址已部分或全部選定者」有加分，我們籌備會即決定在送件申請前，應找好全部九處行舍，而且如有好地點亦可承購，不能購買者再予租賃。另外財政部又規定「總行及分行所在地，較不集中於台北市、台北縣及高雄市者」亦有加分，我們籌備會亦因之決定總行設在台北市（連同營業部、儲蓄部），而五處分行經多次討論最後決定在台北市、台北縣、台中市、台南市、高雄市各設一個。

在中、北部的行舍，我們委託北部關係企業的籌備委員吳金台先生、顏岫峰先生、吳昭男先生、丁桐源先生、李國棟先生等一起尋找。南部行舍則委託高清愿先生、鄭高輝先生等負責。而太子建設因在全省各地都有據點，因此也特別洽請莊南田先生及莊義廣先生提供協助。

在決定購買或承租的過程當中，籌備會也瞭解那時房地產價格剛開始要從高峰滑落，如買或租可能會在高檔價位買到或租到，但我們爲爭取評審的加分，只有儘量低價斡旋。雖然如此，在開業後即知部分購買之成本及承租行舍租金較高。自購者爲固定資產較沒關係，承租者我們在開業後不久，就由丁總經理桐源積極協調，商請房東於租約期滿後調降租金，大部分房東均能體諒，惟只南京東路分行，降租標準未符我們理想，我們即在第三年遷移至隔鄰之松江路，此實在是不得已之事。

所有行舍中，總行之地點找尋最不容易，要屬台北市的精華地區，且又要符「分區使用」規定准設銀行總行之「商三」、「商四」地點。台北市敦化南北路、民生東路都是金融密集區，但卻非「商三」或「商四」，最後找到承德路一段現址，但該大樓「小地主房東」甚多，溝通協調花費很大的心力才完成；另台北縣分行，我們也踏遍三重、板橋、永和、中和地區，最後才敲定在中和設立。

租購行舍須要錢，雖發起人已經繳款進來，但因財政部尚未核准設立而不能動用，籌備處只有洽請關係企業認股股東的環泥、南紡、統一、坤慶及讓德等五家公司墊支。墊支事小，只要各該公司董事會通過即可，但怕只怕申請不通過時，承租行舍尚可以退租，但承購者卻不能退購，會有麻煩；另外如通過設立，但房價大幅跌價，發起人會否異議，此在籌備會中亦多討論。幸此煩惱後來並未出現，因我們誠心誠意在籌設，發起人心知肚明，而且購買或承租均請不動產鑑定公司予以鑑價，客觀公正，財政部及證管會在審核過程中，僅要求我們應附帶公告鑑價資料給認股人及投資大眾瞭解，我們始釋重擔。

送件申請

依照財政部公告的申請遞件截止日期是七十九年十月十二日，我們籌備會決定依丁桐源先生所提的黃道吉日——十月六日上午送件。

在送件前二個月，我們就擬訂進度，倒數計時。

依照財政部的規定，申請應送之文件資料有十一大項，根據這十一大項，我們再細分爲一〇一小項，作周延詳細的準備。

這一〇一小項中，可分爲兩大類。

一爲營業計畫書，這是將來銀行正式開業後用的，此包含財務預測、內部控制、內部稽核、各種業務流程規章，以及人員培訓、電腦作業規畫等等。一爲非屬銀行經營業務的資料，是關於籌備過程的說明、發起人的資格證明、發起人的資金來源、預定董監事人選及資歷、主要經理人選之聘任以及行舍之選定等等。

前者由丁桐源先生、莊中亨先生、以及白賜清先生率領將來要參與經營的幹部負責，後者由李國棟先生帶領關係企業支援人員的沈瑞堯先生（新和興海洋公司）、魏允成先生（坤慶紡織公司）以及籌備處先行聘用的陳長庚先生、賴明德先生負責。

丁桐源先生等人在承德路已先租定的總行挑燈夜戰，李國棟先生等則在借用作爲籌備處的南京東路環球水泥公司內埋頭苦幹。

籌備處要求所有資料達到零缺點，我也要求工作同仁，所有送出文件內容，完全沒有一個錯字。

營業計畫書等由籌備處通過大綱、初稿，再予修訂內容，在定稿後送打字，再經一校、二校、三校……，丁桐源先生曾說有經十校始完成者。

非屬銀行經營業務的文件，最困難的是有多項要經認股人親自簽名蓋章者，以及要認股人附上確實的資金來源證明。前者爲求誠實，籌備處並不予以代簽。三百九十八位發起人，籌備處訂定三個時間、三處地點，請認股人親自簽定。這三個地點一是在環球水泥台北南京東路總公司，一是在台北忠孝東路三連大樓之坤慶紡織公司，一是在台南市的台南紡織總公司，大家知道嗎？包括送件申請書、發起人會議的出席證及紀錄、章程、資金來源申報書等等總共須簽六十四份文件。我們很感謝各發起人，無論在南部、北部或國內、國外都能在預定時間內完成。後者的資金來源因財政部規定甚嚴，籌備處也派員南、北舉辦三次塡寫說明會，幸一再催促、一再電話請求補正後，終在送件前兩天彙總完成。

我們送出申請的資料文件爲求整齊美觀，除遵財政部規定全部以A4規格尺寸紙來製作外，我們一〇一小項分裝成八十大冊，每冊活頁式裝釘，封面用紅厚紙張並將標題字燙金，又爲求運送及財政部審查之抽取資料方便，又訂購23×32×50公分的瓦楞厚紙箱使用。

十月五日做最後整理，我們連絡印刷廠全天待命，因活頁須先打孔再用人工鎖釘，而且非屬營業計畫的文件，係單張彙總再以人工編頁碼後切邊以求整齊美觀。當天晚上，動員環球水泥公司十多位同仁到印刷廠幫忙，約在夜間十時左右完成，押送至承德路總行裝箱。

八十大冊，每箱裝九冊，一套申請書須九箱，財政部規定送四套，我們自留二套，共裝五十四箱。這五十四箱在地板上分列排開，煞是壯觀。在同仁們做最後總檢查封箱後再貼目錄標示，至凌晨一時始大功告成，籌備處爲求慎重，並派兩人值夜看守至天亮。

十月六日早上七時五十分由丁桐源先生、李國棟先生及多位關係企業來幫忙的同仁搬上卡車送往財政部，至中午十一時許財政部完成點收，大家才鬆一口氣。

最後截至十月十二日止，新銀行包括我們共有十九家送件申請。

參加面談

財政部要核准新銀行設立有三道程序：第一道是每家送件後他們詳細審閱，即清查及核對所有資料有無違反設立標準，如有違反即通知每家補正，如無違反但其認爲有詳細瞭解之必要者，也通知各家補充說明。第二道是與主要籌備負責人進行面談。第三道是依據其所頒訂的二十四項優劣加減分標準，計算出各家的分數，依序排列，最後才依擬核准的家數公佈名單。

七十九年十月六日我們提出申請後，財政部於十二月初始輪到開我們的紙箱評審。

十二月中旬起籌備處與財政部金融局的公文或電話來往即不斷。須要補正、補充說明、查明、另行統計作圖表者很多，至八十年五月始告一段落，我們算一算總共十五次，籌備處可說疲於奔命，因爲都是速件限時間須答覆者。我們以爲自己送件內容不詳實才會補正那麼多次，不過後來與申請的各家一比較，我們十五次還算是少的，據悉很多同業都在二十次以上，如此可見財政部眞的是鉅細靡遺的在審查。

五月下旬初步審查及補正完成後，五月三十日財政部即通知各籌備單位去抽籤，安排第二道程序的面談時間。財政部訂六月一日起每天分上、下午各邀二至三家面談。雖美其名曰面談，其實應該是面試。我們請丁桐源先生代表去抽籤，他抽中第二天，即六月二日下午三時的場次。

財政部面談並沒有預示內容，我們只在報紙上看到記者報導的消息，說是關於籌備的事宜及未來經營的計畫。籌備處推選本人、丁桐源先生、莊中亨先生及李國棟先生前往。

我們事先也做模擬問題以及自我沙盤演練。我自己準備做十五分鐘的開場白，包括籌備的動機、經營的理念、籌備的經過、經理人的選任及行舍的覓定等等。

面談是在羅斯福路財政部大樓的會議室舉行，由李次長仲英主持，他們也請近十位的專家、學者一起面試，他們很客氣，但因他們事先對所有資料都詳詳細細審閱過，所以問題非常深入，我們也誠誠實實地回答。

當天，一開始我先做開場白，後來深入問題後即由丁桐源先生主答，莊中亨先生、李國棟先生有必要再做補充。他們的問題重點在「依認股人統計，集團色彩似乎濃厚」、「法人發起人所占股數似乎較多」、「法人之資金來源自有資金似乎較少」、「營業計畫之財政預測疑點」、「人員之培訓計畫」、「電腦系統如何規畫」等等。

面談二個多小時結束，我們才如釋重擔返回。翌日我們整理被詢及的問題和回答的內容，並向籌備委員報告，我們自認還算滿意。

核准新銀行設立要經過此道面試程序，可說是空前的，一方面表示財政部的愼重，也一方面表示競爭者多，爲求公平審核之故，不過，這也眞苦了所有籌備處的人員。

下面我謹記下我向財政部報告籌備設萬通銀行的五項經營理念，供大家參考：

第一，我們認爲設立銀行是千年的基業，一定要以長期的眼光來規畫，不可貪圖近利，更不可以想一步登天，非爲亂做。

第二，經營方面一定要依照銀行法及有關法令規定，所有權和經營權分開，由專業經理人分層負責經營，一切依法辦理，絕對不可有特權的存在，也絕對不可有利益輸送的情形發生。

第三，絕對要守法、誠信、穩健、效率、創新，認眞經營，絕對不可違規犯矩。

第四，應以誠、信、勤、儉四個字做爲創業的信條。

第五，一定要積極配合政府的財經政策，輔導中小企業，服務大眾，減少地下金融活動，安定金融。

核准設立至開業

八十年六月二十六日下午，財政部正式放榜，我們萬通銀行上榜了。本來傳言只核准三至五家，但沒想到是十五家之多。經過二年多的籌備，上榜誠然高興，但想到將來業務競爭一定激烈，眞是憂喜參半。

放榜後我們籌備會檢討，一致認爲應爭取第一家開業，這樣可以得到最大廣告及振奮同仁心理的效果，於是決定全心全力再衝刺第二大階段的工作，就是向證券管理委員會申請公開募股，辦理承銷、中籤股東繳款、召開創立會選舉董事監察人、申請公司執照、申請營業執照而開業。

六月二十六日財政部公布新銀行核准名單，但正式核准公文卻至八月一日始收到。

在這之前，我們大致已備妥申請募集設立的四大冊文件，在正式收到核准文的兩天後，即八月三日，我們就向證券管理委員會遞件。

證券管理委員會因與財政部金融司單位不同，審查又是一番折騰，且又是史無前例的募集設立，並無先例可援，故審查進度緩慢，後與證管會密切溝通，在其確定審查方針後，我們急促補件修正，終於在八月三十一日核准。

所謂公開募集就是要將我們資本額的二成提出公開承銷，讓社會大眾申請參加為股東。我們資本額是一百二十六億元，二成即二十五億二千萬元，而財政部規定每單位（人）可申購一萬股即十萬元，所以須募二萬五千二百名新股東。

我們九月六日在麗晶（現改名為晶華）飯店召開募股說明會，因為是第一家，所以頗受媒體注目，他們報導非常熱烈。我們是從九月六日至十日辦理承銷。五天當中，承銷商共湧入一百一十八萬八千份的申請書，換算中籤率僅二．一％。因向隅者多，我們也在報紙刊登抱歉及感謝啓事。

承銷抽籤後，通知新股東繳納股款，再經過一長串的繳款、催繳、未繳者洽發起人補足等手續，在十一月二日終於完成資本額一百廿六億元的收足工作。我們再訂十一月二十三日於國賓飯店召開創立會，選舉首屆董事監察人。創立會的召開，因為也是公司法實施三、四十年以來的第一次例子，所以我們萬通銀行除股東外，多家核准的新銀行也前來觀摩，瞭解開會進行的程序。

爲爭取時效，在完成創立會兩天後的十一月二十五日，我們即向經濟部商業司提出設立公司（總行）及分公司（分行）的執照申請。商業司在會財政部及中央銀行驗資後，於十二月十六日頒發公司及分公司執照。我們認爲年底的十二月二十八日是黃道吉日，所以準備總行之營業部、儲蓄部及五家分行一起於是日開業。

開業之文件，有經濟部執照還不行，必須再申請財政部的營業執照。我們再依規定申請，財政部也於十二月十九日完成營業場所的勘察及所有電腦連線的測試，我們等待執照核准的一刻。

但似乎天不從人願，一直到預定開業十二月二十八日前之一星期，財政部都無訊息，我們一方面加強與財政部連繫，一方面決定十二月二十七日開業酒會仍照常舉行，但改稱「開業前」酒會。

十二月二十七日下午開業前酒會在麗晶飯店舉行，謝前副總統東閔先生、經濟部部長蕭萬長先生、財政部金融司司長陳木在先生等均蒞臨道賀致詞，因是第一家新銀行要開業，所以花團錦簇，喜氣洋洋。

民國80年12月27日，主持萬通銀行開業前酒會。

酒會當天我們仍積極與財政部連繫，表達我們年底前開業的熱烈期盼。我們由側面獲悉，財政部認爲這是四十年來政府首次開放民營銀行的設立，第一張核准執照甚具歷史性意義，所以想由王建煊部長親自核批公文，但王部長公忙，所以耽擱下來。我們一方面再誠心溝通，另一方面也多方請求幫忙。很感謝財政部長官的順應民情，也感謝各方的熱心協助，營業執照終於在翌日，也就是十二月二十八日（星期六）上午批准。

十二月三十日星期一上午九時，萬通銀行全省七個營業單位，在社會各界關懷、在全體股東期待、在董監事以及同仁的祝福下，終於一起正式開業了。雖然比預定的十二月二十八日慢了兩天，但我們努力的結果，仍是四十年來第一家民營新銀行開業，我們終於揭開了台灣金融史上新的一頁，也同時爲台灣金融史豎立新的里程碑。

八十年十二月三十日的開幕，此距七十八年十一月十一日的第一次籌備座談會議，整整經過二年一個月零十九天，細想籌備、核准、開業的過程，眞不可不謂漫長與艱鉅。

萬通銀行籌備過程備忘錄

一、政府七十八年七月宣佈，准新設商業銀行。

二、起先由統一公司主辦，我也去參加幾次會。

三、後來因媒體的報導，是是非非的消息太多（例如說每股十元的，市面上有幾十元之買賣），影響到統一公司之形象，因此統一宣佈放棄籌備銀行，暫時擱置。

四、經過一段時間，金台與岫峰君來找我說，香港有一家歷史悠久的廖創興銀行，由於穩健經營，到現在據說將近有一百年歷史，成績亦不錯，我們是否由新和興做主體來辦一家銀行。

五、我因年紀已大，本不想再做主體創辦什麼事業而推辭，但因他們一再提到以新和興爲主體，使我感到很爲難，因爲新和興是我的生父、養父、九叔公及我們兄弟與親戚，在民國二十三年一月所創辦，至今已五十多年，如能創辦一個銀行也是好事一件。

六、因此就答應主籌此事，頗感責任重大。由於年紀已大，體力、腦力已衰退，所以辦起來實在是相當吃力，例如以往每年要去美國休假兩個月，七十九年也只去兩個禮拜。每天要看電視新聞，也只看頭及尾。每天看報紙，平時我都看五、六份，看得相當詳細，也因籌備銀行而只找有關新銀行之新聞看詳細，其他只看標題。

原來每星期打三至五次的高爾夫球，也減少到每星期打一次，有時甚至一次都不能打。本來每天有午睡之習慣，也時常無法午睡。一向每晚大約九時左右上床，也常不能如意。

七、自民國七十八年十一月決定請丁桐源先生來擔任銀行總經理，在中國信託開第一次籌備座談會開始到民國八十年初，總共正式召開三十多次會議，承大家好意，均由我主持，我每次都到，甚且沒有一次遲到早退。

八、開會爲配合大家的時間（尤其是丁先生每日要到一銀上班，周六下午也要在中興大學教書教到下午三點），都在禮拜六下午三到四點或禮拜天下午舉行，每次都開到晚上八、九點，大家都非常的辛苦。

九、我認爲責任既擔，不成功無法交代，因發起人大家很熱誠，錢已經繳來，九十八億餘元自去年十月初就繳齊了，房子租的、買的都已備妥，如不獲准不但面子掛不住，損失也極慘重，所以實在是拼命在做。全體同仁，尤其是李國棟、丁桐源、莊中亨等人，也是拼命在做，精神可嘉可佩。在此謹向參與籌備工作的全體同仁表示最高的敬意和謝意。

附錄：〈敬告萬通商業銀行各位同仁書〉

各位敬愛的同事，大家好！

我們大家有緣共同來經營萬通商業銀行，殊感愉快與榮幸。我們的萬通商業銀行費了二年餘時間，經全體籌備人員不辭辛勞，日以繼夜，通力合作及全體股東女士先生和各界人士的鼎力協助，終能在十五家新銀行中第一家獲得財政部的核准，於民國八十年十二月三十日上午九時全行七家營業單位同時開始營業，服務各界，本人深感欣慰，這也印證了「事在人爲」之言不謬。

光陰似箭，日月如梭，萬通銀行開業至今轉眼已屆滿八個月，在這段期間，由於丁總經理與全體同仁發揮克勤克儉、不屈不撓的精神，及全體董監事先生和各方面人士的大力支持照顧之下，營運堪稱順利，值得慶慰，本人要藉此機會向大家表示萬分感謝。惟政府一次核准新銀行家數意外之多，又有信託公司改制爲銀行，已形成相當激烈的競爭局面，且今後每年仍會陸續核准新銀行設立，是以可預見的將來，競爭將會更加激烈。語云：「優勝劣敗」乃至理名言，我們應秉持「奉公守法」、「勤儉誠信」、「穩健踏實」、「效率創新」的一貫理念，發揮精誠團結、親切服務的精神，才能立於不敗之地。

萬通商業銀行有幸禮聘到學驗俱豐、品德兼優的丁總經理和全體同仁來共同經營，本人極有信心一定會做得很好，同時也殷切地盼望大家能體認萬通商業銀行之成敗，是繫於各位同仁肩上，惟有各位同仁能付出更多的智慧與時間，同心協力將每日應做的工作做得盡善盡美，萬通的業績才能蒸蒸日上。希望大家共同努力來達成我們的願望，嘉惠客戶，照顧股東，福利同仁，同時亦對國家社會有所貢獻。

一心企業公司

民國七十七年，政府開放加油站設立，而我家適有一筆座落在台南市中華路與莊敬路間的土地，一直未加利用，經由四男春甫作一番市場調查、營運評估後，認爲頗適合作爲開設加油站之用，遂向有關機構申請。民國七十八年八月十七日獲准，取名爲「一心企業公司」，由四男春甫擔任董事長兼總經理，後董事長改由吳豐山先生接任。

一心加油站的基地寬闊，可設置較多的加油槍台數，方便同時入站的車輛加油，爭取商機。一心加油站於七十八年八月二十七日正式營業，隨即發覺顧客對洗車服務需要殷切，旋即於加油站旁空地先後增設三台全自動高速洗車及簡易汽車保養設備。日夜服務客戶，頗獲好評。

一心企業公司的業務單純，油品的來源目前全賴中油供應，利潤固定，將來台塑石化公司營運或台灣加入世界貿易組織（ＷＴＯ）後，油品供應多元化，加油站設置管制勢必更加寬鬆，營業據點到處林立的盛況，當可預見，同業爭取客戶，削價競爭，在所難免，殷望公司同仁在本著「服務至上，顧客第一」的理念，爭取更多的客戶，使公司的業績更為豐碩。

環泥建設開發公司

由於坤慶紡織公司近年來受下游毛衣編織業外移的影響，經營漸感不易，乃積極規劃朝向多角化經營，且該公司中壢廠四周土地均已陸續開發利用，公司正作廠地開發可行性評估，而於此同時，關係企業環球水泥公司亦正在找尋新的投資企業，創造利潤，內部評估認爲投資建築業，與水泥息息相關。兩家公司同意投資後，有人建議擴大，讓有意願之董監事及員工入股參與，遂於民國八十一年八月六日正式成立「環泥建設開發股份有限公司」。

主要股東爲坤慶紡織、環球水泥、新和興投資、讓德投資、光偉投資、裕邦投資等公司法人及部分員工個人組成，公推吳金台先生爲董事長，吳亮宏爲副董事長，本人忝爲名譽董事長，聘李嘉明先生爲總經理。

首先在大台北地區理想地段，以買斷或合建方式推案，之後推出汐止「青年守則」、淡水竹圍「十六望族」、信義計劃區「YES世貿」、龍江路「京華DC」等銷售案，幸賴吳董事長、李總經理及全體董監事、同仁的用心規劃，慎選建商及代銷公司，使銷售案相當順利。惟自八十六年下半年起，受亞洲金融風暴的襲擊，民間財富縮減，購屋意願下降，期望全體同仁共體時艱，更加團結，群策群力，發揮最大的智慧，貢獻公司。

萬通票券金融公司

當萬通銀行開業不久，大家預期政府會繼續開放票券金融公司新設，經營階層認為若再籌組票券公司，可與銀行業務相配合，擴展業務範圍，相輔相成。

於是邀請有意願的關係企業負責人及持相同看法的企業友人座談籌組事宜，大致認為票券金融專業性深，利率走勢的判斷正確與否，影響利潤甚鉅，必須能禮聘到對這方面具有豐富經驗的主持人及高級幹部，較有成功的把握。經多方接洽，幸獲當時服務中華票券公司的王協理及徐經理的首肯，公司於八十四年六月二十八日成立，主要股東為萬通銀行、統一企業、台南紡織、環球水泥、坤慶紡織、國際紡織、三新紡織、高權投資、亞太銀行、大同染整、永原投資、太子建設等法人，以及部份個人，公推高清愿先生為董事長，並請承辦籌備工作的紀聰惠先生為副董事長，本人忝為名譽董事長（八十七年本人辭去萬通銀行董事長，由高清愿先生接任，高先生同時辭去萬通票券董事長，改任名譽董事長，由紀聰惠先生升任董事長，本人任最高顧問），聘王和生先生爲總經理，徐友三先生爲副總經理，營運迄今三年餘，業績尚屬平順。

其後設立家數漸多，業務競爭日趨激烈，部份同業對客戶的授信條件漸趨寬鬆，八十七年台灣工商業遭逢不景氣，票劵金融業面臨考驗，同業或能由此體認良性競爭的必要性，大家在一定授信水平上爭取業績才是永續經營之道，本人雖甚少參加公司會議，殷盼全體同仁秉持誠信踏實與熱忱服務的經營理念，在董事長、總經理領導之下，全體同仁通力合作，繼續創造輝煌的業績。

第4章

影響一生的人

爲人誠正、治事嚴謹、廣獲朝野敬重的長者吳三連先生

關心同業、樂於助人的六和「宗老闆」——宗仁卿兄

常勸人「退一步想，易地而處」的嚴前總統靜波先生

黨國元老、宗長忠信伯——爲人忠信，淡泊名利

最敬愛的長者吳三連先生

民國六十七年國曆十一月十三日，正是農曆十月十三日良辰，恭逢三連宗叔父伉儷八秩雙慶，親友們及有關公司團體都爲「仁者之壽」而歡欣鼓舞。我承蒙「吳三連先生八秩春秋紀念册」主編單位的美意，使我有機會來敬述他老人家爲人處世的行誼之一、二，殊感無上之榮幸。

回溯幼年，當我略解人事，即特別的尊敬三連叔，因爲那時他在東京留學，每年暑假返回故鄉新頭港村之際，村裡的人，大大小小都非常的高興，都表示由衷的歡迎他。到夜晚大家工作完畢後，即陸陸續續的跑到三連叔家裡團團的圍著他，都想聽聽他在海外的見聞和閒談些世局時事，我們小孩則好奇的圍在門口看熱鬧。

然而每次在這個時候，都有一個陌生人在外面踱來踱去，回家後我即問家父說：「那個在門口踱步的陌生人是誰？爲什麼不請他進去坐？」家父說：「那個是日本的高等警察，是奉命來監視你三連叔的行動的，也可說是一隻看門狗，怎麼能請他到裡面坐呢！」當時我實在不知道日本人爲什麼要派人來監視三連叔，不過只知道三連叔與村裡一般人確有所不同，所以高等警察才會來監視他，也因有此不同，所以我對他特別的尊敬，這是我幼年對他所留下的深刻印象。

以後年紀漸漸長大，才逐漸知道三連叔在政治、經濟、文化各方面，爲國家社會都有過很多的貢獻。尤其是他反抗日人統治台灣、壓迫台灣人、搾取我們的血汗；他始終不惜任何犧牲，不分晝夜的奮鬥。那輝煌的事跡不僅使我們親族感到光榮，也是本省同胞一直感到無限欽佩的。

宗叔吳三連先生，是位仁義禮智信兼備，為服務人群而生，廣受朝野敬重的長者。

民國三十四年本省光復，三連叔於民國三十五年從天津返台，是時我已三十歲，雖彼此都很忙碌，但我們侄輩仍經常找機會叩謁請教。民國四十三年我們兄弟與戚友籌組台南紡織公司，有幸能敦請三連叔擔任董事長，以後見面的機會便增多了。民國四十五年四月一日，三連叔、楊蘭洲先生、莊矼先生與我爲維護健康，同時開始學打高爾夫球，每星期差不多都有一、二次同車赴球場打球的機會。民國四十九年我們又籌組環球水泥公司，復承三連叔同意擔任董事長，自此以後我與三連叔便開始在同一處辦公，除他出外旅行或我出差外，可說天天見面。

回憶此三十多年來，我得親承謦欬，受三連叔的教誨極多，關拂更多，而我得知三連叔之爲人亦更深。三連叔的偉大事跡實不勝枚舉，不文如我自不可能盡述。僅就其日常生活以及待人處事方面摘述其片鱗半爪，聊誌我個人對他的景仰之忱，其中，或有爲親友們平日所未聽說過的事。至於三連叔對國家社會的重大貢獻，自有德高望重者爲之頌述，也就不是拙文所擬撰寫的了。

光明磊落、廉正不貪

三連叔卸任台北市長後，即遷離市長公館，住在臨沂街二十七巷自己的小屋子裡。這時我常去叩謁，有一天偶然間看到三連嬸穿著破襪子在榻榻米上走動，輒覺其生活似極清苦，經側面探詢結果，始知三連叔素無積蓄，只靠國大代表微薄收入維持家計，但三連叔對此並不以爲意，三連嬸更毫無怨言，實在是難能可貴。三連叔的同學黃逢平先生曾經不止一次的對我說：「吳三連先生能夠保持清廉，不貪不取，是因爲有極賢慧的吳夫人才能做到。假如吳夫人是一位愛慕虛榮而不能刻苦持家、天天吵著要錢的人，則先生或將受其影響。如說吳三連先生廉潔偉大，則也應說吳夫人更加偉大。」我認爲黃逢平先生之話假使不完全正確，實亦有其相當的道理。

民國四十三年間，我們兄弟和一些親友正擬籌組台南紡織公司，幾經商量，大家認爲這家公司要使其有更遠大的前途，應有一個適當的領導人，於是即敦請三連叔擔任董事長。

依我國公司法規定，一定要持有一些股份才可被選任爲董事長，三連叔爲符合公司法之規定，遂參加股份新台幣一萬元。可是即此戔戔一萬元之數，三連叔也確確實實湊不出來，還是向親友借來的。由此可見，三連叔雖做我們台灣首善之區的台北市長，而卸職之後，生活仍然非常清苦，其居官之清廉，可見一斑。三連叔擔任台南紡織公司董事長迄今已歷二十餘年，擔任環球水泥公司董事長迄今亦已十八年，對兩公司的經營貢獻非常之大，但在此二十多年間，三連叔絕對沒有一次爲其私人的待遇說過任何一句話，也沒有要求一點什麼。而且很多可公可私的支出，往往是由他自掏腰包，從不多花公司的錢。可是其他方面，三連叔對公司同仁的生活則極爲重視，時常記掛在心。其不爲己而只爲人設想的高潔人格，實在是非常人可及，使我們後輩萬分敬佩。

錢四腳、人二腳

三連叔在日本一橋大學畢業後，即在報界工作。當時的薪水雖相當優厚，但因他性格豪爽，喜交朋友，所以將每月收入用完，全無積蓄。有一天，三連叔的母親提醒他說：「你已有三個小孩，將來學費不少，應該積蓄一點錢以備將來之用。」三連叔認爲母親所言極是，即遵命計畫進行儲蓄，當時的目標爲三千圓日幣（當時日幣三千圓約可買一棟小房子），但是無論如何都無法達到所計畫的目標。據云每積蓄了數百圓，家族中就有人生病，等病醫癒時，錢亦正好花光。這種情形有不少次，只有一次竟積蓄到二千圓，心中正在高興，認爲此次應可達成願望了。不料，這時忽然來了一位朋友，愁眉苦臉地請他幫忙，那位朋友說：「我現在急需二千圓，如無二千圓便須去坐牢。」三連叔不忍心看朋友去坐牢，只好將長時間省吃儉用所積蓄下來的二千圓，由銀行提出來交給朋友。結果朋友是免坐牢了，但是他辛辛苦苦所積蓄之二千圓也就完了。因此三連叔認爲錢是四腳，人只有二腳，這種東西是它要來找你才行，你要追它是太難了，從此三連叔也就不再勉強去積蓄。我個人認爲三連叔之能養成不貪不取的廉潔作風，或即由於他早年有此經驗之故，亦不一定。當然三連叔絕不追求任何非分之財，這是他那高潔的人格使然。

有骨氣、有義氣

三連叔在大學時代即是民族運動的中堅分子，做得有聲有色，因此日本政府對三連叔起先是多方加以威脅，他卻從不屈服；後來日本政府便改爲利誘，而他仍毫不動心；可說是始終貫徹其意志而努力不懈。其懍然有骨氣，斑斑可考，乃眾所周知，不擬贅述。

在此只敘述三連叔曾捨身救友的一則故事，以概見其爲人。抗戰期中，三連叔避居天津經商時，有一天日本憲兵要抓三連叔的友人陳氏而找不到，後知陳氏與三連叔有交往，即被傳到憲兵隊逼問陳氏的行蹤。三連叔雖知陳氏住處，但因知陳氏一旦被抓到，至少要受到酷刑的苦楚。因當時日本憲兵之行爲可說是無法無天的，所以三連叔矢口回答「不知」。日本憲兵認爲三連叔不合作而予以拘留，這時他在牢中又冒很大的危險設法轉告陳氏，陳氏得知事態之嚴重，乃立即飛往上海，幸獲脫險。因此陳氏曾對我說：「我可對任何人不客氣，惟有對吳三連先生不能不客氣，因他爲救我而不顧自己的危險，此恩此德實如同再造也。」由此可見三連叔不僅是有骨氣，而且是如何的重義氣了。

嚴義利之辨、不強求富貴

在第二次大戰期間，三連叔因不堪日本的監視和干擾，不得已只好將三連嬸及子女留在東京，而單身赴天津經商，後因目睹戰爭日趨激烈，家屬寄居東京危險性極大，乃趕往東京接三連嬸等同赴天津（此一判斷非常正確，三連嬸等遷往天津後不久，東京即遭到大空襲）。三連叔在東京有一位日籍好友伊澤多喜男氏（曾任台灣總督），他雖係日人，但思想較一般日人爲開明，對台灣同胞亦較同情。這時他知道三連叔回到東京，即電邀其聚餐。據云是日自下午四點開始喝酒到深夜，天南地北的談了甚多。最後伊澤氏說：「戰爭將更激烈，此次分手，未知能否再會，你在天津經商是否需要我幫忙些什麼？希望儘管說，免客氣，在可能的範圍內我當盡力而爲。」三連叔稍加考慮後即答曰：「非常感謝您的好意，但現在似無什麼需要麻煩您的。」伊澤說：「實在眞奇怪，華北的軍司令官是我的學生，有不少人央三託四，多方來請我介紹，我都予以拒絕，而我視你爲知己，才自動想幫忙你，你偏說不要，實在很奇怪。」三連叔復回答說：「您的美意，至深感激。但我在天津做一點小生意，目前尙可維持生活，實在不敢麻煩您。」

最後伊澤氏說：「吳先生你的做法我感覺很意外，但是或者你的想法與做法是對的，就照你的意思做罷。不過將來如有必要，希望隨時聯絡，我還是願意幫忙，請免客氣。」三連叔乃稱謝分手。伊澤對三連叔自是一番好意，但以三連叔之富有堅強的民族意識，自然絕不會見利忘義，在國難期間利用他。所以當他挈同三連嬸等赴天津後，仍規規矩矩的做其小生意，過其簡樸的生活。

當時有不少人曾利用日軍的力量在大陸上大發其財，一個人擁有幾輛汽車、幾棟洋樓，顯赫不可一世。但不久抗戰勝利，日軍投降，靠日軍發財的人，都被我政府以漢奸或其他罪狀收押，並將財產沒收，一夜之間富豪變成赤貧，甚至連住的地方都沒有了，禍延妻兒，慘不忍睹。而三連叔則因從未利用權勢，故無任何麻煩。不但如此，在此時他反而捐出所有的積蓄，爲食宿無著的台灣同鄉安排食宿，更爲被扣押之同鄉，到南京向我政府呼籲請願。

另一方面又到處奔走，集資租船，將希望返台之同鄉送回台灣，使其免在異鄉受流離失所之苦，因此很多旅居天津的台灣同胞對三連叔都非常的感激。也因此三連叔在民國三十六年回故鄉台南競選國大代表時，全省各地竟有很多人自動爲他印宣傳單，跑到台南來分發，來爲三連叔拉票做義務運動員。投票之日，很多人力車夫及有牛車的農民，又自動出來對選民說：「各位如要去投票所投給吳三連先生的人，請來坐車，免錢。」其情況之熱烈，實非尋常。因有這麼多自動自發的助選員來幫忙，三連叔的得票遂達二十三萬餘票，為全國之冠。所以，三連叔常說：「富貴由天莫強求。」「你要先為人家服務，人家才會自動為你服務。」誠哉斯言。

事親至孝、事兄至恭、敦親睦鄰

三連叔的父親在三連叔年輕時就不幸去世，而叔祖母則甚為長壽。三連叔是在叔祖母四十歲時才出生的，因此聽說叔祖母常說「我吃不到他」，意思是說「母子年紀差得這麼多，等到三連叔能賺錢來養她時，她已不在人間。」依當時的環境衛生而言，此語是極有道理的。但世事常有例外，叔祖母卻活到八十多歲。當三連叔大學畢業入社會工作時，叔祖母才六十五歲左右。三連叔是二十九歲結婚的，婚後即請叔祖母到東京同住，三連叔回台在《台灣新民報》服務時，亦接叔祖母到台北奉養。三連叔事母至孝，叔祖母常說：「眞是意外，我生下三連時常說吃不到他，不料竟能多年受他之孝養。」

後來三連叔由台灣新民報社派往東京任支局長，叔祖母因年事已高，且嫌東京冬天太冷，故未曾同行，留在故鄉與三連叔的兄、嫂、侄等同住，但三連叔每次返台，一定要抽空回台南故鄉探望她老人家，並要在家小住幾天。叔祖母是在三連叔避居天津經商時去世的，是時戰爭激烈，交通已斷，三連叔無法奔喪，其悲慟之情，如讀過三連叔所寫的〈思念慈愛的母親〉一文的人，就可知三連叔的悲哀心情以及其孝思之彌純彌切。

三連叔的兄長雖然未曾受什麼教育，但三連叔對其兄長均極尊敬，絕不因自己有了成就而看不起兄長。兄長去世後，三連叔及三連嬸對其嫂及侄兒輩之照顧，也是無微不至。其事兄嫂之恭，眞使人敬佩不已。三連叔常說：「人生在世，如不能做到孝順父母、尊敬長輩、兄友弟恭的話，如說其人還會對朋友如何的好，我是

民國二十二年，宗叔吳三連由台灣新民報社派往東京任支局長，舉家遷往東京前，攝於台北自宅。

不太相信的。因爲既對自己的父母、長輩、兄弟都不會好，那還會對朋友好嗎？」

三連叔素極重視敦親睦鄰，是以親戚朋友託辦的事，只要合情合理，能做到的，他都不辭勞苦，不計較一切盡力而爲。又如戚友有婚喪喜慶，不知則已，一旦知道，他一定前往祝賀或致哀。此雖瑣事，但他交遊甚廣，公務尤繁，亦非常人所可望及。還有就是對境遇不佳的人，三連叔亦盡可能的給予幫助，對青年之求學求職，更是多方做到精神之鼓勵與物質上之協助。因此受其幫助而完成學業或找到適當工作者，不計其數。是以我常說：「三連叔是爲服務人群而生的。」

家庭美滿、子女優秀

三連叔有一個極美滿的家庭，其所以如此，三連叔自己認爲是由於三連嬸具有中國女性的傳統美德所致。三連嬸自和三連叔結婚以來，無論三連叔的境遇如何困難，都始終尊重三連叔的抱負，信任三連叔的決定，在持家方面更能勤勞刻苦，完全盡到一個賢內助相夫教子的責任。民國六十六年是他們金婚紀念，在金婚紀念席上，親友們都曾聽到三連叔讚美三連嬸的一席話，三連嬸眞當之無愧。

三連叔共有五男一女，連同他的兒媳女婿等共十二人，都曾受過高等教育，其中有學士、有碩士、有博士、有教授、有工程師，也有企業的經營者，眞是人人優秀。且他們都能兄友弟恭，事親至孝，這就更可見三連叔、嬸平時注重家庭教育的成功。

仁義禮智信兼備、為服務人群而生

我在這篇短文裡所記述三連叔的一些行誼，雖不過片鱗半爪，但亦可略窺其不同於常人的偉大胸襟。但三連叔的眞正偉大處，我覺得尤在於他眞正兼備了仁、義、禮、智、信的五種德性：蓋三連叔對人極爲仁慈，常常同情一些殘疾窮獨無告的人，給予幫助而且不爲外人道，可說是「仁」。三連叔對朋友一向重義氣，只要是光明正大的行爲，他都盡力幫助。重義輕財更是他的本性，這可說是「義」。三連叔對任何事都注重禮節，而且待人寬、律己嚴。有人求見他，沒有不接見的，且有耐心傾聽對方說話，雖然很忙也從不打斷人的話頭；有人寫信給他，也沒有不回覆的，這可說是「禮」。又三連叔智慧極高，平生所知道的事很多，可是他從來不向別人矜誇，他的智慧是深藏而不露，這便是「智」。再則三連叔平生視信用如生命，他答應的事一定做到，他曾經爲朋友向銀行作保，朋友沒力量還，他便自己代還。所以他的朋友都是歷久彌篤，這便是「信」。

三連叔可說是眞正兼備了仁義禮智信的五種美德，他的偉大確非常人所可企及，古人說「仁者壽」，我相信以三連叔具有這樣多的美德，他所享有的無疆之高壽，是必然的。我常說三連叔是爲服務人群而生的，我更相信他只要在這世界上，便永久在爲這世界的人群而服務，天行健君子以自強不息，三連叔眞是一個自強不息的長者。

（本文原載於民國六十七年十一月《八十春秋》。吳三連先生於民國七十七年十二月二十九日逝世，享年九十。）

至友宗仁卿兄

兩年多前，有一天忽然聽說宗仁卿兄患慢性白血球升高症，使我異常駭訝，起先還認爲是傳聞失實，可是經向他左右查詢的結果，獲知他正住在中心診所治療，並非誤傳，以我與仁卿兄相交之久，受知之深，這時內心眞有說不出的難過。於是我便趕去慰問他，再三勸他要排除一切事務，專心在院療養。自此以後，每隔幾天，我自己或攜同內人、小孩等常去探望他，總祈望上蒼能護佑他早日康復。而知己寄語病榻，也希望能帶給他一些慰藉。

纏綿病榻　心繫工廠

我常常想，以仁卿兄體質之厚實健壯，平時精神之充沛旺盛，定可戰勝病魔，重獲康復。後來果然漸漸向癒，仁卿兄即退院回到他中壢的府上休養，一度並曾每日到公司幾個小時，大家都感到非常欣慰。可是，今秋，他的病情又開始惡化。我每次去見他時都勸他，千萬不要把公司的業務掛在心頭，記得我曾一再對他說：「這幾十年來，您參與國家的經濟建設，親自開拓了許多工業，對國家社會的貢獻夠多了，留給後輩的榜樣也足夠了，不要在生病的時候還如此認眞，應把一切的事完全拋開，靜心的治療……」不料他卻對我說：「謝謝你的關心，不過我自己認爲沒做好的事情還太多，不得不去瞭解實況！如果經營得不好，便對不起參加投資的朋友呀！」他的這種負責的精神，始終如一，眞令人欽佩不已。雖然我還是堅請他好好養息，但效果似乎未必很大。因爲仁卿兄做事的

「睹物懷人倍愴悲！」至友宗仁卿兄（右），是同業中最令人尊敬的前輩。這張照片多年來一直懸掛在我的辦公室裡。（民國67年12月12日，統一租賃公司開業時合影）

作風，素來就不怕艱辛，不相信有什麼困難不可克服的。

仁卿兄曾經告訴我說他只要每天睡足八小時，其他十六小時可一直工作，整天不坐下也不要緊。若論仁卿兄的事業，無論那一方面都早有極堅實的基礎，縱然遇到任何不景氣，也絕不會威脅到它，實在用不著仁卿兄在病中再去操心的。仁卿兄逝世的前一星期，我探望他時，他每日發燒一、兩次，食慾很差，但神志還很清醒，有時也講不少的話。本月三日，仁卿兄令兄圭璋先生的生日，我和三連叔與圭璋先生同席，大家談到仁卿兄的病情都很擔憂。七十年十二月九日上午十時，我打電話向照臨兄探詢仁卿兄病況，照臨兄告訴我說，他呼吸有點困難，正使用氧氣，我原要馬上去看他，祇因是時已與外國朋友有約，不得不趨陪。直至下午五時回到家裡，才驚悉仁卿兄已於上午十一時溘逝，有如晴天霹靂，使我久久講不出話來。我竟沒有在他離開我們之前，再去看他一面，心中更抱無限的憾恨與悲愴。

首重誠信　樂於助人

仁卿兄昆仲主持的六和紡織公司，早在民國三十六年便已自大陸遷廠來臺，所以仁卿兄昆仲實是我們自由中國紡織界最早的開拓者，也是政府遷臺後，致力經濟建設中的工業翹楚。回溯我和仁卿兄相識，大概在民國四十年，其時我在迪化街經營臺北新和興行，並兼營德興染整廠，很多紡織業中的朋友，都稱他「宗老闆」，都知道六和的宗老闆爲人爽朗，說一不二。後來他和我曾同時擔任臺灣區染整公會的理事，同爲公會服務，因而更能時常受教。他爲人坦率誠懇，而待人彬彬有禮。他認爲值得做的事，會自動告訴你，並樂於協助你，他說過的話一定兌現。相信大家從當年他自動協助我們台南紡織公司與環球水泥公司這兩件事，就能了解他關心同業和樂於助人的美德，而我也將永不忘懷。（參閱本書第96頁〈台南紡織公司〉及第112頁〈環球水泥公司〉）。

致力經建　功在社會

我認爲仁卿兄賢昆仲，確確實實是我們自由中國紡織界最早期的開拓者，也是政府遷臺後致力經濟建設的翹楚。其有如此之成就，實由於他們具有過人的膽識和高明的遠見。茲以其經營紡織業爲例，六和紡織公司在自由中國是最早建立完整的一貫性作業的大廠。從紡紗而織布，而印染，而成衣，都不需假手他人。由此足徵仁卿兄賢昆仲的魄力與識見，實非常人可及。不僅如此，我國燈蕊絨和棉剪絨的產製，在我們臺灣也推六和紡織公司是最早開發的第一家，所以說他們賢昆仲是我們自由中國紡織業的開拓者，誠非過譽。

仁卿兄昆仲在十數年前創辦六和汽車公司，在我國汽車工業中，也是頗具規模的，現在六和汽車，已改組爲福特六和汽車公司，但其銷售業務，大半仍由仁卿兄昆仲所籌組的九和汽車公司所銷售，且有一套完整的售後服務。凡此均足證明他們賢昆仲對工業發展的高瞻遠矚，以及其致力於提高我國工業水準的貢獻。

事兄至恭　教子惟勤

早年的同業，多尊稱仁卿兄爲「宗老闆」，前已言之。但近年來很多朋友又稱他爲「宗客氣」，原來仁卿兄與朋友交往，不僅樂於助人，且最尙禮貌，所以得此雅稱。然而這還是社交界所見到的一面，如深一層瞭解其所以然，則不能不承認他們賢昆仲都有極深的倫理修養。其長兄故祿堂先生，次兄圭璋先生，都無一不是兄友弟恭，仁卿兄事兩兄長更是至恭至敬。他爲了大哥的健康，勸請他練習打高爾夫球運動，爲此曾特別在其中壢廠旁開闢六個洞的高爾夫球場，由此可知敬兄之一斑。惟其如此，他們的大家庭極爲和諧，他們共同經營事業，都是一片和氣，而仁卿兄賢昆仲的待人接物，也就十分的「客氣」，這都是得之於日常倫理素養的關係。

還有仁卿兄教育其愛子，也注重訓練其苦幹的精神。長公子成志君，係留美機械博士，並在美國飛機製造公司工作多年。回憶十數年前，承蒙仁卿兄不棄，邀我參加籌辦六和汽車公司之際，我曾經建議請其長公子回國負責管理工廠，但仁卿兄說：「年輕人不可讓他太早就當老闆，必須先在外多磨鍊，吃夠苦，日後才有經驗，才知道創業的艱難。」現在成志君果然如其所期望的幹練有爲，這又是他在家庭教育方面成功的另一面。古人說：「大德裕後」，仁卿兄之必有賢郎克紹箕裘，已經是事實的印證。

仁卿兄在同業中是我最尊敬的前輩，我受他的教益極多，在高爾夫球場上也是我的老師，因爲我第一次進場打球是他帶我去的，並曾熱心的指導我。然而他的溘逝，絕不僅是我個人失去一位良師益友，也不僅是他所經營的許多公司失去了一位領導者，蓋仁卿兄畢生致力於國家的經濟建設，貢獻良多，他的溘逝，更是國家社會的損失。而今天我們的經建正在更上層樓，邁向工業的升級，我們失去了他，就有如崇臺傑閣，折斷了樑柱，怎不令人愴慟！所以我對仁卿兄不僅有無限的感念，而追思其懋績嘉猷，實懷有更深的崇敬。

悼念故人　倍深愴慟

多年來，在我的辦公室裡懸掛著一張我和仁卿兄兩人合影的放大照片，因而在我弔祭他的輓聯中有一句：「睹物懷人倍愴悲」！這的確是我的心情。為了告慰他在天之靈，我要在此向仁卿兄您重訴說一次，我曾在您病榻前所說的幾句話：「仁卿兄啊！您已為國家為社會盡了您應盡的力量，您也已為親戚朋友做了最大的援助，您也已有極為優秀的後繼者為您光前裕後，繼往開來……」請安息吧！仁卿兄！

（本文原載於民國七十年十二月《自立晚報》）

嚴前總統靜波先生

多年來有幸，時與靜波先生相晤，聆聽教益，殊感無限的愉快。靜波先生的道德文章、對人之謙和、待人之誠信、治事之嚴謹、乃至於舉止言行至善至美，實在使人欽佩。我相信很多世人都有心想學之習之，但實在能學到者不多。他在擔任省主席任內所勉勵部屬的一些話，言簡意賅，我把它打字分送給我的兒女和公司的部份同事，我自己也認眞學習，只因愚鈍成性，僅能學其皮毛，不過對我們大家的爲人處事已有極大的幫助，茲爲使有更多的人傳誦，特再抄記於後：

當某一件事發生爭執時，心裡應該記得八個字，就是「退一步想，易地而處」，因爲不能希望每一個人的性情、思想意見完全相同，每一個人都有個性，我們毋寧要發展其個性，以達成多方面特殊的成就。但因每一個人意見不同，相處在一起時，難免發生爭執，如果人人能「退一步想，易地而處」，那無論什麼事都可以化干戈爲玉帛，化戾氣爲祥和。

對於治事，靜波先生希望大家最好能「公而忘私」或是「先公後私」，凡是能遵守「先公後私」、「易地而處」這兩句話的人，一定是愉快的人，也一定能做愉快的事，對個人、對國家一定有所貢獻。

靜波先生在一次餐會上，曾經分析，「人」大概可以分爲五種：第一種是「公而忘私」，第二種是「先公後私」，第三種是「公私並重」，第四種是「先私後公」，第五種是「私而忘公」。要做到「公而忘私」實不簡單，但是最少也希望大家能做到「先公後私」，使國家社會更加進步，希望大家深加體會斯言並力行之。

（按：靜波先生於民國八十二年十二月二十四日去世）

宗長忠信伯

黨國元老吳忠信先生，號禮卿，是我們的宗長，我們都稱他忠信伯。忠信伯生活簡樸，爲人謙恭，品德高超，宗親之情非常濃厚，對晚輩尤其愛護有加，因此在他生前我常去拜候聽教。他曾經告訴我說：「我的爲人是以我的名字忠信爲主，誠、廉爲副。常常注意爲人謀是否忠？與朋友交是否信？待人是否誠？處世是否廉？」又說：「我爲政府做事，政府有汽車給我，我就用；沒有汽車而給我三輪車，我也用；沒有三輪車給我用，而我自己有錢就坐三輪車；沒有坐三輪車的錢，我就改坐公共汽車；再沒有坐公共汽車的錢就走路。我能隨遇而安，因此才能養廉，也才能過平靜的日子。如果我要裝闊，一定要坐汽車的話，那就無法養廉了。」

忠信伯人如其言，一點都不假。那個時候他住在信義路與和平東路之間一棟政府配給他住的日式房子，客廳只有四張舊藤椅，兩只舊茶几，家裡沒有佣人，我每次去按門鈴，不是他自己就是夫人出來開門，茶也是自己倒的。我也曾經陪我們的董事長吳三連先生到中央黨部紀律委員會辦公室拜訪他，辦公室也是簡陋得不能再簡陋，其廉潔令人肅然起敬。

由吳三連先生倡設的台北市吳氏宗祠在台北市南京東路三段建好以後，每年的春秋二祭他都在百忙中抽空來參加，宗親中有人遇到什麼困難，只要是合情、合理、合法的，他都樂於爲大家服務，答應人家的事一定去做，與人家約定的一定信守履約。有一次他告訴我說：「我是軍人，但絕不是軍閥；我是黨員，但絕不是黨棍。我只是一心一意爲國家做事，只希望國家能富強康樂，絕對不爲個人求名爭利。」這是他老人家淡泊名利的精神所在，給我的印象非常深刻，對他的敬佩之情歷久彌深。不幸他於民國四十八年十二月十六日因肺疾仙逝榮總醫院，各界都對他之逝去非常的哀痛。

吳夫人（我稱她爲忠信姆）也是一位非常可敬的人，在忠信伯去世後，我也差不多每個月都去拜訪她一次，她說她每天都在早晨四、五點就起來念佛，清心寡慾。有一天她交給我一串念珠，要我交給內人，那串念珠現在還好好的由內人保存著，每次看到那串念珠就想到故人，實在是無限的懷念。

第5章

幾許經驗

我相信：要創業的人，
如能在懂得經營管理之後，
又能克勤克儉，刻苦耐勞，
抱定信心、決心、魄力、毅力，
凡事追根究柢，絕不馬虎從事的話，
那麼事業成功的機會一定非常之高。

經營管理之管見

就做事業而言，經營管理確實是非常重要，可供參考的書本也多得不勝枚舉，其中日本松下幸之助先生的《經營管理全集》及王永慶先生的《談經營管理》兩部書，都很有參考的價值。因爲這兩部書的內容都不是高深的理論，而是經驗之談，很容易了解，尤其王永慶先生是我國人，談的是在我國的經驗，不會有國情不同所引起的隔閡，更是實用，我也曾經買了不少送給親友及同事。我相信要創業的人如能對這兩部書多加鑽研，多加吟味，懂得經營管理之後，又能克勤克儉，刻苦耐勞，抱定信心、決心、魄力、毅力，凡事追根究柢，絕不馬虎從事的話，那麼事業成功的機會一定非常之高，反之則結果將是不堪設想。

我在此提供幾點淺見，給大家做參考。

市場調查

想做的事業是否有前途，這是非常重要的事，所以一定要詳加調查，以免投錯事業，事倍功半。

我們自己有過失敗的經驗。民國四十五年我們集團共同投資坤慶麻紡織公司，當時台灣有三家麻紡廠，坤慶是其中之一。坤慶由於總經理以下全體同仁的努力，我們的品質較同業的好，成本也較低，很有競爭能力。但是由於消費者心中已趨向不縐的布料（尼龍、特多龍），因而對易縐的麻布漸不欣賞，所以銷路極差，基於優勝劣敗的鐵則，其他二家同業不久後因賠累不堪而停業，變成我們坤慶獨家的場面。但是獨家生意還是好不起來，大約一年的產量要五年才能銷售完畢，實在是非常艱苦。

我們經吳總經理及諸同事的用心，開發很多種產品，例如向中國人造纖維公司購買「下腳」（廢料），經過打棉機處理後紡成一種特殊的紗，又將麻布特殊加工做仿LACE布，增置手印花設備做印花麻布，設置植絨機做印花絨布，買摺痕機做百景裙，到美容院去收購頭髮來摻入苧麻內紡成做西裝用的襯裡布，進口維尼龍棉來紡成漁網用線等等，費盡苦心才勉強度過難關。到了三十多年前，知道亞克力紗的前途不錯，故增資進口機械開始紡亞克力紗，才算步入坦途，其間辛苦約十年，就是因爲事先對麻紡業之前途未深入了解所致，可見做事業之前，對市場調查之重要性。市場的前途如果不好，就是勝了同業，自己也無法生存，因爲大環境的力量實在太大了，不可不愼。不過，在此亦可證明「事在人爲」之不謬，我們雖遇此不利的大環境，但我們仍可同心協力，殺出一條生路，聊堪告慰。

原料調查

另外，對於原料的來源及品質與價格，也均應詳加調查，因原料取得的條件如果比較差，則無法與人競爭，不宜設廠。

人才與錢財

做事業要有兩項「材」，一是「人才」，二是「錢財」。而人才在經營上可說比錢財更重要，因爲有好的人才，即使無錢，他也可設法弄到錢；但是如果沒有好的人才，則有錢也會被賠掉。所以開始做事業之前，對這二項都要事先安排妥當，尤其是選「人」更是萬分重要，因爲「事在人爲」也。

我在此要特別提醒大家一點，就是在高成長的時代，工廠生產什麼大概都可以售得出去，而且大部分的東西都可獲利。如今那樣的時代早已過去了，而且除非有特殊事情發生，否則這種情境可能在不久的將來不能復現。因此經營者要徹底認清高成長時代與低成長時代各項情形之不同，應對經營管理多下苦心，不可心存僥倖。同時應將自有資本提高，以減少財務負擔，改善企業體質，一方面也希望政府能參考日本之作法，准各公司之盈餘能增加保留額度，使各公司基礎能更加穩固，以免碰到一點風浪就發生問題，增加各方面的困擾。

慎選合夥人

俗語云：「和爲貴」，「和氣生財」；一個事業的合夥人如不能合作，對事業之經營影響極大，應互相了解才不致半途鬧意見，導致明明可以賺錢的事業也變成失敗的結果。

廠址的選擇

廠址的選擇非常重要，購地之前對地勢、交通、接電、供水、排水、水質、空氣、氣候、員工的來源等各項問題，應做徹底而詳盡的調查研究，以免因其中任何一項之不良而致影響整個公司之成敗。

機械的選擇

機械之供應商極多，不一定價格最貴的就是最適合我們的需要，所以應多方調查比較，才能買到物美價廉的機械，且能如期交貨。機械價格便宜，則利息負擔及折舊費少；機械性能好則故障少；故障少則生產順利，產量多，成本便宜，同時品質好；品質好，客戶就歡迎，樣樣都順利。反之，如果買到價格貴的機械，則利息負擔多，折舊多；買到不良機械則故障多，產量少，品質差，成本高，那麼就可能走入倒閉之路。

營造廠及裝機承包商的選擇

承包商極多，應事先向各方調查信用可靠者始可通知他來比價，不可隨便接受他人介紹而自己前來要求參加比價的廠商。因爲這些廠商之好壞對一座工廠的建設關係很大。例如，將營造工程交給一家能力不足或不顧信用的廠家承包，則難免延誤工期；工期延誤，則機械雖已運到，廠房卻未蓋好，便無法進行安裝工作，開工日期便要耽誤；

又如將機械安裝工程交給能力不足或不顧信用的廠家承包，將安裝工程延後，就不能如期開工，則我們已花下去的土地款、建設廠房款、購買機械款便要負擔利息；除利息多負擔外，我們為準備開工所聘雇的一大批員工，也都在那裡只領薪水而無事可做；同時，原來預定某時可以生產而預售給客戶的產品則無法交貨，而我們的客戶亦無法如期供應其客戶，信用盡失，計畫大亂，後果嚴重，所以事前應極為慎重的選擇。

重視信用

我們自己一定要遵守信用，一旦與客戶講好條件之後，無論如何一定要履行義務，將信譽建立起來，絕不可因自己的方便而使客戶受害。

另一方面，對供應我們原料的廠商及銷售我們產品的客戶，也要非常慎重的選擇，以信用可靠者為對象。因為如果能選到信用好的供應商，則交貨如期，品質可靠，萬一物價上漲也一定會依約將貨交給我們。如所選的供應商是不顧信用的，則交貨不如期，品質又差，萬一物價波動，則將貨高價售予他人而不交給我們，使我們無原料可供生產，也無貨可交客戶。購買我們產品的客戶也應十分小心地選擇，以免物價下降時不接受貨物或不付款，或倒閉等等。

以上各項說起來容易，實際做起來並不簡單，但是無論怎麼困難，都要花最大的精神徹底去做，才能免於後患。我在此要順便一提的是，應如嚴前總統所云的「凡事退一步想，易地而處」，這句話我想不但是爲政者可用，就是對工商業者也極爲有用。我們除照顧自己外，也應照顧我們的顧客，顧客的要求如屬合理，我們雖有一點吃虧，也應加以考慮，儘可能與之合作，使相互間能共存共榮交易才能永久。我看過不少因乘機欺侮顧客而獲暴利的廠商其後果並不好，所以希望大家心存厚道，不可欺騙客戶，更不可乘機欺侮客戶，這才是最好的企業經營之道。

提高品質，降低成本

大家都知道提高品質、降低成本是經營企業最重要的法則，但是這些事情說說很容易，做起來是非常不簡單的。我們有關的公司對提高品質之事，可以說是特別重視，所以從上到下各層的同事對此事都特別用心，也因此我們的產品均能維持很高的水準。這種成果除了得之於我們的方針正確之外，更是靠公司全體同仁努力所致，在此順便向大家表示萬分的敬意和謝意。

我們對於提高品質的想法是：用同樣的廠房，同樣的機械，同樣的原料，同樣的人手做出來的東西，如果品質好，不但可以暢銷，更可售得較高價格，眞是一舉兩得。假如你的品質做得不好，而外銷到國外的話，百貨公司或零售店一發現就向批發商抗議，批發商就向進口商抗議，進口商向我國的出口商抗議，我國的出口商又向廠方抗議，勢必天下大亂。

此外，交貨期也應特別注意。如果訂貨未能如期運出，外國的進口商無法如期交貨給批發商，批發商又無法如期交貨給百貨公司或零售商，而使百貨公司或零售商無貨可售，對其營業影響之大可想而知，各階層的業者都要同受其累，所以品質之管制及交貨期之準確，絕不可馬虎，應盡最大的力量做好，才不會誤己誤人。對於「降低成本」，除「勤與儉」外，更應該鼓勵全體同仁動腦筋發揮最高的智慧去創新。我在此舉兩個很老的例子給大家參考。

□日本的財經天皇：土光敏夫

在三十多年前，日本石川島造船會社的社長土光敏夫先生應邀來台北中山堂演講(那個時候土光先生還沒有擔任東芝電器會社的社長)，其中有一句話說：「這幾年來，造船廠的原料鋼板價格和電費、工資等各項都漲了幾十個百分點，按理船價應該也要漲才對，但是事實卻是我們售船的價格反而降低，照理我們一定要賠錢，可是事實又不然，我們的利益反而比以前更高。這個原因是爲了能夠和世界各國造船廠競爭，我們公司鼓勵同仁，日以繼夜，絞腦汁動腦筋去研究，結果研究出一種新的造船法；原來造一條大船要二年的時間，現在不到一年就可造好，因此不但可節省一年的工資，連利息及一切管理費用均可大爲節省使然。所以，要降低成本除勤和儉之外，鼓勵同仁動腦筋研究新方法也是非常重要的。」土光先生之經營管理確有過人之處。

土光先生後來受東芝電器會社社長石坂泰三先生的禮聘去接任東芝的社長。我記得當時禮聘土光先生，是因爲石坂先生擔任各方面的公職太多（最主要的一項是日本經濟團體聯合會會長），管理鬆弛，以致公司一反常態連續幾年業績不如理想，石坂先生雖知原因，但無法辭卸各方面的公職，原想從自己的公司內提升一人，又因爲種種的關係不太妥當（東芝人才那麼多，按理不難提升一人，我想可能是沒有一位特別突出的，所以未能如願，眞是「眾軍易得，一將難求」），因此才禮聘土光先生去擔任社長。當時土光先生沒有帶一個人去，是單槍匹馬上任，有人告訴他：「你應該帶一些人去幫忙。」他說：「東芝人才濟濟，我還帶人去幹什麼？東芝現在所欠缺的是『士氣』，我只要能將『士氣』提升，則萬事均可解決。」

土光先生家住橫濱，東芝公司在東京，公司有車可作通勤之用，但他不用，每天一大早就出門走路到電車站（他說利用這段時間作早晨運動）坐第一班的電車，因第一班電車乘客較少，一定有位子坐，他可以利用這段時間將當天的重要報紙看完，到了東京，司機才來車站迎接。他認爲這樣做公司省錢，司機省工，自己則可以多運動，是一舉數得。公司規定上午八點上班，他每天早上七點多就到公司，都比其他的幹部早到，發揮勤與儉的精神。以後其他幹部認爲比社長慢到不好意思，也就自動的提早上班。

由於土光先生事事以身作則，而且領導有方，東芝的士氣大振，沒多久，業績就蒸蒸日上，不負石坂先生之所託。土光先生後來也如石坂先生一樣，擔任日本經濟團體聯合會的會長多年，幹得極爲成功，對財經界貢獻甚大，所以很多日本人都稱他爲日本的財經天皇。到八十多歲時，很不簡單地辭退日本經濟團體聯合會會長職務後，日本政府又請他擔任日本政府行政改革委員會會長，對於政府之行政改革貢獻不少。據日本的友人告訴我，土光先生參加的機關團體每年給他的報酬相當多，他只留下一小部分充夫婦兩人每月生活所需，其他大部分的錢都捐給學校或公益事業，他的奉獻精神讓大家都極爲欽佩。

□日本經營之神：松下幸之助

第二個例子是大家都知道的、被日本人稱爲「經營之神」的松下幸之助先生，他的故事非常之多，其中有如此一則：有一個時期，豐田汽車公司因爲汽車的出口競爭非常激烈，非大幅降低成本不可，所以對零件供應商一律要求大幅降價。豐田所用的收音機很多係由松下通信會社供應，所以也要求松下通信陸續降低二十％，而松下當時做收音機供應豐田只有五％的利益，降低二十％會變成損失十五％，松下通信爲此大傷腦筋，雖屢次召開會議，大家也想不出什麼好辦法。

正好是時，松下先生來巡視，聽完屬下的報告後，他說：「現在只有二條路可走，一條是不接受，一條路是接受。我認爲不能說豐田的要求無理，因爲日本汽車要打入美國及歐洲市場，競爭確實是非常的激烈，不降低價格無法外銷，爲了發展日本的汽車外銷，我們松下通信也應盡一份力量。但是如果依照原來的型體，我想我們無論如何努力也無法降價二十％，應該重新設計，徹底改進整個製造工程，使產品的外觀及性能不差，而成本卻能大幅降低，豐田亦能接受，才是正確的辦法。」大家接受其意見馬上積極開始向此目標進行，結果眞的設計出一種品質不差，豐田滿意，價格減二十％給豐田，而松下通信尚有十％之利益的產品，可說皆大歡喜！這實在是「窮則變，變則通」，也正是我常說的「不是沒辦法，只是還沒有想到而已」。「價廉物美」眞是做事業最有力的武器，所以對此應用最大的力量去達成，才能立於不敗之地。

與銀行的往來

依我多年的經驗，與銀行的往來最要緊還是「誠信」。如果我們需要向銀行借款，我們都是自己先計畫一下才去拜訪對方，將一切計畫誠誠實實地告訴對方，「我因爲買一批什麼貨色或要開一座什麼工廠，我們自己有多少錢，還缺多少錢，用什麼東西抵押，或沒有什麼東西可做抵押，期限多久」等等。因爲銀行的經理或總經理及董事長接觸面很廣，知道的事情很多，他們的意見對我們常有很大的幫助，所以也要請教他們，如果他們認爲可以做，借貸就成立，我們一定依約還款；如對方認爲這批生意不宜做，或這種工廠不宜蓋或現在銀行無頭寸等等，我們也不勉強，因此互相往來都很融洽。在我的記憶中，數十年來對銀行的借款方面似未曾遇到什麼困難。當然這也可能是由於我們比較保守，不過分勉強的結果。

勤儉誠信，公私分明

不管是勤儉誠信或公私分明，這些都要高階層人員以身作則的；不能只要求部屬勤，而自己懶；叫部屬節儉，自己卻花天酒地，浪費公款；對內對外都要誠信，說話算數，才能服人。公私更應分明，俗語云「上樑不正下樑歪」，這個也要由上級率先垂範。一個公司若公私不分，大家只顧私利，不但工作不力，拿回扣之事一定發生，我已看過很多公司由於上下皆拿回扣，以致一個很有前途、很賺錢的公司最後倒閉，結果極爲悽慘。茲舉下列三例以供參考。

□上行下效，不可不愼

第一，在光復後，台灣有一家規模很大的鋼鐵公司，其董事長有一天參加一些好朋友的宴會，在宴會中有一個朋友基於好意告訴他說：「近聞貴公司的同事行爲不檢，不論買入或賣出皆要佣金，請加以注意。」我在旁聽到此話，以爲該董事長可能會深入探詢情形以便改善，不料他根本不當一回事，竟說：「每一家公司都一樣在拿回扣嘛！」我感覺非常的意外，回公司後就告訴我們的同事說：「某鋼鐵公司負責人如此的作風，我想一定會倒。」其後竟不幸言中。

其實這家公司所鬧的笑話太多了，我有一位做營造廠的好朋友曾經告訴我說：「有很多人說某鋼鐵公司的鋼筋很難訂到，假如訂到也常常不能如期交貨，而我則未訂貨而能拿到貨。我的辦法是要用鋼筋時即到該公司的出貨場走一趟，看看廠內火車裝貨場的情形後，就去辦公室找主管向他買貨，主管如果說沒貨，我就告訴他說，我已經去出貨場看過，有很多貨爲什麼說沒貨？主管說那些貨是要給××公司的，我就對他說我急著要用，請幫幫忙，同時將紅包塞入他的口袋中，結果主管馬上親自寫好送貨條，到現場去將原來的送貨條換下來，車上的東西就變成我的了。」我的朋友這種作法是不合法的，也太霸道，太不應該了，但畢竟是該鋼鐵公司的管理太差所致，所以我認爲一個公司裡如有「蛀蟲」或「老鼠」，那個公司將來一定沒有好結果。這點請大家應多多注意預防。

□「蛀蟲」啃蝕公司結構

第二，這也是在光復後，一家資格很老的棉紡紗廠所發生的故事。

我有一個親戚在桃園開了一家小小的織布廠，他向這家棉紡紗廠買棉紗，買賣合同上明定買方在幾個月內應將附在棉紗上之木管送回賣方，他依約行事將木管送還紗廠時，辦手續的主辦人員態度相當不友善，因爲那個時候是賣方的市場，所以我的親戚也不敢發脾氣，辦完手續後就將木管送到倉庫去要求點交，但是倉庫的管理員更加不友善，使他莫名其妙，一時忍不住問道：「買紗合同上寫明在約定的期限內要把管子送還給你們，我現在依約行事，爲什麼你們採取如此態度？」倉庫管理員有話直說的埋怨道：「大家像你們這樣依約送還，我們那能得到好處呢？」查其意思是說，你們如果不送還，我們廠裡的木管不夠用就要再採購，有採購我們就有好處，像你們這樣送來還，木管夠用就不用採購，我們就沒有好處了。實在是可笑也可悲！

我聽到這些話以後也將此事告訴我們公司的同仁，並說這家棉紡紗廠一定會倒，果然該廠沒有幾年就倒閉了。公司內的「蛀蟲」、「老鼠」不可不清除，因爲有人在得不當的利益，那麼不但公司會減少那些利益，就是同仁的士氣也會大大的降低。因爲同樣在公司工作，有的人有外快，有的人沒外快，沒外快的人就會感到不平，一不平工作興趣就會降低，而且很多公司都是根據年終結算利益而發獎金，公司因被不正當的人拿走利益，年終結算利益就減少，同仁的獎金也一定會減少，因此工作士氣不振是一定的道理。

因爲對一些公司管理不善，引起同事作弊而導致倒閉的事例看得不少，故在環球水泥公司成立後，我就擬定一篇敬告同仁書，分發給各位同仁與他們共勉，對以後新進的同仁也都在報到時就分發一張給他們。不但如此，爲恐日久頑生，每隔一年就再寫一封信附上該敬告同仁書一併寄給同事，提醒大家注意。依我所知，由於我們積極推行，全體同仁也都能了解合作，所獲結果相當良好，因此，以後我們的有關公司也均採行。

□公正廉能的吳三連先生

第三，我們的台南紡織公司、環球水泥公司很萬幸地請到公正廉能的吳三連先生擔任董事長，使我們樹立良好的風氣。據說有不少公司，董事長公私不明，家裡所用的一些日用品均由公司報銷，我們的董事長吳三連先生則公私極爲分明，不但家裡所用的東西不由公司報銷，就是寫信給兒女及親友也都自己拿錢出來買郵票，打長途電話或國際電話時也都關照總機小姐記下，自己付帳。有時遇到可公可私的交際應酬費用，他都自掏腰包，絕不假公濟私，因受他廉潔作風的影響，我們全體同仁也都效行不渝。吳三連先生擔任台南紡織公司董事長長達三十年之久，擔任環球水泥公司董事長也有二十五年，他時常都在爲照顧同事的生活而用心，對自己的待遇和報酬，數十年都未曾講過一句話，實在使我們欽佩萬分。

鼓勵同事自動自發

無論什麼事業，單單靠一個人或少數人的力量，絕對無法做好，一定要很多人共同努力，才容易得到好的結果，就是陶朱公所謂的「能用人」。依我的經驗，人的潛力非常大，只看肯不肯發揮出來，如果肯做的話，一個人要多做三成至五成，實在不是太難的事，所以領導的人一定要想辦法設立合理的獎懲賞罰制度，使多工作、多奉獻的人得到應得的獎賞，對不能完成自己工作甚至破壞工作者，給他應得的懲罰，這樣才公平，也才能使大家心甘情願地發揮其潛力，不要使大家存著「有功無賞，打破要賠」的心理，同時也要設法使全體同仁了解，公司之成敗與同仁的利益及名譽是息息相關的，讓他們有此共識，大家才會盡心盡力，士氣也才能提高，業績才會蒸蒸日上。

庚兄王永慶先生及其胞弟王永在先生兩昆仲的成功是因爲他們分析力強，對每件事都肯用心去充分了解，充分了解後就發揮他們的信心、決心、毅力和魄力，追根究柢，絕不馬虎，因此他們不論做什麼都做得很好。

例如，他們不但辦台塑、南亞、台化等公司辦得很好，就是辦學校和醫院也是辦得有聲有色，極爲成功。尤其是對管理其個人健康的決心與恆心，更是令人欽服（永慶兄每日晨操、晨跑、晨泳；永在兄每日一大早就去打高爾夫球，從不間斷）。數年前世界各國極不景氣時，台塑在美國買下一些業績不佳的塑膠工廠，剛開始聽說不太順利，那時候有不少朋友爲他們擔心，但我對我的親友及同事說：「台塑在美國投資塑膠業，我認爲應該不會有問題，因爲他們智慧高，又有分析力、魄力、毅力和財力，做事熱心、有信心、有恆心，再加上他們對塑膠業累積了三十多年豐富的經驗，對各種情況了解透徹，自己又擁有充分的技術陣容，我相信他們一定會成功。」後來果然聽說他們在美國的塑膠業已經轉虧爲盈，據報載，台塑在美國不但有舉足輕重之勢，且有將領導美國塑膠業之盛譽，爲我國工業界揚眉吐氣，實在使我對他們的成功感到既高興又佩服。

以前曾經有人說永慶兄的運氣好，我承認人生的確有運氣這回事，但是運氣所佔的成分並不大，最重要的還是要靠自己，希望大家做事業一定要有自己的計畫，靠自己的努力，千萬不要想靠運氣，因爲運氣是可遇而不可求的東西，你要靠它，萬一它不來，豈不慘哉！

應訂立合理獎勵辦法

我在此舉出兩個實例，以證明訂立合理獎勵辦法之重要性。

□以件計酬，提高效率

第一，在六十年前，台南有一家小型織布廠向日本採購機械時，日人說：「這種織布機在日本每台機械用一個女工，每一天每個女工如能生產十五碼以上就可賺錢，在台灣則因工資比較便宜，每天每人如能生產十碼以上就可賺錢。」

建廠完成開工後幾個月，每台機械都沒有辦法生產十碼布，天天賠錢，老闆非常著急，經深入調查發現，乃因女工的作業精神太差所致。當時工廠未設宿舍，女工都是鄰近人，每天規定上午七時上班，有的準時到，有的則七點以後才來，工廠管理不嚴格，女工又因採固定的日薪制，她們認爲無必要努力工作，所以到廠以後還東摸摸西摸摸，不馬上進入廠內準備工作，在工作中遇到機械故障，她們認爲這是最好的休息時間，所以不自動去找修理人員，只有坐在機械旁邊等。下午還沒到下班時間，就先離開機台去洗手、化妝，下班鈴一響就爭先的離廠回家。她們抱著反正做多做少都一樣的心理，所以機械故障也不願意去叫修理工，懶惰的人還取笑勤勉的人是傻瓜，因此停機率很高，產量不好，經過一番討論後，決定將原來的固定薪水改爲效率薪（當時叫做件的，由工廠訂出做每一碼布付多少工資的制度）。

制度改變後，女工們都在早上七點以前就到工廠門口等候開門，廠門一開就爭先恐後的走進機台前開始工作，遇到機械故障則馬上跑去找修理工人，修理工人如果說現在沒有空，則纏著他，一直拜託到他來修理爲止。因此不但停機率很低，而且下班鈴響還不願離去，要等到馬達關才走。經過沒有幾天，每台每人的生產量就達到十五碼，女工的收入比原來的固定薪還多，老闆也大賺其錢。這就是合理獎勵辦法的好結果。

□以獎金提升工作態度

第二，約在三十年前，台北一家大飯店裡的餐飲部門面積並不大，起先用了十二位服務生，生意很不理想，每個月都在賠錢，顧客常對老闆說服務不周到，所以客人才會減少，老闆就要主管人員督導服務生改善服務態度，服務生說人手不夠，所以無法做更好的服務。不得已，便將人手增到十五人，但還是一樣，最後增加到十八人，仍然是服務不周，客人無法增加。

後來老闆想出一個辦法，就是將她們原來的固定月薪減少一半，另外將公司向客人所收的十%小費全部分給她們去分享，這樣和原來的全薪就差不多了，所以員工也都同意。另外加一個獎勵辦法，就是該部門當時平均每個月只有新台幣二十萬元的營業收入，如果此後每個月營收超過三十萬元，則就超過部分提撥部分金額作爲員工獎金（爲鼓勵廚師更認眞做菜，所以讓廚師也可以享受）。辦法實施以後，生意就漸漸好起來，客人的風評也漸佳，不久後，每個月營收就達到四十萬元，半年後每個月都增加約十萬元之譜，到了每個月營收八十萬元時，老闆非常高興，一方面感謝她們的努力，一方面告訴她們說，營業額已超過一倍，是不是應該增加人手才不會忙不過來，對客人的招待也才不致有所怠慢。她們回答說，不要增加人手，還應付得來。以後有一個人因爲結婚而辭職，老闆要補一個人，她們都說不要，十七個人就夠了，並說以後如有一、二個人要辭，也還可以應付，不用補人。

這個例子還是跟第一個例子一樣，服務生起先是固定薪，生意做多做少跟她們無關，所以客人進門，妳看我，我看妳，懶得去打招呼，自然不受客人欣賞。改變制度後，生意好壞不是單單老闆的事，和自己都有密切的關係了，所以大家都拚命做，以往每個月做二十萬元生意，用十八人還說忙不過來，發生招待不周的情形；後來變成每個月做八十萬元生意，用十七個人還說可以減少一、二個人無妨。由此可見，人的潛力是非常之大，有的時候要增加三成或五成的工作量並不是困難的事，而是看他（她）們願不願意去做而已。

結語

總結以上所言十三要項，做事業事先的準備極爲重要，應向各方面多請教，要充分調查，周密計畫，認爲有充分的把握才做下去。不要調查馬虎，計畫也馬虎，事情沒有用心用力去弄清楚，渾然懷有「大概不會有問題」或者「船到橋頭自然直」或「天下沒有解決不了的事情」等自欺欺人的想法，貿然從事，則後患無窮矣。

事情在進行中或多或少一定會遭遇困難，遇到困難時，有些人不敢面對現實，猶豫不決，或者只想將責任推給他人，使困難愈弄愈大，終至無法收拾或事倍功半，實在是非常的不應該。

我認爲無論做什麼事業，應先覺悟一定會遇到困難，困難來臨時，不要怕它，應勇敢站出來面對現實，只要你能持誠懇的態度讓全體同仁知道困難所在，使他們有共識，能發揮團隊精神，大家有決心、有信心、有毅力的奮鬥下去，事情往往會比預期的容易解決得多。所以我常說：「不是沒有辦法，只是大家還沒有想到而已。」如能用心的想，盡力的做，成功的機會是非常大的。

我常勸剛到公司上班的大專畢業生說：「你們在考大專時競爭非常激烈，你能勝過幾萬人而考上，在考試時，你所花的精神及苦心一定很大。現在畢業進入社會工作，你如果想要有成就，希望你注意健康，在健康許可的範圍內，抱定如過去要考大學時『三更燈火五更雞』的精神，加上『勤儉誠信』，我相信你們一定會有相當的成就。」

坦誠相處

我常告訴同事，凡事應儘量往好的方面去想，去解釋，不要往壞的方面去想，去解釋。在事情還沒有弄清楚以前，絕不要斷定是對方故意欺侮你或在找你的麻煩，應該坦誠相處，有什麼事誠心誠意的面對面講清楚；如能如此，相信世上就可以減少很多麻煩和困擾。

若有疑惑，立求釋疑

在三十多年前，環球水泥公司大湖廠第一個窯興建中，由台北派去的同事王滎田先生擔任建築工程的監督，侯海全先生擔任器材的採購兼管會計工作，他們兩人都很誠實，工作也很認眞，一點都不馬虎，誠屬好同事。

那個時候我們宿舍還未建好，晚上我跟他們一起在辦公廳的樓上打地舖睡覺。有一天晚飯後，王榮田先生告訴我說：「你是不是有空？有些事情想請教你。」我說：「可以。」我們兩人就到辦公廳的一個小房間內，他很客氣的說：「有兩件事情在我心裡頭已經悶了兩、三天，不知道該說或不該說？」我說：「我一貫主張有什麼事情大家應該誠心誠意的說清楚，以免招致誤會，有什麼事情儘管說。」他說：「第一件就是前天我在監督建築工程時，站在一個裝機械的大箱旁，無意中聽在該箱子的另一旁有兩個人在講話，有一個人說：『賺錢要像建國公司這樣才能大賺，建國公司向環球水泥公司包運這些機械，由高雄港運到大湖就賺了新台幣五十多萬元。』（當時的五十多萬是個不小的數目。）我想我們現在已經運到廠裡來的機械只是整個的一小部分，如眞的已經給人家賺了五十多萬的話，那實在太冤枉了。第二件是聽到人家說：『侯海全同事在這裡採購鋼管，得到新台幣一百多萬元的好處。』我認爲侯先生不會做這種事，但是人家明明是這樣說的。」我聽完以後就告訴王先生說：「這些事情你能夠說出來實在是非常的好，因爲我們可以了解內容，也可以對外澄清，以免以訛傳訛。」

於是，我就叫另外一位同事侯先生將運輸合同和採購器材的資料拿來看，結果第一件是我們已運進廠的機械有二批，都是採取比價方式的，第一批由另外一家得標，運費是新台幣肆萬多元，第二批是由建國公司得標，運費是新台幣五萬多元，說建國公司賺到五十萬元顯然是既離譜又荒唐。至於第二件事，公司到那一天爲止，鋼管一共只採購十多萬元，侯先生爲何能得到一百多萬的好處呢？謠言實在是可怕！於是我問王先生：「這些話是誰說的，我們應該去說明，不要讓它誤傳出去。」王先生說：「第一件事因爲我只聽到他們的聲音，沒有看見是何人，第二件事是你的同鄉新合興布行老闆吳丁合先生所傳出來的話。」我馬上打電話到台南找吳丁合先生。我說：「丁合兄，我有一點事情要請教你，請你老老實實地告訴我。我聽人家說由你那邊傳出，侯海全先生在環球水泥公司擔任採購，單單採購鋼管就得到一百多萬元的好處，這話怎麼說呢？」丁合兄以很氣憤的語調回答我：「眞可惡！什麼人這樣胡說八道！實情是這樣的，有一天我在布行裡跟幾位客人閒談，我稱讚環球水泥公司這一班人都很正派可靠，侯海全先生假如是不可靠的人，在擔任採購工作時，例如鋼管等等要採購的東西很多，如要作弊，那麼賺一百萬也很簡單。這些話爲什麼會變成那樣呢？謠言眞是可怕，好在你來問清楚，不然的話那就太罪過了。」

坦誠團結，不分黨派

同時，發生在環球水泥公司建廠的時候，也有一件事。當時公司董監事會決定不要向同業挖角，除向日本聘請幾個人外，一定要自己訓練技術人員，所以請董監事和股東以及親戚朋友推薦人才，經過考試和面談後予以試用。獲得採用的人之中，有的是甲介紹的，有的是乙、丙、丁介紹的，不久後我聽到：「某某人是某某派，某某人是某某派。」我想這個問題如不趕快解決，一拖下去如果眞的結成黨派，大家不合作的話，公司的前途就堪慮了。

正好翌日有一個檢討會議，我在會上就對大家說：「我最近聽到有人說『某某人是某某派』之類的話，實在感到非常的意外，也非常遺憾，希望大家從今以後絕對不要講這種話，以免傷害同仁的合作精神。大家應該知道，無論那一位董監事或股東或親友介紹來此的同仁，都是希望你們來公司努力工作，貢獻公司，不是要你們來搞黨派的。我們公司是無黨無派，如果硬要說有的話，也只有環球黨、環球派，請大家了解此意，將所有的智慧和能力都貢獻給公司。」因爲我誠心誠意的勸他們，好像相當有效果，以後就沒有再聽到那些有關黨派的話，大家也都能坦誠相處，眞是萬幸。

即使眼見，未必為真

在我年輕時，父親說過一段故事，我在此提出來報告大家。

至聖先師孔子有一次受困絕糧於陳國，糧食斷了，與他同行的人不得已只好吃草根樹皮，好不容易得到一點米，只能做飯給孔子吃，這個工作就交給顏回去辦。有一天孔子湊巧走過顏回做飯的地方，無意中看見顏回由鍋中用手抓米飯送入口中，心裡頭感到非常的納悶，他想顏回這個孩子是我認爲最聰明、最可靠的人，到了困難的時候還是靠不住，他一方面這麼想，另一方面又怎麼想也不認爲顏回會做這樣的事情，或許其中另有緣故，我應該問清楚才好。

過了不久，顏回將鍋子端來放在孔子面前，孔子抬起頭來正視顏回，問他：「回啊，你今天有沒有做過什麼不應該做的事？」顏回是聞一知十，絕頂聰明的人，馬上知道孔子所問何事，立刻很恭謹的向孔子說：「老師！你說的是不是我吃了米飯的事？」孔子說：「正是。」顏回說：「報告老師，這件事情或者是我做錯了也不一定，但我是經過相當的考慮，認爲這樣做比較好才做的，請老師鑑諒。」顏回接下去報告說：「做好飯後，我把鍋蓋拿起來看看飯做得怎樣，沒想到一陣風把灰塵吹落在飯上，我心裡頭感到很難過，就開始想應該怎麼辦？如果將這弄髒的米飯送給老師，則感到太不禮貌，太不敬了；如果把髒的部分挖起來丟掉，在此絕糧的時候又太可惜，想來想去，認爲髒的部分也只有一點點，在此時此地，似應該由我將那一點點的部分拿起來吃下去最合理，所以我才把它吃掉的，請老師原諒。」孔子聽他說得很有道理，順手將鍋子拿到面前一看，確實只有拿掉一點點，同時還可看到一些輕微的灰塵在飯裡面，由此可證實是灰塵進入了鍋裡，而且吃掉的也確實只有非常少的一部分。孔子說：「好在我坦白的問你，才能知道眞相，不然的話，我會冤枉你一世的。眞是親眼所見亦不一定是正確的。」

由這個例子可見，坦誠相處是如何的重要。

誠心合作

民國六十五年冬，環球水泥公司阿蓮廠的第一號窯（NSP窯）安裝完成後，由西德Polysius的技術人員負責指導運轉，本以爲很快就能達到保證目標之產量，但是弄了將近一個月都無法達到，實在寢食難安，全體同仁也萬分焦急（依一般的慣例，試車一個月不能順利達到保證產量是常事，但我認爲太長）。

相互推諉，得不償失

據同仁報告說，西德的設計可能有問題，根本無法達到保證產量，且西德技術人員對SP的操作雖有相當經驗，對NSP卻經驗不足，主任技師脾氣又壞，對我方做種種無理的要求，其指導不能使人心服，只會推過於我方……。另一方面，西德技術人員卻向我訴苦：「貴廠的人員不太合作，所以無法達成保證產量……。」我想公司花了新台幣十六億元鉅款所建的廠，如果不能達到預期的產量，何以對公司交代？實在令人焦慮。

依我判斷，此事雙方都有責任，我認爲必須先使彼我之人員誠心合作，才能解決問題。於是爲了協調，有時候一天開了三、四次會，先召我們自己的人討論，再由我個人和西德的人討論，因當時雙方技術人員的相處很不融洽，見面時都是用指責的語氣說話，顯然不可一下子就叫他們一起開會，必須做好預備工作後，才請雙方共上會議桌。每天開會多，要辦的事情也多，所以都弄到很晚才睡覺，半夜一醒就馬上起來打電話到控制室問運轉情形，可以說苦不堪言。但是我想這些苦應由我一人承擔，因爲我以爲我們的同事已有兩套LP窯的操作經驗，而且也曾派人去西德學習，西德也派人來負責運轉，應無問題，未加小心督導，正是所謂「掉以輕心」所致。

記得有一次與同事開會時我說：「各位都爲了建廠日夜不停地工作，實在太辛苦了，衷心感謝。不過安裝完成開始試車已經一個月左右，到現在還沒有辦法達到預定的產量，實在感到非常的意外。我們要買機器設備的時候，董事長、董監事、股東先生們沒有一個人來干預我們，都是我們自己選擇，自己決定的，現在如果說西德的設計有問題，實在說不過去。依我個人的看法，西德Polysius之水泥機械世界聞名，不應該有問題，請大家要有信心，不要再說這種話，以免影響全體士氣。還有，各位都知道新台幣十六億元的利息，年息平均以十二%算，一個月要一%，也就是一千六百萬元，加上我們同事和西德人員的薪資，每個月又要四百萬以上，合計起來一個月要損失二千萬元，如果拖了五個月就要損失一億元之多。因此不論如何，我們一定要想盡辦法趕快完成，希望阿蓮廠全體同仁全力以赴。總公司及大湖廠同仁也應該請他們來幫忙，此外，如有親戚朋友可以幫得上忙的，也應該馬上去請他們來幫忙，才能早日完成。這種情形如果一直拖下去，包括本人在內，我們幾個主要幹部都要切腹自殺，才能對股東和董監事們有所交代。」會場的氣氛非常凝重。

捐棄成見，齊心合力

我又說：「大家都認爲西德技術人員無能力，那我請問大家是否可以讓西德技術人員全部回去，由我們自己來運轉？」對此沒有一個人回話。我繼續說：「我想西德人員對NSP操作經驗尚淺，因此能力不夠而且脾氣又不好這可能都是事實，但是我們過去對NSP之操作也毫無經驗，實在不宜接下來自己做。如果再拖下去，西德技術人員每月薪資約新台幣二百萬元照領，而且要供食宿，不利的是我們公司，所以我們應該忍讓，與對方誠意合作，以便早日達到目標。雖然我們與西德的合約中有保證產量，違約時有些罰金，但其金額有限，得不償失，而且如果責任在我方，打起官司來也不能勝訴。」我的話雖然說得太重，但是當時我的心情確實如此。

由於全體同仁都同意我的說法，我就馬上請德語翻譯張先生（在高雄一家專科學校當德文老師，曾經留德，在德人來廠時就請他幫忙翻譯工作，做得非常好）去請德人來開會。我說：「謝謝你們來幫忙我們建廠，但開工後，一直無法達到保證產量，如不能趕快完成，本公司的利益將受到很大的影響，承製水泥機械大名鼎鼎的貴公司之令譽也將受到很大的損失，因此本人很誠懇地希望大家付出全力來趕快完成。」又說：「你們認為本公司同仁不合作的地方，請詳細列表出來，如屬合理的，我們從今天起一定配合。」德人列出來的事情很多，我們都很快地依他們的要求去辦好，雙方之合作情形也跟著獲得顯著的改善。

可是有一件事麻煩眞大。這件事如在籌備階段就能夠深入了解而注意的話，一點問題也不會有，但是到了開工後才要來克服，實在是難上加難。「前事不忘，後事之師」，茲將我們的錯誤列後，以供同仁參考。

在公司決定要建阿蓮廠的時候，大家就研究要採用那一種旋窯？大湖廠所用的雷波式因熱力消費較大，不列入考慮，其他尚有一種SP型（懸浮式），再一種是NSP型

（新懸浮式），這兩種各有所長。同一個時期的建台水泥及東南水泥兩公司所採用的是SP，我們所採用的是NSP。據機械供應商說，這兩種旋窯對原料成分的要求都比雷波式較不嚴格，我們公司一部分同仁也說大湖廠雷波式旋窯可用的原石，用在NSP型的新廠上一點都不會有問題，毛病就出在這點大意。不錯，SP和NSP對原石「成分」的要求比雷波式較低，但「均勻度」的要求則比LP式者更高，「均勻度」調和不好則會發生很多變化，影響產量非常之大。因爲我們對此不夠重視，所以既沒有要求礦區採石同仁特別注意，也沒有要求廠內原石大倉庫管理員依品質妥爲分佈堆存，以致由大倉送到原料磨的品質不均，送到窯裡也隨之不勻，變化很大，有時候很順利在燒，不一會又變得不順利，實在是頭痛。德國人指責我們供應的原料成分未如合約所列，這一點顯然是有道理的。

遠來和尚不一定會念經

有道理是一回事，大倉裡已經存了將近十萬公噸的原石，要怎麼去調勻又是另一回事，總之，經雙方一再地共同開會研究，進行改善，直到德國人也認爲勉強可以才罷休。此時窯內的耐火磚也經過一番整理後開始烘窯，烘了九個多鐘頭，將近可以進料的時候，那位總負責的德國人卻突然衝進控制室來大叫「停窯！停窯！」我問他爲什麼？他答：「窯內的耐火磚掉下來了。」我就派人去請我們的蘇副廠長俊臣來問，他說：「依我的經驗判斷不是耐火磚掉下來，現在是晚上，如果是耐火磚掉下來，窯的外殼一定會發紅，但是我去查看並無此現象，德國人所看到的窯內東西是我們原來剩的窯皮。」我說：「有什麼方法證明裡面的東西不是耐火磚？」蘇副廠長說：「有呀！等一下那些東西就會轉到窯頭來，我們可以用鐵灼子把它弄一塊出來看就知道。」我認爲很有道理，馬上透過張翻譯告訴德國人，他也表示同意。等了幾分鐘就有一位同事將一塊燒得紅紅的東西送到控制室，我請德國人看，他拿起鐵槌把它打破後說：「不是磚！」我說這塊不是磚，萬一裡面有的眞的是磚也不好，於是再請同事去取一塊來，仍請德國人處理，他還是把它打破，自己笑出來說：「不是磚。」這一點是德國人對這方面比我們經驗少，輸給我們蘇副廠長的第一著。

再過十幾分鐘，我在控制室聽到一聲很大的撞地聲音，那位德國人馬上又衝進來叫：「停窯！停窯！」我問：「爲什麼？」他說：「窯體彎了不能運轉，如繼續運轉下去，窯頭之耐火磚會大量掉下來，那麼麻煩就大了。」我又去請蘇副廠長進來，他說：「窯是眞的彎了，但是可以不要停窯，應該可以將窯體與窯頭暫時拉開一點，窯體慢慢會直起來，到那個時候再連起來就可以。」德國人不大同意，我告訴他說：「我們烘了十個鐘頭的窯，而且一切都準備好了，在目前的情形下，停窯是最不好的辦法，我認爲應該照蘇副廠長的辦法試試看，如不行最多也只有停窯而已，是不是你認爲現在不立刻停窯會有其他更嚴重的問題呢？」他說沒有，於是就照蘇副廠長的建議將窯體與窯頭稍微拉開繼續噴火運轉，這點是他輸給我們蘇副廠長的第二著。

拉開後，蘇副廠長來告訴我說：「爲了使窯體快一點伸直起來，我們現在應該下原料了。」我說：「我們跟德國人講好，是要窯尾的溫度達到九百度才可以下料，現在窯尾只有八百多度，恐怕他不會同意。你爲什麼主張現在下料呢？」他說：「下了料，窯體會比較快直起來。」我就透過張翻譯很客氣的再告訴德國人說：「我們日前雙方研究的結果是決定待窯尾溫度達到九百度才下料，而現在窯尾溫度只有八百多度，本來不宜下料，但是爲了使窯體能快一點直起來，是不是我們現在就下料？但是因爲溫度稍低，應比原定的量少一點。怎麼樣？」他頭一傾說：「讓我想想看。」幾秒鐘後，他一語不發地走到下料控制機前將鈕一按，料就下了。這點我看他是知道的，只是沒有想到，經過蘇副廠長一提才馬上採取行動，也算是輸給蘇副廠長的第三著。

自從我一再請大家開會討論說明利害關係和勸大家通力合作以後，雙方情緒改善很多，尤其是我們的同仁更是個個精神振奮，每一位都更勤快、更小心的爲公司而努力。

誠心合作，步上坦途

從前一天晚上九點鐘左右開始下料以後，情形相當的良好，到了翌日下午五點多，因下料的量漸漸增加，窯內又開始有一點消化不良的現象出現，我們都不敢離開去吃晚飯，一直守在控制室。到了將近下午八點鐘，燒手吳榮德君告訴我說：「報告總經理，窯的老毛病又發了。」長時間的提心吊膽使得大家精疲力竭，一時也就束手無策，我只好告訴榮德君說：「你已吃過晚飯，好好的注意運轉，我們去吃過晚飯後再說。」我和幾位幹部有氣無力的步出控制室，來到窯頭時我偶然抬頭一看，本來和德國人談好「油壓」要改爲三十kg，此時油壓計指示卻在二十kg上，顯然事有蹊蹺。於是我建議大家一起回頭找當班的德國人，幾位同事齊聲說好，那個時候正好輪到一位光頭的德國人在當班，我就將下午五點多到現在的變化告訴他，他表示知道，但苦無辦法，我說：「我們開會時決定『油壓』要訂爲三十kg，而剛才我們到外面一看是二十kg，既然燒得不順利，是不是改爲三十如何？最壞也是一樣不順利而已。」他經過片刻的考慮後答應，馬上到控制室一撥，我們出去到窯頭一看已經是三十了，才一起到餐廳去吃晚飯。

我因昨夜十二點起來打電話後不停的想東想西，要再睡也睡不著，五點鐘就起來，一直忙到吃晚飯已將近十六個鐘頭，我告訴同事說我要休息一下，回到宿舍後澡也沒洗，躺下去就睡，到半夜十二點鐘醒來，馬上打電話到控制室，榮德君以很高興的聲音說：「報告總經理好消息，自從將油壓改爲三十以後，燒得非常順利，現在的下料量已經高過保證產量了。」我說：「你們太辛苦了，眞是謝天謝地，希望能從此順利生產，我明天要跟大家到超峯寺和新超峯寺去拜謝神明的保佑。」

我們所訂購的機械生產能量原是日產二千公噸，後來，因爲我們將SP式改爲NSP式，又將旋窯稍爲加長一點，希望能日產二千二百公噸，沒想到那一次的保證產量竟達二千三百多公噸，由此證明我們選購的機械沒有錯，對於全體同事合作精神的表現感到無限的安慰。翌晨我即和當時剛從日本回來的顏副總經理岫峯、王副廠長碧珍一起去超峯寺和新超峯寺等廟宇燒香禮佛。

這段事情我認爲我們同事說德國人對NSP的操作經驗不足及主任技師脾氣不好是對的，因爲如果沒有蘇副廠長在場，很可能就被迫停窯，不知要拖到何時才能達到目標產量。可是對方說我們合作不夠也是事實，因爲我們所提供的原料均勻度不好，教他們怎麼燒呢？說來說去，挫折是由我的不夠小心所引起，加上我們的同事和德國人之間不能誠心合作所致，我感到非常內疚，由此可知「誠」是如何的重要，希望大家能遵奉嚴前總統靜波先生所說「凡事退一步想，易地而處」的道理來處理事情，一定會做得更好、更愉快。

小心與大意

「失敗為成功之母」這一句話，我認為是對失敗者最好的慰語，同時也是失敗者要重新奮鬥的自我慰勉之語。每一個人一生中當然無法做到完全無失敗的紀錄，但是最好能小心謹慎，使失敗的次數越少越好。

一個人即使能夠七倒八起、不屈不撓、再接再勵，可是失敗之後要再起來總要消耗寶貴的時間和精力，所以凡事應知「豫則立」的道理，謹慎小心，抱定只許成功不許失敗的精神去計畫、去執行才好。當然，過分小心會導致猶豫不決而一事無成。古人要我們「慎思、明辨、篤行」，其中有深意存焉！

「失敗為成功之母」這句話畢竟是消極性、補救性、勉勵性的，因為有些「失敗」會令人抱憾終生。

大意失荊州

依我個人粗淺的經驗，做每件事，如起先認爲可能有困難而細心計畫進行的，大概都能得到相當好的結果。如起先就認爲沒什麼，而事先不做細心的計畫，或存著「船到橋頭自然直」的僥倖想法去從事工作，則明明是可以預防和克服的小困難，也會發生非常意外的不良後果。所以我很欣賞人家說「諸葛一生惟謹愼」這句話，也因此我常告訴同事及兒女，無論做什麼，都應先審愼的規畫，而後才著手進行，雖然事先的準備會多花一點心神、時間、金錢，到頭來仍是値得的。以下有兩件事可供參考。

第一，民國四十年，日本東洋麗絨公司下最大的決心，花很多錢向美國杜邦公司購買尼龍絲的專利，當時東麗公司的資本金只有日圓七億五千萬元，專利費爲日圓十億八千萬元（美金三百萬元，當時美金一元兌日幣三百六十元），比自己的資本金超過三億多日圓，可見這項投資對東麗公司的關係有多大。但是建廠完成開工以後，一直無法生產合於標準的產品。公司原定一開工生產，就可得很大的利益，不料反而大大的虧損。生產之所以不順利，是東麗公司的技術幹部過分自信所致。據說當時跟杜邦公司談專利費時，杜邦開出兩種條件，兩種價錢，第一種是美金五百萬元（包括全部的技術），第二是美金三百萬元（一部分技術不包括在內），東麗社長田代茂樹先生曾經徵求公司技術部的意見，技術人員很有信心的說：「只買美金三百萬元的部分就好，其他的部分沒有問題。」

工廠開工以後，由於抽絲的技術不好，起先生產出來的不是「絲」而是「膏」，經過一再改進後，「絲」是生產出來了，但是所期待要織絲襪及織布用的細絲卻抽不出來，只能抽出比較粗的絲，這種絲只能做漁網之用，銷路沒有那麼多，以致存貨堆積如山，連宿舍、走廊、餐廳和一切能堆存的地方都堆滿了，市面對東麗公司不利的風聲漸多，銀行貸款也漸有不暢之現象，險象環生，經營者及公司之幹部焦急得無可復加。爲了推銷巨額的庫存，除了業務人員外，該公司的有關董監事及幹部都背著尼龍漁網線的樣本，到全國各漁港去推銷，以減輕財務壓力，可見當時困難情形之嚴重。經過相當的技術改良後，織絲襪及織布用的細絲才成功抽出，銷路大增，全日本，也是全東亞只此一家，用戶排隊都要很久才能配到，東麗公司才苦盡甘來，賺了大錢。據說如果再拖幾個月，抽絲仍沒有成功的話，則不但社長要下台，連東麗公司的生存都會發生問題，實在是東麗公司存亡的一大關鍵。

穩紮穩打，步步為營

幾年後（民國四十六年），東麗公司又花大錢和帝人公司共同向英國ＩＣＩ公司購買製造「帝特龍絲」的技術時，因有以前的艱苦經驗，這次一點都不敢大意，雖然自己已有製造合成纖維的經驗，仍對一切非常小心，戰戰兢兢的從事各項工作，而且ＩＣＩ公司也極爲愼重，結果非常的順利，不到一年就建廠完成，一開工就生產合格品。由此可見小心和大意所得到的結果，差別是如何之大，東麗公司因此成爲當時日本全國利益最大的三家公司之一。據說帝特龍絲因爲建廠及生產均太順利，該公司有人說：「假如知道這麼簡單就順利生產出來，起先就不應該那麼細心，花了那麼多的氣力。」我想這種話可能是在開玩笑，假如當眞，那位先生就不應該了（請參閱民國五十年東麗公司發行的《限りなき夢のプラント》）。

第二，民國四十九年，我們進行環球水泥公司大湖廠第一基窯建設時，有些人告訴我說，菲律賓有一家新成立的水泥公司在民國四十五（一九五六）年開始建廠，由於地質調查不夠清楚，以致基礎工程做得不夠堅牢，開工後，載重較大的部門就漸漸下沉，載重大的和小的機械脫節不能相連，雖再三聘外國工程師去想辦法，仍無法挽救而倒閉。

東麗公司生產尼龍絲遇到困難的故事，幸好該公司有能力維持至成功而苦盡甘來，並可將該次失敗作爲下一次生產帝特龍絲的成功之母，誠爲幸事。如果該公司當時無維持的力量而倒閉的話，則與菲律賓某水泥公司一樣，只有失敗而無成功，實在可怕，豈可不愼之戒之乎？希望大家應謹愼小心，以「不失敗爲成功之本」作爲目標而努力。

事在人爲

民國四十三年，我們台南紡織公司獲准設立一萬錠的紗廠時，另一家紗廠也獲准一萬錠。核准後有一天，該公司陳董事長來找我，他說：「你們是否已決定用那一家機械廠出品的紡紗機械了？」我即將實情告訴他：「經過多方調查比較，我們認爲豐田織機會社出品的RB型最爲理想，並已訂購。」他說：「既然如此，我們就照你們所買的採購。」以後我們知道他確實是照我們所訂的規格採購紡紗機械，因此我們二家的機械是一樣的，所使用的原棉同樣是美援會配給的，而且台中的氣候和台南大同小異，以紡紗廠來說，台中的氣候或許還比台南好一點，兩個廠所不同的是「人」，但是兩個廠開工以後，所紡出來的紗，台南紗廠的品質一直比該廠好，產量也較多，該公司陳董事長每次和我見面都搖頭說「奇怪」，我認爲這就是俗語所說的「事在人爲」。

我常常想，俗語云「工欲善其事，必先利其器」眞是至理名言，但除此之外，還有一項比「器」更重要的，那便是「人」。我曾經對我們的同事說：「用同樣的筆、同樣的墨水、同樣的紙張、同時在一個地方，叫幾個人寫同樣的字，有的人寫得又快又好，有的人寫得又慢又差。」還有就是：「在經濟景氣很好的時候，也有人做生意賠錢，做事業失敗；反之，在景氣不好的時候，同一個行業裡也有人在賺錢、在成功。」追究起來，都是出於「人」的因素。

感人的誠懇態度

再舉一個例子。三十多年前，我們新和興及坤慶紡織、台南紡織的台北辦事處都設在台北市迪化街一段八十二號，辦公廳正與台灣第一銀行大稻埕分行相對，由於地理上及其他種種因素，差不多全部與該行往來。而在迪化街一段尾的民生路口，也有一家彰化銀行永樂分行，我們雖開了戶，但是很少往來。我想可能是該行的經理認爲我們與第一銀行的關係很深，而且又是在對面，所以對我們的生意不大認眞爭取。

後來，該行的經理換了黃三木先生，其態度與作法和以前的人不同，每天到我們公司一、二次，有時三、四次，每次來都跟公司的大大小小打招呼，趁那位有空就多聊兩句，一旦有客人來，他就馬上離開，絕不妨礙我們工作。他這種誠勤的態度，使我們公司上下都很感動，結果就跟他往來不少，其他的客戶也樂於往來，使彰化銀行永樂分行的業績大大地上升。可知「事在人爲」之不謬。他這種鐵杵磨成針的精神實在叫人敬佩，也因這種精神受到肯定，他後來升爲彰銀的總經理，我認爲這不是僥倖，而是一分耕耘一分收穫的最佳證明。由此可以充分說明，不論國、家、公司的成敗盛衰，都是繫之於「人」，願大家共同努力，建設一個安和樂利的社會。

不可看不起人

俗語云「禍從口出」，實在是千眞萬確的事，也是極可怕的事。

民國三十七年我政府因受物價激烈波動所苦，爲抑制物價的波動，於民國三十七年八月十九日發佈命令，全國的物價不得超過各地八月十九日所出售價格，這當然是不得已的辦法，但實際卻發生很多的痲煩。

在那一年的某天，我在台南市新和興布行接待客人的時候，有一位身穿便服的陌生人直衝到帳房，來勢洶洶，來意不善。因爲我們在民國三十五年曾經遭受過強盜的搶劫，所以我懷疑是不是又遇到搶劫。起初，我請教有何貴幹？他沒講話就由口袋裡掏出一張警察局的服務證給我看，我知道是治安人員就比較放心，請他坐，他不坐，再請教他有什麼貴幹？他說：「有人檢舉你們有布不賣，囤積居奇。」我告訴他說：「絕對沒有這回事，現在行裡有不少客人都在買，我們都依照政府的限價在賣，只有一部分剛由上海運來的貨，因爲我們在上海的買進價格比台灣的限價高，這是絕對不合理的，所以我們已經在幾天前向市政府申請合理指定販賣價格，該項布疋我們也都放在這裡，並沒有隱藏起來，且貼有『販賣價格申請中』的字條，那有囤積居奇的事？」他抬頭看看四周以後說：「下午到警察局來談。」我說好，並請教他：「你府上在那裡？」我的意思是問他的祖籍，他說：「我住在警察局裡面。」態度相當的不友善。

香蕉皮會滑倒人

下午我到警察局找他，並將我們向市政府申請指定販賣價格的申請書帶去，詳細說明，我說：「現在台灣並不生產卡其布、斜紋布、細布、漂布，這些布都是由上海來的，我們派駐上海的人員根據上海的限價買下來以後，再運到台灣，沒有想到上海限價比台灣高。這是絕對不合理的事，所以我們已經向市政府提出申請書，請政府合理指定販賣價格，現在尚未指定下來，所以存在行裡暫時不賣，除此之外，我們的布全部依照政府之規定出售中，絕無囤積居奇之情事，請向各方面詳細調查。」經過說明及他向各方面調查後，知道我們確實是規規矩矩的生意人，終於無事，以後彼此變成了朋友，常到行裡來相晤。

有一天，他告訴我：「生意人不可以隨便看不起人，有時候香蕉皮會滑倒人。」我請教他此話怎講，他說：「大約民國三十五、六年，你們新和興布行還在西門町大菜市內時，我從那邊經過，順便進去問問陰丹士林布一疋多少錢，你們有一個年輕小伙子瞄了我一眼說：『我們這裡不賣零的。』當時我覺得受到很大的侮辱，如果身上有錢一定買一疋給他看看，可惜身上沒有錢，所以發作不起來，不過心裡就想：將來有機會一定要讓這個看不起人的傢伙得到應得的教訓。時間雖然已過了一年多，但仍不能忘懷。正好有人檢舉你們囤積居奇，所以我就抱著一點報復的心理到貴行，沒有想到經過調查的結果，大家都說你們做生意很規矩，跟你們兄弟接觸後，又知道你們待人相當的誠懇，才知道那個小伙子是自作聰明才得罪客人，並非整個公司的作風如此。不過你們應該告訴全體同仁，絕對不能隨便看不起人，以免吃虧。」

人不可貌相

那位先生是廈門人，他還告訴我們一個發生在廈門的類似故事。話說廈門鄉下有位大地主，相當的富有，有一年他想買些布料送給佃農，於是就單身到城裡買布。因爲佃農不少，而佃農家裡有老人、年輕人、小孩子，有男的、女的，所以要買的數量不少。

他進布店以後很詳細的看，也很詳細的問，那位招呼他的夥計心想，看這個老頭子的穿戴非常平凡，也不像是一個有錢人，布一定買很少，可是他爲什麼問那麼多？而且每一項不是問一尺多少錢，而是問一疋多少錢，時間又拖那麼久，讓他沒有時間去招呼其他客人，所以感到很不耐煩。

正當此時，那位鄉下人又問一種黑嗶吱布一疋多少錢，那種布的行情約一疋八元，那位夥計因爲看不起他，所以說你要的話一疋五元就好。黑嗶吱是大路貨，那位大地主知道黑嗶吱不止這個價錢，同時看那個夥計講話的語氣帶有不耐煩又看不起人的樣子，他就問一共有多少疋，夥計回答他約有三百疋，大地主說：「我全部買了，不過因爲數量多，是否可以讓我和你的老闆見見面？」夥計心裡頭感到有一點不大對勁，但是還是看不起他，回說：「可以，我去請老闆來。」夥計到裡面去將經過情形向老闆報告，老闆說：「那個人從早磨到現在，我看他的樣子不會買三百疋，最多可能買一、二疋，公司損失不會太大，你既然說了，爲了維持公司的信譽，五元就五元算了，以後小心便是。」於是老闆和夥計一起來到外面，大地主說他要買這種黑嗶吱布三百疋，每疋五元錢，是不是可以？大老闆說可以，大地主就向老闆借電話打給銀行經理，告訴經理說他現在正在布行，買了三百疋黑嗶吱布，每疋五元計一千五百元，請他派人將錢送來。該布行的老闆和夥計聽到這些話，心中就叫苦起來了。等了一會兒，錢眞的送來了，老闆越想越不對，這樣做要損失九百大洋，是一筆大數目，他便想是否有什麼辦法可挽救，後來想到某銀行經理跟他也很要好，所以他就趕快到裡面去打電話給該銀行經理，請他想辦法挽救。

後來經那位經理來布行居中調解，結果由布行老闆和夥計向大地主道歉後，只售給他實際需要的數量三十疋、每疋五元錢，布行只損失九十元錢了事。俗語說：「人不可貌相，海水不可斗量。」信哉不謬！可見實在不能看不起人。爲免吃虧，奉勸大家不可不愼！

助人爲快樂之本

「助人爲快樂之本」這句話我極相信，但應特別注意的是，不要被裝窮的人或不務正業者所騙，以免錢花得沒有意義而且害人終生。我自己曾經多多少少幫助過人，深知助人是非常快樂的事，不過，依我的經驗，每次在助人的時候，心情是一樣的快樂，但結果常有兩種：一種是受助的人很爭氣，規規矩矩的做人，結果良好；一種是受助的人不爭氣，不規矩做人，將別人給他的幫助白白毀掉。

要珍惜他人的幫助

我三十多歲的時候幫助過兩個人。第一個是一位親戚，在南部某地代人做加工賺工錢，因人口多，所得僅夠餬口，有一天他專程來台北找我說：「現在替人家做加工，如有本錢自己做一定有利可圖，是不是可以幫忙？」經我派人調查後，認爲這種行業的確可爲，就拜託一位比較有經驗的同事莊先生帶他去買機器和原料。在他要回南部之前，我告訴他：「事在人爲，你應本著勸儉誠信的精神好好的做。如你所知，我幫助親戚朋友都是無條件的，也不要立借據，希望你認眞去做，如能賺錢完全歸你所有。但是我既然要幫你的忙，當然非常希望你能成功，所以我要知道你經營的情況，以便作些參考建議，希望你每個月將經營的狀況告訴我。」他滿口答應。未料，回去後沒有來過一封信，也沒有來過報告，我又非常忙碌，也就沒有去追問他，只是從朋友口中知道他眞的做得不錯，心裡也替他高興。想不到過了一、二年後，又由朋友處得知那位親戚因爲收入不錯，每日花天酒地，再過不久，那家小工廠就關門了。這件助人的例子，使我感到非常的失望和難過。

兩全其美之策

第二個是遠房的宗親，他比我小二歲，大約是我二十歲任新和興布行外務員時，在另一位宗親的家中所認識的。他在一家糖廠任會計工作，爲人忠實，工作勤奮，曾患肺結核，戰爭激烈時約二、三年音信中斷，光復後我又一直非常的忙碌，也未曾去看他。大約是光復後第二年，我聽說他因爲生病住進台南近郊清風莊肺結核病院，我即放下工作到醫院去看他，他一看到我非常的高興，但馬上就悲從中來，告訴我說：「我吐過很多次血，醫生說是肺癆第三期，大概不久於人世。糖廠給我停薪留職，家人生活無著，我死了沒有關係，但是家無恆產。家中子女多人，又有老母、內人，實在無法養育，感到萬分痛苦。」他邊說邊流淚，實在是貧病交加，人間悲慘，莫過於此。我極力安慰他說：「你現在最要緊的是提出勇氣和信心，專心治病，不要多想其他。至於你的治療費及家人的生活費用由我來負責，因爲我已稍有積蓄，可以幫你這個忙，你可以放心。」他起先不肯接受，後來經不起我熱心的安慰勸導，最後就接受並表謝意後我們就分手。

我在回公司途中就想應該如何幫助他，因爲我常常東奔西跑，不在台南的時間很多，他的家屬也不住台南，要每月由我送錢不但麻煩，萬一時間上發生錯誤而中斷又極不好，但是如果將一筆較大的錢給他又不好，因爲那個時候通貨膨脹相當大，拿一筆錢去死藏是最不智的，假如他拿去放高利貸，吃倒帳的可能性極高，都不是好辦法。想來想去，終於有了一個辦法，就是將個人在公司的投資額轉一筆錢給他，使他變成公司的股東，由公司派人送去每月的費用——那個時候我們的經營可說是相當的順利，公司的利益都比利息高，這樣就不怕通貨膨脹，也不怕倒帳，實在是兩全之策。

不因他助而怠惰

不久後，我到上海，在報上看到一項記事，說有一種肺癆藥PAS問世，效果極佳，我就請二姐夫王金長先生帶我到大藥房買來寄給他服用，以後另外二位同事，也是宗親吳元興先生及吳丙寅先生，和其他朋友也買了不少這種藥和滋養品給他服用，可能是吉人天相，也因大家對他的關心，使他得到鼓勵，求生之信心堅強，病況日漸好轉，雖然時間相當的長，總算痊癒，回到糖廠報到辦公。

民國四十三年我們在台南成立一家公司時，我們請他來幫忙，他不但自己的工作做得很好，而且深夜也自動到廠內巡視，均未要求一分錢的加班費，對公司貢獻甚大，直到民國六十八年才退休。他在台南清風莊治病中雖然得到我和朋友的幫助，但是他的太太除了照顧小孩外，每天還是爲人縫衣服至深更半夜。他出院上班以後，夫婦倆也都非常勤儉，不嫖、不賭、不飲，規矩做人，認眞做事，對他們的母親又非常的孝順（父親早就去世），養育五個兒女，也都受過高等教育。現在雖然不是很有錢，但也有些積蓄，又積極做善事，奉獻社會，實在是難能可貴。我對幫助這位宗親，感到非常的滿意和快樂。由以上兩個例子來看，可知道勤儉和不勤儉的差別有多大。

人算不如天算

自民國三十八年政府開放日本紗布進口，到民國四十年管制進口這一段時間，由日本進口紗布的同業大都得到相當的利潤，尤其是進口印花布的同業利潤更大，也因此大家就放膽的大量進口，於是花樣和顏色之好壞就影響銷售之快慢，而利潤之差別也就顯現出來。

台北有幾家對花色較用心也較有把握的同業所進口的印花布，每疋售新台幣一百五十元時，花色較差的每疋只售一百二十元亦不容易脫售。有一家同業老闆L先生對選花色較不內行，有一次進口特別多，正在煩惱無法銷售將要賠本之時，政府突然宣佈「管制棉布進口」。宣佈之後，雖然台北市進出口公會多次申請開放，但在幾個月中全無開放跡象，L先生原有每疋一百二十元尚難銷售的印花布，立刻跳到每疋二百元、三百元，一直漲到四百元，賺到一筆大錢；而選花色較強的同業所進口的早就以每疋一百八十元銷售完了，利潤相差有如天壤。

進口花色不好者大賺其錢，進口好花色者反賺得少，眞是「錢四腳，人二腳，財有定數，千算萬算不值天一劃」也。

勤儉必有後福

我常以「勤儉」勉勵我的同事及兒女，因爲我深知「勤可補拙，儉可養廉」。我的兒女到現在爲止均能依此力行，絕大多數的同事也都能遵守不渝，誠可欣慰。不過也有極少數的同事因我德薄，無法使他們向善，以致無所成就，深感遺憾。在我一生中，看過無數勤儉的人成功，不能勤儉者失敗的例子，我也看過很多人只能勤而不能儉，終致功虧一簣，實在可惜。所以「勤」一定要帶「儉」才有用，不然就徒勞無功。尤其是一家之主能勤儉，也要家裡的人來共同配合，不然也是無用的。

少不勤苦，老必艱辛

在我年幼的時候，我們村裡有一位宗叔公，是大家公認村裡最勤也是最儉的，非常可惜的是，他的太太一天到晚東坐坐西坐坐，身上有錢就花，不應該買來吃的東西，也買來吃，不考慮明天的生活費從那裡來，眞是「今朝有酒今朝醉」型的人，因此村裡的人就流行一句話：「某某叔公鐵肩頭，某某嬸婆鐵咽喉。」意思是說，某某叔公肩膀如鐵，拚命幹，某某嬸婆的咽喉如鐵，什麼都吞下去。某某叔公是一位非常忠厚的人，對太太一點辦法也沒有，而且在鄉下雖很努力工作，其收入總是非常有限，不能應付太太的開銷，而太太則沒有錢就到處借來花，結果負了不少的債，後來某某叔公辛勞過度患病而亡，大家都爲他惋惜。這些只是太太不合作的一個例子，類似的事件不勝枚舉。

四十年前我有一位同事，爲人聰明，能說能寫能做，經驗也豐富，人緣亦好，實在是人才，所以公司給他的薪水和年終獎金都比其他的同事多。如果他能夠好好守己安分，勤儉持家，到現在一定會有相當的積蓄可享晚年，可惜因他不知「惜福」，存了一點小錢就想享樂，嫖、賭、飲都會。我曾經多次很誠心誠意的勸他，每次他都表示一定改邪歸正，但是由於自律心太弱，以致三兩日後又故態復萌。幾年後，有一天他跟我商量，他的年紀不小了，幾個小孩也都成年了，想要自己創業，希望能同意他離開公司，我告訴他說：「我們是自己人，我同意你創業，但我因爲和你相處已久，你的長處和短處我都非常清楚，是否可以容我坦誠的告訴你，作爲此後的參考。」他表示非常歡迎，我就告訴他說：「你的長處是聰明、經驗多、人緣好，短處就是不夠『勤儉』，你從今以後如能『勤儉』，將嫖、賭、飲戒掉，將花在這方面的時間放在事業上，你的事業一定可以成功，前途一片光明。」他表示非常的感激，並說一定照這樣做。不久，他和幾位朋友集資在迪化街開設布行，他是負責人。起先幾個月眞是早到遲退，嫖、賭、飲都戒了，對事業非常的熱心，我們都爲他能夠從此洗面革心而慶幸。不料半年以後，就傳來消息說他竟又故態復萌，不到兩年就將資本虧空，關門了事，晚景相當的不順利，實在是非常的可惜。在四十年前比他薪水低、年終獎金少的一些同事，由於其本人及家屬能勤儉持家，到現在不少人已有相當成就，令人尊敬。相比之下，可知「勤儉」與「不勤儉」的差別有多大。

多工作，少玩樂

我順便報告一下我常對新進同事所講的一段鼓勵他們年輕時應該盡量「勤儉」以享「老福」的話。

我說，人的財富當然有些靠運氣，可是絕大部分都是靠自己的「勤儉」而來的。古人說「大富由天，小富由儉」，這是至理名言，我們不能也不要追求由天的大富，而應爲了自己和家人的生活安定，以及國家之富強而積極去追求小富。那麼應該如何去追求呢？應該在年輕力壯的時候，比他人多花一點時間在工作上；別人每個星期做四十四小時（就是星期一到五每天工作八小時，星期六工作四小時，共計四十四小時），你則應該每個星期至少做六十五小時（星期一至六每天做十小時，星期天做五小時，共計六十五小時），你們或許會認爲工作時間太長，事實上只要安排得好，不但一點困難都沒有，說不定還可增加一些工作時間。老實說，可用的時間是非常充足的，比別人減少的就是減少在睡懶覺或無所事事或玩樂的時間。玩樂的時間既減少，花錢也就相對減少，一方面工作時間既多，收入一定會增加，將增加收入及減少花費的錢存起來，積少成多，聚沙成塔，這是自然的道理。只要你有決心、有恆心、有信心這樣做，而沒有遇到特殊的意外，到了你壯年的時候，小富是一定可以達到的。

如果一時找不到時間外的工作，你可以將多餘的時間爲你所服務的公司免費多做一些工作。或者有人會認爲這是吃虧，不過從長遠看，這樣做不但不吃虧，而且將來一定會得到補償。因爲對公司不計較酬勞而工作，上級慢慢一定會知道，將來升薪或者發獎金的時候，自然會對你特別考慮。如果連要做「白工」都沒有機會的話，你也不要走向玩樂方面，而應馬上去借或買與自己工作有關的書報認眞的研讀，不要將太多的時間浪費在看與自己的工作無關的書報上，應該深深了解寸陰寸金的古訓，看這些書報得到的知識，將來對你的工作能力之提高及資金運用會有很大的幫助。

錢可滾錢，利上加利

我常說：人要有錢，起先要靠自己努力賺錢，省吃儉用，積一點後錢好好運用，再由這些錢來幫忙你賺錢，這樣才省力，因它替你賺錢的時候，不管大風下雨，你頭痛腰酸背痛，或你在睡覺的時候，它都不停的在替你賺。反過來，假如你自己不能「勤儉」，只知浪費，以致負債度日的話，那就慘了。你負了債以後，不論你的環境怎麼不好，或身罹大病睡在床上，它也是不客氣日夜不停的替你花（付利息）下去，輕者要受幾年的苦，重則永不能翻身者也屢見不鮮。

民國三十八年，四萬塊錢老台幣換一塊錢新台幣的時候，市面上的利息一百元每天都在一毛錢以上，我們稱爲「日步一角」，這個行情維持不少年。（這個利率在當時還是比較低的，高的也有日步二毛甚至三毛以上的，不過如果你去放日步二毛或三毛者，除非你很機警，能夠在適當的時候抽出來，否則如果長期放下去的話，到後來很多都會被倒掉。）

有一天，我心血來潮，自己拿起算盤來算一下，不禁嚇了一跳。那就是假定有人拿新台幣一萬塊錢來放日步一毛錢利息，每月複利計算，不被倒掉的話，三十年就變成新台幣三億多塊錢之多。如果你二十歲的時候有一萬元去放日步一毛錢的利息，到你五十歲的時候，就擁有三億多元的財富，你就可以享受富足的晚年，也可以做做貢獻國家社會的事。反過來，如你在三十年前欠人家新台幣一萬元，利息是日步一毛錢，你看負擔多大！這是一個假定，但由此可知利息助人和利息害人之一斑。現在市面上的利息沒有以前那麼高，但是也相當的厲害，願大家（不論公家、公司、個人）發揮「勤儉持家」、「勤儉建國」的精神，共同來創造安和樂利的社會。

薄施他人，吝嗇也

說到「儉」，有不少人就會聯想到守財奴、吝嗇鬼，但在我的經驗中，「儉」的人不一定吝嗇，甚至可說是兩回事。有很多人平常很節儉，但是應該花錢的地方，他也會很慷慨的花，反而是平常花天酒地、生活很奢侈的人，卻一毛不拔的也不少。

我記得四十多年前，在一位朋友的店裡談事，有三、四個人一起進來，拿著一本募捐簿，說是某某人民團體要舉辦善事，要我的那位朋友捐新台幣十元或二十元，沒想到我那個朋友把他們婉拒掉了，我感到非常的意外，很想從口袋拿出錢來捐，但是因為我在人家店裡，恐怕使朋友難堪。等到來募捐的人走了以後，我非常客氣的對朋友說：「××兄，他們舉辦那項活動好像很有意義，而且他們要求的也不是大錢，你為何不捐呢？」他只笑笑沒有回答，因為我們是天天見面太熟了，我就以開玩笑的語氣說：「××兄，我想你這次做得不好，得罪了那些人。我知道你差不多每天晚上都到酒家去，你只要今晚不要去酒家，將那些錢捐出來不是很好嗎？」他也笑笑的告訴我說：「吳先生你錯了，酒家是我很喜歡去的地方，每天都要去，所以能夠省的錢都要省下來到酒家去花啊！」也許這位朋友不滿意募捐的人，或不滿該團體，但是總讓人有不以為然的感覺。

以身作則，奉行勤儉

民國四十九年，我們在建設環球水泥大湖廠時，我與當時的副總經理兼廠長顏岫峰先生輪流駐大湖廠。我們由台北要去大湖的人，都是在台北工作到將近晚上十點，才趕往台北火車站搭十點由台北開的夜車前往台南，到大湖大概是早上六點多鐘，馬上辦理移交，開始工作。而駐在大湖的人，則工作至晚上十點多才離開工廠前往台南站，搭十一點的夜快車回台北。我們這樣做，工作時間可以做得很長。假使我們改搭日間車，早上八點多由台北開出，大概是下午四點鐘才能到台南（當時台北到台南要花八小時），再由台南轉到大湖已經是下午五點工人要下班的時間，我們等於浪費一天的工作時間；何況在夜車上過夜又可以省一夜旅館費。我們這樣做的期間相當長，尤其是顏岫峰先生因兼廠長的關係，每星期夜車去、夜車回來的期間持續了十多年之久，勤儉精神可佩可嘉。雖然我們有關公司都規定董事長、總經理搭飛機可以坐頭等艙，但是我們幾十年來大家都沒有用公司的錢坐頭等艙，而是坐經濟艙，不過私人出外旅行遇到長途的，都自己花錢買頭等票，因爲我們鼓勵勤儉是以身作則的，所以同事也都很勤儉。

還有一個故事：光復當初，台灣與上海使用的通貨不同，我們在上海採購貨物，必須向台銀匯款。但大約曾有一個月之久，台銀在上海無存款，以致申請匯款的廠商在這段時間都無法結匯，有些人認爲台銀既無存款，申請也無用，就不去繼續申請，而我們則每天都去申請。後來台銀上海有了存款，該行就依申請的順序核准結匯，結果許多廠商因輪不到，無錢可向上海買貨或還前欠而非常吃虧，我們則天天都可結匯，進貨較多，獲益不少，這也是「勤」的良好結果。三字經最後一句「勤有功，戲無益，戒之哉，宜勉力」，誠哉斯言也。

處事箴言

茲錄楊弘道先生編譯的《處世箴言》中的「勤儉」一段供大家參考。

少不勤苦，老必艱辛。（陳獻章）

年少時不勤勉，老來時必艱辛。

憂勞可以興國，逸豫可以亡身。（歐陽修）

當政的人，憂民勤勞，可以使國家興盛；享安逸快樂，可以導致身命喪失。

久逸則筋脈皆弛，心膽亦怯。（胡林翼）

長久享受安逸，則筋脈都鬆弛了，心膽也就怯懦了。

勤爲無價寶。（太公）

勤勞是無價之寶。

勤至而勇亦至焉。（曾國藩）

能克勤，也就能有勇了。

勤不必有過人之精神，竭吾力而已矣。（曾國藩）

勤不必有超乎常人的精神，盡一己之力便是了。

天下事以難而廢者十之一，以惰而廢者十之九。《顏氏家訓》

天下的事，因爲困難半途而廢的不過十分之一，因怠惰而不繼的倒有十分之九。

勤以得之，儉以守之。勤而不儉，無異於左手拾而右手撒。（彌爾敦）

勤勞而得來的，要用儉來守。勤而不儉，和左手拾來而右手撒去沒有兩樣。

惰而侈，則貧。力而儉，則富。（管子）

怠惰而奢侈，便貧窮。努力而儉約，則富足。

儉，美德也。（李文昭）

儉省是美德。

欲絕侈靡，務崇節儉。（王昶）

想要斷絕侈靡，必須崇尚節儉。

節乎己者，貪心不生。（文中子）

節約自己的人，便不會貪心非分之物。

靜則人不擾。儉則人不煩。《南史》

能靜，便心中不騷擾。能節儉，便心中少煩惱。

慳吝與儉大有別；當於理之謂儉，吝於財之謂慳。（汪革）

慳吝和節儉有很大的區別，省得合理，叫做儉；節省得不合理，叫做慳。

薄奉自身，曰「儉約」。薄施他人，曰「吝嗇」。（貝原益軒）

對待自己菲薄，叫「儉約」，施與別人刻薄，叫「吝嗇」。

月計不足，由於每日之用過多也。（張英）

每月的費用不夠，是由於每日用得太多。

眾人皆以奢靡爲榮，吾心獨以儉素爲美。（司馬光）

一般人都以奢侈爲榮耀，吾心唯獨以節儉樸素爲美德。

儉之益有三：安分於己，無求於人，可以養廉；減我身心之奉，以賙極苦之人，可以廣德；忍不足於目前，留有餘於他日，可以福後。（唐彪）

節儉的好處有三：自己安分，不必有求於人，可以養廉潔之風；減省費用，用以救濟窮人，可以廣德；耐得住眼前的不足，留得將來有餘，可以後福無窮。

天下之事，常成於困約而敗於奢靡。（陸游）

天下的事，常常因爲困頓儉約而成功，卻又由於奢靡而頹敗不起。

「儉」以益「勤」之有餘，「勤」以補「儉」之不足。（陸游）

「儉」可以增加「勤」的有餘，「勤」能夠補充「儉」的不足。

奢者富不足。儉者貧有餘。（譚子）

好奢華的人，雖然富有也嫌不足。儉省的人，雖貧窮，也有餘。

侈而無度，則不可贍。《漢書》

奢侈而不節制，必至於不能養活自己。

奢侈之費，甚於天災。《晉書》

奢侈的浪費，比遭受天災還要大。

不足生於無度。《家語》

家計不足是由於使用沒有節制。

生之有時，而用之無節，則物力必屈。《新書》

生物之生產有限度，而使用卻無節制，物力便不足了。

以有餘補不足。（韓非子）

以有餘來彌補不夠的地方。

方丈之食，不過一飽。綈袍之繡，不過一煖。（袁子）

滿桌的食物，不過是爲了求飽。錦繡衣服，不過爲了保暖，何須過分窮奢。

常懷不足，則有餘。（魏際瑞）

常記著有不足的地方，便會有餘了。

當省而不省，必致於當用不用。（魏禧）

應當節省的時候而不省，終會造成應當用的時候而不用。

濫用者必苟得。（陶覺）

不節制而隨意濫用的人，一定貪得不義之財。

能儉約者不求人。（曾國藩）

能夠節儉的人，不求於人。

自強不息。《易經》

自己不斷地努力奮發圖強。

民勞而思，思則善心生。《國語》

人民因勞苦而思想，因思想而生善心。

時難得而易失。《史記》

光陰是難以得來卻很容易失去的。

朝有所聞，則夕行之。《漢張衡傳》

早晨所聽到的好教誨，傍晚就去做。

壯而怠，則失時。（管子）

壯年的時候就怠惰了，便是錯過了時機。

道雖邇，不行不至。事雖小，不為不成。（荀子）

路雖然很近，但是不走是不會到達的。事情雖然很小，若不去做是不會成功的。

習閒成懶，習懶成病。《顏氏家訓》

空閒慣了，便成懶惰。懶惰慣了，便成毛病。

天下未有不勞而成者也。（文中子）

天下沒有不去勞動而能夠有成就的事。

懈意一生，即為自棄。（程頤）

散漫之心一生，便是自我放棄墮落。

勤則雖柔必強，雖愚必明。（曾國藩）

能夠勤勞，則雖柔弱必能強健，雖愚笨必能聰明。

習勞為辦事之本。（曾國藩）

習慣很勤勞，是辦事的基礎。

「勤儉」二字，一家享用不盡。（朱方伯）

「勤儉」二字，是全家享用不完的財富。

營家之女，惟儉惟勤。勤則家起，懶則家傾。儉則家富，奢則家貧。（宋若昭）

營業人家的子女，只有節儉，只知勤勞，能勤勞則家計興，懶惰便敗家傾財；節儉則家富，奢侈便家貧。

貧富無他，在勤儉與不勤儉。
毀譽無他，在仁恕與不仁恕。
智愚無他，在讀書與不讀書。
禍福無他，在爲善與不爲善。《格言聯璧》、《金纓蘭生》

爲政者之責任

台灣天然資源不多，但是四十多年來，由於政府領導有方，所以政局安定，經濟繁榮，國民所得提高，同胞的生活因而相當的富裕。除了最近幾年來，搶奪強暴事件漸多，社會風氣漸壞，所謂「海峽兩岸問題」也困擾不已外，與各國相比，寶島畢竟仍可以說是很好生活的地方。這都是爲政者正確而有力的領導，以及全國同胞共同奮鬥的結果，値得大家慶幸。

貧困的墨西哥

我在二十年前，由當時住在美國休斯頓的兒子開車到隔鄰的墨西哥邊境去觀光。在休斯頓那個地方，美墨兩國之間，只隔一條小溪（可說大溝），我們戲稱跳遠選手可以撐竿跳，翻越國境。在溪的兩邊雖各設有關卡，但往來極爲方便，我們一進入墨國，馬上就發現很多墨國的小孩不穿褲子，不穿鞋子（和日據時代我們故鄉的小孩一樣），手上拿著一條抹布跑到車邊來，一語不發地就替我們擦車，擦完後付給他五毛美金，就歡天喜地的鞠躬離開。我們再開過去一點，停下來時又有另外的小孩跑過來要擦車，當我們說明剛才已經擦過，不必再擦了，他們臉上就表現出非常失望的表情，狀極可憐。當我們下車走路時，就另有一些小孩背著擦鞋箱跑過來，一趨近腳邊就蹲下去替我們擦皮鞋。這個情景現在不知有無改善，記得當時，我默默的看他們擦車子、擦皮鞋，心中感觸很多。

第一，我想到造成這般情景的最大原因，必是爲政者領導無方所致。據我所知，墨國的資源並不比美國差到那裡去，但隔一條小溪（大溝）的美國小孩就能得到那樣富裕的生活，而墨國的小孩則如斯的艱苦，可以說小溪的一邊是天國，另一邊是地獄亦不爲過。老天也許不公平，但是爲政者的無能則暴露無遺。

第二，假如我們台灣也由一群無能的爲政者來領導的話，我想我們的生活一定比墨國人民更苦，因爲我們的資源比墨國差。由此可見，一國之領導者的賢愚，對國民生活影響是何等之大。

新加坡和緬甸的差別

再看看新加坡、印尼、緬甸的情形。

新加坡沒有什麼資源，是當時馬來西亞認爲沒有經營價值而讓它獨立的國家，但由於爲政者的領導有方，以致政治廉能，經濟繁榮，國民生活富庶；印尼雖擁有豐富的資源，可是特權跋扈，以致發展遲緩，貪污極盛。據云，有些外國公司按規定規規矩矩做帳，一分錢的稅也不逃漏，稅務人員查帳時卻儘是挑剔東、挑剔西的，外國公司的人員告訴稅務人員說，我們實在是一分錢都不逃漏，稅務員死不相信，說那裡有人不逃漏稅的，甚至有的稅務員還會說：「像你這樣說，我們的生活費要從那裡來？」意思是說，如果大家都不漏稅，不給我們好處，我們生活費怎麼辦呢？聽說這幾年已經漸有進步，但是不知道什麼時候才能弊絕風清，國民生活水準要等多少年才能夠達到新加坡現在的水準；緬甸也是資源相當豐富的國家，可是情形比印尼更差，據一位爲商務常去緬甸仰光的新加坡朋友說，仰光市從第二次世界大戰後到現在，沒有造過新的樓房，旅館都是幾十年前所建，房間很大，但裡面並不修葺，任其破爛。人民生活非常的艱苦，穿破衣服的人很多，實在讓人不能相信。

新加坡沒有資源而能夠那麼繁榮，墨西哥、印尼、緬甸擁有那麼多天然資源，人民卻那麼受苦，歸根究柢，我認爲是爲政者能力不同所致。由此可知，爲政者的責任是如何的重大。總之，我們幸有領導有方的爲政者，應知福惜福，同時也要盡義務多提供建設性的建議，亦望政府能多採納民意，大家一條心來追求更美好的生活，建設更富強的國家。

不作保免煩惱

人生在世除非一點地位、一點信用或財富都沒有，否則大概都會有人找你作保，但是爲人作保致不能自保者很多，因此，對作保應十分小心。茲略舉數例以供參考。

在五十多年前，我在台南新和興行任外務員時，有一次因我們向日本進口布疋較多，需要向銀行借錢。那個時候向銀行借錢大多用客票貼現的方式，生父要我於出差時向南北部的客戶借一些票子來用，我出差中就向一些交情比較好的客戶商借，都順利借到。

超出自己能力的作保

有一天向屏東一家叫順昌布店的張老闆商借時，他很客氣地請我到內廳，坐下後告訴我說：「依新和興的信用及你我的交情，這種事情應該要辦，但是因爲我有慘痛經驗，已經立誓不做這種事，請多原諒。」我說：「不借沒有關係，但我想請你告訴我，你的慘痛經驗是什麼？」他說：「我是苗栗人，學校畢業後當警察，家裡有幾公頃田地，生活本來過得不錯，由於父親爲人作保受累，不但家裡的田地、家畜全被拿去抵帳，連住家也被法院查封。父親受此打擊後臥病不起，單靠我的薪水不足養家，家裡生活頓生困苦，不得不決心改行。我向服務機關請假，從家中出發北上台北、基隆，再轉宜蘭、花蓮、台東到處找尋，都沒有適合的工作。到了屏東，我認爲在此做一點小生意似乎不錯，才回家想辦法。徵得內人同意，將她所有的私房錢連同賣掉手飾的一點錢，全部帶來屏東市大東旅館邊的巷口，開始擺布攤而至今日。我現在雖已有些小成就，但對以前的慘痛經驗尚心有餘悸，你向我借票雖然不是『保』，我的責任比『保』有過之而無不及，我如答應借給你，此後有他人要來向我借，我就難以拒絕。況且我已拒絕過別人，對被我拒絕的人也難以交代，請你原諒，也希望你對作保一事千萬要小心。」我說：「我已明白一切，絕不會怪你，並感謝你將寶貴的經驗詳細告訴我。」他繼續說：「作保之類我雖一概婉拒，但是對一些生活上或臨時有困難的親戚朋友，我都量力以現金幫助他們。將我手內所有的現金幫助親友，他有辦法一定會來還，萬一不來還，對我的影響也不大，如果作保，則可能常常超出自己的能力，到時候會苦不堪言。」此事至今雖已五十多年，我時刻不敢忘記。

萬貫家財也賠光

六十年前，我尚在新復發布行當學徒時，台南市本町（現在民權路）有一家雙間門面，深有三進，當時可以說是台南市最堂皇的批發兼門市的布行，據說全盛時代有五十萬圓以上的財富。後來第一代的老闆去世，由第二代接掌，是時正是順境，市場無多大變化，經營還頗順利。不久後（大約在民國十九年左右），發生一次大不景氣，一下子就完了。我想如果當時仍由第一代老闆掌管，因他經驗多，最多損失一點錢，不會大虧損；如只是自己經營方面的虧損也還不會致命，最慘的就是爲很多親友作保。起先要作保時覺得被保人信用不錯不會有問題，但是一遇到不景氣，被保人無法應付，人家就找保人，他替朋友賠了不少錢，加上自己生意方面的虧損，結果連自己也倒了，實在非常的可惜，也非常的可憐，足可作爲殷鑑。

以現金資助替代作保

第三個例子大概是發生在民國五十年左右，有一位治安界的高官，退休後自己創立一家公司，爲了公司周轉要向銀行借錢，銀行一定要保人，不知道是銀行指定或是那位先生自己提出的，結果來找吳三連先生作保。吳三連先生當時還沒有什麼積蓄，萬一要賠，實在不勝負荷，我從旁知道此事，就向吳先生建議說：「這個保實在是很危險，萬一對方經營失敗就要賠，是不是應該要愼重考慮？」他說：「第一是好朋友，不好意思推辭。第二被保人很有才幹，很有地位，不致由我來賠吧？」於是就保了，幾年後那位先生經營不順利無法還錢，銀行就來向吳先生索賠，吳先生眞是講信用，表示應該賠，但是一下子無法做到，經商得分期理賠，大概賠到將近民國七十年才賠完。吳先生講義氣、重然諾、人格高潔，但是增加麻煩及造成金錢的損失也是事實，可見作保不可不愼！

類似上述的事例，不勝枚舉，但是我因受屏東順昌老闆張先生之忠言，所以對作保非常的小心，只對我有關的公司作保，對其他則不保。但是對一些需要幫助的親戚朋友，我都以現金或其他的方法量力幫助他們，一律不立借據，亦不要擔保品；因爲我想，既是幫助性質，錢一出去就不想討回，立借據要擔保品何用？你拿了借據擔保品，到時候是不是要依據告他或將擔保品拍賣呢？我認爲我自己是做不到的，所以不如不要，以免傷感情。老實說，你既然不要擔保品又不要借據的誠意對待他們，受幫助的人如有能力，一定會自動來還的。雖然結果是有去無回者佔大多數，但也有些人於有能力時自動來還，我認爲這是意外的收入，因事先有心理準備，所以對那些不回來的錢，我一點都不掛心，說來說去，我要強調的是「不作保免煩惱」也。（話雖如此，但對自己在主持的公司，或自己去投資、而且擔任董監事的公司，還是在作保，除此之外，確實是不作保。）

第6章

人生感懷

我是一個平凡的人，素無雄心大志，

我認爲我來到這個世間，

只是將一些我應該做的工作認認眞眞的做，

誠誠實實的做，並且盡我所能將它做好而已。

我活到現在，很多親友都說我一切順利、很幸福，

我自己也感到很滿足、很快樂。

人生是樂園？苦海？

人生是樂園或是苦海？我認爲全在乎一己。

一個人如果心胸寬闊，凡事能向善的方面去解釋，且有愛心，也能知足，則人生就是樂園，至少亦接近樂園。如果心胸狹窄，事事往壞的方面去想，永不知足，則人生一定是近乎苦海。

我活到現在爲止，很多親友都說我一切都很順利，很幸福，我自己也感到很滿足，很快樂。可是話說回來，假如我不能知足，常常想爲什麼我不能比人家富有？我六個兒女爲什麼都那麼沒有用，連一個都沒有辦法去當院長，當部長？那麼我一定是每天都在苦惱。可是由於我深深記住，童年時父親所教的一首詩：「他騎駿馬我騎驢，低首思量我不如，舉頭又見推車漢，上雖不足下有餘。」因此我能知足。我認爲我的人生是近乎樂園，每天都在感謝天地神明之庇佑，及各方面對我們全家人的賜與。

「有是魯，無是苦？」

世上有很多的人，確如佛所說的「人生是苦海」，是爲煩惱而到世上來的，茲舉數例以供參考：

一、有很多很富有的人也常爲錢煩惱，他們煩惱錢存在銀行會受貶值而損失，放高利貸怕被倒帳，投資做生意又怕虧本。無錢的人也爲錢而煩惱，他們煩惱無錢可付衣、食、住、行、醫藥費等各項開支。

二、有事業的人，爲經營事業而終日辛苦；無事業的人，天天爲建立事業苦思焦慮而辛苦。

三、有子女的人，爲子女之健康、品德、學業、就業、婚姻等問題而苦；無子女的人，也爲不孝有三，無後爲大，或老無所養而苦。

四、有工作的人，爲薪水少或工作量太多，輪深夜班，工作環境不好，工作地點離家太遠，工作太複雜或工作太單調，上司的苛求，部屬的不聽話，同事的不合作等等而苦；無工作的人，則天天看求人廣告，託親戚朋友找關係，爲找工作東奔西走而苦。

五、有配偶的人，有的常對配偶東不滿意、西不滿意而苦；無配偶的人，又爲孤獨無伴而苦。

其他不知還有多少人為如俗語所說的「有是魯，無是苦」（意思是說：擁有是麻煩，沒有是苦惱）的事情在苦惱。總而言之，「無是苦」尚有一點道理，「有是魯」可以說大都是由於「不知足」所致。例如，有人生為女人不守女性的本分，羨慕男人而想做男人；反之，也有生為男人，卻想當女人。有許多人有了一億元財產，就想要十億元，有了十億元又想要一百億元、一千億元。當了部長，就想要當院長，當了院長，又想當更高的位置，誠如古詩所云：「太祖為君欲作仙，石崇巨富苦無錢，嫦娥照鏡嫌貌醜，彭祖燻香祝壽年。」貪而無厭，永不知足，以致苦惱無窮。因此，世間是苦海或是樂園，可以說全在一念之間。如果大家都能知命，並能徹底了解「知足常樂」的至理，就能快快樂樂的享受幸福的人生。

當然世上確實一時眞苦的人也有，對這些人，我們大家應該設法加以援助，使他們能過起碼平安的生活，而我們也能享受「助人為快樂之本」的樂趣。

計較太多　婆媳失和

在日據時代台南市本町（現民權路），有一家日本人開的丹羽帽子店，老闆夫婦雇了幾個夥計，很認眞的一起經營，生意興隆，生活相當富裕。沒有想到孩子長大結婚以後，就發生了不少麻煩。

事情是這樣的：孩子要結婚以前，老闆顧慮到他的老伴與媳婦可能不容易相處，就對太太建議說，孩子結婚後應讓他們另外居住，但太太堅持不肯，她說：「我們只有一子一媳，應讓他們跟我們住在一起。」老闆沒有辦法說服，也只好同意了。剛結婚時，婆媳之間很融洽，婆婆常對人家說這位媳婦有多好。沒想到過了不久，問題就發生了，婆婆整天說媳婦的不是。老闆好言相勸，太太聽不進去，孩子夾在當中亦不敢說什麼，大家都過著苦悶的日子。老闆認爲這樣下去也不是辦法，對太太說：「是不是應該分開居住？」這一次太太同意了，於是老闆就說：「我們在三分子有一幢別墅，是不是我們搬到那邊去享受比較好？」但是太太一想，認爲不對，這個店是我們千辛萬苦建立起來的，這樣做形同我們認輸，堅不同意。老闆再建議說：「那麼只好我們住在這裡，讓年輕的去住三分子。」太太一想又說：「這樣不對，他們年紀輕輕就去住別墅，我們兩個老的在這裡當班看店，讓他們去享受，不行。」就這樣東不行，西也不行的，無法妥協。

他們這家本來是樂園，結果變成苦海，歸根究柢是那位老闆娘心胸太狹窄所致。我想世界上類似這樣的例子一定很多。反之，媳婦方面東不是，西也不是的事情也一定不少。希望大家能將心胸放寬，凡事退一步想，易地而處，世上可能大部分的家庭就會變成樂園了。

人生幸福的追尋

人生的幸福，每個人所訂的標準都不同。有些人也許是爲了求名，有些人也許是爲了求利，有些人則是爲了完成他所信仰、所追求的理想……。我是一個平凡的人，素無雄心大志，我認爲我來到這個世間，只是將一些我應該做的工作認認眞眞的做，誠誠實實的做，並且盡我所能將它做好而已。

我從民國十九年十五歲到台南的布行開始當學徒至今，這六十多年來，其實也嘗遍了人生的酸甜苦辣。不過，由於我對工作很有興趣，所以雖然經歷過不少風浪，迎戰過不少考驗，倒是一點也不把工作當成「苦差事」。反而每當完成一項工作時，都有完成的喜悅。

年輕的時候，我爲了生活而工作。那時我自己所訂的賺錢的目的是：①孝事父母。②養育妻兒。③發生意外時之急需。④濟助親戚朋友之急需。⑤防老。這樣的目標十分平常，但是卻也十分能夠砥勵自己勤勉儉省。到了四十歲左右，我開始有了一點積蓄，我就一再想：做為一個人，甚至一個家庭，如果都能和樂順利，不虞家用所需，而且也沒有什麼生活上的顧慮與意外的話，那麼再拼命賺錢又有什麼意義呢？於是，我開始深一層的去思考追尋人生幸福的道理。

前文提到，早在童年時，父親就曾教過我們兄弟一首詩：「他騎駿馬我騎驢，低首思量我不如，舉頭又見推車漢，上雖不足下有餘。」這首詩的意思非常淺顯，意義卻十分深遠。它告訴我，人要知足，知足的人就沒有苦惱。我反省自己，並沒有違背父親藉由這首詩所給我的教誨。但是我也想到，人生不是只有賺錢，賺錢也不是只為了個人的衣食，而一定還有更積極的目的。最後我終於得到了結論：人到世間來，應該認眞工作，有了積蓄之後，在自己有把握，不會太冒險的情形下，可以繼續經營事業，同時一定要以只許成功、不許失敗的心情去做，使它能夠有利益，以便一方面增加就業機會，一方面貢獻社會與國家，更可以有力量對需要幫助的個人或團體提供捐助。

因此從四十歲起，我開始把幸福的定義略加提高，除了量己之力，對親戚朋友做適當的協助之外，也對一些團體做些許捐獻。現在我年事已高，自知努力工作賺錢的時期早已過去。我只希望在我有生之年，能像故吳三連先生所云「做一些不是賺錢的事情」，也就是「做一些自己認爲有意義的事情」而已。「財團法人吳尊賢文教公益基金會」就是在這樣的理念之下，又得我的兒女的共識而於民國七十年成立的。十七年來，這個基金會在工作同仁的努力下，透過各種不同的途徑，鼓勵向上向善，鼓勵和諧奮鬥，我自己深深感謝來自各方面的幫助。

除此之外，我也在一生的奮鬥過程中，體會到身體健康與家庭圓滿的重要。我認爲，不健康，一切皆空。因此，人生的幸福應把健康列爲首要，大家要對健康多注意、多投資，而且必須持之以恆，以使自己的身體和心靈常保康健，才能對自己、對家庭、對社會、乃至對國家做出更大的奉獻。其次，我也十分相信「家和萬事成」的古訓。依照我自己的體驗和多年來所見週遭親朋的例子：家庭美滿的人，通常在事業上都比較容易成功；家庭中吵吵鬧鬧、相怨相憎的人，也有事業成功的例子，不過最後卻令人遺憾的發生子孫不能守成，甚至爭產的悲劇。我託天之福蔭，非常幸福，家庭生活相當圓滿，家庭之內、親族之間也頗爲溫馨，實在是謝天謝地。

總結言之，我認爲人生幸福的追尋不外以上所說幾項，我把它們歸納如下，希望提供給大家參考：

一、要身體健康，才能得到人生眞正的幸福。個人如此，一家人也都要能如此。

二、要家庭圓滿，家庭成員之間要能互相尊重、互相體貼，親慈子孝、兄友弟恭，則人生幸福，不求自來。

三、要認眞工作，負起責任把自己應做的工作完成，有完成感才有幸福感。

四、要知足惜福，凡事要能看開，不要斤斤計較，不要只比高、不比低；只比好、不比差。能知足，就能惜福；能惜福，就有福氣。

五、要助人行善，常懷仁愛慈悲的心，量力關懷旁人、奉獻社會，則人生的幸福才能因爲結眾緣而得圓滿。

近幾年來，我常對我的家人及一些較常見面的朋友說：「我爲事業努力工作的時期已經過去，有生之年我希望多做些不是爲了賺錢，而是爲了對社會國家有意義，且能使我的人生更加幸福的事。」深望大家幫助我，使我能達成這樣的心願。

爲人處世之道

我的處事原則

俗語云「登天難，爲人更難」。世上常遇到做人難、難做人之事，爲人處世確實是一門大學問。吳三連先生曾經告訴我說：「我在日本念大學時，常常自己想，等大學念完後，大概世事都可以懂了，都可以應付裕如了。沒想到畢業後，常常遇到不知道應該怎麼處理的事，爲人處世確實眞難。」由此可見爲人處世實在不簡單。我想只有憑良心，誠心誠意去做，做到問心無愧，心安理得而已。我在此列舉一些應守的原則供作參考：

一、應勤儉誠信（這四項如能用心做好，不但生活沒有問題，爲人處世之道亦差之不遠）。

二、應修身齊家，敬老尊賢，敦親睦鄰（可發揚倫理道德）。
三、應守國法（可安心度日）。
四、應積德行善（可貢獻社會）。
五、應凡事退一步想，易地而處（可以和平相處）。
六、不賭博（免妻離子散，家破人亡之憂）。
七、不強求名利（免勾心鬥角）。
八、不投機（免提心弔膽）。
九、不興訟（免訟累之苦）。
十、不作保（免煩惱）。
十一、施恩莫望報，受惠切勿忘（人我皆善）。
十二、不放高利貸（免受人譏評，也免受倒帳之苦）。
十三、處逆境時應當作試煉，面對現實；處順境時不可得意忘形，應感謝上天之賜與（保持平常心）。

三十年前，在佳里鎮吳卻老宗長（吳戊己先生之尊翁）府上看到一幅唐朝韓退之的勸世文，感覺有意思，我將它抄下來，今列出以供大家參考：

大丈夫成家容易，士君子立志不難。
退一步自然幽雅，讓三分何等清閒。
忍幾句無憂自在，耐一時快樂神仙。
喫菜根淡中有味，守王法夢裡無驚。
有人問我塵世事，擺手搖頭說不知。
甯可採深山之藥，莫去飲花街之酒。
須就正有道之人，早謝卻無情之友。
貧莫愁來富莫誇，那有貧長富久家。

錢乃身外之物

我非常欽佩一位在我十九歲時就認識的C先生，他和我有幾重親，是鄉親，曾經是客戶，也是朋友，又是多年的同事。

因爲我自十九歲起到光復後一、二年間，常在他的府上出入，所以對他家中的人上上下下都很熟，我知道他對祖父母、父母都非常孝順，對兄、嫂、弟、妹都極爲友愛，夫妻恩愛逾常，家庭非常圓滿。

後來他們兄弟分家，C先生到台北來，工作勤勉，生活簡樸，弟弟在香港，哥哥在故鄉經商。但因爲種種關係，哥哥經商頗不順利，當時C先生並沒有什麼積蓄，但每次哥哥遇到困難的時候，C先生都盡力幫忙其渡過難關，發揮了最高的手足之情，實在是非常難得。

多年後我曾經對C先生說：「假如當時你沒有幫你大哥的忙，將那些錢存起來生息下去，你的財產一定會是今天的很多倍，但是我到現在還是認爲你這樣做是『對』的。因爲你幫大哥的忙，你的生活並沒有陷入困境，你的家庭生活一直是非常平實快樂。你當時能夠這樣做，你太太也有一份功勞，因爲假如你的太太極力反對，可能你就很難這樣做，所以我對你太太也一直很敬佩。」他只笑笑表示不敢當。

C先生非常謙卑，非常奉公守法，生活也非常的儉樸，不嫖、不賭、不飲，三十年如一日，每天中午都帶便當，他說帶便當可以不用到外面去吃，第一可以省時間，第二可以省錢，第三可以免掛心衛生問題。

民國六十七年公司要升他較高的職位，他一再謙辭，我們強勸他接受了。但依公司的慣例，擔任這個職位者，公司可以給他一部車子和一個司機，對此他堅決反對，不肯接受，我們就接受他的意見沒有配車給他。他每天還是和從前一樣，走一個小時的路來上班，下雨時就搭巴士來上班。公司規定上午八點上班，他每天都七點或七點半左右就到公司，因此其部屬上班也都很早。公司規定下午五點半下班，他大概都要七點鐘左右才下班，還是走路回去，他說這是利用上下班時間做運動的最好方法，因此有一些同事也學他走路上下班。

不爭不求，世間多安樂

C先生實在是一位對政府奉公守法，對公司盡忠職守的人，數十年來，工作不嫌多，薪水、獎金不嫌少，在工作上只會幫忙人家，不會與人計較，不惹是生非，早到遲退，敬業精神十足的一位同事。

我常說C先生具備左列的優點：

(1)由其祖父母看是一個孝順的孫兒。

(2)由其父母看是一個孝順的兒子。

(3)由其兄弟看是一個好兄弟。

(4)由其親戚看是一個好親戚。
(5)由其朋友看是一個好朋友。
(6)由其兒女看是一個好父親。
(7)由其孫兒女看是一個好祖父。
(8)由其侄兒看是一個好伯伯叔叔。
(9)由其同事看是一個好同事。
(10)由公司看是一個好職員。
(11)由國家看是一個最好的國民。
(12)由其太太看是一個最好的丈夫。

我常說，世人如都能像C先生這樣的爲人，則世間一定會非常的安和樂利。我敬佩C先生，不是他有特別的才能，而是非常喜歡他的規矩做人、認眞做事、與人無爭、奉公守法而已。他之爲人實在難得，我想這也是C先生天生的性格使然。我在此要特別感謝他對我們的協助，並祝福他這位大好人全家健康愉快。

談運氣

我個人相信，人生確實有「運氣」，但「運氣」是可遇不可求的，所以絕不可想要靠它，應該自己努力進取，開拓自己的前程，這樣才是正途。

不可過分相信算命

很多年前聽了一個笑話，有一個人因爲相命先生告訴他說「你的壽命是六十歲」，他信以爲眞，自己計算，由現在起只能再活多少年，依現有財產，完全不要工作也可以用到六十歲，因此他就不去工作，只靠賣田地來過活，到了六十歲，身體還是很健康，六十一歲、六十二歲，還是沒有死的徵兆，但是財產已經花完了。據說這個人活到七十多歲，晚年過得相當不如意。像這個人是過分相信相命先生的話，所以受了不必要的苦。

另外有一個人（這是眞人實事），在四十多年前平均壽命大約只有五十歲左右的時候，去命相館造流年，相命先生替他行運，只有行到六十七歲，以下就沒有了。我想相命先生大概認爲這個人可能最多是活到六十歲，替他行運到六十七歲已經是很多了，再寫下去要多費工夫，所以沒有再寫下去。在當時，那位先生可能自己也認爲能活到六十七歲就很好了，並不感到什麼。沒有想到環境衛生和醫藥的大進步，人的平均壽命已經提高到七十歲左右，還有他本人勤於保養，到六十四、五歲還是很健康，但是心裡頭總是常記掛著當年相命先生所寫的「六十七歲」，因此變得神經過敏，稍有一點感冒或胃腸不好就緊張得不得了，在這種不正常的精神壓力之下，結果他還是活到七十多歲才去世，這也是受「過信」之苦。

我認爲這兩位相命先生如果能夠多講一句話或多寫幾個字告訴他們，諸如：「依你的命應該可以活到××歲，但是如果能多積德、多行善，就可以延長壽命，希望你多做善事。」等語，相信他們一定會多做一些善事，對國家社會更有貢獻，他們自己也可以過得更快樂，絕對不會過著「吃飯等死」的苦日子。

有一個人因相命先生告訴他說「你有大大的橫財運」，所以他就有計畫的將所有儲蓄的錢分批按月大量買「愛國獎券」，但是相命先生所說的「大大的橫財運」一直不來，都沒有中過大獎，結果不但把原來的積蓄花光，還向人家借錢來買，但也沒有達成願望，下場相當的悲慘。這種事當然是他自己不對，但是我想如果相命先生能夠對他說「你命中帶有財庫，如能夠『勤儉誠信』，規矩做人，認眞做事，將來一定會有相當的財富。」鼓勵他去努力奮鬥，則情形可能會好得很多。

現在提一些我自己所遇到的例子供大家參考。

運氣是可遇不可求的

民國六十七年四月十三日，在淡水球場，我與前台南市長張麗堂先生、盧和財球師一起打球，打到第二洞的發球台時，一個年輕的桿弟要拿球桿給我，我說：「我的桿弟是那位年紀大的，並不是你，爲什麼你要拿球桿給我呢？」他說：「那位年紀大的桿弟和盧球師談話，要我與他交換。」我說：「好啊。」我接過來一打，竟然一桿進洞，大家都替我高興，我自己當然也很高興，只有那位年紀大的桿弟在苦笑。因爲球場的桿弟都知道我定了一個不成文的規定，就是誰背我的球桿，我打一桿進洞的話，保險公司給我的錢（我記得當時是新台幣五千元）全部給我的桿弟，此外同伴的桿弟，每個人我另外各給二千元。

我認爲那位年輕的桿弟是「運氣好」才能夠得到五千元獎金，而那位年紀大的桿弟，也可說「運氣不好」才沒有得到五千元，但反過來，也可以說是「運氣好」才可得到二千元。因爲，假如桿弟沒有交換，我就不一定能一桿進洞；如果我沒有一桿進洞，他連二千元也得不到了，因此我想，我能打一桿進洞和他們能夠得到五千元或二千元，這都是運氣，是可遇而不可求的事。

大約在民國六十五年左右，有一次我在新加坡Santosa球場和同事吳金台先生、吳太太以及陳銘章先生一起打球，打到一個短洞，該洞的發球台很低，而果嶺很高，我們只能看到果嶺上的旗子，不能看到果嶺和球洞。因爲前一洞是我打得比較好，所以由我先打，接下去吳金台先生打，都打得不錯，大家認爲大概都上果嶺了。再接下去由陳銘章先生打，打得非常正，非常好，我半開玩笑說：「會一桿進洞也不一定。」陳先生說：「我不能一桿進洞，一桿進洞就不得了了。」他的意思是他在新加坡工作，熟朋友很多，如果一桿進洞則請客費用不少。我順口說：「那麼如果是一桿進洞，就算我的好了。」接下去是吳太太打，打得也不錯，大家也認爲可能上果嶺了，所以就一起走上果嶺看，只有三個球，我就到洞口去看，果眞有一個球在洞內，我把球撿出來一看，不是我的球，但是我已經答應陳先生，爲使桿弟相信，我馬上說：「是我的球，我打一桿進洞了。」桿弟也不知道裡面的文章，大家都向我恭喜。打完球，我的桿弟得到大紅包，而眞正打一桿進洞的陳先生的桿弟反而得到小紅包，這就是「運」。

意想不到的賺了錢

民國五十六年，環球水泥公司大湖廠擴建的第二座旋窯要完成之前，同業認爲會「供過於求」，所以強硬規定新窯的產品全部外銷，不可內銷。我們感到非常的爲難，因爲那個時候不但外銷價格不好，而且也沒有那麼多出路，乃一再要求同業不要那麼強硬規定，是不是可以改爲一半內銷、一半外銷，但都不被接受。我們內心雖然認爲很不合理，但是爲了顧全大局，也就認了。沒有想到越戰轉趨激烈，軍需水泥大量增加，我們同業就組織一個外銷推廣團前往西貢，那個時候西貢市內已經相當緊張，常常可以聽到砲戰的聲音，住旅館也感覺不夠安全，承蒙台泥公司林柏壽先生令婿黃慶杓先生的好意，我們一團七、八個人全部在黃府打擾一個多禮拜，受到黃家很周到的接待，實在是非常的感謝。

和美軍接洽的結果，他們表示：「確實需要大約五十萬噸水泥，但是根據資料，台灣的產量只能供應內銷，應該沒有多少餘力可以外銷。」我們告訴他們說：「過去是如此，但是環球水泥公司的新窯就要開工，還有其他的水泥廠也有些餘力，供應越南五十萬噸沒有問題。」美軍還是不大相信，後來我們請他派員來台灣實地調查，結果他們派三個人到環球水泥公司大湖廠去看，認爲我們所言不虛，又到其他同業的工廠去看，才相信確實有此能力。但是他們去看過基隆港和高雄港的碼頭後，發覺設備能力不夠，認爲我們有貨也沒有辦法順利裝船，就想要作罷回去。這個消息於那一天下午傳到李國鼎部長的耳朵，李部長馬上告訴我們說：「趕快去請美軍的人員明晨七點半到經濟部，我要和他們談談。」（李部長翌晨八點半就有要事）翌晨七點半李部長和美軍人員見面後，美軍還是說碼頭的能力不夠，李部長認爲可以想辦法解決，不會誤事，美軍請李部長保證，李部長也眞的對他們做了保證，結果這筆五十萬噸的水泥外銷才順利成交，也順利完成裝船作業，解決了我們出口的困難。李部長思考之周密，處事之明快負責，實在令人敬佩萬分，他對國家的貢獻和對我們的恩德，我們永誌不忘，我要藉這個機會向李部長表示衷心的敬意和謝意。美軍所說的碼頭能力不夠是沒有錯，後來是李部長跟各有關單位研究後，由港務局撥出專用碼頭才解決問題的。

這一批水泥的合同原來是一包一包裝船的，後來爲配合美軍的需要，改爲每二十包用木架子捆爲一大件，因爲改用這種打包，美軍補貼我們的費用相當高，因此我們外銷的利益反而比內銷好。本來認爲同業強迫我們新窯的產品要全部外銷是極爲不利的事，結果反而變成比內銷更爲有利，這種結果是誰也沒有想到的，這就是「運氣」，是被迫賺錢的，也是可遇不可求的事。

幫朋友就是幫自己

大約在二十多年前，有一位經常見面的朋友K先生，他本來是做呢絨批發生意，後來去投資一家金屬製品的工廠，他的股份不少，但是股東意見合不來，必須分手，對方說：「爲了不要大家意見不合傷感情，我來開個股票價格，由你選擇將你的股票賣給我，或者是我的股票賣給你。」K先生認爲有道理，就請對方開價，讓他考慮幾天。K先生的意思是想買下來經營，但是資金不夠，正在頭痛。K先生這個人也很客氣，不敢隨便請朋友參加。

有一天我們一起到淡水打球時，在車內K先生談起這件事情，我就想到故鄉有一位前輩O先生，前幾天來信要我替他的公子找工作，他的公子在台大機械系畢業後就到台鋁公司工作一段時間，正好駐琉球沖繩島美軍的供應商到台灣來招考技術人員，他去應考而被被錄取，到沖繩島工作差不多十年，待遇很不錯，一切都很順利，到了美軍決定將沖繩島歸還日本時，他才被遣散返台。因爲他已將近四十歲，要找工作必須是要跟他過去相關的工作才比較容易，正苦於沒機會替他介紹，現在K先生所說的事業正是跟O先生的公子在沖繩島所做的一樣，所以我就告訴K先生說：「正好有這樣的人才，將來如果需要，可以雇用，還有假如O先生有興趣，是不是可以讓他參加股份？」K先生說：「如我買下來，不但要人才，也要錢財，如果是能夠合作的人，當然歡迎他連人帶錢都來參加。」因此我就和O先生連絡，他表示說太好了，我就介紹他們見面，並談妥了對方要出售的股份，除K先生所要的由K先生買之外，其餘剩下來的他可以全部接受。

K先生有人才又有錢財做後盾，就去告訴對方說：「你的股份我可以接受下來。」對方也同意，馬上訂立合同。我正爲K先生很順利得到人才和錢財，也爲O先生的公子由沖繩島回來後很快就找到工作和找到資金的出路而高興。沒有想到過幾天，O先生來信說：「謝謝你的關心和幫忙，但是和K先生合作的事因爲資金方面臨時有所不便，很對不起，請代向K先生道歉一下。」我看到這封信，眞是啼笑皆非，不知道如何是好，因爲K先生已經和對方簽訂合同，怎麼能說不要就不要呢？我打電話向O先生請問他到底是爲什麼？他只是一直說：「非常對不起，很抱歉。」也沒有說出眞正的理由。碰到這種事情眞是傷腦筋，眞是「煩惱多因強出頭」，假如不做介紹就沒有事了。想來想去只有去拜訪K先生，和他研究善後之策。我對K先生說：「如果你勉強可以湊足資金的話，應該由你自己經營最為單純，你看怎麼樣？」K先生說：「吳先生，我實在沒有這個能力，只能勉強接受其中的一部分而已，跟人家所訂的付款日期也快到了，真急死人。」

我想事情是由我惹出來的，不替他想辦法也不行，我說：「K先生，你也知道我現在沒有多餘的錢，而且我也不是喜歡借錢來投資的人，但是為了解決問題，請你再詳細的計算一下，看你能接受多少，其餘的由我來想辦法。」K先生非常的高興和感謝。結果K先生接受一部分，剩下的部分由我和一位親戚接受下來，真正沒有想到的是，這個公司的業績比預料的好得多，這就是「運氣」，又是一個被迫賺錢的例子。

誤打誤撞，賺了一筆

還有一個例子，是因錯而多賺錢的事。在民國三十九年，我們在做進出口商的時候，向日本商社訂了一大批的「被單布」。隨後日方以電報通知，該批布要裝×月×日神戶港開的××輪到基隆，我們就依此通知將該批布疋預售給客戶，並將貨款收完，沒有想到船是如期到了基隆，貨也確實裝在該船，只是日本商社寄給我們報關所需要的文件不齊，以致不能報關提貨。

我們將情形告訴客戶，請他們等一等，慢交的期間我們按日付利息給他們。他們說不能等，要求將所收的貨款還給他們，他們要到其他的進口商去買現貨，我們只好將貨款還給他們並表示歉意了事。

當時我們心裡頭想，這一批貨本來已經賺錢了，卻因爲日本人的錯誤而無法提貨，被客戶取消，可能會受到損失。沒有料到在日本商社補來文件之間，布價大漲，結果我們不但沒有損失，反而多賺錢。由此可以證明「運氣」是有的，但這是可遇不可求的事，不能靠它，要靠自己的努力。

茲順便將親友所遇到的也列舉一、二，以供參考。

大約是民國七十一、二年間，有一天和王永慶兄在一起時，談到台灣塑膠公司在美國買了一座PVC老廠，該廠的前主因業績不佳，所以以極低廉的價格售予台塑公司，台塑公司買後不久，隔壁的石油公司決意擴建，但自己的土地卻不夠用，於是派人來接洽，想買台塑公司與其鄰接的一部分土地，所談的價格比台塑公司購入的價格高出幾倍。台塑公司認爲該廠土地極爲寬闊，對方要購買的土地只是一小部分，將那一小部分出售對台塑公司無關緊要，所以馬上決定出售，同時附帶一項條件，是在該出售的土地上原來所有之管路，對方應負責遷移，一切費用亦由對方負擔。永慶兄告訴我說：「只售那一小部分的之土地，就差不多已收回購買該廠的全部價格，這件事是巧合，也是運氣。」他並半開玩笑說：「這個事情是發生在美國，假如發生在其他的地方，出售土地給我的公司主辦人員或許會被控告圖利他人，而向我購買土地的公司主辦人也可能會被控告圖利他人；因為售給我的價格與向我買的價格差得太遠了。」

運氣只是成功的一小步

在民國六十年左右，有一個親戚到美國留學攻讀博士，他在台大成績很好，到美後非常用功，成績也很好，指導老師也非常欣賞他，讓他擔任助教。可是到最後關頭，竟意外的拖了二、三年，博士學位一直沒有辦法拿到，他覺得非常奇怪，後來想辦法託人去打聽，才知道原來是他工作太認眞，助教工作做得太好，指導老師認為如果讓他畢業離開，將很難找到那麼好的助手，所以不給他畢業。他知道事情眞相後決心轉學，所轉的學校比原來的學校更好，轉學一年就順利拿到博士學位。由此看來可以說那位指導教授愛才，也可以說是自私，更可以說是我那位親戚運氣不好，世事眞是無奇不有。

在前面提過被迫賺錢的故事，我在此也應該報告一些被迫賠錢的故事以供大家參考。民國六十二年至七十年之間，約參與投資十家公司，有的很順利，有的很不順利，大約有三家賠得很慘。這三家公司要組織時，我都曾經婉辭，但因盛情難卻，甚至有的可以說是被情所迫而參加的。成立後因大環境和其他種種因素而大賠其本，都已結束營業，股東只是股本賠光了事，但是董監事則因作保的關係，除股本賠光外大家都要再分攤出不少錢來理賠，實在是慘不堪言。投資事業不是賺就是賠，我一點都無怨言，在此只是提出說說「被迫賠錢」之例而已，同時也希望大家在投資時一定要先找到經驗豐富、品德兼優、年輕力壯、抱定願與事業共生死的人來主持方可進行，絕對不要抱「大概沒有問題」的態度而進行，以免受累。

因此我個人認爲運氣確實是有，例如我們打高爾夫球的人常常遇到因自己打得不好，球打歪了，應該是出界，要受罰二桿，不料球碰到樹幹或其他障礙物，將球彈回球道中，這就是好運；反而球打得很好，因碰到障礙物而跳出界被罰二桿，這就是歹運，類似的情形實在是不勝枚舉也。

賭爲萬惡之首

贏的想再贏，輸的不甘心

「賭」是萬惡之首，因「賭」而身敗名裂、家破人亡、發生慘絕人寰的事例實在是不勝枚舉，可是偏有那麼多人喜歡這個玩意。追根究柢，是因爲喜歡找刺激及想發橫財的人太多，而且可「賭」的工具和場地也太多所致。試想，除有麻將、橋牌等不計其數之賭具外，還有賽車、賽馬、賽狗、賽鴿、鬥牛、鬥雞、鬥蟋蟀，連棒球、高爾夫球等各種球類運動也可作爲「賭」的工具和場所，使政府禁不勝禁，防不勝防，而且越來越盛，大有不可抑止之勢。

賭之爲害大矣，贏者認爲飛來橫財而花天酒地，破壞社會風氣；輸者家徒四壁，妻離子散，甚至自殺了結。因輸而自殺者可說自作孽不可活，但是其家屬實在太可憐了。

更可惡的是因賭輸而詐騙偷搶俱來，影響社會的安寧無可復加。賭徒中因無知被人設局引誘而參加者最爲可憐，設局者當然是罪大惡極，不過話說回來，被引誘的人也是起於一個「貪」字，因此奉勸大家戒貪；試想，你想贏，他也想贏，大家都想贏，錢要從那裡來呢？教育小孩，應自幼就灌輸「賭」之爲害的慘痛事例，印在他們的腦中，使他們有所警惕，這或者是戒賭最有效的方法之一也不一定。

我和內人有幸生於不賭的家庭中，祖父母、生我的父母、養我的父母親不但自己不賭，而且有機會就告誡我們不可以賭，所以到現在爲止，我和內人連麻將都不會，我的兒女到現在爲止也託天地及親朋戚友之福不涉及此，誠可慰事，並希望他們不但永遠不要「賭」，同時應對「戒賭」事爲社會能有所盡力。

松坂屋的家規

很久以前，我在一本書上看到一段記載，提及日本一家已有一百多年歷史的百貨公司松坂屋，它的發祥地是日本的名古屋，起先是一家很小的雜貨店，勤儉經營，生意越做越大，變成爲名古屋數一數二的百貨公司，後來東京、大阪也各有分店。不曉得到了第幾代主人就立了家規，我現在只記得二條：一、松坂屋的兒孫絕對不可賭，違規者逐出家門。二、松坂屋的兒孫不可自己當社長（等於我國的總經理），應用心重金禮聘品學俱佳、經驗豐富之人為社長，不得有違。

對第一條戒賭，其用意大家都知道，任何大財產、大江山，都可於一夜之間輸掉，不可不戒愼。至於第二條，據說是鑑於自己的兒孫不一定聰明能幹，如可由自己的兒子做社長，勢必延襲成風，一旦出現敗家子，由他當社長，就會前功盡棄（日本十大貿易商之一的××會社之倒閉就是此例）。而外面人才濟濟，如肯重金禮聘，一定可以找到良才，被聘的人由於待遇高，會有「榮譽感」，也會有「責任感」，同時因為歷任社長都做得不錯，為了自身的榮譽，更會如履薄冰，全力以赴。

松坂屋家族的戒律，似乎頗見效果，一百多年經營史中，除第二次世界大戰期間曾暫停營業外，年年都在穩定中發展。

創業不易　守業惟艱

對於戒賭事，我不但常勸兒女，同時也常勸同事。三十年前我告訴一位家財龐大，年紀很輕的同事說：「××君，你們兄弟如能永久和好在一起做事業最好，萬一將來有一日不得不分家的時候，你絕不可與你大哥計較，你應知道令尊一切從無開始，既可以建立那麼大的財富，現在你們都已受過高等教育，應有更好的成就，少分一些或多分一些實在都無所謂。萬一要分家時，你應對你大哥說：『大哥比較老了，我比較年輕力壯，你應該多分，我應該少分。』你這樣誠意表示後，你大哥要怎麼分就由他去做決定，如果他認爲應該平分就平分，如他認爲也要多一點就多一點，不可計較。你大哥由於你這樣敬重他，心中一定很高興，或者反而會說：『弟弟你的小孩比較小，我的小孩比較大，都快會做事了，你應該多分一點。』也不一定。如果有此情形出現，將成爲萬古流傳的天下美談，你們的祖先在天之靈一定會非常的欣慰。依我看，你分得多、分得少都沒有關係，只要你規矩做人，認眞做事的話，生活一點都不會有問題，可以過非常快樂幸福的日子。但是有二點特別重要，務必謹記在心者，就是做事業不可好大、不能太貪，也絕對不可『賭』，如果開始『貪』或『賭』，那麼你的財產、事業和生活會變成怎樣就不能預料了。」

賭爲萬惡之首，貪乃禍根之源，願大家愼之戒之。

積財的目的

做有意義的事

每個人拚命工作的目的，大概都是為了求名和求財，求名的事在此不談，那麼大家為什麼要求財呢？大部分的人是為了生活，我也是其中之一。我高等科還沒畢業，十五歲時就到台南當學徒做生意，由於我對工作很有興趣，所以雖然經過不少的酸甜苦辣，都不覺得工作是「苦」的，反而每當完成一項工作時，都有完成感的喜悅，所以一直努力下去。

那個時候我自己所訂的賺錢目的是：(1)孝事父母；(2)養育妻兒；(3)發生意外時之急需；(4)濟助親戚朋友之急需；(5)防老。到了四十歲左右，自己已經有了一點儲蓄，我就一再想，一個人，甚至一個家庭，如果大家都不嫖不賭不飲，又沒有意外的話，衣食住行所需費用實在不多，那麼再拚命賺錢有什麼意義呢？結論是：「人到世間來，應該認眞工作，有了積蓄之後，在自己有把握、不會太冒險的情形下，可以繼續辦事業，同時一定要以只許成功不許失敗的心情去做，使它能夠有利益，以便一方面增加就業機會，一方面可以繳稅貢獻國家，更可以有力量對更需要幫助的個人或團體提供捐助。」

我從三、四十歲起，除了對親戚朋友做適當之協助外，也對一些團體做些許捐獻。現在我年已七十，自知努力工作賺錢的時期已過，有生之年只有如吳三連先生所云「做一些不是賺錢的事情」，也就是「做一些自己認爲有意義的事」而已。世上爲爭奪財產而興訟經年累月，甚至干戈相向，以致家破人亡者，不知凡幾，誠屬憾事也。

人類很渺小，不要太計較

佛說，宇宙有三千大千世界，像我們所住的地球也只有宇宙中物體的幾億分之一。「人」的一生短短數十年，很難超過一百年，由宇宙看起來是非常非常的短暫渺小。過去我只是這麼想想，後來先後看了讀者文摘出版的《自然奇觀》、《地球的奧祕》，以及好時年出版的《宇宙》，更加明白「人」的存在比我所想像的要渺小得可憐。

我一邊看這些書，一邊作筆記，歸納出了以下幾點心得，順便在這裡寫出來，提供大家參考。

一、宇宙中有數千億個星系。平均每個星系包括一千億顆恆星，而在所有星系裡，行星的總數大約和恆星一樣多。我們所居住的地球，只是數千億之一星系中的一千億之一。

二、從至今所能探知的宇宙範圍來看，宇宙約在一百六十億光年的方圓內。光速每秒十八萬六千英哩，約三十萬公里，也就是每秒可繞地球七周半；十光年等於十兆公里。地球在一百六十億光年（即一千六百億兆公里）方圓的宇宙中，恐怕連「滄海一粟」都形容不上。

三、以太陽來說，太陽還只不過是銀河中約一千億顆恆星之一，但其放射的能量已超乎想像。每一秒鐘太陽的能量，比起人類有文明以來所消耗的總能量還多；太陽在幾天內發射到地球的光和熱，抵得上燒盡地球全部石油、森林所能產生的能量的總和——而太陽射到地球上的，只是其放射總能量的二十億分之一。從體積來看，太陽的直徑計八十六萬四千英哩，與直徑只有七千一百九十英哩的地球相較，一個太陽就能容納一百三十萬個地球。

四、但即使是太陽，與其他恆星比較起來又相形見絀了。獵戶星座的第二顆星「參宿七」，就比太陽亮一萬五千倍；天蠍座的中心星「心宿二」，其體積竟能容納三千六百萬個太陽。

五、地球雖然在整個宇宙中萬分渺小，但其形成至今已有四十六億年。已知的最古老生物是一件在南非發現的原始細菌化石，約有三十五億年歷史；一般哺乳類出現在地球，有六千五百萬年歷史；而人類的出現，還只是三百七十萬年前的事——因此，我們如果把地球形成至目前的四十六億年，看做二十四小時的話，那麼人類出現至今三百七十萬年，只有一分多鐘的時間而已。

六、就整個人類的歷史，與地球的形成相比已不成比例，更何況比地球大一百二十萬倍的太陽？更何況有一千億顆像太陽一樣恆星的星系？更何況有數千億個星系的宇宙？

七、再拿我們的壽命來說，即使長命百歲，與人類出現的時間（三百七十萬年）比起來，也只有三萬七千分之一；與地球的壽命（四十六億年）比起來，少至四千六百萬分之一；若與太陽相比，那更可憐，也就更談不上在浩瀚宇宙中的「地位」了。

八、因之，從整個宇宙來看，人類只是微生物，幾乎沒有動靜，而且瞬間閃爍，便已熄滅。人的生命與存在又算得了什麼？

盡己之力，貢獻社會

所以我認爲，人如此渺小，實在是沒有什麼可爭，沒有什麼可計較的。一旦蒙召赴天國或入地獄，恩怨也都完了，萬貫家財也無法帶去，還爭什麼？計較什麼呢？應該知足，看破，只求心安理得就好。我這樣說或者會有人誤會我是消極主義者，但其實不是的，我對應做的工作是相當積極的，甚至因此受一些年輕的孫兒女說「阿公似有一點工作狂」的雅稱，所以我在此要特別聲明，我不是消極主義者。

人生在世，譬如朝露；功名利祿，過眼雲煙。我希望大家都能消極於爭名奪利，而積極於人類社會的進步和諧。爲了人類社會的進步與和諧，每一個人都應該盡一己之力，隨時隨地貢獻社會。

昔有一位極爲賢能的高官（姓名已忘記），在生前就將其大部分財產捐出作公益慈善事業，有些朋友對他說：「你這樣做對嗎？」他回答說：「我認爲這樣做很好，因爲我想，假如我的子孫能如我賢，留錢給他們何用？假如子孫不如我賢，留錢給他們又何用？」他的意思是說：「假如我的子孫能像我，自立自強，那麼根本就不需要我留錢給他；假如子孫不像我，不能自立自強，好逸惡勞，嫖賭飲俱全，奢侈的敗家子，那麼我留錢給他又有什麼用呢？不是一下子就可以輸光或花光嗎？」眞是名言，我由這句話得到不少啓示，我的基金會一方面是受到這句名言的影響，一方面是受到我兒女的建議而設立的。

我對兒女們不圖額外的享受，而能勸我成立基金會深感欣慰，同時也感責任之重大，希望各方面多賜指教，使基金會能夠對社會有所貢獻。

發揮愛心

我國政府遷台已五十年，在此期間，由於政府領導有方，以及全國國民的努力，不論任何一方面都有很大的成就，尤其是經濟繁榮，國民所得大幅度的增加，大家的生活都已相當富裕，這些都是很可喜的現象。

但因爲物質的富裕引起了社會上很多麻煩的問題，這些問題我想全國國民或多或少都應該負一點責任，尤其是在家庭，父母應該負責任將家庭照顧得很幸福圓滿。最重要的是，一定要將所有花在不正當娛樂的時間，改用在家庭建設之上，才能達成；在學校，老師除認眞教學外，也應該盡力以無比的愛心去關心學生的課外動態，以便及早知道學生的動向，如認爲有錯誤，也可及早矯正過來。

隱惡揚善，傳播愛心

在傳播事業方面，由於傳播事業的力量對社會的影響至深且鉅，所以我極誠懇的希望傳播界全體女士先生盡最大的力量，處處想辦法「隱惡揚善」，盡量揭舉社會上的善行，致力給予宣揚；對於每日所發生的惡行，希望能點到為止，不要用大標題加以渲染，因爲要學好較難，要學壞較快，如對善惡採取同樣的力量加以傳播，則壞的方面發展較快，善的較緩，所以我企盼傳播界對好的應加幾倍的宣揚才能勝過壞的，更希望在傳播時對善的新聞最後加一句「對這樣的善行大家應該努力來響應，使我們的生活能夠更安和樂利」，對壞的新聞最後也加一句「××人這樣的行爲是很大的錯誤，我們大家要小心，絕對不可再犯這樣的錯誤」，我認爲傳播界如能這樣做，對改善社會風氣一定有很大的幫助。我曾經聽說，傳播界之所以對「惡」方面刻意渲染是爲爭取生意，因爲大家步調不一致，所以「隱惡揚善」之傳播機構的業績相形見絀，這點似應由政府主管機關邀請傳播界有關人士來互相研究，約法三章，我想這原與「言論自由」無關，卻有益於改善社會風氣，而且大家處於同一條件，就不會有誰佔便宜，誰吃虧的問題，傳播界的有關人士應該會樂於接受的。

總而言之，懇請全國同胞發揮愛心，隱惡揚善，共同來改善社會風氣，使我們的國家更繁榮，大家的生活更安定。

對健康的投資

我常說「無健康，一切皆空」，人生的幸福應以「健康」列爲第一，大家應對健康多注意、多投資，俾能過著幸福的生活。

做事勤，治病也要勤

胞兄修齊對健康的投資非常積極，無論早晨的走路、打太極拳、練外丹功，眞是數十年如一日，其恆心實在可佩。侯雨利先生對於早晨爬台北圓山和在台南公園做體操，幾十年來也風雨無阻。他在三十多年前，平常是每隔二、三天就到公司來看看聊聊，有一次隔了好多天才來，我請問他說：「雨利哥，你爲什麼這麼多天沒有來？」他回答說：「最近患了猩紅熱，身體不舒服才沒有來。」我告訴他說：「我最近剛剛看過一本日本大正天皇的侍醫築田多吉先生所編著的《實際的看護祕訣》一書，日本人簡稱此書爲《赤本》，內中記載患了猩紅熱的人腎臟會受損害，年輕人大都會自然痊癒，年紀大的人就很不容易好，一拖下去尿酸會高，以後慢慢會變成尿毒，最後會變成排尿困難，非常的痛苦。現在（是幾十年前）沒有特效藥針可治，惟有一種民間療法可用，這種民間療法不是把腎臟的毛病醫好，而是只能使你的尿酸不會升高，尿酸不升高，就不會變成尿毒而已，你是不是曾去檢驗腎臟？」他說：「沒有。」我說：「應該明天吃早飯前去檢查看看。」翌日他再來看我，告訴我說：「檢查結果，腎臟眞有毛病，應該怎麼辦呢？」於是我把那本書上記載的藥方抄給他：

接骨木五錢（日名稱爲ニワトコ）

草決明五錢（本地人俗稱草青仔子，夏天泡茶用）

番麥五錢（國語叫玉米），如有番麥鬚可用更好，但只用一錢即可

水三碗煎成二碗，一日分數次當茶飲用

雨利哥就每天將那種藥茶裝在熱水瓶，帶到公司，帶到工廠去服用，到現在已經二十多年，他還是每天服用，其恆心實在可敬。他八十七歲的時候，腎臟的情形還不錯，

可能是他先天強壯，同時那種藥茶也有些幫助，可見不但做事要勤，治病也要勤！

運動要持之以恆

吳金台先生四十多歲時，因公事煩忙，以致年紀不大就患了心臟病，一位心臟病專家陳大夫偷偷告訴金台夫人說：「吳先生的病情相當嚴重，隨時都有危險，所以急救藥硝基甘油錠一定要帶在身上。」因此他們非常的緊張和煩惱。金台先生在陳大夫診斷之前，因工作忙，同時自己也認爲沒有特別需要，所以不但不節食，也不認眞運動，體重達九十多公斤，是對患心臟病者極不好的體型。後來經醫師的指導，由短時間的散步開始，慢慢做到快步，再做到跑步，現在他每晨快步一個小時，慢跑二十分鐘，體操三十分鐘，一共差不多做將近二個小時的運動。他這項運動不但是在國內，就是到國外去旅行也照做不誤，即便是遇到下大雨也在旅館內做一小時的體操，他的體重已經減輕到八十公斤左右，心臟情形很好，眞是可喜的現象。在這二十幾年當中，他對健康的投資很多，其精神與恆心實在可佩，希望他能繼續不斷的投資下去，以保健康，爲自己、爲公司、爲國家社會能有更大的奉獻。

其他還有很多親戚朋友也都很認眞的在對「健康」做投資。例如吳三連先生的散步，陳啓清先生的甩手與靜坐，王民寧先生的靜坐，黃烈火先生的太極拳及早晨散步，杜萬全先生的快步，林山鐘先生每日兩小時的晨操，張清來先生、葉山母先生的晨跑，王永慶先生的體操、跑步、游泳，王永在先生每早打高爾夫球。他們都是很有恆心，每天不間斷，殊堪敬佩，亦足爲模範。

事與願違

期望兒女當教師

因爲我自己從小經商，後又參與一些工廠的經營，深知經營工商業之困難。尤其是年輕時候，擔任布行的外務員，受到客戶的無理要求補價或退貨，曾經哭過幾次，印象更加深刻。

所以我希望兒女們最好不要走做事業這條路，而去當老師或去公民營機構就職。我認爲教書工作既清高，又可爲國家造就人才，也比較與世無爭。而自己做事業則時時刻刻都用心，要動腦筋，事業才比較能做好，否則失敗的機率相當高、相當危險，時時都在過著緊張的生活。

例如經商（以經營布疋生意爲例）：一、買不到自己想要的貨色，恐怕貨色不全，影響生意而著急。二、想要的貨色買到了，又恐怕市場起變化，售不出去，如不能很快出售則不但要負擔利息，又有跌價之危險，如硬要趕快出售，則要削價出售而虧本。三、想要的貨色買到了，又順利出售了，若是現金交易，馬上銀貨兩訖最爲輕鬆，但是現金交易者畢竟不多，如係欠帳則又要擔心貨款是否能順利收回票據？票期長短不一，有的六十天，有的要一百八十天以上，票據到期是否能兌現？如不能兌現，萬一吃倒帳則將影響自己的周轉，樣樣都要操心。

開工廠也是有很多麻煩，辛辛苦苦將廠房建好，機械買好，安裝好，員工雇好，原料買好，順利開工生產了，但是生產出來的東西是否能順利銷售出去？如售不出去要怎麼辦？假使順利售出了也與經商一樣，恐怕貨款收不回來，怕吃倒帳影響工廠的周轉。確實是使你必須天天，甚至時時都要去操心，非常吃力。

還是走上父親的路

因此我才會希望兒女們去教書，不要自己經營事業，但是我的希望畢竟未能達成，只有老五（女兒）畢業後教了兩年書就出嫁，女婿是醫生兼醫學院的講師，所以她就沒有出去工作，在家相夫教子。老六畢業後在銀行工作，除了有特殊事情會比較忙碌外，平時都按時上下班。他（她）們二人的生活，過得比做事業的兄弟們輕鬆不少，健康也相當好，我爲他們二人的選擇而高興。

其他四個孩子（老大、老二、老三、老四）結果都走做事業這一條路，每天工作相當忙碌，有的人不但禮拜六、禮拜天都不能休息，甚至三更半夜也要去巡視工廠，雖然業績都還可以，但是因操勞過度，健康都不大理想。

因此我認爲俗語所云「世間不如意事，十常八、九」是很有道理的。我想兒女們未能全部如我的希望去做，似可說是命中註定的，無法勉強。只有祈求上蒼庇佑，使他們能得到平安的結果，也希望他們除了認眞工作外，應多多注意健康。

交友

人各有奇特處

人各有志，又因各人的個性、志趣、環境、工作以及立場等不同，不能一概而論，但群居生活中，我認爲「人」不可無朋友，但亦不宜太多，無朋友則不免寂寞無聊，且有事時亦無人可以討論研究或幫忙。朋友太多則交際應酬必多，不但開銷大，影響收支預算，時間花費也必多，影響自己正當的工作之推行，甚至影響到自己的健康，更甚者由於應酬太多，應接不暇而導致對朋友失禮招怨。

我個人就是因爲個性的關係及考慮種種問題，所以不敢交太多的朋友，但是非常幸運，我所交的朋友大都是可以推心置腹，有事可以商量，也可以互助的朋友。朋友們對事業的經營管理雖各有千秋，但都有獨到的功夫，有的人是「思考敏捷，擅長分析，知人善任，處事條理分明，對人不文不火」；有的人是「膽識過人，剛毅果斷，追根究柢，勇往直前」；有的是「步步留神，處處小心，愼謀能斷，穩紮穩打」；有的是「藝高膽大，擅於四兩撥千斤，事業多多益善，永不止息」。總而言之，大家的智慧都很高，也都能發揮所長，加上各人做事的信心、決心、魄力、毅力及克勤克儉、刻苦耐勞的精神而卓然有成，成功後也大都爲國家社會有所貢獻，誠值敬佩。其中雖有極少數朋友，成功後又因故而不能繼續發展下去，殊感無限的可惜，但對其過去的努力、成就及對國家社會的貢獻，我們都很欽佩。我一生中受朋友的照顧很多，在此謹向諸好友表示衷心的感謝。

朋友不必多，但要誠

語云：「君子之交淡如水。」實在是名言。我認爲交友應以「互讓互助」、「善始善終」爲原則，因爲大家既能做朋友，這總是「緣」，所以如有什麼事情想法不同、意見相左時，應大家退一步想，不要堅持己見，應化干戈爲玉帛，共同爲國家社會的繁榮而努力，這才是大家之福。同時也應要有分寸，更應互相體貼，對於顯赫騰達的朋友，應盡量少去找他，因爲他已成爲要人，必定非常忙碌，我們實不宜多去找他，增加他的困擾。

我曾經告訴我的兒女，古人所云：「近朱者赤，近墨者黑。」是千眞萬確之言，交友應非常的謹慎，如果可能的話，應在會計師、律師、醫師、藥劑師及傳播界、工商界、金融界中各選擇一、二位自己認爲可以談得來、尤其是品德好的人作爲知己朋友，互相切磋，互相幫助，最爲理想。

在此應特別澄清的是，我要我的兒女以律師爲朋友，絕非爲了訴訟，而是爲了要知道如何來避免訴訟。我最不喜歡訴訟，也深深知道「訟則凶」的道理，因此我對許多位常常勸人和解的律師非常的敬佩，他們「勸和」的行爲是積陰德，實在是功德無量。

親慈子孝，兄友弟恭

世上萬事萬物都是「緣」，無緣不生，父子、母子、夫婦、兄弟、姊妹、婆媳、妯娌、祖孫、親戚、朋友、同事，一切都是「緣」，至少我自己認爲是這樣。

但也有人說「夫妻是冤仇」，「夫妻是相欠債」，「父子母子也是相欠債」，採這種說法的人，大概都是不能和睦相處而發的怨言，我認爲應該還是說「緣分」比較妥當。

世上有很多夫妻恩恩愛愛的，也有不少吵吵鬧鬧的。夫妻如此，父子母子、婆媳、兄弟、姊妹、妯娌，又何嘗不是如此？其原因非常複雜，不能一概而論，大約言之，可能由於個性有缺陷，或心胸氣量狹窄及不知足而引起者居多，這些較難改善。

另外有一種是很多人易犯，但是要改善亦較容易者，乃互相之間言語行動「太隨便」所致。

要誠意，不要隨意

吳三連先生曾經多次告訴我們說：「爲人如果不能對自己的父母盡孝，對自己的兄弟友愛，卻說他會對朋友如何的好，我都不太相信，那是近乎不可能的事。」又說：『人』的相處，一定要保持相當禮節，不能太隨便，隨便極易引起誤會而招致反感。」日本人也有一句話說：「親しき中にも禮儀あり。」意思是說：「在很親暱當中也應存禮儀。」對這句話，我起先不太了解個中眞意，以後慢慢體會，才漸漸明白是極重要之事。所以我常找機會對全體家屬說明舉止行動言詞要有分寸，不可太隨便的道理，讓大家了解，其效果相當良好，誠可欣慰之幸事也。望我家每一成員皆能有恆的注意舉止、行動、言詞，不可隨便，同時放寬心胸，推己及人，親慈子孝，兄友弟恭，而享天倫之樂。

我國名監委、總統府國策顧問陶百川先生在其所著《台灣要更好》一書中，曾經引述幾個「母子」及「婆媳」之間不愉快的事例，他說：「爲人兒媳者如能將花在自己兒女之時間和金錢，分一小部分來用在父母親身上，我想一切的情形都會好得很多，大家可過得比較幸福快樂得多。」陶先生眞是觀察入微。確實有不少爲人兒媳者無論自己如何忙，手頭如何的緊，都肯用心設法撥出時間和金錢來照顧兒女，但對自己的父母親或公婆則大不相同。對自己的兒女付出愛心原無可厚非，但亦不宜過分溺愛，將所有的時間及金錢都花在他們身上，而將父母置之度外，甚至不讓父母住在一起。大家應該知道，父母親也曾經不惜任何犧牲的照顧過其子女，疼愛過其子女，如今父母親都已是風燭之身、殘年不久的人，爲人子女者應該盡其所能，敬孝父母親，至少也要將對待兒女的時間及金錢分一部分給父母，使他們能安享晚年。爲人子女者如能這樣做，將來自己的兒女亦會學這好榜樣來孝順自己，豈不是大家都有好處嗎？請大家平心靜氣的想想看。

本人託天之福，非常的幸運，家庭生活相當圓滿，年紀漸大，兒媳女婿更對我和內人增加關心，常要爲我們滋補，帶我們到各國各地去觀光旅行，家庭之內、親族之間頗爲溫馨，實在是謝天謝地。

難得幾時做兄弟

多年前在報上看到一篇前司法院長戴炎輝先生的文章，其中引用一段前清鳳山縣令對沈仲仁、沈仲義兄弟爭產的名判文，頗有參考價值，謹錄於左。

前清鳳山縣「曹公」名判文

丹鳳呼兒，烏鴉反哺，仁也；鹿得草而成群，蟻得食而共聚，義也；蜂有君臣，雁有列行，禮也；鵲巢低而知風，蛙聲鬧而知雨，智也；燕非時而弗至，雞非曉而弗鳴，信也。山禽草蟲，尚知五常，況爲人乎？

唐虞遜位，平治天下；夷齊讓國，餓死首陽。你等兄弟，既無管鮑之心，更存吳越之志。蓋世以來，多聽婦人之言，以致兄弟失和，沈仲仁眞不仁、沈仲義眞不義。兄通經典，全無教弟之義；弟識武略，更有傷兄之志。不仁不義，絕人倫之大體；無兄無弟，失天理之良規。爲爭些少之利，而傷骨肉之情，勸你兄弟和氣，云爾。

詩曰：兄弟同胞一氣生，祖宗家業不須爭。一回相見一回老，難得幾時做弟兄。

我看過很多人爭財產的原因不是爲生活，而是在爭意氣，如果大家能平心靜氣，客客氣氣表現出互敬互讓的美德，則那些爭財產、丟祖先之臉的事，將可消失於無形矣。

愼終追遠

大約在民國三十年，我的生父克讀公鑑於我們族親沒有一個祖塔，諸多不便，所以提議興建一座祖塔於故鄉的草湖山。當時因族親的手頭並不寬裕，建塔的費用大部分是由生父支付，而且要取得材料並不方便，所以建得不太牢固，經過十多年，有些泥灰已經剝落。

生父克讀公去世後不久，父親克章公提議改建，於民國四十三年完成，改採用鋼筋水泥，建得較爲堅固美觀，四周圍起磚牆，塔前也建了一個涼亭，使回去祭祖的子孫有個納涼的地方。

民國六十三年，復由胞兄修齊提議在故鄉興建宗祠，大家都非常贊成，於是他費了很大的精神，花了很多的時間，於民國六十四年完成一座相當像樣的宗祠，稱爲「光覽祖紀念館」，由吳三連先生任董事長。每年三月二十九日青年節和十月二十五日光復節，散居在全省各地的後裔都盡量回鄉參加春秋二季的祭祖。每次祭祖，眾多族人早上十點先到草湖山拜祖塔，十一點在宗祠舉行祭祖典禮，然後齊集聚餐，和樂融融。吳三連先生對祭祖非常的重視，每次都以身作則，撥忙回鄉主持典禮，也常常對大家訓示「祖宗雖遠，祭祀不可不勤」之重要性，大家因此也都能了解慎終追遠的意義。

天道循環，宜多積德

適可而止，和樂相處

語云：「天道循環」、「物極必反」、「生者必滅」、「盛極必衰」，這些都是不移的至理，這些現象在歷史上或在我們身邊俯拾皆是。

如近年來，大家認為影響全球最大者是「石油問題」，石油之價格在一九七二年以前，因受用油國家的控制，每桶只有美金二元左右，實在是便宜得離譜，使許多產油國家的人民非常貧窮，實在是太不合理，也太可憐。我想他們心裡頭一定很不服氣，每天都在計畫，希望有朝一日機會來臨時能顛倒乾坤。果然，到了一九七三年，機會來了，他們一夕之間聯合起來，找藉口採取報復性的漲價，漫無節制，一月三漲，每桶漲到美金三十多元，漲得進口石油的國家喘不過氣，整個世界天翻地覆。僅一、兩年時間，原本窮困的產油國家，頓見暴富，有些產油國的外匯一時多到無法使用，照理應該適可而止了，但是他們還是貪得無厭的想要繼續漲下去（只有沙烏地阿拉伯較爲溫和），因此使很多用油國家無法應付，爲求生存，天天都在想辦法盡量節省用油，並且利用其他代替能源，例如改用煤炭，利用核能、水力、風力、海水溫差發電，利用太陽能及改善設備節省能源等等。我相信基於「人定勝天」、「物極必反」之道理，在全世界那麼多絕頂聰明的科學家日夜不停的研究之下，可能不要超過十年或二十年，一定會有比現在的油價更便宜、更無公害的能源出現。到那個時候產油國家又要受苦了（年來因產油國家內部意見分歧，油價已經降低，後果如何極難預料）。

呂蒙正之勸世文

基於基督之博愛精神也好，基於佛菩薩的慈悲心腸也好，我衷心盼望大家凡事能做到「適可而止」、「得饒人處且饒人」才好。我生父克讀公生前常口誦一篇勸世文，題目是〈呂蒙正破窯賦〉，我曾經託幾位同事和朋友去找考據，只得到日本國會新聞刊登的我留日華僑高總成先生所寫一篇，及我國名書家董開章先生所寫的一篇，因文中有很多發人深省之處，值得一讀。茲將克讀公傳述之文謹錄於左，以供參考。

蜈蚣百足，行不及蛇；孔雀翼大，飛不及燕。

馬有千里之能，無人不能自往；人有沖天之志，無運不能自通。

蓋聞人生在世，富貴不能淫，貧賤不能移。

文章冠世，孔子困於陳邦；武略超群，太公釣於渭水。

顏回短命，並非兇惡之徒；盜跖長生，豈是善良之輩。

瞽叟愚頑，竟生大孝之子；堯帝至賢，反生不肖之兒。

李廣有射虎之威，到死無封；馮唐有安邦之志，一生不遇。

韓信未遇，無一日之餐。及至運通，腰懸三齊王印；一旦時衰，喪於陰人之手。

才疏學淺，少年登科；滿腹文章，終老不中。

青樓妓女，時來配作夫人；深院宮娥，運退反爲娼婦。

蛟龍未遇，潛身於魚鱉之間；君子失時，拱手於小人之下。

天不得時，日月無光；地不得時，萬物不生。

水不得時，風波不作；人不得時，運限不通。

昔我居洛陽，朝投僧舍，暮宿破窯，思衣而不能蔽體，思食而不能充飢。人道我賤，非我之賤也。此乃時也，運也，命也。

今居朝堂，位列三公，躬身於一人之下，列職於萬人之上，思食而有珍饈百味，思衣而有錦繡千箱。人道我貴，非我之貴也。此乃時也，運也，命也。天道循環，周而復始者也。

我極誠懇的奉勸大家深深了解「天道循環，周而復始」，「天越黑，黎明越近」，「富極將趨貧，貧極將向富」的道理，希望大家能保持「勝不驕，敗不餒」的精神，共同攜手創造美好和平的社會。

我的信仰

無論任何國家，「宗教」都有極重要的存在價值，有了它的傳道佈教，才會使大家常想到「舉頭三尺有神明」，「善有善報，惡有惡報，不是不報，日子未到」等等警語，而能改過向善。佛陀勸人慈悲，基督勸人博愛等等，都是很好的教義。但是非常慚愧，我到現在還沒有固定的宗教信仰。不過除政府禁止的宗教外，我對任何宗教都極敬重，因我知道各種宗教都是勸人爲善的，各種宗教的信徒都爲國家社會的安和樂利在出錢出力，所以我不但敬神佛，並且對任何宗教信徒的奉獻精神，都非常敬佩，同時對各種宗教也都盡一點微力。

大家都知道，政府規定信仰自由，所以我很誠懇的祈望各種宗教在傳道佈教時，應盡量宣揚自己所信宗教的優點，勿言及他種宗教之缺點，以免傷及宗教與宗教間的和氣，而能團結一致，共同爲建設更美好的國家和社會多做貢獻。這或許是我不懂大道理的愚見，但這是出自我個人的肺腑之言，如有冒瀆之處，敬請大家寬恕。

我的祈禱

祈求世界早太平

我自己和家人承蒙上天的庇佑及受國家社會各方面的照顧，生活得相當安樂，一點都無不滿。但是從每天的報紙、電視新聞上，常常看到世界各國的衝突，人與人的明爭暗鬥、勾心鬥角，以及搶、劫、偷、詐、騙、強暴、殺掠、悲歡離合的情況，我就想只有神佛能將這些消滅，因爲神佛的力量是最大的，所謂「神通廣大」、「佛法無邊」。所以我每次看到前述不祥和的消息時，都會自然閉目祈禱，懇求宇宙間所有的神、佛、仙、道來一次大合作，將世上那些不好的現象早日全部消滅。

曾有人說：「世上會有這麼多不祥和的事情，是因爲人類的『善性』較弱，『惡性』較強所致，所以應由世人共同誠懇祈求神、仙、佛、道來一次大合作，幫助科學家發明一種『去惡歸善丸』，使世人一吃下這種藥丸，就會『去惡歸善』、『改邪歸正』。如這種希望無法達成，則另一個方法就是，『人』絕大多數都希望將來能到西方極樂世界的，神、佛本來也是希望能早日渡眾生而往西方極樂世界的，所以是否可以大家一起來懇求神、仙、佛、道幫助科學家，發明一種威力很強的『西方極樂彈』，將大家刹那間一起送到西方極樂世界，去享受無憂無慮的生活。」這種希望如能達到，那就太好了。

人間的前途悲觀嗎？

我最近拜讀過《星雲法師講演集》及聖嚴法師所著的《正信的佛教》，頗有感觸，茲將這兩段文章抄錄如下：

星雲法師，〈經濟生活的道德〉（講演集第二冊第一九三～一九四頁）

佛陀爲我們揭示了「一切皆苦」的實相，更告訴我們解決痛苦的根本方法。因此佛教並不是要大家吃苦的宗教，佛教是指示我們如何追求究竟常樂的宗教。有人以爲佛教反對享樂，要大家吃也吃不好，穿也穿不好，完全不重視經濟問題，信仰了佛教，社會文明不能進步；其實，這完全誤解了佛教，佛教的確是呵斥物欲，是反對過分耽迷於物質享受，過分沉淪物欲大海而無法自拔，佛教並不是漠視物質生活，其實佛教是非常重視經濟、物質生活的。

佛經上描寫極樂世界的殊勝，馬路豈僅用柏油舖的，而是用黃金舖地，纖塵不染；極樂世界的建築豈僅是用鋼筋磚瓦建築的大樓而已，而是用七寶建成金碧輝煌的樓閣；極樂世界的設備豈僅是地毯、冷氣而已，它講究空氣調節，每天都是微風吹動，自然溫馨；極樂世界的音樂設備，是「出和雅音」，連流水、花樹、飛禽都在以音樂作佛事，它的八功德水比我們的自來水還要清涼，它不但可以解渴，並且還可充飢；佛國的世界是很富有的國土，那兒沒有經濟萎縮，沒有通貨膨脹等危機，沒有能源缺乏，沒有經營之苦。住在那裡的眾生，享受最富庶，但卻毫無貪奢的經濟生活。（以下略）

聖嚴法師，《正信的佛教》（第六十六頁）

問：佛教對於現實人間的前途是悲觀的嗎？

答：不，因爲佛教相信再過一段相當長遠的時間，大約五十六億年之後一定是在地球尚未毀滅之前，那時另一個佛陀會在人間出現，稱爲彌勒世尊，那時會使地球成爲安樂的、莊嚴的、美化的、清淨的、平整的、統一的、自由的、善良的、互助的，不論交通、住宅、衣服、飲食、娛樂、教育、文化等各方面都已健全、豐富、人體高大、壽命綿長、相貌端嚴、精力充沛，世界是統一的，語文是統一的，思想也是統一的，全世界的人都像兄弟一樣，生活在康樂之中，那幾乎是像西方極樂世界已遷移到地球的人間。

「原註」：參閱佛祖統記卷三十大正藏四十九冊三〇〇～三〇一頁，彌勒年代亦有異說。

看完這些文章，似感安和樂利美好生活可期，但是五十六億年實在太遙遠，我希望世人共同以嚴正虔誠的心情，來向宇宙所有的眾神佛祈禱，懇請祂們合作，將地球上一切的罪惡苦難消滅，使眾生能早日享受「和平」、「快樂」、「幸福」的生活。

莫使寶島變成亂邦

這一兩年來，每天打開報紙，看到的新聞，泰半是你爭我奪，尤其是社會新聞版，每天充斥燒、殺、擄、掠、詐欺、強暴、貪瀆、吸毒、飆車新聞，尤其是十三、四歲少年就會殺人、搶劫等等的犯罪個案，眞可謂怵目驚心，令人不忍卒睹。

台灣向來稱爲寶島，這是因爲台灣山巒青翠、原野美麗、物產豐富、人見人愛。這幾十年來，由於經濟發展迅速，台灣更以富裕聞名於世，台灣既美麗又富裕，應是人間天堂！如今卻是社會混亂，寶島宛然變成了危邦亂邦，這是何等可惜的事啊！

我認爲，假使要將國家建設排列一個優先次序，安寧應列第一，富裕只能排列第二；因爲沒有安寧，徒有富裕，則富裕必危如纍卵，朝不保夕，百姓要安居樂業，猶如緣木求魚，必不可得。

光復後有一段很長的時間，台灣治安良好。後又稍差，但民國七十九年，政府再大整頓後，也曾恢復常態；可見，事在人爲，我們絕不能以諸如「轉型期」、「過渡期」這一類的說辭，做爲當前社會混亂的搪塞。

我希望，政府負起責任，學校負起責任，每個家庭的家長也負起責任。假使每個家庭的父母和每個學校的老師，都能負起管教的責任，絕大部份青少年男女必能中規中矩；對於少數不聽教誨的迷失青少年，假使政府又能恩威並施的話，亦必有導入正途的一天。

至於一般人犯罪，我們國家警力完備、法條完備、監獄完備，當政者對於治安不好，實在不能有任何藉口。坦白說，治安好與不好，只是政府有關人員盡力不盡力的差別而已，誠盼各級有關人員加倍努力，使我們的社會安寧，同胞的生活祥和。

附錄1

演講詞

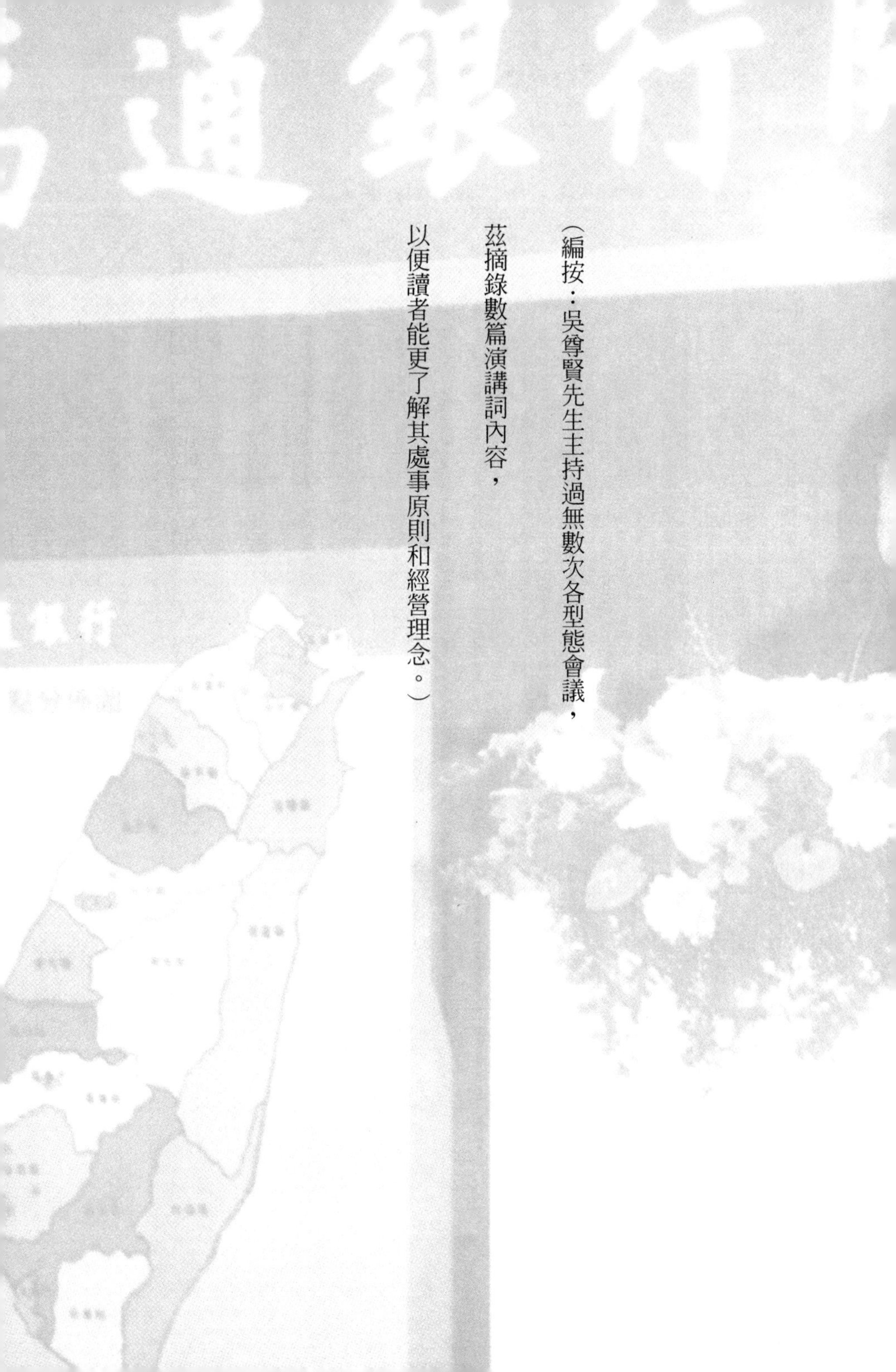

（編按：吳尊賢先生主持過無數次各型態會議，
茲摘錄數篇演講詞內容，
以便讀者能更了解其處事原則和經營理念。）

在萬通商業銀行第一次發起人會致詞

民國七十九年八月二十七日
在台北世貿中心

各位貴賓、各位女士、各位先生，今天萬通商業銀行股份有限公司在此舉行第一次發起人會，承蒙各位在百忙中光臨參加，感覺非常榮幸，本人在此謹向各位表示萬分的感謝。

現在我首先要來介紹今天的貴賓丁俊文律師（請丁律師和大家認識），他是一位有爲有守、經驗豐富的大律師。自去年十一月至今，受他的照顧幫忙很多，除法律問題時常請教之外，長期借用他的事務所作爲籌備工作場所的一部分，非常的感謝。再下去要介紹陳獻龍博士，他是一位學驗均優的大律師，今天起請他來給我們指導。再下去要介紹的是我們中華民國最大、公信力最好的勤業會計師事務所的王景益、鍾聰明、蔡慧明會計師。在最近幾個月，承蒙他們三位很多指教和協助，今天他們三位和丁大律師、陳大律師都在百忙中撥出寶貴的時間光臨指導，本人在此也要向他們五位表示深深的謝意。

同時也要特別拜託各位今後更加多多指教，多多協助。

我在籌備會議時曾說過，我們的籌備工作如能順利得到政府的批准，我們所有參加籌備工作的人及全體發起人，每一個人皆有面子。所以我說我們是共搭一條船，也可說是共穿一條褲。我們大家應該抱定只許成功、不許失敗的精神和決心，同心協力來完成我們的籌備工作。這點要拜託各位特別幫忙。

今天在座的各位，除二位大律師和三位會計師之外，大家若不是公司的同事，就是親戚朋友或是志同道合的人士，我們大家很早就已經結緣。這次有機會來共同投資創設銀行，是更加深一層緣分。本人心中感到非常的歡喜，也非常歡迎各位來共同創業，希望今後大家更加互助合作，更加互相照顧，團結一致，來爲我們共同創辦的事業盡心盡力的打拚。

今天開會的主要目的是要向大家報告籌備工作的經過，還有一些議案要向各位請教，要借各位的智慧來做最好的決定。等一下請各位不要客氣，多多提供寶貴的意見。

各位所知道，做事起頭難，新銀行的籌備工作實在是千頭萬緒。我們的作風一向較保守，對外很少發表我們的籌備情形，所以或者有人誤會我們不積極，實在我們是很認眞在進行。我現在要向各位報告幾點籌備的經過及我個人對開設銀行的淺見，給各位做參考：

第一點要報告的是，我們自去年七月，政府宣布開放新銀行的設立起，就開始請教多位專家，請教他們對開設銀行的看法，他們的回答大概都是差不多。他們說，如有好的人才，應該可以配合政府的政策設立新銀行來爲工商界服務，因此我們就開始物色人才。俗語所云「事在人爲」，這是至理名言，不論國、不論家、不論公司行號，成功在人，失敗也是在人，「人」確實是非常的重要。幸託大家的福氣，經過多方面物色，於去年十一月我們才得到一位很優秀的總經理及幾位副總經理的人選，以後又透過總經理、副總經理認眞去找到我們所需要的優秀幹部人才，這點我認爲是値得我們共同慶幸的。因爲他們都是現在仍在銀行工作的在職人員，所以暫時不能曝光，現在不能向各位報告他們的姓名，請各位多多原諒。

第二點要報告的是，在去年十一月得到優秀的總經理及副總經理以後，我們就開始利用每禮拜六下午或禮拜天舉行籌備座談會，討論各項有關事項。到今年六月正式成立籌備處以後，繼續利用每禮拜六下午或禮拜天舉行籌備委員會議。自去年到現在，我們共計已開過三十餘次的會議，所用的場地與協助的人員，均由環球水泥公司免費提供。我在此應順便向環球水泥公司顏總經理岫峰先生及李副總經理國棟先生以及參與協助工作的環球水泥公司各位同仁表示衷心的感謝。另外有一部分工作人員自今年六月就借用南紡台北辦公廳工作，也是由南紡免費提供，所以也應在此向南紡吳董事長修齊先生及鄭總經理高輝先生及其他的同仁表示感謝。

爲什麼開會要利用禮拜六下午或禮拜天，而不在平常的時間舉行呢？這點也要順便向大家說明一下。因爲除各位籌備人員平時都很忙以外，也因爲我們所聘的總經理及副總經理尙在原職服務，所以才會選定禮拜六下午他們下班後或禮拜天舉行。籌備人員之中，有幾位是要由台南趕來參加的，他們常常過午搭飛機來參加，開會至很晚才趕回台南，所以晚上的便當也時常帶去車內才吃，大家實在是非常的辛苦。

第三點要報告的是，全體籌備人員從一開始就抱定犧牲奉獻的精神，一年來並無支領一分一厘的報酬，大家只是一心一意，希望我們共同要創辦的事業，能有良好的成果，完全不計較其他什麼。各位的合作及犧牲奉獻的精神，實在是難能可貴，值得大家欽佩。我應在此再一次表示慰勞及萬分的感謝。

第四點要報告的是，因爲全體籌備人員的努力打拚，分工合作，在全國各地認眞尋找、認眞接洽的結果，我們所需要的行舍，買的買，租的租，均已齊備，地點均相當良好。爲了購買行舍和租用行舍，籌備人員也費了很多心神，尤其是麻煩環球水泥的顏總經理屾峰先生、李副總經理國棟先生、環泥台中、台南、高雄營業所的同事、坤慶紡織公司董事長吳金台先生、台南紡織公司總經理鄭高輝先生、太子建設總經理莊南田先生及太子建設公司的總公司及各地分公司的同事，受他們很多的協助。在此我也應對他們的幫忙特別表示感謝。

第五點要報告的是，各位都知道，我們的有關企業，數十年來一向都是抱持穩健、踏實的方針在經營。各方面對我們也有相當的認識，因此這次我們要設立銀行，希望參加來做發起人的人數甚多，要認股的金額也很大。本來我們想銀行的資本愈大愈好，愈大愈會增加客戶之信心。但是後來經過專業人員詳細評估的結果，認爲資本過大，會降低投資報酬率。經一再斟酌的結果，決定將大家所希望的認股金額減少一半。對大家的熱誠好意，不能完全接受，感覺很對不起。不過這樣做也是爲著大家的利益，這點請大家多多原諒。

第六點：我們的申請如能因爲大家的努力及託大家的福氣，得到政府的批准，我們一定要抱著穩健踏實、勤儉誠信爲經營的宗旨，誠誠實實的做，規規矩矩的做，一定要配合政府的政策來推行業務。尤其是要特別輔導中小企業的發展，減少地下金融的活動。希望各位發起人女士、先生也能抱定這個宗旨，來貢獻一切給我們的銀行。我想如果各位能照此宗旨來做，我們共同創立的銀行前途一定非常的光明，我們的銀行如能辦好，不但對我們的客戶、股東、同事都會有利，就是對國家、社會也一定會有相當的貢獻。這點是我的願望，也是要請各位協助的所在。

第七點；各位可能在報紙上均已看過，這次政府開放新銀行的設立，雖然未表明開放幾家，但大家預測批准家數可能不多，而提出申請的家數可能會相當多。因此我們所準備的資料，如有缺點，就很可能被淘汰。因此我們的準備一定要非常的齊全，如有不齊全的拜託各位應想盡辦法補全，如萬一無論如何都不能補全的時候，我想爲了不要因自己之資料不全而影響全體，應犧牲小我，將金額降低，或者不得已時也應全部放棄，這樣才能顧到大家的利益。這點也要請大家合作，並請大家原諒。

本人年紀已經很大，體力也差，智慧和經驗也均不足，實在不應該擔此重任，承蒙大家好意叫我來擔負，實在感覺萬分惶恐。但是既然擔下重任，我會盡我的力量，全心全力來效勞，請各位多多協助，來完成我們共同的計畫。這點特別拜託大家幫忙。

以上簡單報告，最後再一次感謝各位的光臨，並祝各位健康快樂，萬事如意。

在「財團法人李國鼎科技發展基金會」籌備會致詞

民國八十年二月八日

李資政國鼎先生、各位同事：

今天我們在這裡舉行「李國鼎先生科技發展基金會」的籌備會，承蒙各位光臨參加，感到非常的榮幸。尤其是李資政在百忙中，特地蒞臨指教，更使我們感到無限的光榮，本人在此謹向李資政國鼎先生和各位同仁表示萬分的感謝。

大家都知道李資政國鼎先生幾十年來，盡心盡力發展工業，提倡科技，對我國的財政、經濟各方面都貢獻非常之大，受到國內外各界人士的敬佩，也使我國的經濟發展被稱爲「台灣奇蹟」，爲我們國家揚眉吐氣，實在是非常難得，也使我們感到非常的驕傲。

我們要成立這個基金會的目的，一方面是要對李資政過去對我們國家社會所做的偉大貢獻表示崇高的敬意，一方面是要對李資政多年來對我們關係企業不斷的指教和照顧表示萬分的謝意，另一方面是希望這個基金會在李資政的領導下，對我國的工業、科技能夠更加發展，對國家社會有更多更大的貢獻。

今天提出一些資料，只是提供給李資政作爲參考，一切都敬請李資政裁定，我們絕對尊重李資政的指示。

簡單報告如上，最後再一次感謝各位的光臨，並祝各位健康、快樂。謝謝大家。

「財團法人李國鼎科技發展基金會」緣起

爲感念現任總統府資政李國鼎先生，過去數十年來對我國經濟發展所做之偉大貢獻，及爲推動今後我國科技之更加發展，我們台南紡織集團經商議，決定邀請李資政共同成立「李國鼎科技發展基金會」。

李先生早年服務於鋼鐵公司與造船公司，累積了寶貴經驗。民國四十二年，應故尹仲容先生之邀，擔任經安會工業委員會委員，積極推動工業發展，尋覓進口替代新工業，並運用美國經援，加速工業發展。民國四十年代，紡織工業正在萌芽，李先生爲促進外銷，認爲必須研究有關棉花關稅及棉紗貨物稅之改善。因而建議有關外銷退稅辦法，獲得財政當局採行，台灣今日紡織工業之蓬勃發展，即是尹、李兩位先生所奠立之基石。

民國四十七年，李先生轉任美援運用委員會秘書長，負責運用美援支援各項公共建設及新工業計劃。四十八年復成立工業發展投資研究小組，研究如何改善投資環境，促進儲蓄、投資及外銷。尤以草擬獎勵投資條例更具時代意義，此自政府核定原則至完成，僅費時六個月；此一條例並確定十年為期，以免投資人對政府有朝令夕改之虞。現該條例已經功成身退，惟其長期實施，發揮鉅大效益，實乃爾後台灣三十年經濟發展奇蹟之所本，也是我企業界對李先生當年之高瞻遠矚，致力推行工業化之辛勤，永難忘懷之所在。

民國五十四年六月，美國經援停止，李先生於同年一月受命接任經濟部長，蓋籌碩畫，度過美援停止及出口糖價大跌之危機。同時並著手積極推動投資與建立出口導向之工業，五十五年在高雄創辦第一個加工出口區，迄今仍為世界之冠。李先生推動工業化之貢獻，於五十七年八月榮獲菲律賓麥格賽賽基金會政府服務獎。

民國五十八年七月，李先生轉任財政部長，大力推動全民儲蓄運動，並以自小學開始培養儲蓄習慣之方法為之，一時之間，國民儲蓄大增。李先生更為健全國家財政，成立財稅資料處理中心，建立稽核制度。同時亦推動國庫集中支付制度，國庫調度因而好轉。第一次能源危機後，始能有效支援十大建設，祛除交通瓶頸，建立鋼鐵、造船與石化等大型工業，改變了國內經濟結構，大幅提升了國民經濟。

民國六十五年六月，李先生轉任行政院政務委員，先後奉蔣故總統經國先生、孫前院長運璿先生之命，成立小組，訂定科學技術發展方案，協調各部會推動應用科技研究，以因應經濟、社會及國防需要。其犖犖大者有以下數端：①在經濟方面，培植應用科技高級人才並引進技術等；②在醫療及疾病防治工作方面，推動B型肝炎防治，建立基層醫療單位及醫療網，充實教學醫院等；③在國防方面，國防部訂定方案，以發展國防科技，自製防禦武器。

李先生在專業領域上堅毅卓絕的貢獻，已使我國逐步邁向已開發國家之列。邇來，海內外因敬仰其豐功偉業，多所推崇；如美國哈佛大學設立「李國鼎講座」，美國馬里蘭大學暨波士頓大學、我國國立交通大學、中央大學暨私立中原大學，相繼授予榮譽博士學位。最近又因推動生物科技之成就，榮獲「米契爾夫婦生物科技國際獎」。凡此實乃國內外對其在經濟與科技發展方面貢獻之共識。

本基金會爲使新生代得以回顧當年李先生蓽路藍縷、奉獻其心力與熱忱，知所效法，謹以李先生之台甫命名，基金會原始捐款人同時認爲：基金會之設立，一方面可表達對李先生之崇仰與感戴之意；二方面可使李先生之高瞻遠矚進一步發揮；三方面可表示民間企業配合政府加強科技發展爲未來工業升級之方針。初期新台幣五千零一萬元之基金數字雖然不多，惟藉以表示本集團等之誠摯心意，籲請社會各界了解。如因此發生拋磚引玉效應，有更多各界企業或個人自動前來參與，乃爲吾人所樂見，亦爲吾人所祈禱。

住院時對兒、女、媳、婿的談話

民國八十二年八月十日下午
在台大醫院

很高興有這個機會和你們兄弟、姊妹、媳、婿一起在這裡講話。

依我的體力，應該再過幾天來談較好，但因貞良及亮宏在海外的工作需要去處理之關係，所以臨時決定今天與你們大家談談。

今天我只想講幾句給你們做參考，不是要跟你們討論問題，所以我會很省力，你們不要擔心。

此次我生病，受你們及四叔謝炎堯教授以及很多大夫、護士小姐和公司一些同事，不分日夜的照顧，大家非常辛苦，非常感謝。一方面又受很多親戚朋友的關心探詢，他們的隆情厚意使我衷心感激。

「人」實在是不能「病」，一病不但自己受苦，又要連累親朋戚友，但是又無法避免，因此希望大家要對健康多注意、多投資。

我和恁媽，年紀已大，什麼時候要發生什麼事情都不能預料，你們都應有心理準備。萬一發生什麼，都不要驚慌，不要悲傷，因爲「有生必有死」，死這條路是無論何人都要走的路，也就是「人生」必經之路。

老實說，我們兩人託天之福能活到今天（七十八歲），已經感到非常的滿足。而且你們大家對我們都很孝順，親友也對我們非常的照顧，實在是謝天謝地。

我對你們過去做人做事都很滿意，我對你們無什麼特別的希望，只希望你們大家能「奉公守法」、「勤儉誠信」、「穩健踏實」。兄弟姊妹、姊夫妹婿、妯娌姑嫂，大家發揮親情，互助互愛，互相多照顧。例如：英辰女兒宛蓉，最近幾個月在台北受到你們大家的照顧疼惜，我內心感到非常的欣慰。

我生平最不願看見、聽見的是，兄弟姊妹發生一些無意義之爭執。他們所爭的不是爲生活，而是爲「意氣」之爭，實在很無意義。爲什麼會如此呢？究其原因多爲兄弟姊妹平素太親近，講話難免比較隨便，而另一方面有人正逢心情不好或修養較差，由誤會而積怨，以致感情不睦。我深深希望你們大家牢牢記住恁三連叔公常說的「親親之間應存禮儀」這句話，言行千萬不要隨便，應互相客客氣氣，互敬互愛，互相體貼，度量放寬，忍讓互諒，絕對不要斤斤計較。希望記住：千萬不要發生「意氣之爭」而使我難過、難安。

凱南是醫生，所以我特別希望你在可能的範圍內幫忙我一件事，就是如我萬一患不治之症，你應儘力設法，使我能在「無痛苦中」過日子，也能在「無痛苦中」到天國。

（如我於一九八八年七月由美國洛杉磯寄給你的信所提。）

後記

我於一九九三年六月二十一日由美旅行返台，同年六月二十六日即患流行性感冒引起肺炎，發高燒至三十九度多而血壓降低至九十～五十，頭暈及發生不整脈，緊急請姻親四叔（台大謝炎堯教授）來診，並由四叔幫忙住進台大醫院十五C病房。起先二、三個星期非常的痛苦，大夫都認爲有相當危險性。承蒙四叔非常用心以及諸位大夫、護士小姐、昭男兄弟姊妹們、美鈴妯娌及公司同事不分日夜的照顧，和託上天及親友之鴻福，救回一命。我在此要向大家表示深深感謝，尤其是四叔，他在我五十一天的長期住院中，每日都來幾次診察，禮拜天早上要去打球也先趕來病房，晚上打完球或應酬後也一定再來病房診察。在出差中或打球中也常用大哥大打來探詢病情，使我及我的家族感激萬分，我更應在此表示最高的敬意和謝意，四叔眞謝謝您。

到了八月上旬，我認爲我的病已近痊癒，所以勸由美國回來的次男貞良夫婦及由新加坡回來的三男亮宏等，告訴他們說：你們爲照顧我，返台已久，應早日回僑居地處理業務。他們接受我的勸告，決定二、三日內要回僑居地。因此我臨時決定八月十日下午召集全家族（孫兒女除外），利用台大十五C病房之會客室舉行臨時的家族會議。我當天所說的就是前面所記的。

在「台北吳姓宗親會」敬老大會致詞

民國八十四年十月十四日

各位敬愛的宗親，大家好。

今天咱大家在此舉行八十四年度的敬老大會，承蒙各位在百忙中撥駕來參加，互相在此見面，感覺非常的榮幸和愉快。尤其是看到這麼多位七十歲以上的宗親，大家健康情形都相當良好，更加感覺無限的歡喜。我在此祝福各位「福如東海，壽比南山」，同時也希望各位更加注意起居飲食，保持健康，來享受快樂的人生。一方面也希望做子女的要盡心盡力地照顧、孝順您的父母及長輩，因爲老人家有時比小孩子更需要照顧，希望多加關懷照料，讓他們能夠享受天倫的快樂和幸福。

大家所知道，咱台北市吳姓宗親會已在台北的南京東路蓋建了一棟泰伯大樓，在北投也建造了這棟堂皇的宗祠，實在不簡單，這都是咱的大家長吳三連先生和很多宗親，數十年來出錢出力、犧牲奉獻、點點滴滴建立起來的基業。咱大家應該飲水思源，好好照顧這些基業，並且要加以發揚光大，讓咱的宗親能夠更加和氣、更加團結、更加合作，以期對咱國家社會有所貢獻，來安慰咱的大家長吳三連先生和咱的祖先在天之靈。這點是本人最深深盼望、也是最深深期待的所在。

簡單報告，最後再一次感謝各位的光臨，並祝各位健康快樂，萬事如意，謝謝。

在第二十二屆尊賢杯高球友誼賽頒獎典禮致詞（台語）

民國八十五年十月三十一日

各位貴賓、各位球友大家午安，大家好！

非常非常的感謝各位在百忙中撥駕來參加今天的高爾夫友誼賽，又特別留下來參加這個餐會，本人及家屬感覺非常的榮幸，在此謹向各位表示萬分的感謝。

時間過得很快，一轉眼之間，友誼賽已經辦到二十二屆，參加的球友漸漸增加，大家的健康情形也相當良好，感覺非常的歡喜。

我想利用這個機會向大家報告我四十年來打高爾夫的部分經驗和故事，給各位做參考。根據我個人的經驗，打高爾夫的好處很多，但是也有一些應注意的所在，請大家特別小心，絕對不可大意。

第一點要報告的是，本人四十年前因患糖尿病，接受當時台大病院的糖尿病專家蔡詩顯教授之建議，決定開始打高爾夫球。在民國四十五年四月一日那天，與吳三連先生、楊蘭洲先生及莊親家四個人，一起去台北球場（就是現在的青年公園）拜師學藝，接受陳火順球師的指導。我們四個人只利用三個禮拜六的下午，每次學習一、二個鐘頭，四個人總共只花三百元指導費，就自己進場去打了。因爲未請老師一起進場，四個人都很外行，所以鬧了很多笑話，也發生過危險。例如我們的球已經離果嶺不遠，應該用鐵桿就好，卻用木桿打，將球打到球場邊的軍眷住家的屋頂上，將屋頂的瓦打破。屋主受驚出來大叫，我們自知理屈，趕緊鞠躬賠罪了事。又剛開始學打不久，有一次在台北球場的第一洞，楊先生的球打進沙坑，要打沙坑時也不知要請同伴的人注意就打，當時三連叔正在與我講話，楊先生的球竟然正好打中三連叔的牙齒，將前面的一顆牙齒打掉一半，還流一些血，大家嚇了一跳。我心想，三連叔可能會停止不打了，沒想到，三連叔很勇敢地繼續打完十八洞。又約二十多年後，在淡水球場第二洞，三連叔那一組的人都已打上果嶺，他們依規定叫後面一組的人打，三連叔也退到果嶺的後面，但是因爲賴會計師的太太打得太用力，球落果嶺後彈跳起來，將三連叔以前受傷尚存的半顆牙齒打下來，嘴唇也破裂，流了不少血，故緊急送往淡水的馬偕醫院急診，縫了五針，幸不久即痊癒。我想三連叔可能從此不再打高爾夫了，實在沒有想到，三連叔還是繼續打到八十多歲才停止。

我說這段故事，是要向各位球友報告，打高爾夫好處很多，但亦要很小心，請各位球友多注意自己及親友的安全，也要注意在球場的其他球友及工作人員的安全，因爲我看過很多人受過傷，單單眼睛受傷失明的就看過二人：一個是二十幾年前在林口球場，南區的第三洞，有一個華僑青年與他的母親在我的前面，那個年輕人尚未開球，他的母親就跑到女性發球台，那個年輕人打歪了，正好打中其母親的左眼，他的母親大叫一聲，倒在地上亂滾，眼睛大量出血，緊急送醫，後來聽說那個眼睛瞎了。

另外一個例子也是在二、三十年前，在台北球場的練習場，有一個美國軍人在練習，他打得很遠，大約都有二百三十碼以上，在很遠的地方有一個少年人未戴安全帽，也未戴護面工具而在撿球，忽然看到那個小孩在地上亂滾（因爲離我們太遠，所以未聽到叫聲），那個美國軍人馬上跑過去，將少年人抱回他的汽車急忙去找醫生。後來經打聽，那個小孩的眼睛也瞎了，實在是非常可惜，也實在可怕。

還有一個例子，是有一個日本朋友遠藤先生，他在日本帝人化纖公司任部長。他既聰明、又勤勉、健康又好，很多朋友都預料他將來會升到該公司的社長。沒有想到有一次在打球，他還沒走遠，後面有一個急性子的人就將球打過去，結果打中遠藤先生的後腦，遠藤先生馬上昏迷倒地，雖經送醫治療，頭腦一直無法回復原來之清醒而過一生，實在令人惋惜。我自己也在二十多年前，在淡水球場第三洞，被一位美軍第四洞打過來的球擊傷左大腿，雖然不是致命傷，但也紅腫到碗面之大，經過很多天才消腫，幸好是大腿，如果打到眼睛就麻煩了。

我特別建議大家打球不要急，應以安全爲第一，打球的人除本身要注意，也要注意同伴及其他球友的安全。有人在打，你絕對不要進前半步。我認爲你要打沙坑，一定要請果嶺上的人注意，以免將人打傷；還有，有的人在樹林內要打時，自己及旁人都要小心，因爲球碰到樹會亂撞。

第二點要報告的是，打高爾夫是爲健康、爲快樂的紳士運動，打好可以歡喜，打不好也不應生氣，生氣就會傷身。我個人如打不好會自己感覺好笑，不會生氣；因爲好歹都是自己打的，不要與自己過不去才好。

第三點要報告的是，打高爾夫球雖有不少之危險，但好處還是很多，依我個人的看法：

(1)可以享受新鮮空氣以及日光浴，這點是對健康最好的一項。

(2)高爾夫這項運動因爲不太激烈，所以運動傷害比較少。

(3)有伴可打，無伴也可打，不像打網球、打乒乓球一定要有對手。

(4)年輕人可打，年老的也可以打，確實是老少咸宜的運動。

(5)好天氣、壞天氣均可以打，大寒、大熱天也可以打，甚至大颱風天也可以。在二十幾年前，有一次在很大的颱風雨中，全球場無人打，只有我和三連叔等一組四個人打九洞。不過要特別提醒大家，有打雷時就應停止，千萬不要拚命。

(6)早、晚都可以打。天未亮可以打到天黑，我們有一次比賽，打到最後一洞天已很暗，結果點手電筒打推桿才決勝負。

(7)打多打少都可以，要多打可以打三十六洞、五十四洞、七十二洞，要打少，三、六、九洞都可以。

(8)打高爾夫球可以治病。有不少朋友治好氣喘、慢性胃病、風濕痛、高血壓、糖尿病。前華南銀行董事長劉啓光先生、六和紡織宗先生之大哥，都是因打高爾夫球而痊癒。我的老牽手（內人）原有風濕病，也因打高爾夫球而痊癒。

(9)可作家庭娛樂，可作交際應酬，好處實在很多。

我在此向各位球友報告，我有今日的健康，除了託各位親友之鴻福，及受很多的名醫指導與照顧，尤其是四叔仔謝炎堯教授，長久以來每禮拜在百忙中特別撥駕來我家診察指導，以及老牽手和全家人的照顧之外，我認爲，打高爾夫對我的健康幫助很大。

所以我到現在還是時常想起故台大醫院的蔡詩顯教授，他勸我打高爾夫是一項很大的功德。我現在在此要向故蔡教授表示敬意，也要向四叔仔及所有照顧我的人，表示衷心的感謝。

我到現在爲止，仍然認爲高爾夫確確實實是一項很好的運動，所以我有生之年，一定要繼續做這項運動，也希望各位球友不要打牌，多打高爾夫，來維持健康快樂的人生。

簡單報告，最後再一次感謝各位的光臨，並祝福各位健康快樂，家庭圓滿，萬事如意。

在八秩華誕暨鑽石婚慶祝餐會講辭

民國八十五年十二月二十七日
在台北國賓大飯店

各位長官，各位貴賓、各位親戚、各位同事、大家好、大家晚安。

今天我們夫婦的兒子、媳婦、女兒、女婿一起在此舉辦這個餐會，承蒙各位在百忙中光臨參加，實在是非常的不敢當，但是心裏頭是感到無限的榮幸和高興。我們在此謹向各位表示萬分的感謝。

時間過得眞快，我們二個人來到這個世間，已經滿八十年，我們兩個人結婚到現在也已經滿六十年。在這段人生旅程中，雖然也經過一些酸甜苦辣，但是因爲受到天、地、神、佛的庇佑和各位長官、各位貴賓、各位親戚朋友、各位同事的幫忙照顧，使我們的人生過得相當愉快，所以我們今天在此要先謝天謝地，並以最誠懇的心情，謹向各位長官、各位貴賓、各位親戚、各位朋友、各位同事表示最高的敬意和謝意，謝謝各位。

另外因為我們的子女、媳婦、女婿、孫兒女都對我們非常的孝順，我們感到非常的滿意，所以也要借這個機會在此向他們表示感謝的意思。謝謝你們。

各位女士、各位先生、我在這裡自己稱讚自己的太太，實在是眞不好意思，不過老實說，我的太太的確是一位很忠厚、很勤儉而且很有修養的好太太。我們結婚以後，她對我的父母親非常孝順，所以我的父母親對她非常的滿意。我們結婚以後，十三年之間她生了六個小孩，她一方面要照顧小孩，一方面要照顧我的父母親，還要照顧我，的確是非常的忙碌。尤其是我們的六個小孩都沒有雇用奶媽，也不用奶粉，全部都是吃母親的奶水長大的，所以太太三更半夜也要起來餵奶、換尿布；不但如此，六個小孩的尿布、內衣褲、學生服、一般的衣服，都是她買布回來親手剪裁縫製，穿破了由她補，太短了、太窄了也由她改；小孩生病的時候，她更是不分日夜細心的照顧，發揮最大的母愛。如今小孩都長大了，她還是天天在關心他們的健康，眞眞是天下慈母心。

還有，我在四十年前發現患了糖尿病以後，每日三餐要吃的藥，她都放在我的面前。到了十九年前，我因為吃藥不能控制糖分，改打因素林，她每天早晚都要替我打針，實在是非常的辛苦。我認為她不但是兒女的好媽媽，也是我的好太太，可以說是一位「賢妻良母」——是一個模範母親、也是一個模範太太。

說到糖尿病的事，我在這裏要順便報告的是，我患了糖尿病，雖然很小心遵照大夫的指示服藥、打針，注意起居飲食，成爲大夫眼中的一個模範病人（台大院長戴東原先生曾經說要頒發一個「模範病人」獎給我），但是日子一久，還是發生一些併發症，例如高血壓、心律不整、視網膜病變、白內障、牙周病等等症狀，因此受到很多位名醫的治療，尤其是今天也在場的台大醫院前後任院長和各位教授給我很多很大的照顧，也對我們全家人很多的照顧，我們要借這個機會向各位表示由衷的感謝。謝謝各位大夫。

我們結婚的頭三十多年，我爲了公司的業務東奔西跑，夫妻可以說是聚少離多，也因此二個人在一起觀光旅遊的機會非常的少。但是太太都沒有怨言，値得欽佩；可是到了二十多年前，因爲我的工作比較輕鬆，所以我們兩個人可以說是「褲帶常常結在一起」，無論要到國內外探親、或是觀光旅行都一起行動，散步、打球大部分都一起去。不但如此，自從我比較有時間以後，有時也會自動替太太做一些事，多照顧她，因爲我很瞭解古人所說的「年幼不可無母，年老不可無婆」這句話的道理，所以我對太太的健康相當關心，事事也比較體貼，希望她能夠健康長壽。我常開玩笑說：「太太是我的護士，我是太太的秘書。」我們兩個人互相合作，生活實在是相當幸福愉快，希望在座的年輕人也能學習「夫婦互相體貼」、「互敬互愛」、「互相照顧」，來創造幸福美滿的家庭。

總而言之，我和太太結婚六十年中間，我受到太太的照顧比較多，我照顧太太的比較少，俗語說：「自己招認，罪比較輕。」所以我今天在「自己招認」，向太太表示歉意，也要向太太表示深深的感謝——太太，眞多謝！

各位女士、各位先生，我們全家的人過去受到各位的照顧非常感謝，現在在這裏要拜託各位今後繼續給我們多多照顧，拜託！拜託！

現在我們要向各位借幾分鐘的時間，來對我們的後代講幾句話，給他們做參考。敬請大家原諒。

各位兒子、媳婦、女兒、女婿、孫兒女：因爲你們平常有的人住在國內、有的人住在國外，所以我們已經十年沒有像今天這樣全家人集合在一起，我認爲今天這個機會相當難得，所以我們兩個人現在要利用這個機會講幾句話給你們做參考，希望你們能夠充分了解我們的心意。也希望你們知道，我們不是要強迫你們做什麼，只是要提供給你們參考而已。

第一點：我們雖然出生在不是富裕的家庭，但是託天地的庇佑、祖先餘蔭，和各界人士、各位親戚朋友、各位同事的幫忙照顧，以及我們全家人的勤與儉，所以能夠吃得飽、穿得暖，平安過日，感到非常的滿足。我們也希望你們大家共同來感謝天地、祖先、各界人士、親戚、朋友、同事對我們的愛護，來過感恩的生活。

第二點：我們一生都用「勤儉誠信、穩健踏實」八個字做爲我們的座右銘。依照我們的觀察，你們大家到現在爲止，大概都還能依照這八個字在做，同時我們也發現你們大家都有相當強的愛心，我們感覺非常的安慰，也很高興，希望你們大家能夠繼續勤儉持家，誠信待人，尊師重道，敬老尊賢。不嫖、不賭、不虛榮、不貪心，規矩做人、認眞做事，我們相信，如果你們能夠這樣做，你們大概就能夠過著平安幸福的日子。

第三點：希望你們特別用心教育子女，不但注重他們的學業，也應該培養他們的人格，使他們能夠發揮愛心，對國家社會做出更多的奉獻，來安慰我們祖先在天之靈，也完成我們兩個人的願望。

第四點：俗語說：「和爲貴，和氣生財，家和萬事興。」希望你們能夠了解其中的道理，凡事要忍耐、要讓步、要友愛、要互助。萬一遇到大家意見不一致的時候，要能夠想起嚴前總統家淦先生所說的一句話「凡事退一步想，易地而處」，大家退一步站在對方的立場想想，和好相處，這是我們最大的希望。

第五點：我個人認爲，人生的幸福，要具備以下幾項條件：

(1)要身體健康。不但自己要健康，還要一家人都能夠健康，才能得到人生眞正的幸福。因爲沒有健康，就會一切皆空。

(2)要負責任，將自己應做的工作負責完成，這樣才能夠感到幸福。

(3)要家庭圓滿，要大家能夠互相尊重互相體貼，家庭才能圓滿，人生才能幸福。

(4)要常懷仁愛慈悲的心，不要有嫉妒心。要能按自己的力量助人行善，人生才會快樂。

(5)要能知足，凡事能看開，不要斤斤計較，不要只比高、不比低，只比好、不比壞。我小時候，父親教我們兄弟一首詩：「他騎駿馬我騎驢，低首思量我不如，舉頭又見推車漢，上雖不足下有餘。」爲人應該知道「比上不足，比下有餘」的道理，如果一個人不能知足，常懷不滿，他一定會每日都很苦惱。因爲我們兩個人都很能知足，所以我們每日的生活都過得相當快樂；假如我們不能知足，只比上不比下，天天想爲什麼我們的健康比人家差？爲什麼我們的智慧比別人低？爲什麼我們的財富比人家少？那麼我們的生活一定會非常的痛苦。幸好我們都能知足，所以生活很愉快，希望你們都能了解「健康是福，知足常樂」這句話，共同來努力建設一個幸福美滿的家庭，歡歡喜喜享受愉快的人生。

第六點：你們大家過去對我們兩個人都很關心孝順，使我們能夠享受天倫之樂，我們感到非常的滿足。我們要借此機會再一次向你們表示謝謝，同時也希望你們能夠讓我們繼續享受這種快樂的生活。我們要講的到此爲止，希望能夠提供給你們做參考。

各位長官、各位貴賓、各位親戚朋友、各位同事，耽誤各位很多時間，非常的抱歉，請各位多多原諒。簡單報告，最後再一次感謝各位的光臨，並祝福各位健康快樂、萬事如意，多謝大家。

在台灣大學「尊賢館」捐贈儀式致詞

民國八十七年七月二十九日
在台灣大學校總區第一會議室

林部長、陳校長、各位長官、各位貴賓、各位傳播界的朋友，大家好！

今天，承蒙台灣大學陳校長的好意，在這裡舉辦這個捐贈儀式；又承蒙教育部林部長在百忙之中大駕蒞臨致訓，使我們感到無限的光榮。本人在此謹向林部長和陳校長表示最高的敬意和謝意。同時也要對各位長官、各位貴賓的光臨，表示深深的感謝。

我們捐贈這一個小小建築物的動機，就是因爲我們心裡頭一直認爲，台灣大學實在是爲我們國家社會培養了非常非常多的人才！單單以本人的眷屬和親戚朋友的眷屬來說，受到台大栽培的人就不少。如果擴大到我們整個台南幫關係企業，例如台南紡織公司、環球水泥公司、坤慶紡織公司、新和興海洋公司、統一企業公司、統一證券公司、統一實業公司、統一超商、統一租賃、統一人壽、統一產物、統一國際、南聯貿易、太子建設、裕新商標、環泥建設、萬通銀行、萬通票券、南帝化工、讓德投資、一心企業等公司的同事和同事的子弟都算進去，那麼實在是不知道有多少人受過台大的栽培，所以我們時時都在感念。

還有，四十多年來，本人和家屬以及親戚朋友，受到台大附屬醫院歷任的院長，和很多大夫以及醫護人員很大的照顧，本人也要利用這個機會，謹向陳校長、戴院長，以及歷任的台大校長、台大醫院院長，和所有台大的師長，表示崇高的敬意和感謝。同時，名建築師吳明修先生爲了我們這個建築物的設計而費心費力，我們也要向他表示萬分的感謝。

簡單的說，我們這一點點的捐獻，就是一方面要對台大表示回饋和感恩，一方面也希望台大今後能夠爲我們這個社會培育更多的人才，對我們的國家社會能夠有更多更大的貢獻，使我們國家社會更加繁榮進步，使我們大家的生活能夠更加安和樂利；我們萬分誠懇的盼望就是在這個地方。

簡單報告。最後再一次感謝各位的光臨，並祝福各位健康快樂，萬事如意。謝謝各位。

附錄 2

親友眼中的吳尊賢

（吳尊賢先生於民國八十五年十二月二十七日，
與夫人歡度八十大壽暨鑽石婚慶，
親友們齊爲文祝賀，兹摘錄數篇如後。）

父親——平凡中的偉大

長男　吳昭男

身爲長子的我，除了對年邁雙親身心健康、老而彌堅、婚姻和諧、家庭美滿感到欣慰外，也甚爲感念雙親爲撫養我們六個子女所付出的無限慈愛，更爲雙親數十年來對親朋的照顧與對社會國家的貢獻，引以爲榮。關於爸媽平日言行，值得我們後輩子孫效法之處，簡直不勝枚舉，謹以此文略述一二。

一、對家人百般呵護，照顧無微不至

爸平時雖然忙於事業，但對家人的健康、學業、婚姻、事業也都非常盡心盡力地照顧。例如我在嬰兒時期罹患兩、三次肺炎，造成支氣管擴張的後遺症，後來爸從權威建築設計師趙楓先生口中得知，練習太極拳對氣管炎疾病甚有助益，乃立即不惜重金聘請太極拳名師楊先生蒞臨寒舍，教導家人習拳。兩年之間，除了星期假日休息外，未曾一日間斷，對家人健康頗有助益，尤其我練了太極拳之後，未及半載，不僅氣管炎疾病大爲改善，體力更是倍加強壯，可說是由一個「未老先衰」的體弱青年，變成一個容光煥發、體力充沛的健康青年。爸這份關愛讓我永銘心坎，也因而勤練太極拳，至今已歷三十餘年，從未間斷。

記得民國四十七年我參加大學聯考，適逢該年不分組，爸在百忙之中，仍抽空陪我挑燈夜戰，耗費兩、三小時，與我反覆磋商，塡選志願共一四〇個之多，爸這份愛心與耐心，我至今難忘。

我大學畢業未及三個月，適有親戚盛情安排介紹與台南數位淑女相親，爸在事業繁忙之際，仍撥冗陪我自台北遠途趕往台南相親，關切之情令人永難忘懷！

二、對朋友堅守誠信，絕不輕諾寡信

我自從大學畢業，踏入社會工作以來，爸時常叮嚀：對朋友要守信，不可輕諾寡信，才能在社會立足，一旦答應幫忙朋友，就應盡心盡力，全力以赴，不可敷衍了事。因此很多朋友對爸這種「一諾千金」的誠摯守信風度感佩不已，即使所託之事未能幫忙成功，朋友們也毫無怨言。「新和興」創業以來，爸一直堅守誠信的待人處世作風，相信也是事業成功的重要原因之一。

三、做事全力以赴，凡事追求完美

爸是「凡事豫則立，不豫則廢」這句話的忠實信徒。他每次遇重要的開會致詞，事前一定親自撰稿，再三推敲修改，直至滿意爲止，並熟讀文稿很多次，因此聽者常感爸言詞流暢、言之有物。爸甚至與他人面談或電話洽商，也常筆記要點，以免疏漏，所以他對「失敗爲成功之母」的說法不予苟同，而推崇「減少失敗方爲成功之母」之信條。

他一生經營事業鮮少失敗，當與其堅持「追求完美」的理念不無關係。不論是過去他在中國信託擔任常務董事，或是現在擔任萬通銀行董事長，每當常董會前，他必將每件授信案件仔細審閱，即使在開會前夕才送達家裡，他也一定會在深夜或凌晨四時起來，振作精神、挑燈審閱，從未馬虎了事；這種敬業精神，實在令人萬分佩服。

四、心胸廣闊，有容人之大雅量

爸常提醒我們說，世界上絕無盡善盡美之人，故除非部屬犯了不可原諒的重大錯誤，另當別論外，對部屬的小錯誤或個性上的缺點，應予以包容，否則天下將無可用之人，事業也必無法發展。爸一生「喜愛與人和平相處」，常常以「和為貴」、「和氣生財」與「凡事退一步想，易地而處」的至理名言，來勉勵子女同事，所以開除部下的事，可說絕無僅有，也從未與部屬鬧得不歡而散，看似平凡，但實在是很難能可貴。

五、悲天憫人的胸懷、雪中送炭的義行

爸生於貧困之農家，長於艱困之環境，深知窮人之疾苦，常懷「人飢己飢、人溺己溺」之胸懷，故每當拈香拜祭神明時，莫不先祈禱上蒼保佑國泰民安，而不先祈求家人平安發財。親友有急難之需，只要不是行為不檢所致，都常義不容辭、慷慨解囊，助以一臂之力，充分表現「古道熱腸」、「雪中送炭」的精神。也正由於這份悲天憫人的胸懷，促使他在民國七十年四月與家人共同捐出價值新台幣一億元的股票，成立吳尊賢文教公益基金會，擴大對國家社會的回饋。基金會成立至今，匆匆已過十七個寒暑，十七年來用於慈善、公益、文教、改善社會風氣、愛心獎、獎學金等支出已達數億元，對國家社會不無貢獻，也對社會各界產生拋磚引玉的效果。

六、勤儉誠信、穩健踏實的企業經營理念

爸於民國二十三年與其父兄於台南市共同創設「新和興行」，一向秉持「勤儉誠信」、「穩健踏實」之企業經營理念，絕不好大喜功，盲目躁進，並實施「賞罰分明」、「有福共享」的良好制度，進而鼓舞員工發揮創新開拓的精神，密切跟隨時代脈動而發展。六十多年來，持續贏得廣大客戶之信賴與股東、員工之向心，不僅使「新和興公司」本身依然屹立不移，關係企業如南紡、坤慶、環球水泥、裕興、一心、讓德、太子建設、六和機械、萬通銀行、萬通票券，亦陸續不斷繁衍茁壯，成爲一個殷實可靠的企業集團。

七、生活簡樸，身教與言教並重

爸中年以前忙於事業的開創與經營，晚年則致力於推動文教公益事業，所以他常常教誨子女：「一個人一生能使用的時間有限，應該將精力、時間專注於事業或有益的事情，食衣住行應力求簡樸，不要去追求奢華。」所以爸媽的食只求營養，不尙美食；衣只求合適，不尙名牌；住只求實用，不尙華美；行只求便捷，不尙名車。比如說，他常

年戴精工錶；打球時穿的是舊西裝褲；甚至一輛公務車用了十多年才更換；部分人流行的「二次會」、「三次會」也因覺浪費時間而推辭了，他把空閒時間大部分用於閱讀，因而他學識淵博，常有獨到見解。

八、超人之毅力

爸過去數十年創辦多種事業，其間遭遇困難在所難免，尤其創辦環球水泥所牽涉機關之廣，困難之多，更是遠超過創設其他事業，若非有超人之「毅力」，難免被迫半途而廢。爸在糖尿病保養上所獲致的成果，更是其超人毅力的另一番傑出表現。爸自四十歲發現糖尿病，即遵醫囑，一方面長期按時服藥，一方面每週固定時間打高爾夫球，數十年如一日，未曾間斷。另一方面，絕不貪圖口腹之慾，嚴格限制進食糖分、澱粉之份量，平時也幾乎不吃甜點、甜水果，只有在打球途中才吃些甜點補充糖分，甚至連吃一根香蕉，也不敢在早餐時吃，而耐心等到汽車開到林口交流道才享用（即打球前三十分鐘），此種堅強的毅力，實非常人所及，令我萬分欽佩。也難怪乎台大醫院眼科名醫陳慕師醫師及胡芳蓉醫師讚歎，幾乎沒有看過罹患糖尿病四十年，竟能保持眼睛如此完好狀態的患者。

九、對父母至為孝順，與兄弟姊妹十分相親相愛

爸雖係「養子」，但由於本性孝順，對養父母每日晨昏定省，噓寒問暖。如遇雙親有恙，更是盡力延聘名醫診治。記得祖父生前曾罹患疑似「肺結核」病，爸更竭盡孝道，百般設法敦請台大醫院肺科權威教授楊思標醫師專程自台北趕往台南診治。祖母在五十幾歲時，被醫師發現罹患了子宮頸癌，當時醫術不發達，患了此症，大多束手無策，只能坐以待斃。但爸爸立即多方打聽，終於皇天不負苦心人，找到了台北中山北路一家具有雷射治療設備的醫院，經治療四個星期，終於痊癒，直至七十多歲逝世前未再復發。這種孝心實在感人！

民國七十八年四月，我政府開放民眾往大陸觀光。宗親吳物典與蔡文哲兩位名醫與親友組團赴大陸作二十二日遊，我與內人也陪爸媽同行。我們發現爸媽全程隨身攜帶祖父母遺像遊覽大陸各地名勝古蹟，聊慰當年未能陪同祖父母觀光大陸之憾。我們相信祖父母地下有知，必會受爸媽孝行所感動，而倍感欣慰！爸平日與兄弟姊妹皆能和睦相處、相親相愛，兄長有事交代，或弟妹有事相託，爸一定全力以赴，絕不推拖，博得兄弟姊妹一致的讚揚。他們兄弟四人可說兄友弟恭、手足情深，數十年如一日，極爲難能

可貴。

綜上所述，其實只有爸一生言行之一鱗半爪。約言之，對家人來說，爸具有崇高的人格，對兒孫慈祥和藹、循循善誘、愛護備至，促使吾家人人安分守己，不辱家門；對公司來說，他能以高瞻遠矚、洞燭機先、勤儉誠信、以身作則、公私分明、有福共享的領導風格，來鼓舞員工發揮團隊精神，創造輝煌的事業，不愧爲傑出的領袖群倫的企業家；在社會上，他能薄己厚人、誠信待人，絕不輕諾寡信，更能以悲天憫人、雪中送炭的胸懷，贏得不少人讚譽爲「人格者」，讓吾輩子孫在萬分敬佩之餘，更感謝上蒼的眷顧，使我們得到不少的庇蔭與榮耀。

勇往直前、步步為營的父親

次男　吳貞良

我的父親不是醫生，不過醫學常識卻很豐富，大概得力於平時勤奮研讀醫學書籍，觀察入微，細心體會印證的緣故吧！

每當家人或親友同事生病時，他總是非常關心注意，積極延醫治療，絕不稍微鬆懈拖延。平時他就一再告誡我們「無健康，一切皆空！」健康實在比什麼都要緊！長年來，由於他的積極與熱心，我們家人和一些親友即使患了「急病」，卻得以轉危為安，重獲珍貴的健康。

父親四十歲左右時，因籌辦企業艱辛而罹患了糖尿病。從此他與醫生密切合作，數十寒暑如一日，自我克制，用心領悟試驗，採用飲食、運動和藥物精妙地配合，控制血糖，善維健康，誠然難能可貴，委實是「久病成良醫」的範例與詮釋。不過如無父親過人的自制與毅力，這是不可能達成的。

父親平素做事勤奮積極，思慮周詳深遠，一切謹慎小心，做一件事比一般人要花費更多的心神精力，以避免失敗，力求一次就成功！多年前有一位親戚跟我說：「令尊處事極為小心，要過鄉間石橋時，都會先用枴杖試試橋的堅穩度和安全性，沒問題後才會跨步走過去！」由此可窺見其處事之精神——勇往直前又步步為營！

父親的觀察力非常敏銳，感覺的觸角極為靈敏，一個人真實與否或動機何在，在他面前很快就會現形。幾年前，父親到美國加州作客時，請他去我已加入數年的私人鄉村俱樂部打球，在男休息室內，一個服務員堆滿笑容，迎面過來打招呼，爸爸馬上用台語輕輕對我說這個人是來要你的錢的——千真萬確，休息室幾個服務員中，就是這個人最現實、最為「錢迷迷」！

父親觀微知著，洞察秋毫，能於極短時間內就對一個剛接觸的人有直截正確的體認與評估，難怪父親能在錯綜複雜、陷阱重重的生意場上往來自如，功成業立了。

二十年前，我是一個對生意毫無經驗的書生，踏入美國房地產市場創業之前，雖然事先在夜晚已選修六、七門有關房地產方面的課程，對這門行業已有基本的常識，但是萬事起頭難，知識尚可，經驗不足，頭一、二年非常的艱苦。這段期間每值雙親來美休假時，父親常常不辭辛勞陪我東奔西跑，踏勘過很多的地產，根據他豐富的閱歷與敏銳的觀察力和判斷力，提供很多珍貴的意見。父親處事的熱心和投入的精神，誠然令我又欽佩又感動。

父親對我們兄弟總是耳提面命：「經營事業，務必腳踏實地，勤儉穩健，切忌貪功好大！」我個性素來謹愼保守，對父親的訓誡一直銘記在心。因此多年來景氣大好時，沒賺什麼大錢；景氣低迷時，仍能心安理得的過日子。尤其像這六、七年來，因爲蘇聯解體，國防和太空工業長期大幅緊縮，再加上美國聯邦對地產不利的稅制大修改，給南加州房地產的景氣帶來史無前例、強勁持久的負面衝擊，很多華人在加州的地產投資都虧空殆盡。我託福能不大受影響，可說是拜父親告誡之賜也。

能有這樣一位充滿智慧和愛心，備受社會、親友敬重的父親，我打從心底裡感到無限的榮幸！

孺慕情，感恩心

三男　吳亮宏

爸爸，您由一個刻苦平凡的農家子弟而能有今日的成就，雖然您總是由衷而謙誠的說「都是由於上天的厚愛與親朋好友及同事的鼎力協助」，但俗話說：「自助而後人助，而後天助。」因此您的成功，我想當然不純粹像您所說的那樣只是幸運或偶然而已。

您除了具有我們子女所不及的天分之外，您那種工作時全心全力投入的敬業精神以及遇到困難時，您所表現出的廢寢忘食、勇於面對、不解決絕不休止的毅力與工作態度，不但令我們作子女者深深折服，更是我們一直想學而無法學成的。同時我想，也絕不是一般人能夠做到的。

爸爸，您具有「嚴以律己、寬以待人」的涵養，以及公私分明、公而忘私的節操，您在事業有成之後仍能保持一貫不追求奢華而維持非常簡樸的生活。您對親友同事總是儘可能加以細心照顧，當他們需要您協助時，您更是不厭其煩地熱忱服務，展現出無條件的愛心。在您六十多年的事業生涯裡，您一直是那樣執著的秉持著「勤儉誠信、穩健踏實」以及「和爲貴」的理念與原則來經營。您對財富的看法是那樣的富於哲理與發人深省，因此您對財富的累積也一直是那樣的堅持著「君子愛財，取之有道」的原則，時時利用機會教育您的子女及提醒周圍的人「非分之財不可得」、「積德重於積財」，您在各方面的言教與身教，不但令我們深深感動，也爲我們立下了一個很好的典範，讓我們從中學到了許多爲人處世的道理，並且深遠地影響著您的子女以及您周圍之人的人生觀與生活。我們要對您表示深深的敬佩與感謝。

民國七十年，爲了實現您「取之社會、用之社會」的崇高理想，您成立了「吳尊賢文教公益基金會」。自此以後，基金會的事務乃成爲您日常生活最關心、最重要的工作，若非朝夕相處實難相信，您對於這種「只花錢、不賺錢」、「只散財、不積財」的基金會工作，竟會是那樣的全心全力投入。若非目睹，更難想像八十高齡的人，竟會爲了審核徵求來的大量「勸世文句」而那樣不眠不休的工作。對於您這種「難捨能捨」的情懷，以及出錢又出力的無私奉獻，我們做子女的一方面內心有著無比的敬意與感動，一方面也爲了您能夠親身去實現您一貫所信服與追求的理想——「取之社會，用之社會」、「把自己的幸福分給那些需要的人，使我們個人有限的幸福能夠擴展到最大的範圍，產生最大的影響」，而感到無比的欣慰。

回顧這些年來，您對基金會的投入以及它所產生的影響，還有它在社會上所獲得的肯定與鼓勵，我深信，這個基金會將會是您留給您的子孫們最有價值之財富，同時也是您對這個您一直所熱愛與關懷的社會所做的最大及最有意義的貢獻。

縱然您不說，但我們做子女者卻都能深刻體會，您能有今日的成就，最感激的就是媽媽。您常對我們說「賢慧的妻子是丈夫的幸福」，您也曾在許多公開的場合中一再的說「一個成功男人的背後，一定有一位偉大的女性」，雖然您講這些話的場合都是當您在衷心讚美與祝福您的親友的時候，但是我相信，您一定是自己親身有著深刻的感受才會這樣說，而且，我們知道，慈愛的媽媽，就是您常說的那位背後的偉大女性。

媽媽是一位典型的東方女性，她一生愛她的丈夫、子女及家庭。自我有記憶以來，她即任勞任怨，幾乎是忘我的把全部的心力投入於照顧家人上面。她除了盡心盡力的照顧我們的日常生活，使我們均得以平安成長之外，她對您生活起居的照顧更是細膩周到，尤其是四十年前當您發現患有糖尿病後，她對您的照顧更可說是無微不至，極其用心。使得您不但能夠如常的全心全力投入事業，而且在四十年後的今天，猶能保持著相當良好的身心健康。我想這應是您一直在心裡所深深感激的。媽媽對我們家庭所做的無怨無悔的奉獻與犧牲，我們內心無時無刻充滿著感恩之情，而且我們也都受了她極深極大的影響。

六十年來，您們互愛互信，攜手同心，一起踩過多少荊棘、踏過多少坎坷、嘗過多少辛酸苦辣、歷經多少風霜雨露，才能享有今日之豐美果實。六十年後的今天，回首來時路，難怪您們會對這段爲眾人所稱羨的婚姻，倍感欣慰與珍惜。您們在這段漫漫婚姻路上所展現的濃濃夫妻情，不但讓您的子女、媳婦、女婿有著至深的感受，而且也給我們做了最好的示範。同時我相信，任它時空怎樣流轉，我想您的兒孫們仍將能從中得到一些寶貴的啓示。

由於智慧、能力、機遇的不同，或許有人曾從您們那裡學得更好，但是我想應該沒有人比我們從您們那裡學到更多，得到更多，並受到更深的影響。在人生的旅途中，我們以您們的言教、身教作爲立身處世、待人接物的準則，也以之用來應對各種環境中的種種變化與考驗，還有更重要的，就是爲了不辜負您們的愛與期望，不論何時何地，我們均能深切體會「守身即孝親」的道理，而盡量努力去遵行「安分守己」、「奉公守法」的教訓，也因此至今我們都能遠離邪惡，不致迷失於滾滾濁世中，也沒有被詭譎洶湧的人世波濤所呑沒，總算一路平安順利地走來。

隨著歲月的流逝，我早已步入中年，回顧以往數十年，由於您們的愛護、教導，還有親朋同仁的照顧協助，才能使我在這些年裡，雖然漂泊過不少地方，也曾遇過不少風浪，但大體上來講，均得以安然度過。歲月除增加了我臉上的皺紋之外，同時也增長了我的見聞與智慧，也因而更能對您們的愛有更深的體會，讓我時時爲自己的幸運而感謝，爲自己的幸福而感動。我衷心的感激您們能讓我們生長在這樣一個精神上與物質上均安穩而健全的環境，使我們能充分的去享受愛與被愛的喜悅。

人生是一種承先啓後的傳承，今後一方面我將會一如以往時時懷著感恩的心，謹記著您們的教誨，學習您們的言行，另方面也會以您們的言教、身教去啓發教導孩子，並把您們對我們的愛傳給他們，期望他們也都會有一個與我們一樣健全、美好而成功的人生。我常想，若能完成這個責任，則我將不虛此生。

您們一直是那樣的惜福與知足常樂，因此總是讓我感覺到您們各方面均是那麼的富足，此時此刻眞還想不出能送什麼較有意義的禮物給您們，謹以上面之諾言，獻給您們作爲唯一的禮物，相信您們必會樂於接受，同時更深信孩子們若能謹記於心，深切體會，並終身奉行不渝，則亦必將一生受用不盡，對於您們的愛與恩澤也將永生難忘。

我一生平凡，實在想不出有什麼値得驕傲的事，如果有的話，那就是我有一對受人尊敬與愛戴的父母親。有人說「父母子女是緣」，也有人說「父母子女是債」，對我來講是緣也好，是債也好，我只知道，假使眞能讓我再有所選擇的話，我會毫不猶疑地再選擇您們作爲來生的父母，讓我再作爲您們的兒子，讓我有機會再叫無數次的「爸爸！媽媽！」

在人生的戰場上，您們已歷盡艱辛，受盡考驗，做出奉獻，您們已打了一場美好的勝仗。現在應該是享受美好人生的時候，爲此，我虔誠的祈望您們在照顧家庭、朋友、事業與回饋人群社會之餘，多加保重自己的健康，因爲我們都希望還要與您們一起走更遠的路。

我的父親

四男　吳春甫

父親的爲人處世，相信大家均已知之甚詳，我就不在此重複了。今謹舉幾個事例，來強調他的一些理念與個性。

他「凡事用心、追求完美」。他不是一個天生的演說家，但是每次公開的演講，卻都能博得許多的讚美。大家稱讚他演講流暢、國語標準，可是大部分的人，可能都不曉得他在背後所投入的心血。他不但親自擬稿，而且一次又一次的背誦，直至流暢爲止。遇有疑難的國語讀法，一定詳問我們，務求發音準確，絕不妥協。他這種「凡事追求完美」的個性，不僅表現在演講上，在其他做人處事方面，也同樣秉持這種理念。

他「淡泊名利、知所進退」。他曾一再告訴我們，他在七十歲以前要辭掉所有的職務。而事實上，他也幾乎完全說到做到。除了極少數幾個單位、團體，因爲特殊的原因而無法如願以償外，其他的職務，他均辭卸掉了，這充分顯現出他「不重名利、知所進退」的個性。

他「關懷他人、待人如己」。不論是家人、親友或同事，相信均能充分體會他的這份「關懷之心」。因爲只要知道有人生病或住院，他一定去探望、關懷。即使工作再忙碌，他也一定會撥出時間來。在與他生活的五十個年頭裡，我記得很清楚，只要有任何一位家人生病，他返家進門後的第一件事，絕對是直趨其房、詳詢病情，無論再晚、再累，數十年來從未改變。

他「誠心誠意、絕不虛僞」。他常說：「只要誠心誠意，沒有不能解決的事。」他不喜歡虛應故事，他認爲這樣無法解決問題。也因爲他這種「精誠所至、金石爲開」的理念，所以往往有很多起初認爲是很難於解決的事，由於對方在談判的過程中，能強烈的感受到他的誠意，而均能順利圓滿的解決。

跟在他的身旁，我學到了很多書本上所學不到的爲人處事的方法與道理，但不可諱言的，所承受的壓力當然也很大；因爲他雖是慈父，卻也是一位嚴父。他常對我們說：「世上任何事都是一個緣字，能成爲父子兄弟是緣分，能成爲夫妻也是緣分。」我永遠珍惜這份緣，同時，我更慶幸自己有這麼一位父親。

我的岳父

女婿 林凱南

內人姿秀與我是在民國六十二年結婚的，不過與岳父母大人相識應是在民國五十六年。當時剛考上大學，北上寄住於姑丈家。姑丈潘貫先生是岳父的親家，有好幾次當時的吳親家（即岳父）來訪，是由我去應門招呼。也有幾次受姑丈囑託，自牯嶺街騎腳踏車到臨沂街送禮或傳送物件。當時的印象並不是很深刻，只覺得他人很和氣，講話中帶著一點點台南鄉下地方的口音。姑丈潘先生在台大化學系任教，同時也是中研院的院士，我看他對吳親家十分的敬重，心想這個人一定是很不錯的。

透過表姊的介紹，與姿秀交往，是在醫學院五年級時。約會大約一、二個星期一次，有時吃飯，有時看電影，有時也吃飯也看電影，郊遊比較少。記得有一次兩人到淡水去，見到在淡水別墅休息的吳親家，言談中提到來往淡水台北乘坐的交通工具，當時台北往淡水的火車還有，從他的語意——「火車比較好」，讓我覺得他是一個既周到又謹愼的人。當時淡水還不如今日的熱鬧，有一次到了傍晚，大家沿著古老的小街道步行至淡水街上書店旁的「味來香」吃海鮮，那種自然又舒暢的氣氛，至今記憶猶深。

我在民國六十五年七月進入台大醫院擔任耳鼻喉科醫師，至今已二十多年。岳父大人常說的兩句話：「若不是爲了救人，做醫生實在眞艱苦。」「衙門好修身，恁做醫生嗎（也）好修身。」我想：他雖然不是個醫生，但是一定常常有「救人」、「修身」的念頭存在的。他這兩句話對我的影響尤其深遠，所以二十多年來，在醫院的工作上，我極力的追求自身及後進對醫療品質、醫學教育以及醫德的提升。我們醫院裡的大教授，他認識的不少，每有聚會，也總不忘在他們之前說這個女婿「回家讀書常讀到三更半夜」之類的話。在與好友聚會時，介紹到我時總是說：「他做醫生，又在醫學院做老師，又同時讀博士，運動也不錯，身體眞好，否則實在不堪。」由於醫院是公家機關，過去辦事的方法往往比較無效率，不太注重管理。他常告訴我：「想一些方法，讓病人覺得方便。」並舉一些例證，闡述他那句有名的「方法不是沒有，只是還沒有想到」的哲理。

看過岳父自傳的人，多會讚歎那些美好豐富、樂觀進取的人生體驗，同時欣賞平實流暢卻能震動人心的文字。我想，一個初中都沒能念完的人，若非有對周遭事物誠摯的關懷與愛心，敏銳的洞察力及卓越的智慧，再加上肯與困境奮鬥，追求至善至美的精神，是無法達到這種境界的。岳父大人甚爲健談，而且機智幽默，聚會的場合，常可聽到一些寶貴的人生經驗，諸如某種困境或危機的處理或預防，人心的微妙及相處之道，有趣的自然界的觀察，或久爲人遺忘的事蹟。《人生七十》裡面的一些往事，聽他娓娓道來，就彷彿昨日發生般的生動。聽說岳父年輕時脾氣並不好，不過這二十年來我沒聽過或看到過他對任何人疾言厲色。尤其，我覺得他是一個非常耐煩的人，很多我覺得相當傷腦筋的事，他都能積極耐心的去面對，並加以解決。

若要我提出對自己一生具影響力的人，我想我的岳父是其中之一，而且是非常重要的一位。

眼鏡與鞋拔

長女　吳姿秀

多年前《時報週刊》記者吳鈴嬌小姐曾要我寫一篇文章描述我的爸爸。他們以「愛家又愛社會」作爲那篇短文的標題，我雖覺有點八股，但卻是實實在在爸爸的寫照（謹附錄於本文之後）。在那篇文章裡，已將爸爸在家中的地位、與媽媽的恩愛、我們父女之間的感情，及爸爸對社會國家的使命感有所交代。今天，我想寫點感受較深刻的事情與大家分享。

之一：會摸門栓

可以說，我是在爸爸媽媽的期盼中出世的。因爲爸爸想要兩男兩女，所以在媽媽連生了兩個兒子之後，爸爸就說：「可以生女兒了。」可是媽媽又生了兩個兒子。當老五的我出生時，就有親戚朋友跟爸爸開玩笑：「尊賢啊！你想要個女娃，終於要到了！」

爸爸的等待期，就是我的尋覓期吧！等待投胎的我，相啊相的，相準了，摸了這家的門栓進來了。爸爸說，我一直都很乖，他從來沒有罵過我、打過我。我想，我們父女結的是善緣吧！

之二：慧眼尋婿

在我考上大學後，爸爸很開明地對我說：「爸爸不反對妳交男朋友，但是，如果你願意讓爸爸爲妳挑，那是更好。我相信以我閱人無數的功力，所挑的人不會比妳自己挑的差。」雖說我對自己「看人」的本事也頗有自信，但卻也總是有那麼點不確定感，所以最終還是嫁了爸爸幫我挑的。心想，有人幫著擔點責任也不錯。其實，我算是滿有擔當的，結婚二十多年，從無一事回去煩過爸爸，爸爸好像也對我滿有信心的，他好像知道，雖然我不做生意，但處理生活瑣事的能力不至於沒有。在此，要特別謝謝爸爸，他物色的這個女婿，確實是聰明、健康、有責任、又風趣，二十多年，我沒有一時一刻反悔過。

之三：精神食糧

婚後一直與娘家住得很近，只有一次離得又久又遠。那是在十八年前，服務於台大醫院的外子，因中沙醫療合作計畫而遠赴沙烏地阿拉伯吉達總醫院工作時，我也帶著滿五歲的女兒及滿二歲的兒子一同前往。思鄉情切，自不待言。爸爸寫信，比其他家人都勤，而且還幫我們訂了台灣的報紙，雖然由於航班郵遞的關係，都要晚好幾天到達，可是我們也寶貝得不得了，至少它讓我們一直感受著家人的關心與故鄉的脈動。那時，我確切了解到所謂「精神食糧」的意涵，確實是「賴以維生」的「必需品」呢！媽媽在小女郁芬滿周歲時送的玉墜，當時我也經常佩戴在身上，那貼肉的冰涼，常能給我一股安定的力量，使我的呼吸順暢。我願意效法爸爸，以後當我的孩子出遠門時，我也要保持密切連繫，給他們關懷和鼓勵。

之四：全方位

有時陪爸媽去淡水高爾夫球場打球，打完球後到淡水觀漁莊轉一下，爸爸會從園子裡摘下一束花，交給我，叫我拿回去插在花瓶裡。他通常都會對那些花有番解說，那些花名，我卻總是記不住。爸爸不止對花草樹木有認識，他更有運動細胞、有音感、方向感、數字感與人情之間的敏感，都是我萬萬不及的。有位算紫微斗數的大師曾為我排流年，說我「十二分之聰明」，當時相當沾沾自喜，後來卻一直很懷疑，不知自己聰明在那裡？因爲我好像什麼感都沒有。唱歌音有腳，會走音，又是超級大路癡，更討厭煩人的數字。最後結論是：這位紫微斗數大師的滿分可能是一百分吧！爸爸不同，他眞是全方位的，有位朋友稱讚他：「您是個成功的企業家，不過我相信，您如果做醫生，也會是個能體貼病患又醫術高明的良醫；做教授，會是名教授；甚至當將軍，相信也會是成功的將軍。」

我一向很懂得謙虛，人家稱讚我什麼，都是不太敢承認和接受的，唯有兩件事我會坦然而欣然的接受。一是稱讚我好命，我不止不否認，有時還會加上一句：「是啊！世界上最好的。」二是有人向我稱讚爸爸人好時，我絕對附和。媽媽有一次恰好也在旁，聽到了，還爲此「教訓」過我：「姿秀！妳怎麼沒有客氣一下呢？人家稱讚我們，我們應該說沒有啦，沒有啦！」

之五：眼鏡與鞋拔

有一天，爸爸差人送來一個大牛皮紙袋，打開一看，裡面尚有兩個普通大小的信封。一個裝的是眼鏡，一個是鞋拔。那個眼鏡，是黃褐色塑膠製的，鏡片、鏡框及鏡架已經各自分離，甚且有些還腐化成碎末了，可是爸爸還是很細心地，用一條邊邊已經破了的眼鏡布包著「它們」。信封上寫著：「此眼鏡，自民國四十年，我因遠視，開始戴眼鏡至今，跟我已有三十年之久，殊多辛勞，今准其退休養老。——民國七十年十二月記於淡水。」至於那個鞋拔，也是再再便宜、平凡不過的鞋拔了，俗稱「輕銀的」（鋁製），小小的，雖然保持形體的完整，可是表面已經因歲月腐蝕而有所斑剝。在信封上爸爸也有註腳：「本鞋拔於民國三十五年在台北市長安西路延平北路口永安旅社隔壁之鞋店，以舊台幣十元所買，至民國五十七年十一月環遊世界回國，隨身二十二年之久，每日不離，受其幫助不少，茲為體恤其辛勞，於民國五十七年十一月二十三日，收存讓其休息。——五十八年正月元旦記。」

信封一旁還另有註記：

(1)民國三十八年，舊台幣四萬元換新台幣一元。

(2)於民國五十年，與玉梅遊日本時，在九州熊本旅社遺失，後去信該旅社，請其尋找，寄來大阪丸台洋行還我。

當這兩樣「古意盎然」的物品赫然映入眼簾，再細讀註解之後，熱淚頃然之間奔瀉而出，不可遏抑。爸爸的愛物惜福竟至於斯，甚且視物如人般，滿懷愛意和敬重。爸爸一生爲人處事的風範似可由這兩樣東西不用言說的表達了。一生，承受過家父多少貴重的物品，可是這兩樣如此不同，我視它們爲最珍貴。

之六：多久都不算太久

前台南市長辛文炳先生的夫人曾對我說：「妳爸爸人眞好，像他這樣的人，應該活二百歲。」這幾年，爸媽身體較有狀況出現，跑醫院看醫生的次數增加很多，我常有機會陪著去。打從心裡，我樂意伴同他們前往，因爲我一直在受，無以爲報，也唯有這種時候，這個機會，能讓我可以出點力，略盡孝心。

我常覺奇怪，在商場如戰場的勾心鬥角中，在爾虞我詐的炎涼世間裡，翻滾六十幾年，爲何爸爸仍能始終如一地保持溫熱的愛心、積極向上的態度？他爲什麼那麼肯幹？他爲什麼那麼耐煩？凡事用心，步步紮實，而且似乎從不曾對行進的目標有所徬徨猶豫。證嚴師父常鼓勵「做人要發揮人的功能」，爸爸實在値得驕傲，他確實是將「人的功能」發揮到極致了。最近，相信很多親戚朋友都聽過爸爸的感嘆：「人，活得太老眞不好。」可是我覺得，爸爸一直都那麼有用，而且健康也不錯，實在是活多久都不算太久啊！

附錄：〈愛家又愛社會〉

我要怎樣來形容爸爸呢？我覺得他是無與倫比的。他是我們全家精神的支柱。我常坐在家中小客廳舒適的籐椅上，凝望著爸爸送我的一大幅林惺嶽的水彩畫「憩」，想著：「眞不知前世積了什麼大德，今生居然能投胎媽媽腹中，來到世間享受爸媽的呵護和關懷。」「憩」，圖中有一株粗壯的鳳凰木，枝葉茂密，橘紅的花開得火艷，樹下有一隻牛，蜷縮著在那兒休息。爸爸選這幅畫送我，取意我出生台南，鳳凰木代表台南，而我又屬牛。我一眼看到它，就直覺地反應：「爸爸，您是那株鳳凰木，而我就是託您庇蔭的『好命的牛』。」

爸爸的愛是不掛在嘴上的，與媽媽結婚五十年，才在去年底金婚宴上來了一次總稱讚，聽得台下親友來賓，又是笑聲，又是淚光閃爍。媽媽良善、胸無城府，任勞任怨的奉獻，確實對家庭貢獻很多而不以爲自己有什麼。媽媽對爸爸，是絕對的順從和仰慕，爸爸是她的天，爸爸說什麼就是什麼。近年，爸爸反過來戲稱媽媽「董事長」。媽媽說什麼，爸爸就說：「是！董事長！」現在爸爸到那，就把媽媽帶到那，媽媽有時有點「可愛的迷糊」，爸爸完全的包容。爸爸常說：「夫妻、父子、兄弟、朋友、同事……都是『緣』。」

「嫁出去的女兒，潑出去的水？」我家可不。爸爸偶爾就會來個電話：「要不要去看球賽啊？」有時，派人送來剪報一則或書幾本，兄弟有的，我都有。爸爸也常對服務於台大醫院的外子說：「衙門好修身，當醫生也好修身，希望你多體貼病患，多照顧病患，多修身、多積德。」爸爸很忙，你會覺得他好像沒看到你，沒時間想到你，事實上，我們總是被綿綿密密的愛包裹著。

爸爸一生以「勤儉誠信」四字作爲座右銘，身體力行，並以祖父教他的一首詩提醒我們，要我們「知足惜福」——「他騎駿馬我騎驢，低首思量我不如；舉頭又見推車漢，上雖不足下有餘。」……縱使事業不斷的擴充，縱使財富有所累積，我的爸爸始終如一：心智剛強，滿懷愛心，有節制，不偏離，沒有變「驕」、沒有變「狠」，沒有變「冷漠」，他仍然是我所熟悉的爸爸，他仍保持一貫的恬淡本色。孩提時的爸爸，想的是：「如何省下更多的錢？」年輕時的爸爸，想的是：「如何使公司賺更多的錢？」而現在的爸爸，對國家社會有很深的使命感。「如何使我們的社會更安和樂利？」正是他現在努力以赴的另一目標。

爸媽：祝福您們！

五男　吳英辰

敬愛的爸媽：

兒自從二十多年前出國深造後，便長期在國外就業。幾年前有幸在丁總經理邀請下成爲台灣萬通商業銀行的一員，於是，於私您是我的父親，於公您卻成爲我的頂頭上司。從日常工作和生活接觸中，兒深深體會到您智德勇兼備的仁者風範。您對處理事情的用心，敬業的精神，待人處事的寬厚，對親友、部屬的細心照顧等等，常讓我感動至深。爸爸，我很高興能夠返國就業，承歡膝下，稍盡孝道，並就近向您學習做人做事的道理。

您雖已八十高齡，但敬業精神不僅絲毫不落人後，且有過之而無不及。銀行每天送來的一大疊公文，您都鉅細靡遺，逐字細讀，隨時眉批，也常指出錯誤之處，提醒同仁們辦事要用心細心，更經常感謝他們的辛苦及努力，對部屬從未疾言厲色，凡事替部屬設想，而且對部屬的直言進諫，您皆能以豁達的心胸、求進步的精神，與各位高階主管深入檢討研究，在在顯示您實事求是、日日求新的操持。每次兒向您請教事宜，不論是公是私，您都能一針見血，直指重點，且公私兼顧，讓我口服心服。您閱歷之深，世情的練達，對世理的透徹，就好像一座挖掘不盡的寶山，越挖寶藏越多，也令我不禁更加佩服您的爲人處事。

一般人在六十幾歲時大都已退休享福，您卻想利用有生之年，多對國家社會有所貢獻，平常不是爲銀行事務忙碌，就是用心於文教公益基金會，希望給這個略嫌污濁的社會風氣帶來一股清流；要不然就是爲關係企業或親戚朋友的疑難雜症而用心，設法幫他們解決問題。常見您從早到晚開會洽談，閱讀公文，看您如此的繁忙，心裡有說不出的心疼與不忍。照理，以您現在的年齡及四十年的糖尿病所引發的身體不適，您應該盡量放輕鬆，多打您最喜歡的高爾夫球，可是您卻常廢寢忘食的拚命工作，或許這是您做人的基本原則——「不做則已，要做就做好」。所以總比一般人耗費更多精神和時間，難怪怡萍侄女要以英語稱呼您爲「Workaholic」（工作狂），您眞的是受之無愧。

您常以「身教」來教導我們做人處世的道理，例如您有一位朋友很久以前曾幫您忙，您不止於他在世時屢次報恩，甚至在他去世多年後，還不忘照顧他的子女；又二十多年前有一人曾經施惠予您，您至今還在照顧他的全家，您感恩圖報的心實在值得我敬佩和效法。兒記得有個朋友曾私底下對我講過一句話：「有機會幫忙您父親，眞是好福氣，好積德，因爲他會盡心回報。」我想這句話是對您知恩圖報、「受人點滴，泉湧以報」的美德之最佳回應。

至於您的健康，我們眞的慶幸您是一流的病患，不止有勇氣，嚴格遵照醫師的囑咐，而且有恆心毅力，才能與那個惱人的糖尿病和平共處四十載。我想在您四十歲時會罹患此症，主要是因爲事業操勞過度，運動和休息都不夠，而您在發現患病之後，並沒有心生畏懼，反而勇敢面對，積極就醫，努力運動打高爾夫球，才能有現在的健康。我們熱切的盼望您能繼續努力維持健康，打您喜歡的高爾夫球，做您喜歡做的事；只要您喜歡，只要您認爲有益，那麼即使偶爾做做「工作狂」，我們也只好不反對。

母親，您是我們永遠的守護神，您這一輩子盡心盡力的照顧爸爸和子女們，即使我們都已五十上下，您還是像照顧小孩子般，用您無窮盡的愛心呵護我們。

您的好脾氣可說是親友間聞名，也是忍功發揮到最高境界的表現。我們兄弟姊妹在成長過程中，尤其小時候較調皮搗蛋，偶有犯錯，您從未大聲罵過我們，更不用說動手打我們，我們眞慶幸有您這麼一位慈祥和藹的母親。另外頗值一提的是母親勤儉持家，毫無奢華氣息，一生惜衣惜食，節水節電，是我們家中有名的「切仙」（切掉電器用品的電源），經常走到那裡切到那裡，只要我們一轉身，回來時電燈、冷氣、電視全關了；浸浴過的水也捨不得放掉，常留下來沖馬桶。我想台灣每人能像您這麼節約能源的話，應該不會缺水或缺電了。母親，您以身教教導我們惜福、勤儉持家、家和萬事興的人生至理。您與父親恩愛到白頭，攜手共度六十年的歲月，這期間互助、互信、互諒，我們眞是何其有幸，生爲您們的子女，我們在此衷心敬祝您們萬壽無疆，永遠幸福。

手足情深　誠心祝福

大哥　吳修齊

我家有四兄弟。我排行老大，尊賢是老二，老三俊傑，老四俊陞。尊賢比我小三歲。

由於我的三伯父克章公生女而未生男，所以我的祖父安排把尊賢過繼給我的三伯父。那時候我只四歲，卻已稍知人事，認爲弟弟「送給人家做兒子」，便是意味手足失離，所以很難過的哭了，母親也哭了。現在想起來，當時實在哭得沒有道理；因爲我們還是一起成長，一起創業，手足之情不曾稍異，即便是過了八十年後的今天，要寫一篇文章來向尊賢道賀，還有點擔心如果我這個做哥哥的要說弟弟有多了不起，別人是否會說我自家人自己誇獎？

不過尊賢實在有不少極爲可取的地方。

他一生敬業。

尊賢從十五歲開始作布行學徒就凡事小心、凡事盡責；這樣的工作態度，一直到今天都不曾稍變。

他一生不占人便宜。

尊賢從做學徒開始到與家族合作創業，乃至於其後不斷擴大事業合作對象，都堅守財務一清二楚的原則。做事業不得不精打細算，但尊賢不是精打如何佔人便宜，而是細算如何使大家都不吃虧；也正因此，大家都樂於與他合作。

他對於社會眞正有貢獻。

尊賢在中年的時候已經稍有積蓄，有了積蓄之後，他開始量力助人。十七年前，他更捐出巨資成立基金會回饋社會，對基金會目的事業之推動持之以恆，成效卓著，令人欽佩。還有世人不知道的事：尊賢常會打電話給我，熱心地邀我一起出錢幫助某人某事。如果是我邀他共同協助某人某事，尊賢只問明原委，認爲應予協助，便即慨然同意。尊賢之所以有這種量力助人的精神，實在是緣於他有普渡眾生的慈悲胸懷。

也許是保健得法，也許是祖上積德，也許是慈悲的人有好果報，尊賢夫婦齊享高壽，又能慶祝鑽石婚慶，我爲胞弟及胞弟婦的這種福報，由衷感到無限喜悅。在此誠心祝福他們兩位，今後的一切都更順遂、更圓滿。

以工作與服務爲樂的二哥

三弟　吳俊傑

如果要我只說一句話，來描述二哥尊賢的人生，那麼我認爲最貼切的說詞是「他一生都在爲台灣人打拚服務」。

二哥經營工商數十年，事業非常成功。事業成功便有利得。有利得之後，個人及家族的物質生活可以盡其奢華之能事。可是，二哥崇尚節儉。他經營事業的時候，以生產爲樂，以提供就業機會爲樂；等到事業經營成功之後，他以幫助他人爲樂，以回饋社會爲樂，以貢獻國家爲樂。

我也從事工商，而且有些事業與二哥合資，因此對他敬慎敬謹的態度既了解又佩服。我的子女及朋友都知道，所有要我蓋章的文件，我都只看二哥蓋了沒有？如果他已蓋了章，我便照蓋不誤，一點兒也不擔心蓋錯。

我也很敬佩二哥一生守時的好習慣，凡有約會，他一定準時赴約，而且通常是提早五到十分鐘前到達；主持會議如此、參加會議如此、聚餐如此、與子女孫兒打球也是如此，而且從從容容，不慌不張，實在非常不容易！

二哥不僅守時，而且一向守法；不止自己守法，也要求子女和部屬一定要守法。他認爲能守法，個人及事業體才可保平安。他不斷的耳提面命，而且隨時以身作則。

我不知道守時、敬愼敬謹、慈悲爲懷這些品格有無相互關連？可是我深信二哥得享健康高壽，而且在社會上普受讚揚，一定緣於他特有的涵養和修爲。

我誠摯地祝福二哥二嫂福如東海，壽比南山，而且永遠快樂。

兄長如父，恩重情深

四弟 吳俊陞

二哥比我大十二歲，從小我就備受二哥的照顧與指導。當我還在學校享受學生生活時，他卻已經在社會上辛苦奮鬥了好多年；後來我學校畢業了，在創業上也都賴他一路提攜協助。如今，我雖已年近七十，許多「疑難雜症」還是常求助於二哥，他也都不厭其煩地協助我。

二哥在從事工商的漫長生涯中，接觸了很多的人，相信對於二哥許多過人的長處，一定有很多人記述，而且一定寫得比我更好。不過，我對二哥「耐煩」的特性，體驗殊深。二哥雖然凡事努力以赴，而且智慧過人，可是我認爲假使不是有「耐煩」的特性，面對諸多相關事業體層出不窮的難題，他是不能一一化解的。甚至於我們家族眾多親朋戚友所遭遇的各種問題，也都是在二哥深具愛心加上「耐煩」的特性下，才能獲得處理和解決。

「財團法人吳尊賢文教公益基金會」在民國七十年成立，以延續並擴大二哥對社會的回饋。十多年以來，基金會的貢獻，社會上人人有口皆碑。我認為，假使不是二哥大力投入時間和心血，基金會是不會有這般成績的；這也是二哥有「耐煩」特長使然，實在是至為難能可貴的。

二哥在四十歲的時候患了糖尿病，為了愛惜生命、為了家庭、為了諸多事業體，二哥發揮了他「耐煩」的特長，完全依照醫生的指導，進行治療、保健和運動，四十年如一日。他與糖尿病「搏鬥」的歷史，令人欽佩；那是一種強韌的生命力之展現，實在彌足珍貴。

我認為，以二哥、二嫂的福分和智慧，他們賢伉儷會長命百歲，而且一生幸福美滿；謹以無比虔誠的心，獻上我的祝福。

尊賢董事長與萬通銀行

萬通銀行總經理　丁桐源

金融體制自由化

三、四十年來，我國經濟大致持續穩定成長，企業對金融服務之需求也逐步增加，然而國內金融體系一向以公營金融機構爲主，經營上又受層層管制與束縛，金融業相對成爲落後的一環。

後來，政府體認到產業發展，必須具備高效率、高水準的金融服務作爲後盾，加上國際間要求本國金融自由化的輿論與壓力，乃提出金融自由化與國際化的政策，並開始放寬利率、匯率管制措施，終至准許十五家新民營銀行的設立，使長久以來缺乏市場競爭的銀行業，邁入春秋戰國的時代。

堅苦卓絕，籌設萬通

民國七十八年七月十七日銀行法修正公布實施後，政府旋即宣布開放新民營銀行之申請設立，南紡集團的同仁等有感於政府多年來的扶持、照顧，應於此時籌辦銀行，參與國家經濟發展，乃共同籌組設立「萬通商業銀行」，期能擴大對社會有所服務。

七十八年十一月十一日召開第一次籌備座談會，著手規劃設立事宜。至七十九年六月八日萬通商業銀行籌備處正式成立，公推尊賢董事長為籌備處主任委員，各項籌備工作於焉展開。歷經一年多的精心籌劃，於七十九年十月六日向財政部申請銀行設立許可，歷經九個多月嚴謹的審核，迄八十年八月一日正式奉准設立。同年十一月二十三日召開創立會，萬通銀行在尊賢董事長卓越領導下，終於在十五家新銀行中脫穎而出，率先於十二月三十日全省七家營業單位同時開幕營業，為我國金融史上寫下了新的史頁。萬通銀行的誕生是歷經七百七十九天周全的籌備，如果細說從頭，誠百感交集。而籌備處主任委員堅苦卓絕的毅力，正是導向成功的最大動力。

就籌設一家新銀行來說，真可謂千頭萬緒，單以發起人的認股而言，依「商業銀行設立標準」規定，不得任發起人者即有十四大項之限制，每一發起人都要身分核對，這要花多少人力與時間？而資金來源的證明更是煩瑣不堪，但這也足以說明主管機關在審核工作上的愼重，因此送審資料多達四套，共三二〇冊，當時外界戲稱萬通銀行送審資料是一「卡車」。儘管工作艱辛而繁重，籌備處主任委員卻以無比的毅力指示「一切爲申請核准而努力，我們不能因艱難而退縮，要努力往前，準備工作應檢討再檢討；文件資料斟酌再斟酌，務求零缺點」；又謂「只要萬通能夠順利核准設立，就算折我壽亦在所不惜……」。因而參與籌備的同仁均廢寢忘食，竭盡心力，不分晝夜，爲籌設操心失眠；掌舵者既如此，參與工作者豈敢怠慢？萬通銀行率先同業開幕，足證尊賢董事長「事在人爲」的訓言不謬。

因緣際會與抉擇

筆者與尊賢董事長於民國四十九年結下善緣，至今已有三十八載，從擔任他孩子的家庭教師到服役，以及請董事長幫忙託吳三連先生寫推薦函參加第一銀行行員招募考試（在當時銀行招募考試必須有工商界或銀行界知名人士推介），在銀行任職三十年來一直保持著連繫。

民國七十八年政府宣布開放民營銀行設立，那一年五月董事長第一次邀我打高爾夫球，記得球敘時彼此曾經只談及一些銀行經營的看法和細節，但都未提到籌組新銀行的事宜。不過爾後球敘的機會漸漸密集，董事長藉此對我做更深一層細微的觀察和了解，此外，直接或間接向我過去的長官探詢，如此細膩觀察的用人哲學，深值企業經營者所借鏡。

新銀行開放籌設的當時，也有擬籌設新銀行人士與我接觸邀我參與，然我皆未稍作考慮即予婉謝，因我感念第一銀行對我多年的栽培與照顧，在第一銀行服務二十九年又三個月期間，是從基層行員而逐步獲提升至總行經理，除行內全盤業務的歷練及無數次行外專業機構的訓練外，也奉派赴美國、日本、德國及新加坡等地研習受訓、觀摩或考察，而近三十年的共事，同仁彼此間都建立了深厚情誼，沒有重大因素的考量，我是不會輕易離開一銀。因此辭去一銀的工作，內心極為痛苦、矛盾，也經歷了相當長時間的考慮和掙扎。

決定到萬通銀行，總歸一句話，尊賢董事長恩情，我一定要回報。本來家母和內人都以「安定就好」而不贊成我離開第一銀行，我告訴她們說：「當初是尊賢董事長協助託人推薦，才得以進入銀行界服務，也才有今天。」董事長曾對內人誠摯地說：「人海茫茫，我們認為能邀請到丁先生來幫忙才決定開辦，否則或者會開不成。」這席話更搖撼了內人的心。就這樣抱著感恩的心和開創新局的心情，做了我一生最重大的抉擇。

秉持理念，經營萬通

銀行是社會的公器，它肩負著某些有別於一般事業的使命，所以對萬通銀行的經營，尊賢董事長一再諭示：「國家是我們大家的國家，社會是我們大家的社會，希望萬通銀行的營運，處處要以國家的利益、社會的利益爲前提，並且要常常抱持愛國家、愛社會的精神，多多參與社會公益活動，善盡赤子之心，以回饋社會，共同來淨化社會人心，共同爲建設一個富強的國家，美好安樂的社會而努力。」並期勉以南紡集團四十多年來「勤、儉、誠、信」、「穩健踏實」、「三守一誠（守法、守信、守時、誠心）」及「三好一公道（信用好、品質好、服務好、價錢公道）」之傳統精神，建立萬通銀行企業形象。

於是萬通銀行在尊賢董事長感召下，秉承南紡集團的優良傳統精神，融合了金融業應盡之天職，確立了「守法、誠信、穩健、效率、創新」之經營理念，爲銀行百年經營大業，樹立了堅韌的根基。

又基於人力資源是銀行最重要的資產，銀行經營之成敗，端賴用人之良窳。因此，以「品德、健康、學識、合群」爲用人四大條件；南紡集團以「用人不疑，疑人不用」之原則，經營事業採總經理制，董事長掌握營運大原則，對總經理完全授權，使本行經理群得以充分發揮專業知能和潛力，積極爲銀行奉獻，全力以赴。

為人處世，風範卓然

尊賢董事長在長達六十餘年的工商生涯中，先由布行學徒做起，步步紮根經營，能有今天的成就和地位，不知流過多少血汗與嘗盡人生甘苦，其成功絕非偶然，更非僥倖。筆者自追隨董事長任職萬通銀行以來，更深體其凡事以身作則、腳踏實地、全力以赴、不達目標絕不終止的執著態度，尤其謙虛的本性與不求聞達的胸襟，於今日社會，著實令人景仰。

日常生活中，諸多嚴謹平實，足以啓迪人心的處世風格，尤足後輩學習效仰，諸如：

董事長以「螃蟹的故事」訓勉全體同仁不得收受客戶禮物。董事長任職環球水泥公司總經理期間，曾有某一南部廠商，爲了建立往來關係，數次致贈禮物，均爲所拒；後該廠商適因事公出台北，特由南部攜來鮮蟹乙簍送至董事長之家，惟董事長一本拒收餽贈之原則，於獲悉該客戶投宿旅店後，董事長親身送回。但約一、二個月後，該廠商又送來乙次，此次找不到其所住宿之旅館，董事長經考慮後爲恐鮮蟹腐壞，乃予加鹽煮熟後原物送還，由此可見其爲人清廉及處事之細膩。

「勁飛的小白球」：八十三年三月至五月間，董事長爲慰勉及教導經理人，曾每逢假日分次一組四人邀筆者暨經理人赴林口高球場球敘。有一次參與球敘之一的本行鐘經理，於發球時不慎將球擊至球道右側水池邊，鐘經理等人均認爲該球宜放棄而移球加算一桿再擊球，唯董事長審視落球點後，認爲可以打，雖高難度然而仍有可爲，於是基於教導後輩之心，親自揮桿示範。只見瞬間水花濺起，一顆小白球勁飛向球道中央約一七○碼處，眾人莫不拍手叫好，驚嘆精湛的球技，然而卻也發現董事長已水濺滿身，眾夥齊勸董事長擦乾後再出發，而董事長認爲運動者應有不畏艱難、不怕風吹雨打的精神，堅持繼續敘球。此舉正給在場的後輩一個難得的機會教育，除了欣賞精湛的球技外，更感佩其不畏艱難，執著任事的堅毅精神。董事長一生酷愛小白球運動，已有四次Hole in One（一桿進洞）紀錄。在此謦祝董事長玉體康泰，長壽百歲，有機會創造更多一桿進洞紀錄。

「涇渭分明」：筆者未任職萬通銀行前與董事長已緣續三十載，每逢年節時分，以尊敬世伯父母之心，和內人攜水果薄禮拜望請安，董事長亦以待晚輩之禮相待之，彼此間存在著一股深厚情誼；惟自任職萬通以還，產生了部屬關係，自此，董事長說今後不可以攜帶東西來。就連筆者於八十二年間奉派隨團赴大陸考察，因山西石樓石又稱「繞玉石」聞名於世，這種健身球，在掌中滾壓，五指撥動，類似針灸、按摩等效用，大有延年益壽之效，對於年長者運動頗有助益，乃購備乙盒大小二對四顆略表心意，唯董事長堅持要我收下所購買之價款，算是我代為購買，並指示應遵從行規，不得收受部屬或客戶餽贈禮物，此種精神正是全體萬通人所應學習的榜樣。

「公私分明」：八十四年十一月的某日，董事長囑知，因感於本行印製的八十五年月曆精美大方，個人需增加一百份以備贈送淡水、林口高球場親朋好友。因月曆原為本行廣告宣傳用品，尚多存量，隨即備送。豈知董事長於問明每份印製成本後堅持自行付款，甚至私人郵件、長途電話均自行付費，公私分明，不耗公帑分毫，此處事原則正足以匡正時風而驅人心於純正。

董事長常說，「勤勉謹慎」之人，可付以重任。自萬通銀行開業以來，對於金檢稽核工作之重視，真可謂無出其右者。對於任何報告，字字斟酌，細細研讀，重要處更予眉批指示，疑問處則予「？」註記，並召集重要幹部商討研議設法改進；對於授信案件，董事長剴切指出：「銀行的經營，最怕授信品質不良，因爲金融界存款和放款利差極微，不能有任何差錯。」因之，對於重大授信案件之審議，常以其豐富的人生歷練與商場經驗，洞察秋毫，以旁推側擊之方式予以明確指示，以致本行授信業務，得以保持較高水準的授信品質，董事長的領導，實在令人既心服又敬佩。

「溫馨之愛」：民國八十二年三月間，本行陳經理因患視網膜剝落亟須住院治療，事發當時，董事長適在美國，於獲知消息後，立即以國際電話透過其個人關係，以最快速度安排至台大醫院治療，使病情獲得最佳之控制。董事長自美返國後，並親至醫院探視數次，關懷之情溢於言表。此種關心同仁、視如己出的溫馨之愛，正感召萬通全體的同仁，實爲「爲長而仁慈安眾」的最佳寫照。

老當益壯

尊賢董事長嘗謂：「幸福的人生，就是擁有健康的身體，美滿的家庭與良好的工作環境。」人生如此，尚有何求？因此常提醒晚輩，工作積極固然重要，但是一定要有健康的身體，才有美好的人生。

與糖尿病爲伍四十餘年，董事長除了謹慎用藥以控制血糖，更爲治病而勤打高爾夫球、散步，把治病保健工作當作自己重要事情來經營管理，療病的認眞態度，更使他成爲醫師們眼中的模範病人，因此生活過得比一般人更有朝氣，無怪乎，雖年屆八十，身體仍然硬朗，幹勁不減當年。

董事長認爲打高爾夫球迷人之處，在於置身曠野綠地中，一面步行兼揮桿擊球，舒展全身筋骨，同時呼吸清新的新鮮空氣，又得享日光浴，這對養生有莫大的助益。因此從不間斷打高爾夫球，就如同做事一樣非常認眞而踏實，故筆者數十次與董事長球敘，每次同以一號木桿發球，董事長的落球點總是較遠十碼以上，其身體之硬朗，由此可知；又如八十五年四月二十四日，爲了參加老友群鷹隊在淡水球場之例會，清晨四點多便起床赴約，待球賽完畢簡單用餐後，約中午一點三十分，又匆匆趕赴台大醫院探視住院親友。是日下午三點又適逢本行常務董、監事聯席會議，董事長約於下午二點三十分左右趕回行內主持會議，緊接著五點鐘又討論諸多重要議案，會議至下午六時三十分左右結束，隨即又趕往西華飯店參加另一場餐會。如此緊湊而繁忙的工作，就是年輕人也會有負荷沉重的感覺，而董事長卻游刃有餘，說他老人家老當益壯，實不爲過。

感念感恩，奉獻萬通

筆者今生有幸於三十八年前與尊賢董事長結善緣，於爲人處世各方面誠受益良多，又蒙器重提攜，委以重任，所以結緣萬通之始，便秉持感恩圖報之心，以拓荒者的精神，奮鬥努力，全力以赴，時時以董事長明訓「事在人爲」自勉，期待萬通銀行萌芽茁壯，以報知遇之恩於萬一。

自任職萬通銀行後，常有人問我是不是台南市人？或是與董事長有親戚關係？我總是笑答說：「我僅是台南縣人的女婿。」然雖無親戚之緣，我卻深深感受董事長「愛心」的滋潤與溫馨，尤其對我家眷的照顧，更是關懷有加。猶記得內人去年身體小恙住院，董事長除託請醫生關照外，非但數次偕夫人親自探視，更是「闔家動員」，使筆者全家感恩難忘。數十年來對於董事長的關愛，經常內心油然升起一股感念、感激與感恩之情，時時惕勵自己要爲萬通銀行奉獻打拚。

尊賢董事長已走過人生八十，至今精神奕奕，耳聰目明，每日處理事務專注用心，數十寒暑如一日，其敬業精神深值敬仰和效法，而謙虛曠達的修養更是吾人所不及。如今非但事業有成，且一家親慈子孝，兄友弟恭，闔家歡樂美滿，實是幸福人生的最佳寫照。

景仰追隨尊賢宗叔五十年

坤慶紡織公司董事長　吳金台

自從民國三十六年底於迪化街台北三興行（台南即新和興行）開始跟隨宗叔吳尊賢先生，一瞬間已半世紀了。我們係同屬於台南縣學甲鎮新頭港村之同宗，依宗親之輩份，他比我長一輩，因而我都稱他「尊賢叔」。日據時代，我的父母遷往府城（台南市）之前，在頭港村，乃與他們家族比鄰而居。緣此之故，我於戰後由南洋復員返台之後，經由家母的介紹而到迪化街台北三興行學習布疋批發生意即開始跟隨他。當時之迪化街一段及南京西路一帶是台灣布疋之大批發市場，無論是來自上海、日本或台灣自行生產之布疋，大多在此處集散。如今赫赫有名之許多財團或事業家皆發跡於此一帶，如新光吳火獅先生，養樂多陳重光先生、黃崇西先生，穩好賴清添先生，中和葉山母先生，六和宗仁卿先生，東華林山鐘先生，遠東徐有庠先生，台鳳謝成源先生、黃成金先生等不勝枚舉。

民國三十六年到三十八年間，是台南新和興行及台北三興行業績極其鼎盛之時期，也是我初入社會之際。當時兩地之從業人員近三十名，其中有多位長輩「頭家股者」。在迪化街大家不論頭家、夥計，生活三餐都是一起在店內。尊賢叔除了出差到上海採購或回台南外，我都一直有機會身受其教誨。尊賢叔的許多爲人處世之道以及其偉大的人格，不但深深地烙印在我當時年紀輕輕、初出茅蘆之心中，更是影響我一生及終生學習、追隨的目標。

數十年來，隨著跟在尊賢叔身邊的時間愈長，便愈感受到他時時散發出一股與眾不同的風格，這種風格不是因爲他的顯貴，而是由於他有超然物外的胸襟，恢宏謙沖的器度，以及守正不阿的情操。立身出處，都能從大處來著眼，著於內而不具於外，可以說是一種很高的修養境界。我有幸有緣能夠跟隨尊賢叔五十餘年，身受其教誨極多，得益匪淺。如要將其事蹟一一列出，實不勝枚舉。在此僅簡略報告一二，以表達我對尊賢叔最敬佩之忱。

尊賢叔對於做任何事，無論大小，一定全力以赴，有恆心，貫徹到底，且非常認眞用心，穩健而踏實。「一勤天下無難事」以及「勤以致富」是對尊賢叔活生生的寫照。他並深信「事在人爲」。話說新和興及台北三興行從民國三十六年復業到三十八年歇業這段期間，尊賢叔是負責布疋之採購。他所選購之貨色，讓我們當時擔任夥計部屬的都特別地輕鬆，因爲他對布疋之流行顏色、花頭設計種類等都下很深的功夫研究，且挑選時非常認眞踏實，以致我們都無滯銷之虞，貨品經常短時間內搶購一空，造成當時的新和興及三興布行業績非常地輝煌。爾後創辦許多事業都非常成功，其工作態度都是本著這一步一腳印的精神，從開始籌劃，甚至到營運已上軌道，也從不放鬆，是以其所領導之企業皆以「勤儉誠信，穩健踏實」爲企業精神及經營理念。繼續到民國七十八年底，萬通銀行之籌劃開始，他更以其七十多歲之年紀，帶領我們這些籌備委員廢寢忘食地開會數十次，討論規劃，最後終於使萬通銀行成爲第一家開業的新民營銀行（此即爲當初籌設時的目標之一），再一次見證了尊賢叔「事在人爲」的功夫及理念。

尊賢叔是位非常賢明的領導者，並有極開闊的胸襟。民國三十八年間大陸情勢逆轉，台北三興行因紗布來源斷絕，只好歇業待機。至民國三十九年台灣海峽情勢轉穩，他在台北迪化街一段八十二號成立台北新和興行，專營紗布進口批發，我亦參加追隨，大家勤奮工作，合作無間。由於其賢明的領導，業績頗佳，而後追加經營進口鋼板、白鐵皮、白鐵絲、黑白鐵管、奶粉、平板玻璃等，並出口樹薯粉、香茅油、赤糖等，此其間，有台北市布商同業公會及台北市進出口商同業公會之理監事選舉。此二公會在彼時是全省非常有權威之公會，會員眾多，且有許多有力分子參加。他當時雖只有三十多歲之齡，但因平時與人和睦相處，處處為他人著想的個性，結果眾望所歸，我記得兩個公會他皆以最高票當選。當時有許多朋友說他的票數最高應出任理事長，他都謙辭，情形大約如下：當時有一位陳先生對台北市進出口公會理事長之職位頗表興趣，但原理事長黃先生雖然得票最低（黃先生做得實在很好，只因他大意，競選時未盡力），但仍想連任而爭執不下，尊賢叔為業界之和氣，出面與全體董監事連絡研議，決定台北市進出口公會理事長先請黃先生擔任，待幾個月後台灣省進出口公會聯合會成立後，轉任該公會理事長，將台北市進出口公會讓給陳先生擔任，結果皆大歡喜。

記得是數個月後台北市布商公會改選理監事，尊賢叔又獲高票當選，理監事一致推他任理事長，尊賢叔堅辭，未獲理監事之同意，不得已而決定接受，接著互相非常和氣的商量如何安排常務理事。常務理事有三席，大家決定由進口組一席（吳尊賢）、批發組一席（廖先生）、零售組一席（錢先生）擔任，並約定下星期的某天開會選舉。不料二天後，前任的理事長因在日本得到未獲安排擔任理事長的消息而急忙趕回（因三年任期中，絕大部分時間留在國外，未盡理事長職務，所以得最低票），請尊賢叔幫幫忙，這一次讓他做，他以後一定會多留在台灣服務，不會像過去一樣，他這一次如不擔任理事長，在國內國外面子都很不好看。尊賢叔很誠懇的告訴他：「我本來就不想做，絕不會與你爭，你應速去找他們溝通。」他非常的高興而道謝後離去。翌日那位先生又來找尊賢叔，他說董監事大家都不肯接受他，只有拜託尊賢叔向他們說情才有效。尊賢叔不得已，以電話連絡全體理監事，請他們吃飯說情：「前任理事長已很肯定約束，今後絕不會再長期居住國外，影響會務，希望大家再支持他一次。如他再對會務不積極，那時候我們再來改選。」大家經不起尊賢叔之勸說，勉強同意。但是此一改變，進口組的常務理事就要由尊賢叔換給前理事長，他才能擔任理事長，因臨時也不能增加常務理事之名額，批發組的廖先生及零售組的錢先生同時說他們的常務理事要換給尊賢叔，尊賢叔說不可以這樣，但他們很堅持，尊賢叔對他們解釋說：「常務理事分配各組一人是大家所知道的，無論批發組或零售組讓給我都是違背原約定的，你們都無法說服眾多會員。」他們才不再堅持。

尊賢叔將二次到手的理事長職位讓人，此種開闊之胸襟及器度，實是常人所不可及的。民國四十五年，我跟隨尊賢叔擔任由其任董事長的坤慶紡織公司之總經理一職。最初幾年，由於行業選擇的錯誤（麻紡），大家眞是蓽路藍縷，經營得非常辛苦。然而在他英明的領導下，帶領我們走過那一段荊棘的日子，使坤慶後來轉業變成全國第一家紡亞克力紗的公司，進而不但成爲業界的翹楚，更具有獨到及先進的眼光，早在二十多年前便走國際化的路線，帶領坤慶到新加坡、印尼、馬來西亞等地設廠。在當時即奠下了坤慶穩固的基礎，使其今日更能面對來自全球各地劇烈的競爭，以及此行業之大環境變遷下之挑戰。他如此睿智、獨到的遠見，也是異於常人的。

除此之外，尊賢叔爲人光明磊落、公私分明、捨己助人、仁智兼備、不求聞達、尊師重道、敦親睦鄰、事親至孝、務實穩健，並熱心公益，成立吳尊賢文教公益基金會。對於部屬甚至於部屬之家眷的照顧關懷尤其不遺餘力。這些美德都是半世紀來我跟隨在他身邊所深深感受到的。五十年來，他對我之愛護備至，獎掖提攜有加，其德望之崇隆，愛鄉愛國、回饋社會情操之眞摯，實非我言語所能形容。

寬仁厚愛的尊賢兄

吳三連獎基金會秘書長　吳樹民

尊賢兄與先父三連公關係非常深厚，長期以來對於先父的事業也一直全力襄贊支持；他是我的鄉長，也是國之大老，對我鼓勵、栽培亦多，在此，我想略提兩件深深感念的事。

第一件事，是關於我回台加入自立晚報工作，如果沒有尊賢兄的協調，則我今天恐怕還是在美國行醫，而未能回到故鄉來奮鬥。還記得八〇年代的階段，我受聘於美國堪薩斯市密蘇里大學醫學院，擔任臨床教授，一方面在外行醫，一方面教導駐院醫師，事業上可說相當順暢。但由於長年在美行醫教學，讓我體會到美國民主自由開放的風氣，也使我深深感覺到故鄉台灣以及這塊土地上的同胞身受言論壓制之苦，因此一直有回台奮鬥的想法。當時先父長年擔任自立晚報社發行人，在戒嚴年代中，自立晚報被視爲是台灣民間獨立自由報業。我在經過反覆思考，以及必須放棄在美國事業的掙扎下，決定返台。

於是我試著說服先父，一開頭先父極不贊成，他以愛子之心，對我在人生與事業上的半途轉折，表示反對；尤其他從未有所謂「子承父志」的想法，也不認爲報社非得有我加入不可。當時先父的事業夥伴、以及報社董事長許金德先生也都不是非常贊同。不過因爲我心意已決，經過三、四年間不斷地向先父反覆說服，並強調我對爭取台灣人發言權的堅持後，總算得到先父的首肯。

尊賢兄就是在先父首肯我返台後，接受先父的請託，幫忙我向各有關的董事遊說，最後並說服許金德董事長的同意，使我終於可以如願回到自立晚報工作。尊賢兄對於先父請託的忠直誠信，對於協助我回台的寬仁厚愛，都讓我深爲感佩。

第二件讓我對尊賢兄相當尊敬的事，是在我接任旅北台南縣同鄉會會長時，有感於台南縣旅北同鄉甚多，在各領域中有傑出成就者更是如天上繁星，同鄉會董事會通過在台北市建立同鄉會館的決議，希望能因此多爲台南旅北同鄉服務。在向外募款時，我第一個想到的、第一個找的，是身爲台南大老的尊賢兄。

在聽取我的來意後，尊賢兄二話不說，立刻點頭應允。因爲他的義助，會館募款因而相當順利，也使得台南縣旅北同鄉會能比其他縣市同鄉會更早擁有像樣的會館。我想，這都是尊賢兄的慷慨，以及他對故鄉人、故鄉事的關懷、愛護所致。

這幾年來，在台灣奮鬥的過程，使我親身體驗到台灣這個轉型社會中人性貪婪、卑劣的一面，所幸我也接觸到很多溫馨感人的一面，像是台南同鄉會同鄉、扶輪社之間相互鼓勵、相互扶持的友情等，而尊賢兄當年協助我返台的不辭辛勞，在我返台後不斷爲我打氣、勉勵有加，以及對台南同鄉會的義助，都讓我感念在心。

談吳尊賢先生的企業文化——「誠」與「勤」

萬通票券金融公司副董事長　紀聰惠

多年前在報紙上看到一篇報導，將近一五〇位企業經營者和高級主管在台灣大學的思亮館國際會議廳以「企業文化之塑造與落實」爲題舉行研討會。主辦單位的信誼文化基金會和台大推廣教育中心，本來預估是大約有一〇〇位的人員參加，可是實際報名參加的人非常踴躍，從製造業到服務業，人數超過一五〇位，可見「企業文化」這個題目，對現代企業經營的重要性已超出行業別或企業規模的大小，成爲經營者及從業人員重視的一個問題。爲什麼？據最近經濟部中小企業處以四百家的中小企業爲對象，做了一次意見調查，其中就中小企業之員工要轉業時主要考慮的因素是什麼？對這個項目，就公司的「企業文化」如何，已成爲員工要選擇新工作的第二大因素，即員工要轉業時第一考慮的因素是待遇，其次就列出公司的企業文化如何。就這一點，過去對公司的企業文化相當重視的我，再一次認識到最近的年輕人對企業文化重視的程度。

「企業文化」究竟是什麼？我認爲這個名詞相當抽象。很多人可能都關心它的涵義，且多多少少有模糊的概念，卻無法正確認知其眞正的意思。由此可了解前面所述「企業文化之塑造與落實」研討會爲何能吸引這麼多的人員參加。據我長期所體會到的「企業文化」，它的意思是：「一個企業集團（或一家公司）的經營者和從業人員對做人處事，有形、無形的共同遵守之大原則」。換句話說，就是一個企業體的上下全體成員共同能接受並實踐的做人處事準則。一個企業集團如果能樹立良好的「企業文化」，並能獲得大多數員工的認同和遵行，這個「企業文化」將形成一股精神力量，直接影響該企業經營的成敗和發展。

民國六十七年底，我決定離開服務二十六年的公營銀行，投入台南幫企業集團的行列，其最大原因亦在於認同並心服台南集團的企業文化，亦即「誠」與「勤」的爲人處事大原則。當時第一次接觸到萬通銀行吳董事長尊賢先生（當時是環球水泥公司的副董事長），並聆聽他親自啓示的「誠」與「勤」之涵義，和他一直繼續不斷把它用心推動成爲集團的企業文化之努力，更使我這個志願進集團的新人受了很大的感動，並默誓今後必要切實遵行這個寶貴的企業文化。

民國八十四年，本集團決定籌設新開放的票券金融公司，很榮幸有機會能參加籌設工作。在一年多的籌備期間，陸續聘請未來公司的主要幹部。爲鞏固新公司的基礎，想起曾讀一篇企業管理的文章提到西歐的管理學者，到現在還深信在一家公司裡明訂企業內的「倫理準則」或「企業文化的大原則」，對引導員工的正規活動和道德行爲的必要性。因此決心將來新票券金融公司成立後，能將本集團的「誠」與「勤」這個良好的企業文化成爲公司同仁做人處事共同遵守的大原則。因此除個別面談時，將企業文化的內容介紹外，儘可能找機會將其精神講解，期能將來由幹部做起，在公司內徹底厲行。

八十四年四月間，萬通票券金融公司招考新進人員三十多位，舉辦職前訓練時，要我做精神講話，是故假這個機會將本集團的企業文化中心精神「誠」與「勤」向新進同事們報告，企盼以此建立萬通票券金融公司未來全體同仁做人處事的共同準則，並希望能獲得全體同事的充分認同，以建立公司的精神力量。下面將其扼要介紹如次：

一、為人「誠」

有一天早上看日本衛星電視，節目是十分鐘的精神講話，一位佛教大學的教授以「誠實的人生」爲題目做演講。他把「誠」字做了分析，他說「誠」字是「言」和「成」的結合，即開口講出來的話一定要履行，講話算話、言行一致，他說這就是「誠」的奧義。內容簡單但非常感銘。我把「誠」分為四種涵義說明如下：

(1)守信用：看一個人是否守信用要憑什麼？最容易判別的就是看他講話是否可靠。如果講出來的話可信度高，不隨便講話，雖然不善言辭，只要講的話眞實，言行一致，別人會認爲你是一個可靠的人。這就是在職場上要成功的第一步，尤其我們從事金融業的人更要重視信用，要使客戶眼光裡的你是一位靠得住的人。

(2)謙和：「誠」的另一種涵義就是謙和，一個誠信的人，他的內心必是謙讓和善，因此不自高而虛心，易與他人相處。一個人能力強是很重要，可是公司裡如果每一位優秀的人才都唯吾獨尊，我行我素，這個公司恐怕很不容易經營。現代公司所需要的人，除了要有優越的才幹以外，更需要肯與別人合作，與同事謙和相處的人。因爲組織成員能否發揮團隊精神，已成爲現代公司生存與發展的基礎。

(3)潔身自愛：儒家學說中的格物、致知、誠意、正心、修身、齊家、治國、平天下，其中的誠意、正心、修身都是爲人的基本精神，而各自的涵義都互有關連。因此誠實的人，他心中必是潔身自愛、經常保持正直、不自私，言行中且能保持自愛、不投機、不虛僞，堂堂正正做人。

(4)誠懇有禮：一個誠實的人如果有誠懇的態度和有禮的外表，將會加強別人對你良好的印象，當然態度誠懇的人不一定都是誠實的人，但以粗魯的態度和不雅的外表來對待別人時，往往不易使你的誠實表露出來。因此誠實的人需要經常保持彬彬有禮的態度和紳士的禮節，而這就是現代年輕人應有的修養。

二、做事「勤」

美國著名政治家亦是科學家的富蘭克林有一句格言：「須把誠實和勤勉當作你永恆的伴侶。」可見不只東方人重視誠、勤這兩個字，西方也認爲誠實、勤勉是一個人成功的最重要支柱。勤就是「勤勉」、「力行」或「盡心力」。一個人活在世界上可以不要財富，可以不要地位、權勢，但不能沒有工作。工作並不只是爲了生存，而是給人的生活賦予眞實的意義。因此做爲一個成功的工作者是如何的重要。現在將「勤」的涵義分爲四項說明如下：

(1)積極：「勤」的一種心理態度就是積極。一個人若在工作上具有積極的心理狀態時，即能產生樂觀的心情，促使你激起高昂的情緒去處理煩雜的工作。雖然有時處在不順遂的工作環境，只要思想積極，必能在工作中經常保持充沛的活力。因此我們必須記住，積極的精神在工作時的重要性。

(2)負責：「勤」的另一種心理態度就是對事件的責任感。做事勤勉的人，對所承辦的工作必定經常關注精神，這種態度就是責任感。對工作無論大小都肯負起責任的人，始能交託更重要的任務。最近不少年輕人容易怨天尤人，把責任推給別人，這雖然是人類有史以來的毛病，如〈創世紀〉裡亞當將吃蘋果的責任推給夏娃，夏娃又推給蛇，但一個人如果工作上經常諉過於他人者，將無法做出任何大事。

(3)用心：用心就是對事盡心力的心態。我到台南集團服務之後，學習到「誠」與「勤」的企業文化，其中對「用心」學習最多。吳董事長尊賢先生經常告誡說：「處理一件事，若用心愈多（即思考愈多），愈有好的成果。」長期經驗中確實體會出這個道理。請大家記住，辦理一件事用心思考的時間愈多，絕對不是浪費，而「用心」就是「勤」的另一種表現。

(4)耐心（毅力）：耐心就是做事時能維持勤勞的精神支柱。工作中不辭辛勞，百折不撓去勞心勞力就是勤。沒有人天生就注定會成功，但成功的機會很多，要看你有無耐心、毅力。只有才華是不一定會成功的。看美國總統林肯的一生，年輕時可以說是挫折、沮喪、失敗的連續，但他的耐心，堅忍不拔的精神導致最後的成功。耐心、毅力實在是一個人成功的必要條件。

最後大家會想究竟「做人」要緊？還是「做事」重要？依自己幾十年的人生歷程，深深體會到我們一生都是在學習如何做人，而我們做事的時候，同時也就是在做人（請大家不要把「做人」解釋爲做公共關係的意思）。如果做人失敗，做事很難大成，因此兩者就是一體。在此奉勸各位要謹守我們集團的企業文化，做人「誠」與做事「勤」的大原則，相信絕對是通往成功人生的最短捷徑。

想起董事長與吳三連先生、侯雨利先生、王金長先生、吳修齊先生、吳俊傑先生、吳金台先生、顏岫峰先生、高清愿先生創辦台南紡織公司，並繼續創設環球水泥公司、坤慶紡織公司、統一企業公司、統一租賃公司等，形成今日台南幫企業集團的基礎，並提倡「誠」與「勤」爲集團的企業文化，積極領導全體同仁勵行外，更親自在日常生活中實踐，促成集團在台灣成爲最誠實可靠的集團。在此要深深感謝過去吳董事長公私的關愛、指導和鞭撻，使後輩眞正領悟到世上最有價值的企業文化，讓後半段的人生活得更豐富、更有意義。

平凡中的偉大

統一企業集團總裁　高清愿

吳尊賢先生是我表姊夫吳修齊先生的弟弟。我十四歲國校畢業後就從故鄉來到台南市，在他與吳修齊先生所創設的台南市新和興布行當學徒。自此之後，他們兄弟倆對我始終關愛有加，在他們亦父亦師的提攜帶領下，實在讓我學習獲益良多。新和興布行在他們英明的領導下，以及部屬們「工作不嫌多，薪水不嫌少」的齊心努力下，生意十分興旺。

民國三十一年間，由於太平洋戰事激烈，無法赴日採購，導致貨源枯竭，使吳氏昆仲不得不暫時結束新和興布行的營業。終戰後不久，吳氏兄弟於民國三十五年初新和興布行復業外，更於民國三十六年底成立了上海三興行，當時的事業擴展極快，員工愈來愈多，吳氏兄弟乃首創員工分紅入股制度，使公司上下一心，將工作當成自家事業來打拚；這種分享的精神，也是日後統一企業不致落入家族公司窠臼因素之一，而能創造奇蹟式的蓬勃發展。

後來我興起創業的念頭，與吳元興先生創設德興布行，包括之後德興企業公司的成立，吳氏昆仲也都予以充分的支持與幫助。民國四十二年，吳尊賢先生獲知政府將開放二萬錠紗廠，立刻偕同吳修齊先生積極籌備，以新和興及三興行的股東和資金爲主體，在台北成立籌備處，並請同宗的叔父輩吳三連先生爲籌備主任，民國四十三年創立了台南紡織公司，董事長吳三連先生，總經理吳修齊先生，而我得以二十六歲資淺之齡當上業務經理，當時任職常務董事的吳尊賢先生的極力推薦和支持，實爲關鍵。

不僅是事業上的不斷指導，在爲人處事方面，吳尊賢先生也一直是我的良師益友。祥和謙沖、平易近人的他，一生艱苦奮鬥而不以爲苦，知足常樂、喜愛打高爾夫球，臉上時常掛著健康開朗的笑容，一點也看不出來已是年屆八十的人。「勤儉誠信」是他的人生哲學，不管是在企業經營或生活上，他一直身教重於言教地親身實踐著這個理念，我想台南幫事業成功的秘訣也就在這四個字上。

他長久以來可以說是台南幫坐鎭北部的指揮官，亦是台南幫各分子間凝聚力的精神領袖之一。他在事業上的成就是有目共睹的；然而，我想他最感欣慰以及令人羨慕的地方，就是他擁有一個幸福快樂的家庭。與美麗賢淑的太太共度六十年「伉儷情深」的美好日子，教養出來的子女們各個孝順乖巧、身體健康、品德良好、事業有成，的確，人生至此，夫復何求呢？但這些都是要用心去經營的，他生活規律正常，沒有不良嗜好，簡單樸質的生活數十年如一日，這就是所謂的「平凡中的偉大」吧！

我眞的很難看到一個像他這樣可以將每個角色都扮演得這麼好的人。在公司裡，他是好上司，也是好部屬。在家族裡，他是好兄弟、好兒子、好丈夫，也是好爸爸。在社會上，他是好朋友，更是好公民；對一個這麼好的人，他現在所擁有的這些榮耀和福分都是大家所衷心祝福的。我也要再藉這次機會感謝他對我的知遇提攜之恩。

人格者的典範

吳尊賢基金會董事長 張麗堂

我追隨尊賢先生已逾四十年。民國四十五年在台南市永福國小任教時，即為其四弟俊陞先生聘為家教，從此與吳家賢昆仲結緣。四十七年，我放棄教職，北上就讀法商學院，為籌學雜費、生活費，必須在台北打工任家教，遂由俊陞先生薦介在尊賢先生家中擔任家教。四年中經常在他家中相見，並聆聽教導子女或做人做事的經驗，受益良多。尤其我大二以後因父親去世，必須擔負寡母與兩弟兩妹的生活費和學雜費而面臨輟學時，獲得尊賢先生的許多鼓勵和支持，如被引見吳三連先生，推薦申請峰山獎學金、林熊徵學田獎學金等，均有很大幫助。我在艱難困苦中奮鬥，能得到貴人相助，終生感念。大學畢業當年我考上律師，完成升學的目的。畢業當年並承尊賢先生留在環球水泥公司參與籌建工廠的工作，服務一年到大湖廠開工後，才徵求尊賢先生同意，返回台南當執業律師，開始為民服務，回饋社會。對於尊賢先生的家庭生活、事業奮鬥、慈善德行，親炙教誨至爲欽佩，也了解他在「修身、齊家、治國、平天下」的理念，有很大的成就，如他的修身養性、齊家敦親、創造事業、發展經濟、照顧萬千員工、推動公益、造福眾生，這些成就就是大家都說他是一位「人格者」的道理。

茲就尊賢先生能作爲一位完美的人格者的幾點典範，分別加以陳述，敬表內心的無上崇敬！

一、先生是一位孝順親親的人：在《人生七十》中記述親恩親情，又在〈親慈子孝、兄友弟恭〉中說：「世上萬事萬物都是緣，無緣不生，父子、母子、夫婦、兄弟、姊妹、婆媳、妯娌、祖孫、親戚、朋友、同事，一切都是緣。」他對祖父母、生父母、養父母都非常孝順，對於妻子兒女的恩愛、兄弟姊妹和親人的敬愛，建立一個孝悌之門，充分顯示他有修身、齊家的圓滿人格。

二、先生是一位勤儉惜福的人：在《人生七十》中，他說：「我常以勤儉勉勵我的同事與兒女，因爲我深知勤可補拙，儉可養廉。我的兒女到現在爲止均能依此力行，絕大多數的同事也都能遵守不渝，誠可欣慰。」他認爲一個人勤儉才能成功，不能勤儉的人必然失敗，他自己就是勤儉的表率，他的創業成功，都是勤儉得來，由勤由儉，知道惜福也必有後福。

三、先生是一位講信修睦的人：信義爲立業之本，他在事業上講信修睦，從創立新和興行以至參與台南紡織、坤慶紡織、自立晚報、環球水泥、德興企業、華南產險、中國信託、新力電氣、統一租賃、南帝化工、九和汽車、六和機械與南台技術學院等等，他一直以誠信並廣結善緣來開發各種事業，他也特別強調「做事一定要誠信」，在高度發展的工商社會中，能夠堅守誠信原則，而能有「君子一言既出，駟馬難追」的風範者，先生正是一位受人尊敬的人格者。

四、先生是一位公正無私的人：在爲人處事方面，他是一位公正無私的正人君子，他非常尊敬嚴前總統靜波先生的道德文章，對人謙和、待人誠信、治事嚴謹，乃至舉止言行至善至美，他常引用靜波先生所說人人能「退一步想」或「易地而處」，那麼無論什麼事都可以化干戈爲玉帛，化戾氣爲祥和，他引述靜波先生分析「人」大概可分爲五種：第一種是「公而忘私」，第二種是「先公後私」，第三種是「公私並重」，第四種是「先私後公」，第五種是「私而忘公」。他希望大家最好能公而忘私或先公後私，同時能夠遵守「先公後私」、「易地而處」這兩句話的人，一定是愉快的人，也一定能做愉快的事，對個人、對國家一定有所貢獻。在眾多的親友或事業中，往往有些糾紛或爭議，只要先生出面協調，以「公正無私」的胸襟和「易地而處」的勸解，都能一言九鼎，圓滿解決。

五、先生是一位行善積德的人：一位成功的企業家，在創業與開拓中，因勤儉而富有，又能同時有善心的激發，處處助人，時時布施，以至於在六十五歲華誕，和家屬商議後決定捐獻價値新台幣一億元的股票，成立吳尊賢文教公益基金會，以捐助公益慈善事業、協助培育高級優秀人才、協助改善社會風氣，以企業家的成就回饋社會，擴大行善積德的事業，這是他人格至高的表現。評估一個人的生命價値，不在財富權勢的大小與生活享受的高低，而是他的品德和言行，他在這十多年中帶領基金會的同仁結合許多仁人志士，爲這台灣錢淹腳目的蓬萊仙島，善盡一份責任，激勵大家發揮愛心，去除功利的時弊，改善社會風氣，追求祥和幸福的生活；如愛心獎的舉辦，請證嚴法師、聖嚴法師、翁修恭牧師、林洋港先生、孫越先生等人主持社會公益講座，在大眾傳播上不斷刊播勸世文句，苦口婆心，教化世人等，都是他行善積福的具體貢獻。

綜合言之，尊賢先生素具菩薩心腸，言忠信，行篤敬，己立立人，己達達人；社會上人人稱讚他是一位完美的「人格者」，尊賢先生固然可以受之無愧，我們追隨他左右的人，也同感無比榮耀。

我今生的貴人

裕興興業公司副董事長　楊宗義

如果我的一生中註定有一位貴人相助，那麼這位貴人就是我的四姨丈——吳尊賢先生。他不斷地給我有形的提攜、無形的教誨，幫我奠下事業基礎，更爲我覓得良偶佳眷，促成一段美滿婚姻，在爲人處事方面尤其受教更多，他實在是我生命中不折不扣的「大貴人」。

民國四十五年，我正年滿十九歲，家父突告病逝，遺下我們兄弟姊妹共十一人，還有年老祖母、母親。當時兩位姊姊已出嫁，家兄正在澎湖服兵役，一個弟弟在坤慶工作，其餘一群弟妹都是中小學生，幾無經濟來源，全家生活頓時陷入困境。母舅陳再興先生了解我家窘況，及時伸出援手，將我引介到台北，進入新和興行工作。到了台北，在記憶中算是生平第一次見到四姨丈，一見面就覺得他非常仁慈，當時除了垂詢我的家庭情形外，同時說明今後之工作重點，並指派我先到潘嗣陶先生之布行學習生意，又特別交代我做事要認眞，如有時間，應去補習珠算簿記，以對將來工作有所幫助。

經過一年的學習，對所指派之工作正培養出興趣，並準備全心投入之際，突然接到兵役召集令。在入伍前，四姨丈還特別設宴爲我送行，使我感受到新和興行這個大家庭是如此的溫暖。

在服役期間，適逢金門八二三砲戰，當時我正被分派駐守在戰況緊急的金門。由於戰爭事發突然，金門又是一個孤島，一時對外運輸全告中斷，有一段時間所需物資均靠空投補給，台灣寄來的郵件也端賴空投。但自砲戰開始的那一段時間，常常收到四姨丈的問安信，他事業非常忙碌，竟還如此的關心我。每當收到他的信件時，我內心的感動眞是無法用筆墨形容，好幾次忍不住澎湃的情緒，拿了信件躲到廁所裡去，偷偷地流下感激和思念的淚水。四姨丈的無限關懷，彌補了我失去父愛的缺憾，他的慈愛與溫情猶如冬日煦陽，溫潤我心。

在退伍前一個月，我們依軍中的慣例都在倒數饅頭，算算看月曆上還剩幾行。我還未曾想及退伍後之出路的當兒，就收到四姨丈的來信云：「工作已替你安排好，退伍應即來報到。」此時心中的感激……，我已不知如何表達內心的謝意。自從收到這封信後，內心充滿期待與興奮，以致感覺日子似乎過得特別慢。在金門退伍返台後，立刻再回到他的身邊工作。初期在台北新和興貿易行服務，其後又跟著四姨丈參加環球水泥公司大湖廠籌建工作。在這段時間裡，他高度的敬業精神以及處事的果斷，令我深感欽佩，也是我所學習不完的，特舉一個例子：身為總經理的他每次出差到大湖廠都是夜車去、夜車回。駐廠期間，夜宿廠內員工宿舍，與員工同樣起居生活，又常在深夜兩、三點巡視工廠。有一晚還搭著我的肩膀邊走邊聊，提及他的一位朋友經營織布廠，時常於深夜巡視工廠，某夜連續三次逮到同批人員在賭博。據云，該日第一次被逮者一致認為老闆已離廠回家，今晚大家可以放心繼續賭了。但其老闆在返家途中猜想：那些員工可能會認為我走了而繼續賭，所以再度折返工廠，果然員工們還在賭。連第三次越牆進廠突檢，亦復如是。這是一個管理者為改善風氣及執行公司規定而盡心盡力之有趣話題。

民國六十年的某一天，四姨丈向我提起新和興行轉投資之金龍公司經營不順的情形，並指派我去了解。數天後問我：「金龍公司是否可以做下去？如可以，由你負責經營如何？」我心裡認為似可做，但全無經驗不敢答應，他鼓勵我說：「事在人為，只要認眞深耕，應該沒有問題。」其後自想，一向受其栽培與照顧，可說是「養兵千日，用在一時」，既然眼前有需要我效勞之處，我不敢不從，於是義無反顧地答應，並開始上任。隨後金龍公司改組為大欣公司，經過半年的時間，商標部門之業績雖尚可以，但因成衣部門業績極不理想，且有種種不利條件均無法克服而決定結束營業，並擬將機械全部出售。當時我爲自己無法挽救大欣公司，達成四姨丈交代的任務而感到挫折。經數日思考，認爲如放棄業績最差的成衣部門，只做商標似尚可爲，故決定以比他人出價較高一點的價格，承購該公司三十二台的商標機，做小規模的經營。經徵得四姨丈的同意，離開新和興行，而在三重市成立裕新商標公司。但因資金不足，乃請四姨丈來參與投資，起先他有諸多顧慮，經我的懇求後才同意。嗣後公司之營運一連數年均不大順利，資金周轉亦有問題，幸又得他大力支持，除個人墊款外，還提出其私人股票給銀行抵押，並破例的以個人名義做保證人向銀行貸款，來解決周轉金之問題。他甚至幫我找客戶，並親自以電話及書信推介業務等等，因此裕新公司才能存在迄今，這全是託其鴻福也。

四姨丈不僅爲我的事業操心，更關心我的婚姻大事，特地爲我做媒。在民國四十八年十月九日的中午，他約我到臨沂街其公館用午餐，同時幫我安排相親。用餐前他云：餐桌上人數應湊足九個人圍坐，相親的男女才會「久」（九的台語諧音），此句名言特別供給想做媒人的人知道，我與內人可能就是這樣成就姻緣的。猶記得當時他特別爲我介紹：「她名莊秀雀，是我大姊的女兒，台南長榮女中畢業，在學期間就是住在我台南的家，其個性很溫純，這點我最清楚。」而我自揣，若要論學歷、論家境，人家不嫌棄我就感謝了。何況初次見面亦感覺她是一個很溫順的好女孩，於是就打定主意決定訂親，並立即寫信給故鄉的母親報告喜訊，同時稟明某時某日將由充當媒人婆的四姨（陳玉梅女士）與六叔公（四姨的父親），一同前往學甲女方家進行訂婚事宜，請母親準備訂婚用品等。我母親接到此信大感意外，因我事先並未向她稟告，雖然是我要娶妻，不過也是他老人家要娶媳婦啊！那有要訂婚了，連媳婦的面都沒見過。她一時情急，跑到台南去找我的六叔公，經其說明後母親才安心回家。我聽到此種情形，才醒覺自己一時疏忽，未能事先徵詢母親的同意，致使母親爲我的婚事操心奔波，自覺犯了「先斬後奏，漠視尊長」的大不孝之罪，心中非常難過。在此順便提醒年輕一輩以我爲戒，凡事應先稟告父母，聽取他們的意見，也讓他們放心。

我訂婚後隔了一年多才結婚，直到結婚那天，我母親才首次見到媳婦的面。所幸自內人嫁進我家門後，對老人家做到「至孝至順」，獲得家人一致的讚賞，我因此覺得比較安心。而她對我的照顧，也値得提供給年輕人參考：每當夜裡孩子哭鬧，她爲了不讓小孩子吵到我，便把孩子抱到客廳，直到把孩子哄睡了才再抱回床。還有一次，深夜裡孩子生病發高燒，她連夜自己抱著小孩，叫了三輪車到三重埔找蔡醫師，結果敲了一個多小時的門，蔡太太才認出是熟人的聲音而開門，事後才知蔡醫師曾因深夜急救病人發生過糾紛，若不是熟人，他不喜歡在深夜診病。內人爲不打擾我的睡眠，天亮才讓我知道，我眞是欽佩她的勇氣，更感謝她的體貼入微。

在成立裕新商標公司後，爲改進生產設備，我時常出差到設在高雄縣的工廠，經常一去就是一至二星期才回台北住一、二天，但因爲在台北也都是早出晚歸的工作，與孩子及內人相聚時間極短，以致孩子們說：「我們都快要忘記爸爸長什麼樣子了！」儘管如此，她亦不曾有一句怨言，使我覺得虧欠她太多，所以我認定她是一個「賢妻良母」，有她無怨無悔的理家，我才有今日的一點點成就，在此特別感謝「媒人公及媒人婆」賜給我這麼一位「打著燈籠都找不到」的賢內助。

四姨丈仁慈隨和且富有博愛的心腸，尤其是親友有事向他請託時，他總是看得比自己的事更重要。有一次，家兄所經營的財發行，其礦權被高縣府誤認爲有問題，乃請求四姨丈幫忙處理，當時正好環球水泥公司阿蓮廠在進行保證運轉期間，他親自駐廠督導，忙碌異常，卻在如此百忙之中，毫無推辭地替我分析事情，他認爲事態嚴重，遂深夜替我拜託吳三連先生出面解難而保住。又我與家人若遇有大小病痛，他夫婦不但親自來探病，還早晚以電話關心病情，有一次我患小病必須開刀，他一大早來病房看我，特別交代我說，開刀時在心中盡量默念「菩薩」的名號或念「阿彌陀佛」，就比較不會緊張，這招確實很靈驗，當時感覺他就在我身邊沒離開我，有如一位活菩薩在保佑我一般，使我感覺安全而有信心。

他處處關懷旁人之美德已傳給其下一代，如昭男表弟夫婦及其兄弟姊妹妯娌們都很關心親戚朋友的健康，四十年來他們不間斷的關心我的身體狀況，此種恩情我永難忘懷，手中禿筆實無法表達我內心的感激於萬一。而他種種可欽可敬的崇高行誼，更不是一篇短短拙文可以盡述的。

播愛積善　仁者壽

台南紡織公司副董事長　鄭高輝

認識吳尊賢先生是在新和興布行。

當時因家父、母經營成衣廠，與新和興布行時有生意往來，尊賢先生那時還年紀輕輕的，但待人誠懇，做事認眞，能力備受肯定，讓人一見就會留下良好和深刻的印象，咸認這個年輕人，將來必成大器。果然，後來創立環球水泥等公司，大展鴻圖，與其昆仲吳修齊、吳俊傑先生所經營之南紡、統一、太子、三新等公司都有很響亮的聲譽，形成台南幫龐大的企業集團。

民國六十年我受聘進入台南紡織公司任副總經理及董事之職，因此，與尊賢先生見面及相處的機會漸多，在董監事會議席上經常聆聽他獨到的見解、精闢的建言，欽佩之餘，個人也因之獲益匪淺。

而對尊賢先生之處世爲人有更深一層了解是在民國七十八年間，開始籌設萬通銀行時，我很榮幸能參與策劃。這段期間，目睹尊賢先生做事的用心、勤奮、盡責，實在令人肅然起敬。從最初營業地點的尋覓、租購、人才的遴選聘雇、營運方針的規劃釐定……無不事必躬親，以身作則，深入了解，找出問題癥結，思考解決方法，積極如期完成，並力求完美無瑕。因此，萬通銀行終於在八十年十二月三十日隆重揭幕。回顧這段創業的艱辛歷程，領悟到「一分耕耘、一分收穫」的至理名言，更堅信「成功絕非偶然」這句話，在尊賢先生身上，可得到最佳的註解與印證。

尊賢先生夙具慈心，樂於助人，有求於他時，其所表現的關心、熱忱、積極、不厭煩……種種眞誠盛意，直教人感到無限的親切、窩心。而當事業有成之後，更能成立「吳尊賢文教公益基金會」，舉辦「愛心獎」等各項公益活動，回饋社會，可謂播愛植福，無量功德。

德門人瑞　壽德彌彰

台大醫院院長　戴東原

我所認識與敬佩的尊賢先生，是位刻苦勤儉，力行實踐的人。由於他為人謙卑自持，處世嚴謹有方，凡事腳踏實地，從不投機取巧，所謂「天公疼好人」，尊賢先生因而逐步致富，而且富而不驕，殊屬難能可貴。尊賢先生教育子女躬行身教，不憚辛勞，故而厚德載福，子孝孫賢。尊賢先生對維護健康，毅力非凡，雖曾多次住院，均能圓滿出院，且以八秩高齡，繼續揮桿打高爾夫球，他對運動之喜好、體力之維持與耐力之足夠，由此可見一斑。

尊賢先生熱心公益不落人後，尤對醫學研究非常重視，每年捐助研究經費，對本院貢獻頗鉅。古諺：「人生七十古來稀。」可是尊賢先生已八秩高壽而猶健康如意，正印證了「修福者必榮身，大德者必高壽」的至理。東原在此衷心祝福尊賢先生花甲重週，古稀再度，厚德潤身，國尊人瑞。

吳尊賢先生的寫照

台灣大學醫學院兼任內科教授
孫逸仙醫院內科主治醫師　謝炎堯

世界上有不少成功的企業家，雖然擁有龐大的財富，可是忙於事業的開拓和管理，忽略了家庭的照顧和子女的管教，無福享受幸福的家庭生活，事業也沒能延續長久。或是發跡以後，恃「財」傲物，花天酒地，揮霍無度，未老先衰，暴起暴落，猶如曇花一現，隨即雲消煙散。能夠在獲得輝煌的成就以後，仍然擁有美滿的家庭，高壽而健康，並將這些成就和幸福，永世的延續，殊不多見，而吳尊賢先生即是這般幸運的傑出人士之一。

吳尊賢先生誕生於台南縣農家，依靠敏銳的眼光、過人的魄力、誠懇的待人和持續的努力，終於白手起家，建立龐大的台南紡織、環球水泥、坤慶紡織和萬通銀行等企業集團。民國四十年代，筆者童年和吳先生的創始事業「新和興布行」爲鄰，當時的台南市民權路兩側，開設許多布行，新和興布行即是其中之一。早年獲利的布行不少，唯有新和興布行能持續不斷的成長擴展，在短短的四十年內，匯聚成爲聞名中外的台南幫集團，其成功的背景，應歸功於股東們的無私精神，同心協力，共同奮鬥。

民國五十二年，筆者在堂兄謝元榮先生大女兒謝美鈴小姐，和吳尊賢先生長公子吳昭男先生的結婚典禮上，初次和吳尊賢先生見面。讓筆者印象深刻、極受感動的是翌年元旦，吳尊賢先生即親率家人至我家拜年。以後吳家的唯一千金吳姿秀小姐嫁給筆者的學弟台大醫院耳鼻喉科的新秀林凱南醫師爲妻，並和筆者一同前往沙烏地阿拉伯王國從事醫療國民外交工作。回國後筆者成爲吳家的家庭醫師，多年的相處，讓我更能深入了解吳尊賢先生成功和家庭生活之所以美滿的原因。

吳尊賢先生無不良嗜好，生活純樸規律，而且是一位模範病人，遵照醫囑，謹慎持恆服藥，如同管理企業的嚴謹敬業，一絲不苟，所以即使是八十高齡，每週仍然能從事高爾夫運動二至三次。

吳尊賢先生對待親朋，熱情誠懇，知恩必報，以古道熱腸形容，絕不爲過。近年更熱心公益，成立吳尊賢文教公益基金會，宣揚固有優良傳統道德，濟助有益公眾活動，回饋社會。

吳老太太玉梅女士是一位典型的中國式賢妻良母，是吳先生成功的支柱，教導子女有成的功臣。其長公子昭男、二公子貞良、三公子亮宏、四公子春甫、五公子英辰及千金姿秀女士，五男一女均獲得良好的家庭管教和接受高等教育畢業，待人接物，誠懇有禮，恰如其尊翁，並共同參與企業的經營管理，克紹箕裘，卓然有成，發揚光大家族事業。筆者敢言，吳家的優越傳統和管教，是吳家事業能永世延續的保證。

我的恩人、我的導師

環球水泥公司董事長　顏岫峰

回憶我第一次見到吳尊賢先生是在民國二十四年，當時我才八歲，地點是在屏東家父所開設的南榮布店內。吳先生那時是到屏東與家父談生意，後來才知道吳先生當年是開辦台南新和興行，到屏東販賣布疋。因爲當時我年紀還小，只是晚輩拜見長輩的意思，所以沒有留下深刻印象。

民國三十七年元月，我二十一歲，從台大剛畢業，學校本推薦我到幾個公家單位任職，如銀行、省政府、台糖及學校教職，但當時家父去世，家母承續家父遺業，仍在屏東開店，我想在家幫忙，所以決定留在屏東，也因此有機會再到新和興行認識吳尊賢先生。斯時吳先生在台北另有一家台北三興行，需要一些人手，吳先生希望我一起幫忙，家母也鼓勵，於是我就進了台北三興行，這也就是眞正受吳先生教導的開始。

時間過得很快，到現在不知不覺中已過了五十個年頭。在這期間，吳先生提拔我、教導我，在我的人生過程中，實在是我的恩人，也是我的導師。我有今天小小的成就，都是吳先生賜給我的。

說吳尊賢先生是我的恩人、我的導師，是因爲我從學校一畢業就跟隨著他；學校剛出來有如一張白紙，吳先生不辭辛勞的訓練我、指導我，不論商場知識經驗，不論爲人處世道理，吳先生都好像對待自己親人一般。吳先生從開創三興行就確立「勤儉誠信、穩健踏實」的做人做事、經營事業的原則，所以我無論從民國三十九年轉服務台北新和興行、民國四十二年跟隨籌備台南紡織公司，以及民國四十九年再轉籌備環球水泥公司，職務雖一再變動，但這八字眞言我都奉爲圭臬，也主導了我個人一生的人生觀。

吳尊賢先生爲人處世，盡人情義理，以及做事認眞、敬業負責的精神，是大家一致稱讚的；其對下更不分彼此、照顧周到、諄諄教誨，實在是一位讓人敬愛的長輩。吳先生是一位成功的企業家，也是一位偉大的教育家，更是一位實踐的慈善家，我現在回想起來，有很多地方值得我們晚輩敬仰、效法與學習的。

一、對父母的孝敬

我所稱的「克章叔公、克章嬸婆」（吳先生之養父母），以及「克讀叔公、克讀嬸婆」（吳先生之親生父母），吳尊賢先生對他們的孝心行事，大家都知之甚詳，尤其「克章叔公、克章嬸婆」他倆年老時，吳先生雖當時事業繁忙，南北奔波，但仍時時掛念他們身體的平安，晨昏定省，未曾中斷。吳先生對養父母老人家的盡心孝行眞無人能比，亦非一言可盡。

二、對長輩的尊敬

吳尊賢先生對吳三連先生及末永校長（吳先生之小學校長）的尊敬，亦無人可媲比。對吳三連先生之事大家都知道，其對末永校長之敬謹較鮮爲人知。末永校長在台灣光復從台灣回日本後，吳先生每次到日本，如有空都親自前往探視。末永校長去世後，吳先生對校長夫人及其兒女仍時加關照，曾招待校長夫人他們來台旅遊，到現在爲止，逢年過節，吳先生仍對他們照顧不忘。

三、對兄弟的親情

吳尊賢先生與我所稱的「修齊叔、俊傑叔、俊陞叔」等，他們同胞兄弟間，七、八十年的親情，始終兄友弟恭，讓人羨慕。家岳父侯雨利先生常常說：他們兄弟在一起，同心協力，想做的事非常周到完美。吳尊賢先生對兄弟姊妹、堂兄弟姊妹、表兄弟姊妹都是一樣的關心照顧，讓人又欽又羨。

四、對夫妻的愛情

吳尊賢先生夫妻倆，互相體貼、互相照顧，結婚迄今已六十年，恩愛如一，從未聽到吵架或鬧意見，眞是一對模範夫妻，雙雙對對，萬年富貴。

五、對親戚的關懷

吳尊賢先生對親戚無論大小事情，能幫忙都盡心盡力去幫忙，無求回饋；而且不僅對親戚本人，甚至對親戚的晚輩子女亦關懷無分軒輊。例子不勝枚舉，吳先生的親戚及子侄輩應可深深體會到。

六、對朋友的熱誠

吳尊賢先生對朋友均誠懇相待，剖心相交。如對吳業先生（即吳進興先生，亦即統一企業公司吳英仁副總經理之令尊）在光復後染重病之熱心資助，及爲其安排工作就業；又如對莊昇如先生（吳先生之表弟，亦即現新寶纖維公司負責人莊英男先生之令尊）在戰爭中罹患流行之瘧疾，命在旦夕，而將自藏珍貴、自己及家屬隨時亦可能罹患需用的瘧病藥給他服用而痊癒；對吳元興先生（曾任德興企業公司總經理）光復前染病的奔走求醫；對宗仁卿先生（六和紡織公司企業創辦人）的推腹相交，及其去世後對其關係企業的熱誠協助與關心，且現每年仍撥空到其墓前追思等等，凡此種種，均讓人感受到吳先生對朋友的肝膽至情。

七、對子女的慈愛

吳尊賢先生有五子一女，吳先生對他們的教育及成長過程付出無數的關懷與愛心，盡心盡情。現在每一位子女都有所成就，家庭美滿，我想每一位子女也都會以擁有這樣一位父親而感到滿足、榮譽及驕傲。

八、對同事的教導

吳尊賢先生一生不貪不取，奉公守法，正正當當的做事。他於民國五十二年八月給剛開始營業的環球水泥公司全體同仁一封奉公守法的〈告同仁書〉，大家都耳熟能詳。有一些公司團體也都援用，最近創辦萬通商業銀行，吳先生亦以此封信，諄諄教導同仁誠信守法第一，誠實認眞做事，守法守信，穩健踏實，才是銀行立根之本。

九、對國家社會的奉獻

吳尊賢先生創辦「吳尊賢文教公益基金會」，爲改善社會風氣，提高倫理道德，培育高級優秀人才以及捐助公益慈善事業而努力，設置愛心獎，現已廣爲社會各界所肯定。在此之前，捐助貧病老弱，獎助青年升學，造橋鋪路，不勝枚舉。又如參與創辦南台工專教育學子、舉辦社會公益講座、回饋故鄉中洲國校及學甲國校教學軟硬體設備，以及設置大學及國外深造優秀人才獎學金，出版書籍寄贈社會各界等等，其對國家社會無私的奉獻，眞是一位大慈善家。

我個人跟隨吳尊賢先生五十年歲月當中，他啓發我、教導我，讓我感受最深，影響最大的是他的幾種處世精神：

一、以身作則的精神

民國三十九年，吳尊賢先生在台北市迪化街一段八十二號新和興行復業之初，只有吳先生、莊矺先生與我三人。莊矺先生因年紀較高的關係，只擔任會計工作，其他一切內外事務都由吳先生負責。吳先生不但要處理業務，也要負責雜務等工作，後來事務較多，那些雜務等等工作都落在我身上。

吳先生可以說二十四小時都在工作，他除在工作場所以外，在他自己的房間寢室也備有紙、筆。他常常深夜想到事情就爬起來做筆記，或喚醒已就寢的我開始工作。我經常深夜二、三點被叫醒，起來草擬電報稿或寫信，如屬急事，就從迪化街騎腳踏車到博愛路的台北郵局去發電報。

民國四十二年籌備台南紡織公司也是一樣，因業務關係，有一段時間，差不多每天都工作到深夜，爲的是圓滿達成工作。民國四十八年籌備環球水泥公司到民國五十二年建廠完成開始營業，那段期間辛苦南北奔波，實非禿筆可以形容。至民國七十九年籌備萬通商業銀行亦是如此，當時吳先生已高齡七十有五，但仍如年輕時候一樣，深夜筆記，清晨即電話喚起籌備之同仁，細心交待工作。吳先生這種以身作則的精神，參與籌備的同仁應仍記憶猶新，也是我深受其教導，影響我最大的處世精神之一。

二、細心處事的精神

吳尊賢先生在工作方面比別人花費更多時間，他對寫文章、核閱公文非常愼重仔細，對內對外之公文都親自批閱，字字斟酌、句句推敲，不憚其煩，修正至盡善爲止。對開會討論事情，吳先生也非常細心，從草擬議程開始，就每案詳思；另外爲求會議的順利，常常有正式開會一小時前，三、五重要決策人員的「會前會」，或開會後，若干人的隨即「會後會」，以求萬無一失。所以現在大家都笑稱，重大的決策事項一定有三會，那就是「會前會」、「會中會（正式會）」及「會後會」。

三、恆心養生的精神

吳尊賢先生在四十歲時就患了糖尿病，至今已整整四十年了，卻看不出有罹患此病的跡象，此因他恆心注意療養之故。他對糖尿病的認識、療養，不但是一位普通病患做不到，就連醫生也佩服他。四十年來，他的恆心、他的毅力克服一切，飲食、運動、用藥、生活規律之注重，眞非一般常人可做得到。

四、熱誠關懷的精神

吳尊賢先生有一顆慈悲、熱誠、關懷的善心。他的親戚、他的朋友、他的同事遇有困難，他能做得到的，都熱忱去關懷、幫忙。無時無刻而且盡心盡力，往往亦親自電話去請託或探詢，令人感到溫暖，無論事情成不成，都讓人感激莫名。

以上是我追隨吳尊賢先生四、五十年的感懷，總之，吳先生是一位仁義禮智信的長者。最後要向尊賢先生說抱歉，我追隨您已半個世紀，您的「勤儉誠信」我認眞體會學習，現在已稍有點心得，但您教導的爲人處世、學問文章、慈心關懷、演講口才等等，一直到現在我都無法學到，眞是慚愧，而且恐怕以後也學不好，請您原諒。

何必曰利——尊賢先生的情義至性

中央研究院研究員　謝國興

民國七十九年，第一次見到吳尊賢先生，是在台北的環球水泥公司。在此之前，我只約略知道吳修齊、吳尊賢先生昆仲是營商有成的企業家，也是台南幫企業集團的領導人物。

我的專業是近代史研究，我服務的中央研究院近代史研究所推動「口述歷史」的工作已歷有年所，不過一向偏重訪問政治、軍事人物。民國七十九年中，我建議不妨訪問一些台灣工商界的耆老，爲光復以來台灣經濟發展歷程作一些見證。口述歷史組的召集人支持我的想法，並由我開始設法聯繫我心目中的理想人選——台南幫的領導人物。我是一個學術研究工作者，原不識任何台灣工商界人物，與台南幫的唯一「關係」是：我們是同鄉，我也是台南人。

台南人何其多，不過，僅憑「台南鄉親」的關係，讓我得以透過中學時代的老同學居間聯繫，首先拜訪了高清愿先生，高先生熱情相待，隨即引薦我去拜訪吳修齊先生，在吳修齊先生介紹下，我接著見到了吳尊賢先生，一開始，我原只打算作口述訪問，後來卻擴大爲研究台南幫的專題計畫，這項計畫後來得到行政院國科會的支持，成爲台灣學界從事企業史研究的濫觴。

由於研究台南幫企業集團形成與發展的歷史，因此經常走訪吳氏昆仲、高清愿先生，以及集團內許多領導幹部，除了得到他們許多寶貴的幫助外，對台南幫的企業文化也漸有一些粗淺的了解。吳尊賢先生長年居住台北，因此便於就近請益，對我屢屢叨擾，從不改其熱情眞誠與平易親切之作風。相處日久，不但常獲啓發，對吳尊賢先生畢生秉持勤敏、穩愼、細密的行事風格，更是欽敬不已。

在我研究台南幫之後，經常被問到的一個問題是：台南幫經營成功之關鍵何在？答案當然是多方面的，無法一言以蔽之。不過，無論我如何侃侃而談台南幫的成功之道，最後我總會強調：台南幫值得重視的不只是他們如何賺錢，或者賺了多少錢，台南幫的珍寶是他們的企業文化，是他們以「情義」作爲經營法則之一，以企業倫理體現社會倫理，這是其他企業集團難以比擬的。具體的實例當然不少，我常舉的是吳尊賢先生當年主導環球水泥轉投資六和機械的故事。

六和紡織、六和汽車（今福特六和汽車的前身）、六和機械是關係企業。六和紡織係民國三十六年遷台，爲光復初期台灣主要紡織大廠之一。民國四十年前後，吳尊賢先生主持台北新和興及德興染整廠，因同業關係而與宗仁卿先生結識。

民國四十四年底，南紡建廠將完成，但美援會核配的原棉卻因故拖延，恐將無法如期開工。宗仁卿從吳尊賢先生處得知此消息，自動表示願意將六和的原棉先撥借三百包給南紡，不夠再說。當時原棉取得困難，三百包棉花加工紡成棉紗的利潤十分可觀，而六和竟表示願意無條件撥借。事後因南紡所訂原棉及時運到，因此不必動用六和的三百包原棉，不過宗氏之隆情厚誼，已令吳尊賢先生感動不已。

南紡與六和雖是同業，但向無業務上的往來，個人利害更談不上，而宗仁卿對同業後進則照顧有加。南紡開工後不久，一度因搖紗機不敷使用，曾賴六和紡織由廠中拆借；民國五十一年環泥擴建第二基窯，一時需兩千萬元周轉，宗氏前此曾主動向吳尊賢先生表示有多餘頭寸可協助環泥，當環泥來告貸時，六和正好沒有現金，宗仁卿先生一諾千金，慷然將其手中之上市公司股票借予環泥向銀行質借，且不接受報酬。

民國五十七年八月，宗氏兄弟籌組六和汽車，來邀環泥參與投資，環泥因有些股東不看好汽車業，不贊成環泥投資，吳尊賢則認爲南紡、環泥過去曾得六和協助，應思報答，無論六和汽車是否賺錢，參與投資乃義不容辭，遂由台北新和興參加，吳尊賢代表擔任六和汽車董事，這是吳尊賢先生與六和宗家合作之始。民國六十一年底，政府基於政治上的考慮，核准美國福特汽車來台投資，購買六和百分之七十股份，改組爲福特六和汽車公司，原六和股東除持有福特六和三十%股份之外，另組九和汽車，從事汽車經銷及維修，吳尊賢先生仍代表新和興擔任董事。

六和機械係宗氏家族由汽車業衍生出來的轉投資事業，一開始台北新和興並未參與投資。民國七十五年底，六和機械出現有些經營困難，求助於環泥。吳尊賢先生對宗氏兄弟的爲人處世與營商作法向極敬重，何況過去屢蒙六和紡織幫忙，常思有所回報。適環泥也正在找尋轉投資的機會，評估之後，認爲汽車零件製造業值得投資。在環泥的董監事會議上，吳尊賢表示：六和機械資本額一億四千萬元，目前負債比例頗高，周轉不暢，估計最少需增資一億六千萬元（資本額增至三億元），就能轉危爲安。不過，環泥的董監事會只同意投資一億元，另外的六千萬元吳尊賢先生只好自行設法。

吳尊賢先生感念宗家過去的恩情與知交，原打算若無人參與，他自己就負責這六千萬元。後來，新寶纖維的莊英男先生與環泥的部分同仁共認三千二百萬元，吳尊賢先生投資二千八百萬元，共計六千萬元，除了增資一億六千萬元由環泥及吳尊賢先生等人全數負責外，六和的財務亦由吳尊賢先生從旁盡心盡力協助，包括換銀行、降低利息支出及私人作保。吳尊賢先生一向不替人作保，他常奉「不作保，免煩惱」爲圭臬，此次爲六和擔保，實屬例外。士爲知己者死，雖然當時宗仁卿弟兄等均已過世多年，但吳尊賢先生爲示感念，可說義無反顧。

六和機械增資後，環泥應其要求，民國七十五年十二月起，調派一個四人小組（包括環泥副總廖先信先生）前去協助。一年之後（七十六年底）成果立現：六和機械營業額成長二十六％，稅前利益較前一年增加二十五倍（由二百四十萬元增爲六千一百萬元），負債比例由五一六％降爲一九一％。

七十六年度以後，六和的營運情況穩定下來，七十九年以後環泥派去六和的人手陸續調回，八十年六和增資爲七億二千萬元，環泥方面（包括法人與個人）爲配合宗家便於安排，而減少增認股份，持股比例減爲五十％以下。吳尊賢先生當年是基於報恩的心情參與六和機械的投資，絕無入主之意，這是宅心仁厚之處，而且在公司體質轉佳之後逐漸退出，可謂功成不居。

經營企業以獲取利潤爲宗旨，商業利益基本上靠理性計算爲基礎，因此商場上注重利害關係乃天經地義之事，人情與道義往往較少顧及。不過，如果說「企業家」與「生意人」有別的話，差別就在於格局與境界。企業家的格局在於能夠兼顧人情道義與理性計算，得失的衡量不完全從利潤的角度著眼，甚至於把利潤放在次要的地位。這種境界，早已超越「做生意」的層次了。吳尊賢先生秉性仁厚，行事兼顧情義與理性的例證相當多，不僅在對待台南幫各關係企業上如此，如本文所述，表現在對非關係企業的支持與照顧上，更顯得難能可貴。

吳尊賢先生常半開玩笑的說，人活得太老不好，老而糊塗容易壞事。我也曾對他說，台南幫的大老級人物應該活久一點，因爲如吳尊賢先生般的領袖人物活得愈久，其人格風範對形塑台南幫的優良企業文化有絕對正面的作用，間接的也就是對社會的無形貢獻。

《吳尊賢回憶錄》補述

吳豐山

一

曾經在尊賢先生旗下服務過的陳宏正先生，一向熱心公益，對台灣文化建設有許多堅持。陳先生與遠流出版公司的負責人王榮文先生是同道好友。陳先生知道尊賢先生在十二年前自己執筆寫了回憶錄《人生七十》，當然也知道二年前尊賢先生及親友合撰了《人生八十》。他認爲王榮文先生假使能將《人生七十》和《人生八十》的精彩篇章合輯爲《吳尊賢回憶錄》，公開發行，那麼既可發揚尊賢先生的人格典型，又可有益世道人心，所以陳、王二先生便於八十七年二月聯袂說服尊賢先生，同意出版這本《吳尊賢回憶錄》。

陳、王二先生在企劃刊行這本回憶錄的時候，同時認爲假使由筆者以「評尊賢先生及其志業」爲題，寫一篇評傳性文章，應可對回憶錄有所增益，尊賢先生也認可這個建議。筆者追隨尊賢先生前後三十年，覺得負責撰寫這篇文章是很光榮的事，欣然同意執筆。不過後來又覺得評傳文章由我來寫不免僭越，而改爲補述，這就是本文的由來。

二

覺得負責撰寫這篇文章很光榮，是一回事，如何撰寫這篇文章，卻又是另一回事。在《人生七十》一書裡，尊賢先生已經鉅細靡遺地把他一生的經歷做了記述。在《人生八十》一書裡，尊賢先生的親友門生故舊，也已經從各種不同的角度，寫出了他們的看法和感受，我很難有所突破；所以在距離當初出版方案確定的兩個月後，我仍未下筆。

四月下旬某日，尊賢先生打電話到舍下找我，說他正在看二十七頻道，該頻道正在播放保生大帝吳眞人傳，要我也打開看看，並且設法買到該播放帶或腳本，送給吳姓宗親，讓他們知道吳姓這位了不起的祖宗的來歷。這個電話給了我靈感，我應該從這裡切入，去寫這篇文章。

三

人類有別於其他物種的特殊現象之一是，人類會問「我從那裡來？我要往何處去？」尊賢先生的祖先從中國大陸福建泉州乘筏渡海來台，定居在西海岸台南縣學甲鄉頭港地方，在清朝統治期間和日本據台時期的大部分歲月中，耕漁爲生，傳宗接代。一直到日據末期，吳家才棄農從商。

所謂「天道酬勤」，吳家兄弟叔侄賣命苦幹、省吃儉用，光復後他們已來往於上海、台北之間，是當時台南和台北最大的布疋批發商。民國四十四年，他們創立了第一家生產事業——台南紡織公司，溯自民國二十三年台南新和興布行設立，六十餘年間創造了龐大的台南幫企業集團。

經歷了清朝、民國、中共三個朝代的泉州故鄉父老，當然知道台灣的他鄉遊子變成了大企業家，兩年前以祖祠破舊待修，派人來台募款，尊賢先生認爲協贊祖鄉修祠，義不容辭，慨允負責向在台裔孫募款，並交代我負責本案。去年冬天，修祠大功告成，尊賢先生本欲親自帶團，臨行前因體力較弱，改由其長子昭男君領隊，一行數十人浩浩蕩蕩返回祖鄉，焚香祭告先祖；從人類最內層心靈來看，這是一種心靈的完成、一種敬天畏祖的最眞誠表現。

其實早在二十年前，尊賢先生兄弟叔侄，即斥巨資在學甲新頭港家鄉，興建美奐美侖的「光覽祖紀念館」以崇祀先祖，每年春秋二次召集族人，焚香祭拜，並敦睦族誼。更早在四十五年前，台北市吳姓宗親會在南京東路三段興建吳氏宗祠的時候，尊賢先生即慨捐半數購地款。台北市吳姓宗親會理事長和全台吳姓宗親聯誼會理事長，是兩個純服務奉獻性的職位，尊賢先生於民國七十八年繼三連先生之後，主持這兩個單位，具見在他的身體裡，永遠暢流著祖先古樸謙卑的血液。

四

由於天賦資質，也由於一心向上，尊賢先生和他的兄弟及事業伙伴，一生堅信「勤儉誠信」這個教條。「勤儉誠信」這四個字，大概每一個人都可以琅琅上口，可是一個字一個字拆開來看，要不打折扣地逐字做到，而且一生堅守，便是非常不容易的事。

說「勤」，尊賢先生的勤，勤到令人難以置信的地步。他在回憶錄裡記述早年他曾經在一天之間，騎腳踏車在民國三十年代初期南台灣凹凸不平的道路上奔馳百里，只為了要在一天之間把貨賣掉。他在回憶錄裡也曾記述民國三十年代後期，他如何時常一天工作二十個小時。諸如此類的勤奮故事，在回憶錄中隨處可見；對強調休閒生活的新一代青年來說，這些故事也許不可思議。

不過，它絕非天方夜譚。僅兩年來，筆者就親身見證了尊賢先生勤奮無比的二件事。

兩年前，尊賢先生擔任名譽董事長的環泥建設公司，在台北汐止推出第一個建設案，市場反應極為冷淡。尊賢先生認為這是環泥建設公司成敗的關鍵，於是以八十高齡，捲起袖子，親自下場，鼓勵同仁，日以繼夜，絞盡腦汁，更新規劃，費時一月，把將近千戶住宅與商店之中擬先出售的部分全部賣掉。本來可能「一炮而黑」的事件，變成「一炮而紅」，這當中全憑尊賢先生一個「勤」字。

兩年前，吳尊賢基金會與某報合辦「勸世文句」徵稿，湧進了上萬件作品。在廣播電視報章雜誌上播刊「勸世文句」是吳尊賢基金會從民國七十年創立後即不停辦理的重要業務之一，尊賢先生對此項業務一直非常重視。上萬件作品必須評選，通過初步評選的必須再逐字斟酌。尊賢先生親自帶隊，上午審到中午吃個便當，下午審到晚上再吃個便當，如是者達七、八日之久。初審後交付打字，然後再從頭來過，稱為複審，又是七、八日工夫。我們參與的人，個個人仰馬翻，尊賢先生卻精神抖擻，「勤」以貫之，您相信嗎？

說「儉」，尊賢先生在中年的時候，已家財萬貫，卻至今始終不改其儉樸生活的堅持。尊賢先生在台灣的子女都住在企業總部附近的巷弄公寓，以方便聯繫和工作。他們在淡水有處不錯的別莊；不錯的是花木和視野，房子老舊樸實不華，沙發桌椅已經用了三十幾年。尊賢先生喜歡打高爾夫球，打球的時候，上衣是舊襯衫，褲子是舊西褲，裝球鞋用塑膠袋。我認爲塑膠袋實在太簡陋，有一次我送給尊賢先生一個帆布袋，他說還是塑膠袋好用。他手上的手錶金光閃閃，一個兩仟元，而且已經用了幾十年。某年某日，我跟尊賢先生在萬通銀行開會，開到夜晚大家吃便當，我便當吃剩很多，尊賢先生轉過頭來正色地告訴我：「把它包起來，帶回家再吃！」

當您在報紙上看到尊賢先生捐給這裡一千萬元、捐給那裡二千萬元的時候，您知道尊賢先生本身和他的子孫們卻只過這種樸素的生活嗎？最近尊賢先生決定傾其積蓄捐建一棟十層大廈給台灣大學；假如您認爲尊賢先生對自己也像對別人那麼慷慨大方，那就大錯特錯了。

是一種什麼樣的人生信念形塑出尊賢先生的這種不平凡的財物觀？尊賢先生在回憶錄中曾提到，爲了生活，一個人要用的錢實在極其有限。我卻認爲在他的人生信念裡，有一種「救人救世」的強烈因子。吳尊賢基金會創立以來，筆者擔任了十七年的秘書長職務，在每個月一次的董事會裡，或者在辦公室與尊賢先生討論申請個案時，筆者最常看到的是尊賢先生爲人間悲劇仰天嘆息，爲社會紊亂深鎖眉頭。

他在〈我的祈禱〉文中寫道：「世界上會有這麼多不祥和的事情，是因爲人類的『善性』較弱、『惡性』較強所致，所以應由世人共同誠懇祈求神、仙、佛、道來一次大合作，幫助科學家發明一種『去惡歸善丸』，使世人一吃下這種藥丸，就會『去惡歸善』、『改邪歸正』。如這種希望無法達成，則另一個方法就是，『人』絕大多數都希望將來能到西方極樂世界的，神、佛本來也是希望能早日渡眾生往西方極樂世界的，所以是否可以大家一起來懇求神、仙、佛、道幫助科學家，發明一種威力很強的『西方極樂彈』，將大家刹那間一起送到西方極樂世界，去享受無憂無慮的生活。」筆者並不喜歡這種論調，不過我深深能夠瞭解他每一次說這些話的時候，內心所充滿的悲憫情懷。

一個人「勤」「儉」如此，悲憫如此，其誠其信，也就無庸贅述了。

五

尊賢先生擅於經營事業，其實很多人也擅於經營事業，而且各擅勝場。不過尊賢先生之擅於經營健康和擅於經營家庭，就頗有不同尋常之處了。

如所週知，尊賢先生由於操勞事業，四十歲的時候就罹患糖尿病。尊賢先生在公眾場合出現的時候都是笑容滿面、雍容大方，私底下卻長期與病魔搏鬥，迄今越鬥越勇。八十六年和八十七年上半年，尊賢先生有一半的時間住在台大醫院，此期間他克服了淋巴腺瘤和惡性外耳炎病變。尊賢先生住院的時候，我每隔一兩天去看他一次，你不問他，他不說住院治病的痛苦，只嘆塵世的紛亂。住院治病通常意謂大量的打針吃藥和折磨，尊賢先生笑臉以對，堅忍不拔，他常說：「生而為人一定會生病，生病就要看醫師，看醫師就要聽醫師的話。」因此他非常的合作，也因此台大醫院戴東原院長和醫療群都說要頒「模範病人」獎狀給他。

談到經營家庭，尊賢先生更是念茲在茲，他認為家庭美滿才是人生幸福的最終價值。尊賢先生身教言教並重，他們一家父慈子孝、兄友弟恭、妯娌親睦，不是從天上掉下來的。充滿在家族每一個成員之間的禮儀和尊敬，是長期涵養的結果。有一年，尊賢先生和夫人到我在澳洲雪梨的住家休假，我親眼看到，每一天尊賢先生一定和散居各處的家人通一次電話，互道平安，表達關懷。在四、五十年代通話費用較高的歲月，他們家族成員之間，家書往返不斷，我看過其中一部份，字裡行間流露的親情，實在無異人間情愫的寶貴檔案。

六

此外，如果要真正瞭解尊賢先生的人生全貌，也不可錯過他的人際關係的廣大內涵。筆者要說，從他親族之間以及友人之間的書信，可窺其梗概。這些信件之中，有數說不盡的家族親情，有令人熱淚盈眶的人間溫暖，有尊賢先生不欲人知的雪中送炭，有人情義理，還有各方人士對尊賢先生誠摯的禮敬；隨手打開一封信，都是一份人間最珍貴的緣份、一種人間最眞誠的表達！

——尊賢先生在台北東區住家的一位王姓大樓管理員，孤獨老人，生病住院，尊賢先生攜夫人及子女一起去醫院探視。王老先生從醫院寄來的信上說：我自十二歲離家流浪在外，也沒遇到什麼難事，這次生病住院眞算難事了。吳先生一家人到醫院來看我、濟助我，吳先生的恩情，我是永遠不會忘記的。吳先生一家人離開醫院後，我思前想後，流下了眼淚……。

——一位住在美國的晚輩友人，被服務的單位降調。適在美訪問的尊賢先生力予慰勉，這位先生寫來的信上說：最近得知尊賢叔有早睡早起的習慣，不由使我憶起這次您們要離開美國返回台灣的前夕，因我降職遷調之事，居然爲了慰勉我，而使您們過午夜十二時仍未能就寢。現在想起來，一陣陣的感激湧上心頭……。

——一位旗下公司的主管受尊賢先生之託，就近協助尊賢先生在當地的某位親戚，未料這位主管卻因而產生私人財務損失。尊賢先生堅持補償，這位主管不得已和盤托出。他在來信上寫道：關於和×君借貸乙節，應已了結，請莫再提起。此事職係自動合夥投資，以期分享利潤。嗣因交款經月仍未見採購，同意改爲借貸。次年償還部份，餘款支票銷毀結案。俗語講明「師父帶進門，修行在個人」，職年逾半百，應就自己經辦及決定結果，完全負責損益。「買賣算分，相請無論」，本案已結，吾心滿足。附陳者，小女兩人在台就讀大學期間，曾獲貴吳尊賢基金會獎學金，對於她們今日留美，助益頗大，學成之日仍盼有栽培之緣……。

——一位郭姓醫生來信寫道：昨日由美抵家，發現莊親家轉送的《人生七十》一書，驚喜之餘，立即閱讀……二伯公不但才智雙全，而且謙誠自持……古今成功之士，染淫侈賭飲者不少，而二伯公不但生活嚴謹規律，修身齊家，並且奉獻社會……晚輩雖已耳順，拜讀之餘，不禁嘆贈書之遲來……。

——最多的信件是表達感恩之至意，七十七年八月二十五日，某先生來信說：「千言萬語也難以表達弟對您在弟陷入困境時的雪中送炭的感激之心意。……隨函附上支票乙紙請查收，……但願您能笑納以了弟心意於萬一，讓弟再一次謝謝您。」信的左上角有「支票乙紙已寄還郭先生，昭男八月二十七日」的字樣。昭男是尊賢先生的長子，一定是他奉父命，辦妥寄還支票之事後寫的註記。

尊賢先生做的許多善事，令人感戴一生，下面照抄一位吳先生來信全文：「尊賢吾兄鈞鑒：敬啓者，這次家母逝世，承蒙吾兄來電慰問，繼而惠賜罐頭、花藍、花圈、輓聯及甚多的香奠，隆情盛意，深爲感激，尤其是出葬日天氣雖甚炎熱，承蒙賢伉儷遠路撥駕光臨寒舍參加告別式，家母在天之靈及弟等全體遺族甚感哀榮，深爲感謝。家母能得在世九十二年，也是過去數十年來承蒙吾兄及親戚朋友的愛顧所賜。尤其是弟二十八年前患著肺病在清風莊住院療養近一年，在這期間，承蒙吾兄經濟上的莫大援助，使得經濟上免予掛慮。家母當時也因有吾兄這種慈悲援助，使得她免予煩心，才有今日能得到她的長壽極大因素之一。弟痊癒後，再承蒙吾兄的提拔來公司服務，仍是繼續承蒙吾兄甚多的栽培，使得弟的家境有今天。家母也爲此一切都放心，過著免掛慮的生活，才有今日的長壽，完全是承蒙吾兄的恩典所賜。其大恩大德，俟日後有機會時決定要報答，絕對不能忘卻。其後事大部份已辦理完竣，今天再來公司上班。簡單呈本函深表謝意。並祝金安。弟××敬上。六十五年四月二十六日寄」。

信紙上有尊賢先生如下字跡：「是您們對她的孝順使她長壽的，我於四月二十三日返北，四月二十五日去東南亞，至今五月四日才回北。」依尊賢先生的習慣，他一定是回信或回電的時候，說了這些話。

七

如所週知，尊賢先生在四十歲的時候得了糖尿病。四十年來能保健康，固然係得自醫生的照料和自己善做「模範病人」，不過我們從尊賢先生的家人信件往返上發現，充滿在家族成員間的無限關懷和無限幸福氣氛，應該是第三個因素。

——吳氏伉儷的女兒姿秀女士註明一九七五年（民國六十四年）六月四日從台南寫的一封家書上有這麼一段：早上我去對面洗頭，順便幫媽媽買了瓶日本製染髮劑，明早將去郵局寄。用法①第一劑、第二劑各倒一格出來，混在一起。②頭髮洗淨、吹乾。③抹上染劑後三十分鐘再洗去。染後顏色自然有光澤，且有利於髮質。有位小姐頭髮分叉，染後居然好了。染後顏色不易脫落，若再長出點新白髮時，以噴劑噴之補救可也。給美容院的小姐染當然很好，但大嫂更細心，大嫂染也不錯呢！看您們的方便了……。

——同年六月九日的家書上，姿秀女士寫道：爸爸六月五日的信接到了。還有，以爸爸照片做封面的工商月刊也收到了，謝謝。爸爸那張照片顯得神采奕奕呢！爸爸再打球後情形如何？念念。看來馬偕醫院的黃主任很有一套，也很有自信的樣子，他的判斷大概沒錯吧，手麻和頭暈眼轉居然是同一個病因。如此也好，只要治療一樣。陳漢廷醫生是骨科權威，懇望爸爸耐心又有恆心地去治療。沒有什麼比健康更重要了。爸爸身體一有不適，我們就覺得很難受，心裏總會一直惦著……。

姿秀女士的夫婿是台大耳鼻喉科權威林凱南博士，所以對醫道也耳濡目染。可是，對父母親健康的同樣關懷，吳家每一成員，從老大昭男夫婦、老二貞良夫婦、老三亮宏夫婦、老四春甫夫婦到老么英辰夫婦，不分軒輊；連初識人間的孫兒女來信，寫得歪歪扭扭的字體之中，也一樣充滿了對爺爺奶奶健康的無限祝福。旅居美國的二子貞良先生，在一九八二年（民國七十一年）九月二十三日寄回的一封家書，竟然是他去找一位名叫布里斯那罕的醫師，問答父親的健康與用藥之道，中英文對照，文長七頁：①爸爸不整脈。②每天用藥八十ＭＧ的INDERAL之下，脈博每分鐘六十三下。③……。

很可惜的是，在《吳尊賢回憶錄》中，大家看不到這些寶貴的書信往返。

八

我從小喜愛傳記文學，至今樂此不疲。我家三個書房中傳記文學佔了很大比例。不過，在人生的每一階段，閱讀傳記文學的感受和體會，都有很大的差別，有些在我年輕歲月認爲成功的人物，在中年重讀的時候，卻發現他是失敗者；有些我曾經視爲「有爲者亦若是」的人物，後來卻毫不猶豫地判定他是人類的害蟲；當然也有一些人物，我曾經少不更事地認爲他們乏善可陳，卻在後來驚覺到他們是眞正的人間瑰寶。

坦白說，作爲人類史料，古今中外的傳記文學，都必須再判定其中眞僞與虛實。人類的發展進步固然主要依賴各路英雄豪傑和先行者、開拓者的引領，呈現在傳記文學上的故事，卻恐怕都與歷史的事實，難免有各種不同程度的偏離。

尊賢先生的回憶錄所取的撰寫方法，是讓自己最難不依事實的記帳式寫法，他的撰寫心態尤其最忌誇大。我參與《人生七十》、《人生八十》二書的全部編印過程，尊賢先生不止一再修改自己的文句，連別人寫他的文章，也字斟句酌，照改不誤，改什麼？一改錯誤的時日和數字，二改稱讚他的詞句。尊賢先生以最誠懇的心情，希望所有牽涉到他的文章，都不要「膨風」，不要「吹雞歸」（台語字典寫爲「歕雞胿」）。我必須常常提醒他：「這是別人的文章」、「這是別人的認定」、「您不是本文作者」，可是十次有九次，尊賢先生堅持那些他認爲「過當」的字句，必須修改。像這篇文章第三節第五行，原來的「一飛衝天」四字被刪除了；第四節第十行原來的「調兵遣將」被改成「鼓勵同仁」。理由只有一個：他堅持謙沖自牧，希望一以貫之。這篇「補述」，原先準備的撰寫資料還有尊賢先生異於一般商賈的政治觀，以及諸多私下拯救他人危困的財貨觀，都因爲我深知必被尊賢先生全數刪掉而未著一墨。

筆者有幸，忝爲台南幫的一員，又蒙尊賢先生厚愛，長期視如家人子弟，日久也許不免老王賣瓜，因此本短文只就尊賢先生在回憶錄中某些略而不提或輕輕一筆帶過的重要想法或作爲加以記述，以「補述」爲題，附在卷末，藉供讀友參考。我要再一次強調的是，尊賢先生一再謙稱他「只是一個非常非常平凡的人，只是來到世間把他應該做的事情做好而已」；我寫這篇補述的目的，是希望大家不要被尊賢先生的這種謙卑誤導，各方讀友尤其是青年朋友，宜乎在回憶錄的字裡行間再三品味，從當中體會人生的艱難和豐富。

（本文作者吳豐山先生，現任吳尊賢基金會董事。）

民國（西元）	吳尊賢大事記
民國五年（一九一六年／1歲）	◎十二月二十九日（丙辰年十一月二十五日亥時）生於台南縣學甲鎮頭港里新頭港十四號（日據時代為台南州北門郡學甲庄中洲五三四番地新頭港仔）。
民國八年（一九一九年／4歲）	◎三月三日，祖父吳泉公去世。
民國一〇年（一九二一年／6歲）	◎八月十九日，叔父吳章信公去世。
民國一二年（一九二三年／8歲）	◎四月，入學甲公學校中洲分教場就讀。
民國一八年（一九二九年／14歲）	◎三月，畢業於中洲公學校（中洲分教場已正式升格為公學校）。 ◎四月，入學甲公學校高等科就讀。
民國一九年（一九三〇年／15歲）	◎八月，到台南新復發布行當學徒（月薪三元），東翁為侯基先生，掌櫃為莊新宇先生。
民國二〇年（一九三一年／16歲）	◎六月六日，祖母吳郭氏美去世。
民國二一年（一九三二年／17歲）	◎六月，升任新復發布行司帳（俗稱帳櫃，月薪跳升為十元）。

民國二二年（一九三三年／18歲）

◎十二月底，圓滿辭去新復發布行之工作。

民國二三年（一九三四年／19歲）

◎二月，台南新和興布行成立，任外務員。代表人為生父吳克讀公，掌櫃為胞兄吳修齊，總務為胞弟吳俊傑。

民國二六年（一九三七年／22歲）

◎一月十日（陰曆十一月二十七日）與台南縣佳里鎮下營陳丁燦先生（夫人為陳林見女士）之獨生女陳玉梅小姐在新頭港村老家舉行婚禮。證婚人為吳乃占先生，介紹人為佳里鎮永茂美布店老闆徐羅（另名徐四美）夫婦。

◎七七抗戰開始。

民國二七年（一九三八年／23歲）

◎長男昭男於八月二十七日（農曆戊寅年七月廿七日）出生於台南市民權路（當時為台南市本町）。

民國三〇年（一九四一年／26歲）

◎次男貞良於十月八日（農曆辛己年八月十八日）出生於台南市民權路。

◎十二月八日，太平洋戰爭（第二次世界大戰）爆發。

民國三一年（一九四二年／27歲）

◎十二月二十九日，新和興行受台灣纖維統制會社指定為該會社台南地區代行店之一，為該會社配給物資予零售商。

民國三二年（一九四三年／28歲）

◎三男亮宏於九月二十八日（農曆癸未年八月二十九日）出生於台南市民權路。

民國（西元）	吳尊賢大事記
民國三三年（一九四四年／29歲）	◎八月，代行店撤銷（因物資缺乏已無物可以配給），轉任職佳里街役場（現佳里鎮公所）。
民國三四年（一九四五年／30歲）	◎八月十五日，日本天皇宣布無條件投降，台灣光復，萬民歡騰。 ◎九月，戰爭結束，恢復營商。 ◎十月二十五日，慶祝台灣光復節，大街小巷張燈結彩。
民國三五年（一九四六年／31歲）	◎三月，台南新和興行復業，設址於台南市西門路西門市場內，由胞兄吳修齊為代表人。 ◎四男春甫於四月二十五日（農曆丙戌年三月二十四日）出生於台南市水流公廟邊日式宿舍。 ◎參加六十二軍政治部舉辦之民衆國語補習班學習國語（班址設於台南市永福國民學校）。 ◎十二月，設立台北三興行於台北市迪化街，代表人為侯雨利先生。
民國三六年（一九四七年／32歲）	◎四月，設立上海三興行於上海市北京東路，代表人為王錦昌先生。 ◎十一月二十三日，吳三連先生當選國民大會代表（得票數二十三萬餘票，為全國最高票）。
民國三八年（一九四九年／34歲）	◎國民政府遷台。 ◎上海三興行歇業（大陸紗布來源中斷）。 ◎政府准許與日本進行貿易；參加觀光團赴日採購紗布。

◎台北三興行歇業。

◎台南新和興行歇業。

◎台南德興行成立。

◎台北三豐行成立。

◎長女姿秀於三月二十日（農曆乙丑年二月二十一日）出生於台南市水流公廟邊日式宿舍。

◎生母陳氏勸娘於十二月七日（農曆十月十八日）去世於台南市。

◎生父克讀公於十二月十七日（農曆十月二十八日）去世於台南市。

民國三九年（一九五〇年／35歲）

◎韓戰爆發，美國第七艦隊駛入台灣海峽。

◎二月六日，吳三連先生擔任官派台北市長。

◎十月十日，台北新和興行成立，擔任經理，經營進出口業務。

◎十月十日，台北新和興行購併台北三豐行（三豐行專營紗布批發）。

民國四〇年（一九五一年／36歲）

◎一月十五日，吳三連先生當選台北市首屆民選市長。

◎五男英辰於一月十九日（農曆庚寅年十二月十二日）出生於台北市迪化街一段八十二號。

民國四二年（一九五三年／38歲）

◎任台北市進出口公會常務理事。理事長為黃及時先生，總幹事為呂南天先生，主任秘書為劉鍾琛先生。

◎成立台南紡織公司籌備處，向政府申請設立紡紗工廠，主任委員為吳三連先生。

◎任台北市布商公會理事。理事長為謝成源先生，總幹事為呂學琰先生。

民國四三年（一九五四年／39歲）

◎四月，吳三連先生當選台灣省臨時省議會第二屆省議員。

民國四四年（一九五五年／40歲）

◎三月，台南紡織公司成立，任常務董事。董事長為吳三連先生，總經理為吳修齊先生，副總經理為侯永都先生。

◎向日本豐田通商會社西川登先生採購一萬錠紡紗機械。

◎九月，任台灣區棉紡公會常務理事。理事長為李占春先生，總幹事為王國華先生。

◎十一月十五日，父親克章公去世於台南市，享年七十一歲。

◎十二月，台南紡織公司紡紗廠正式開工生產。

民國四五年（一九五六年／41歲）

◎二月，患糖尿病入台大醫院檢查及治療。

◎四月，任坤慶紡織公司董事長。總經理為吳金台先生。

◎四月，遵醫囑開始學打高爾夫球，老師為台北球場陳火順先生，一起學習者有吳三連、楊蘭洲、莊矸等三位先生。

◎九月，任台灣區麻紡工業同業公會理事長。

民國四六年
（一九五七年／42歲）

◎四月，吳三連先生當選第三屆台灣省臨時省議會議員。

民國四七年
（一九五八年／43歲）

◎七月，任中華紡織貿易公司常務董事兼總經理。董事長為李占春先生，副總經理為張耀君先生，主任秘書為劉鍾琛先生。

◎九月，任德興企業公司董事長。聘陳海水先生為總經理，吳元興先生為副總經理。至民國五十四年陳海水先生轉任台灣針織總經理後，改聘吳元興先生為總經理，侯茂生先生為副總經理。

民國四八年
（一九五九年／44歲）

◎六月，環球水泥公司籌備處成立，公推吳三連先生為主任委員，進行各項籌備工作。

◎中西文化經濟協會成立，任理事。理事長為王雲五先生，范爭波先生為常務理事兼總幹事。

◎擔任自立晚報董事。董事長為李玉階先生，發行人為吳三連先生，社長為葉明勳先生，副社長兼總經理為王錦昌先生，另一副社長為張煦本先生，總編輯為李子弋先生。

民國四九年
（一九六〇年／45歲）

◎三月一日，環球水泥公司正式成立，任常務董事兼總經理。公推吳三連先生為董事長，侯雨利先生為駐會常務董事，聘顏岫峰先生為副總經理。陳翰青先生為主任秘書。

◎五月十九日，母親蔡氏笑娘於台北市臨沂街去世，享年七十四歲。

民國五〇年
（一九六一年／46歲）

◎四月，擔任中華民國工商協進會理事。理事長為辜振甫先生，秘書長為汪竹一先生，副秘書長分別為郭孝先及儲大文先生。

◎八月，環球水泥公司設立台中、嘉義、台南、高雄、屏東等五個營業所，主任分別為李增禮、王

民國（西元）

榮田（不久後由吳戾水先生接任）、侯仙助、侯海全、陳再興等先生。

民國五一年（一九六二年／47歲）

◎六月，長男昭男國立台灣師範大學畢業。

◎十二月二十五日，環球水泥公司大湖廠第一號窯點火開工生產。

民國五二年（一九六三年／48歲）

◎二月一日，環球水泥公司開始發貨營業。

◎二月一日，長男昭男與謝美鈴小姐在台北市結婚。

◎五月一日，擔任華南產物保險公司常務董事。董事長為戴德發先生，總經理為李仙子先生。

民國五三年（一九六四年／49歲）

◎五月，利華羊毛工業公司成立，擔任監察人。董事長為應昌期先生，總經理為顧儉德先生。

◎七月，擔任大台北區瓦斯公司監察人。董事長為吳三連先生，總經理為吳火獅先生。

◎八月，新和興電子公司成立，擔任董事長。聘莊新樓先生為總經理、張炳川先生為副總經理。

◎九月，台灣玻璃公司成立，擔任董事。董事長兼總經理為林玉嘉先生。

民國五四年（一九六五年／50歲）

◎六月，次男貞良國立台灣大學畢業。

◎九月，泛亞工程公司成立，擔任監察人。董事長為趙聚鈺先生，總經理為王國琦先生。

◎擔任中華高爾夫委員會委員。主任委員為周至柔先生，總幹事為汪治隆先生。

◎十月，台灣針織公司成立，擔任董事長。聘陳海水先生為總經理（陳海水先生後因健康關係辭職，於民國五十九年五月十六日聘侯仙助先生接任）。

◎十二月，自立晚報改組，任常務董事。董事長為許金德先生，吳三連先生任發行人兼社長，至民國五十五年八月聘李雅樵先生為社長。民國七十年十一月二十三日改聘吳豐山先生為社長。

民國五五年（一九六六年／51歲）

◎三月，環球水泥公司大湖廠第二號窯擴建完成。

◎三月，中華證券投資公司成立，擔任董事。董事長為辜振甫先生，總經理為王祝康先生。

◎四月，新和興海洋企業公司成立，擔任董事長。聘吳俊陞先生為總經理。

◎九月，擔任中正科學技術研究基金會董事。董事長為李國鼎先生。

◎十二月十一日，次男貞良與潘文慧小姐結婚於台北市，十二月十四日相偕赴美留學。

◎台灣丸松公司成立，擔任顧問。董事長為王錦昌先生，總經理為王志遠先生。

民國五六年（一九六七年／52歲）

◎六月，三男亮宏國立台灣大學畢業。

◎十一月二十二日（台北時間為十一月二十三日），長孫立仁（貞良之長男）出生於美國猶他州鹽湖城。

民國五七年（一九六八年／53歲）

◎八月，六和汽車公司成立，擔任董事。董事長為劉大柏先生，副董事長為張武先生，總經理為孫照臨先生。

◎八月，參加現代企業顧問公司紀經紹先生所辦之世界考察團，赴歐美考察六十七天，內子玉梅及貞良眷屬同行。回程我和內子及表弟莊昇如夫婦順便在日本考察二十三天，計九十天之長期旅行。

民國五八年（一九六九年／54歲）

◎一月，中國海產貿易公司成立，擔任董事。董事長為劉永懋先生、總經理為沈達可先生。

◎一月，次男貞良獲得猶他州立大學化工碩士學位。

◎二月二十四日，三男亮宏與顏禎惠小姐結婚於台北市，二月二十七日，相偕赴美留學。

◎四月，擔任台灣區水泥同業公會常務理事。理事長為林柏壽先生、總幹事為鄭家祜先生。

◎七月，新力電氣公司成立，擔任常務董事。董事長為陳茂榜先生，總經理為張炳川先生，張先生於五十九年八月辭職，改聘呂傳東先生為總經理。本公司係由陳茂榜先生提議而成立者。

◎九月，擔任陶聲洋防癌基金會監察人。董事長為潘鋕甲先生。（後由陸潤康先生繼任董事長，陸先生擔任財政部長後因公忙改由曹嶽維先生擔任，總幹事一直為周蛟川先生。）

民國五九年（一九七〇年／55歲）

◎七月，擔任台灣區人纖公會常務理事。理事長為林山鐘先生，總幹事為殷泰盛先生。

◎八月，大慶纖維公司成立，擔任顧問。董事長為吳金台先生，總經理為王清仁先生。（王先生於民國七十一年六月退休，由吳金台先生兼任總經理，七十二年六月一日改聘吳慶浚先生為總經理。）

民國六〇年（一九七一年／56歲）

◎三月二十四日，孫女蕙蘭出生於台北（昭男之長女）。

◎四月一日，我們兄弟為慶祝母校中洲國小開校五十週年紀念，捐贈「讀章堂」舉行落成典禮。

◎六月十五日，孫女文文、青青（亮宏之長女及次女係雙胞胎）出生於美國加州洛杉磯市。

◎六月，四男春甫中興大學畢業，長女姿秀師範大學畢業。

◎七月，辭卸新和興海洋企業公司董事長，改任董事。董事長職務由吳昭男接任，聘吳慶豐先生為總經理，林志鵬先生為副總經理。

◎七月十四日，在淡水高爾夫球場第二洞，第一次一桿進洞。

◎七月，中華證券投資公司改組為中國信託投資公司，擔任常務董事。董事長為辜振甫先生，總經理為王祝康先生。

◎七月，次男貞良擔任COLORADO SCHOOL OF MINES RESEARCH INSTITUTE（美國）研究工程師。

民國六一年（一九七二年／57歲）

◎一月十七日，孫女怡萍（次男貞良之長女）出生於美國科羅拉多州波特市。

◎三月，南台工業專科學校成立，擔任常務董事（教育部公佈私立學校法後，常務董事一律改為董事）。董事長為吳三連先生，校長為辛文炳先生，副校長為張麗堂先生。

◎三月十五日，裕新商標公司成立，擔任最高顧問。董事長為吳昭男，聘楊宗義先生為總經理。

◎五月八日，參加亞洲工商總會第四屆會員大會，在澳洲波史市舉行（三男亮宏同行）。

◎八月，擔任太子龍紡織公司常務董事。董事長為吳三連先生，總經理為吳修齊先生。

◎八月二十八日，參加第十三屆世界老人杯高爾夫球賽，在美國科羅拉多州舉行。

◎十二月，聯合建設公司成立，擔任董事長。聘吳俊陞先生為總經理。

◎十二月，擔任福特六和汽車公司顧問。董事長為劉大柏先生，副董事長為張武先生，總經理為陳其蕃先生。

◎新加坡亮光林業股份（私人）有限公司成立，三男亮宏擔任董事及財務部經理。

民國六二年
（一九七三年／58歲）

◎一月，擔任高清愿先生紀念慈母獎學金基金會董事。董事長為吳三連先生。

◎二月，九和汽車公司成立，擔任董事。董事長為宗圭璋先生、常務董事為宗仁卿先生，總經理為孫照臨先生，副總經理為張伯欣先生。

◎三月，擔任中華民國田徑協會理事。理事長為王惕吾先生，總幹事為齊沛霖先生。

◎三月，擔任排球協會理事。理事長為許金德先生。

◎六月，擔任中國圍棋會監事。公推周至柔先生為理事長，應昌期先生為常務理事兼總幹事。

◎六月，擔任台北市吳氏讓德堂及吳氏宗親會監察人。董事長為吳三連先生，總幹事為吳豐山先生。

◎六月二十日，五男英辰與王念平小姐在台北市訂婚，於八月十八日相偕赴美留學。

◎八月，台灣歐利生電子公司成立，擔任董事長。總經理為張炳川先生（本公司係由洪煥一先生及佐佐木先生介紹與日本ORIGIN電氣公司合辦）。

◎九月三十日，長女姿秀與林凱南先生在台南市結婚。

◎十月二十八日，四男春甫與柯瑤碧小姐在台北市結婚。

民國六三年
（一九七四年／59歲）

◎五月十七日，五男英辰與王念平小姐在美國堪薩斯州勞倫斯市結婚。

◎八月，擔任現代企業經營學術基金會董事。董事長為潘鋕甲先生。

◎九月，擔任華僑人壽保險公司董事。董事長為辜振甫先生，總經理為辜濂松先生（民國七十年改為中國人壽保險公司）。

◎十二月三日，新和興商業股份有限公司成立，擔任董事長。聘周福南先生為總經理。

◎十二月，擔任淡水育樂公司常務董事。董事長為程丁茂先生（程先生逝世後由鍾承友先生接任，後再改選由麥春福先生擔任董事長）。

民國六四年（一九七五年／60歲）

◎二月十二日，外孫女郁芬（林凱南之長女）出生於台北市。

◎三月二十四日至二十七日，參加全國經濟會議。

◎四月二日，孫女雅婷（春甫之長女）出生於台北市。

◎十月二十五日，光覽祖紀念館在故鄉頭港落成啓用。

◎十一月，擔任新力文教基金會董事。董事長為陳茂榜先生。

民國六五年（一九七六年／61歲）

◎一月，讓德投資公司成立，擔任董事。董事長為吳陳玉梅女士，總經理為吳春甫。

◎二月，次男貞良獲得美國科羅拉多大學化工博士學位。

◎六月，美歐電機公司成立，擔任董事長。總經理為張炳川先生，副總經理為楊顯達先生。

◎十月，環球水泥公司阿蓮廠第一號窯建廠完成開工生產，設備為當時全國最新之西德POLYSIUS A.G.公司所提供NSP型旋窯，日產量為二、二〇〇公噸。

◎十月十一日至十五日，參加亞洲商工聯合總會第六屆會員大會，在馬尼拉舉行（玉梅、昭男、美鈴同行，順道赴關島、沖繩島考察）。

◎十二月二十五日，舉行第一屆「尊賢盃高爾夫球比賽」（以後每年皆舉行）。

民國六六年（一九七七年／62歲）

◎五月，擔任中華民國棒球協會理事。理事長為謝國城先生。

◎五月，擔任中華高爾夫協會名譽理事。理事長為周至柔先生。

◎五月，擔任中華民國桌球協會顧問。理事長為陳茂榜先生。

◎八月十三日，孫兒得暉（英辰之長男）出生於美國堪薩斯州勞倫斯市。

◎十二月，五男英辰，獲堪薩斯州勞倫斯大學企管碩士學位。

◎次男貞良擔任西聯投資公司（美國）負責人。

民國六七年（一九七八年／63歲）

◎一月，吳三連先生文藝獎基金會成立，擔任副董事長。董事長為侯雨利先生，聘陶百川先生為第一屆評審會主任委員（第二至四屆為葉公超先生，第五屆起為陳奇祿先生），吳豐山先生為秘書長，沈邦頎先生為副秘書長。

◎三月，擔任台南市旅北同鄉會常務理事。理事長為謝國城先生，總幹事為郭俊次先生。

◎三月，擔任崇德工業研究發展基金會董事。董事長為黃崇西先生，秘書長為黃俊英先生。

◎三月四日，外孫兒耿民（林凱南之長男）出生於台北市。

◎四月，擔任統一企業公司社會福利基金會董事。董事長為吳三連先生。

◎四月，辭卸環球水泥公司總經理職務，改任副董事長。聘顏岫峰先生為總經理，陳秋玉先生與廖先信先生為副總經理。

◎四月十三日，在淡水高爾夫球場第二洞，第二次一桿進洞。

◎八月二十七日，在淡水高爾夫球場第八洞，第三次一桿進洞。

民國六八年（一九七九年／64歲）

◎八月二十八日，孫兒得佑（春甫之長男）出生於美國德克薩斯州休斯頓市。

◎十二月，統一租賃公司成立，擔任副董事長。董事長為潘鋕甲先生，另一副董事長為吳修齊先生，最高顧問為吳三連先生，顧問為黃三木先生，聘紀聰惠先生為總經理。

◎南聯國際貿易公司成立，擔任副董事長。董事長為吳三連先生，另一副董事長為吳修齊先生，駐會常務董事為陳樸一先生，總經理為林柏欣先生（林先生於六十九年三月底辭職，改聘邱杏林先生為總經理，高信治先生及吳文德先生分別擔任副總經理，吳文德先生兼洛杉磯分公司總經理）。

◎三月，擔任吳修齊先生紀念雙親獎學金基金會董事。董事長為吳三連先生。

◎五月，南帝化學工業公司成立，擔任副董事長。董事長為吳修齊先生，總經理為吳文雄先生，副總經理為羅鐘敏先生及許貴顯先生。

◎五月，環球水泥公司大湖廠第一、二號窯改造完成，效果良好，增產約16%。

◎六月六日，孫兒永仁（亮宏之長男）出生於美國加州洛杉磯市。

◎七月，擔任邱茂德、邱杏林昆仲紀念邱鏘翁獎學金基金會董事。董事長為吳三連先生。

◎七月，擔任資訊工業策進會監察人。董事長為李國鼎先生，總經理為方賢齊先生。

◎十月，三連大樓興建委員會成立，擔任副主任委員。主任委員為吳修齊先生，總幹事為莊南田先生。

◎十月十二日，擔任統一電腦公司董事。董事長為紀聰惠先生，總經理為林惟堯先生，經理為陳雨鑫先生。

◎十一月，擔任南紡企業公司及南紡租賃公司常務董事。董事長為吳三連先生，總經理為鄭高輝先生。

民國六九年（一九八〇年／65歲）

◎一月，辭卸聯合建設公司董事長，任名譽董事長。董事長由吳總經理俊陞兼任，副總經理為吳水林先生。

◎五月，擔任中華文化復興運動委員會圍棋推行委員會委員。

◎八月十七日玉梅在大屯高爾夫球場第六洞，第一次一桿進洞。

◎九月三日，參加第十三屆中韓經濟會議，在漢城召開（玉梅、昭男、美鈴同行）。

◎十一月，擔任昭信股份有限公司最高顧問，董事長為紀聰惠先生，總經理為呂白石先生，經理紀文隆先生。

◎十二月，擔任七和實業公司董事。董事長兼總經理為張伯欣先生。

◎次男貞良擔任美國萬通銀行董事。

◎三男亮宏擔任新加坡亮光林業股份（私人）有限公司董事經理（等於台灣的總經理職位）。

民國七〇年（一九八一年／66歲）

◎二月，新和興投資股份有限公司成立，擔任董事長。總經理為吳慶豐先生。

◎四月十日，吳尊賢文教公益基金會成立，擔任創辦人。本會於是日在台北市國賓大飯店國際廳舉行成立典禮，恭請嚴前總統家淦先生擔任最高顧問，司法院長黃少谷先生擔任顧問，吳三連先生為名譽董事長，張麗堂先生為董事長，吳昭男為副董事長，吳豐山先生擔任秘書長，李鳳飛先生為副秘書長。（七十二年一月十一日增聘沈邦頎先生為副秘書長。）

◎四月，美歐電氣公司與日本小池電器合辦，改名為台灣小池電器產業公司，擔任董事長。由副董事長小池次郎先生兼任總經理，楊顯達先生為副總經理。（後增聘蘇清風先生為副總經理。）

◎五月二日，裕興興業公司成立，擔任最高顧問。由吳昭男擔任董事長，聘楊宗義先生為總經理。（民國七十五年四月楊先生升任副董事長，改聘陳雨鑫先生為總經理。）

◎九月十五日，統一電腦公司改組，擔任名譽董事長。董事長為陳再興先生，總經理為陳雨鑫先生。

◎十二月四日，參加全國經濟會議。

民國七一年
（一九八二年／67歲）

◎六月，擔任新將軍出版公司最高顧問。

◎七月十二日至二十四日，參加國家建設研究會議（簡稱國建會）。

◎七月，擔任資訊工業策進會常務董事。董事長為王昭明先生。

◎九月六日，三連孀於下午五時十分因心臟衰竭病逝台大醫院。

民國七二年
（一九八三年／68歲）

◎十一月二十三日，故鄉學甲鎮頭港里「鎮安宮」落成。

◎馬來西亞成立SUNPLY INDUSTRIES SDN BHD.三男亮宏擔任董事。

民國七三年
（一九八四年／69歲）

◎三月十六日，辭台灣小池電器公司董事長，受聘為最高顧問。推選顏岫峰先生為董事長，小池次郎先生仍為副董事長兼總經理，楊顯達，蘇清風先生仍為副總經理。

◎五月二十三日，接任吳三連先生文藝獎基金會董事長。葉明勳先生為副董事長。

◎十一月二十五日，父親克章公百歲冥誕紀念，在台北市濟南路華嚴蓮社舉行誦經法會。

◎三男亮宏調任馬來西亞BINTANG PLYWOOD SDN BHD.董事經理。

民國七四年（一九八五年／70歲）

◎四月，辭德興企業及玉井企業公司董事長，改任名譽董事長。吳俊傑先生任董事長，吳元興先生仍任副董事長，侯茂生先生仍任總經理，李光輝及陳東隆先生仍任副總經理。

◎四月，辭台灣針織公司董事長，改任名譽董事長。吳金台先生任董事長　，石井裕雄先生仍任總經理，王榮山先生仍任副總經理。

◎四月，辭坤慶紡織公司董事長，改任名譽董事長。吳金台先生任董事長兼總經理，吳春甫任副董事長，莊良彥先生、吳江進先生仍任副總經理。

◎四月十五日，環球水泥公司大湖廠LEPOL型旋窯改造為ＮＳＰ型完成，節省人力、熱力、電力及提高產量。

民國七五年（一九八六年／71歲）

◎一月，擔任台灣高爾夫俱樂部董事。

◎三月二十九日，父親克章公、母親蔡笑娘靈骨遷奉於新頭港草湖山祖塔。

◎四月二十二日，生父克讀公、生母陳勤娘靈骨遷奉於新頭港草湖山祖塔。

◎五月十日，母親蔡笑娘百歲冥誕紀念，在台北市濟南路華嚴蓮社舉行誦經追薦。

◎九月，長孫立仁入美國加州U.C.L.A.電機系就學。

◎十二月二十五日，在台北國賓大飯店樓外樓舉行滿七十歲生日及金婚紀念宴會。

民國七六年（一九八七年／72歲）

◎三月二十一日，辭新力股份有限公司常務董事，改由吳金台先生擔任。

◎次男貞良擔任一心投資公司（美國）負責人。

民國七七年（一九八八年／73歲）

◎八月十九日，環球水泥公司董事會通過設立大湖石膏板廠。

◎十二月二十九日，三連叔因心臟衰竭症逝世於台大醫院，享年九十，相關企業全體董監事、員工及各界均深表哀悼。

◎十二月三十日，接任環球水泥公司董事長。

民國七八年（一九八九年／74歲）

◎一月五日，擔任財團法人台北市吳氏讓德堂董事長及台北市吳氏宗親會理事長。

◎一月二十六日，擔任國賓大飯店常務董事。

◎二月二十日，擔任財團法人台南縣學甲鎮（頭港里）鎮安宮副董事長，董事長為吳修齊先生，宮祝為吳深池先生。

◎四月十七日，偕內人玉梅、長男昭男夫婦、蔡文哲醫師夫婦、吳物典醫師夫婦、吳麗田先生夫婦等人同行赴中國大陸旅遊，由台北經香港飛桂林轉西安、北京、杭州、無錫、蘇州、南京、上海、福州、泉州、湄州、廈門、廣州等地，於五月八日返抵台北，共計二十二日。

◎八月十五日，擔任全台吳姓宗親聯誼會理事長。

◎八月二十七日，擔任一心企業股份有限公司名譽董事長，四男春甫擔任董事長兼總經理，所屬台南一心加油站正式營業。

◎十一月十一日，召開萬通商業銀行第一次籌備座談會，擔任召集人。

民國七九年（一九九〇年／75歲）

◎四月一日，擔任行政院文化建設基金管理委員會委員，主任委員為郭為藩先生。

◎四月二日，辭中國信託投資公司常務董事，改任顧問（因財政部規定，籌組新銀行者不得擔任其他金融機構董監事）。

◎五月二十三日，辭自立晚報社常務董事，改任顧問。該社董事會改組，由高清愿先生任董事長，吳樹民先生任發行人，吳豐山先生為社長。

◎六月八日，成立萬通商業銀行股份有限公司籌備處，舉行第一次籌備會議，任主任委員。

◎六月二十六日，吳尊賢基金會捐獻新台幣一千萬元，作為歐菲莉颱風花東地區賑災之用，由行政院長郝柏村先生接受。

◎七月十九日起，吳尊賢基金會舉辦第一屆吳尊賢社會公益講座，由證嚴法師主講，先後在台北、台中、台南、高雄、板橋等地舉辦「淨化人心」演講會。

◎八月三日，辭華南產物保險公司常務董事（因財政部規定，籌組新銀行者不得擔任其他金融機構董監事）。

◎八月二十七日，舉行萬通銀行第一次發起人會議，正式通過公司章程、儲蓄部章程及招股章程。

◎十一月一日，吳尊賢基金會捐獻新台幣三百萬元給台灣大學經濟學術研究基金會。該會董事長為梁國樹先生。

◎十一月二十一日，在淡水高爾夫球場第八洞，第四次一桿進洞。同伴有李資政國鼎先生及內人玉梅，桿弟為盧和明先生（球師盧和財之兄）。

◎一月十一日，吳尊賢基金會捐獻新台幣一千萬元，作為南鯤鯓廟代天府興建大鯤園之用。

◎一月二十一日，擔任李國鼎科技發展基金會董事，董事長為清華大學校長劉兆玄先生，秘書長為萬其超先生。後劉董事長榮任交通部長，改推王昭明先生接任董事長。該基金會係由台南紡織、環球水泥、統一企業、太子建設、坤慶紡織、新和興海洋、讓德投資等公司共同捐資新台幣五千萬元，李資政國鼎先生捐資新台幣一萬元，計五千零一萬元，公推李資政為創辦人。

◎三月二十八日，擔任中華文化復興運動總會委員，主任委員為李總統登輝先生，秘書長為黃石城先生。

◎四月三十日，吳尊賢基金會捐獻新台幣一千萬元給台灣大學學術發展基金會作為創會基金，由孫震校長接受。

◎六月，女婿林凱南獲得台灣大學醫學院臨床研究所耳鼻喉科第一位醫學博士。

◎七月二十五日，吳尊賢基金會捐獻新台幣一千萬元給中華文化復興運動總會，由秘書長黃石城先生接受。

◎八月二十四日，擔任中央選舉委員會委員，主任委員為內政部長吳伯雄先生，秘書長為許桂霖先生。（繼任之主任委員先後為黃石城先生、黃昆輝先生、林豐正先生）

◎十月七日，擔任台灣大學學術發展基金會董事，董事長為台大校長孫震先生，執行秘書為趙永茂先生，後孫校長榮任國防部長，台灣大學校長由醫學院院長陳維昭先生升任並兼任基金會董事長。

◎十一月二十三日，萬通商業銀行舉行第一屆第一次董監事聯席會議，正式通過聘請丁桐源先生為總經理，莊中亨先生、白賜清先生為副總經理。同日召開常務董事會議，被公推擔任董事長，高清愿先生為副董事長，胞兄修齊先生為名譽董事長。

◎十二月三十日，萬通商業銀行總行營業部、儲蓄部及南京東路分行、中和分行、台中分行、台南分行、高雄分行同日開業。

民國八十一年（一九九二年／77歲）

◎八月六日，環球水泥公司第十二屆第六次董監事會通過設立楠梓預拌混凝土工場。

◎八月六日，環泥建設開發股份有限公司成立，擔任名譽董事長。董事長為吳金台先生，副董事長為吳亮宏，總經理為李嘉明先生。

◎八月二十九日，擔任財團法人光電科技工業協進會監事。董事長為徐國安先生，執行長為石大成先生。

民國八十二年（一九九三年／78歲）

◎四月，辭環球水泥公司董事長，改任名譽董事長。由副董事長顏岫峰先生接任董事長，副董事長由吳亮宏擔任，總經理由副總經理吳俊民先生升任，副總經理為李國棟先生。

◎四月赴美，六月返台後一個星期，完全與去年一樣，感染濾過性病毒，引起肺炎發高燒，於六月二十六日入台大醫院治療。由於患有心律不整、肺炎、肺水腫等併發症，致持續發高燒十餘日不降，情況相當危急，幸賴該院心肺、泌尿及有關部門大夫細心治療，以及內人、兒女、媳婿與公司部分同事日夜輪流照顧，始獲痊癒，於八月十六日出院，總計住院長達五十一日。真是謝天謝地，謝大家。據大夫研究結果認為是飛機上空氣不良，而本身抵抗力較差所引起，因此自八十三年起就不再赴美旅行。每年由旅美的兒孫返台相聚。

民國八十三年（一九九四年／79歲）

◎一月，五男英辰舉家由美返台定居，任職萬通商業銀行總經理室特別助理（英辰原在美國洛杉磯萬通銀行擔任經理職務）。

民國八四年
（一九九五年／80歲）

◎三月二十五日，一心育樂開發公司成立，擔任名譽董事長。董事長由吳春甫擔任，總經理為陳仙枝先生，公司於八十四年二月十八日正式對外營業。

◎七月七日，吳尊賢基金會捐獻新台幣一千萬元，響應中央研究院李遠哲院長為招攬海外傑出人才而成立之「傑出人才發展基金會」（分四年四次撥付）。

◎十月二十三日，與吳豐山夫婦、長男昭男夫婦、四男春甫夫婦赴大陸寧波參加應昌期先生所投資的四大工程落成典禮，並參觀奉化蔣介石總統故居，十月二十八日返抵台北。

◎四月十一日，改任中華民國警察之友會常務監事（原自七十三年十二月十六日起擔任理事）。理事長為蔡萬才先生，副理事長為陳炯松先生，秘書長為黃其昆先生。

◎四月二十日，環球水泥公司第十三屆第七次董監事會通過與應昌期先生家族合資設立寧波環球預拌混凝土公司，董事長為應明皓先生，總經理為周富國先生。

◎六月二十七日，擔任萬通票券金融公司名譽董事長。董事長為高清愿先生，副董事長為紀聰惠先生，總經理為王和生先生，副總經理為徐友三先生。

民國八五年
（一九九六年／81歲）

◎四月十日，吳尊賢基金會成立屆滿十五年，特刊印《吳尊賢基金會十五年》手冊。該會在過去十五年間各項捐獻及支出計為三億八千一百八十二萬零四百一十元。

◎五月，五男英辰調任萬通商業銀行總行儲蓄部副理。

◎八月二十一日，五男英辰受派籌備萬通商業銀行世貿分行。

◎九月十六日，世貿分行開業，由英辰任經理。

民國（西元）	吳尊賢大事記
	◎十月，卸任吳三連基金會董事長，特請陳奇祿先生接任。 ◎十二月十七日，吳尊賢基金會捐贈新台幣二千六百萬元給台北市政府興建基隆河地標噴泉（後命名為「希望之泉」），由台北市陳水扁市長代表接受。 ◎十二月二十七日於台北國賓大飯店國際廳舉行吳尊賢夫婦滿八十歲生日及鑽石婚慶祝宴會。
民國八六年 （一九九七年／82歲）	◎一月四日，入台大醫院治療淋巴瘤，前後療程約七個月。 ◎五月二十四日，吳尊賢文教公益基金會捐建的台北市地標噴泉正式啓用，由台北市長陳水扁主持啓用典禮。 ◎十二月二十九日，中耳病變入台大醫院治療，前後約二個半月。
民國八七年 （一九九八年／83歲）	◎四月十四日，長孫女蕙蘭在台南與林建廷先生締結連理。 ◎四月十六日，卸任萬通銀行董事長，改任名譽董事長，董事長一職由原副董事長高清愿接任。 ◎五月十四日，辭萬通票券金融公司名譽董事長，改任最高顧問。 ◎七月六日，南紡企業集團以壹佰貳拾億陸仟陸佰陸拾陸萬元的價格，標得北市信義區一塊貳仟玖佰壹拾柒餘坪的土地，將作為興建「統一國際大樓」之用。各關係企業的持分比例是：統一企業和萬通銀行各20%，太子建設、台南紡織和環泥建設各15%，坤慶紡織、統一超商和統一國際投資各5%。 ◎七月二十九日，在台灣大學舉行「尊賢館」捐建儀式，個人捐出貳億元給台大，作為該館之建築經費，儀式由教育部長林清江先生主持，台大校長陳維昭先生代表接受。

國家圖書館出版品預行編目資料

吳尊賢回憶錄；一位慈善企業家的成功哲學／
吳尊賢著. -- 初版. -- 臺北市；遠流，
1999〔民88〕
面；公分. --（產業台灣；5）

ISBN 957-32-3710-5（平裝）

1.吳尊賢 - 傳記

782.886 88003664